WOW!

MAP

地圖附錄 別冊

2025-26最新版

東京 達人天書

MAP GUIDE

WOW! MEDIA

wow.com.hk

目錄

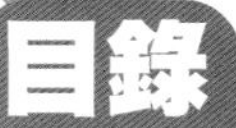

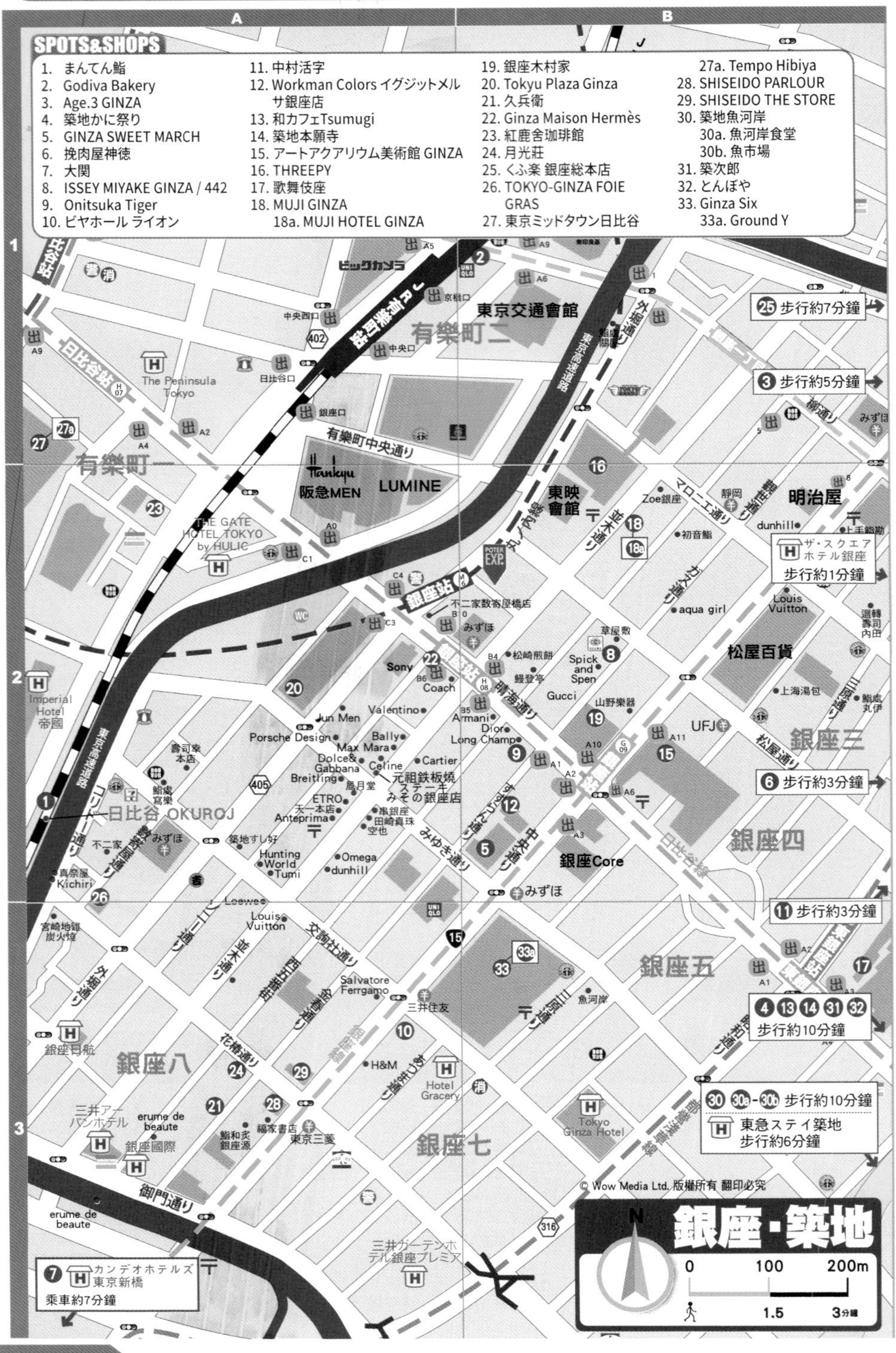

SPOTS&SHOPS
1. まんてん鮨
2. Godiva Bakery
3. Age.3 GINZA
4. 築地かに祭り
5. GINZA SWEET MARCH
6. 挽肉屋神徳
7. 大関
8. ISSEY MIYAKE GINZA / 442
9. Onitsuka Tiger
10. ビヤホール ライオン
11. 中村活字
12. Workman Colors イグジットメルサ銀座店
13. 和カフェTsumugi
14. 築地本願寺
15. アートアクアリウム美術館 GINZA
16. THREEPY
17. 歌舞伎座
18. MUJI GINZA
18a. MUJI HOTEL GINZA
19. 銀座木村家
20. Tokyu Plaza Ginza
21. 久兵衛
22. Ginza Maison Hermès
23. 紅鹿舎珈琲館
24. 月光荘
25. くふ楽 銀座総本店
26. TOKYO-GINZA FOIE GRAS
27. 東京ミッドタウン日比谷
27a. Tempo Hibiya
28. SHISEIDO PARLOUR
29. SHISEIDO THE STORE
30. 築地魚河岸
30a. 魚河岸食堂
30b. 魚市場
31. 築次郎
32. とんぼや
33. Ginza Six
33a. Ground Y
25 步行約7分鐘
3 步行約5分鐘
ザ・スクエアホテル銀座 步行約1分鐘
6 步行約3分鐘
11 步行約3分鐘
4 13 14 31 32 步行約10分鐘
30 30a-30b 步行約10分鐘
東急ステイ築地 步行約6分鐘
7 カンデオホテルズ東京新橋 乘車約7分鐘
有樂町二
有樂町一
東京交通會館
阪急MEN
LUMINE
東映會館
明治屋
松屋百貨
銀座三
銀座四
銀座五
銀座七
銀座八
銀座Core
The Peninsula Tokyo
THE GATE HOTEL TOKYO by HULIC
Imperial Hotel 帝國
日比谷 OKUROJ
Hotel Gracery
Tokyo Ginza Hotel
三井ガーデンホテル銀座プレミア
© Wow Media Ltd. 版權所有 翻印必究
銀座・築地
0 100 200m
1.5 3分鐘

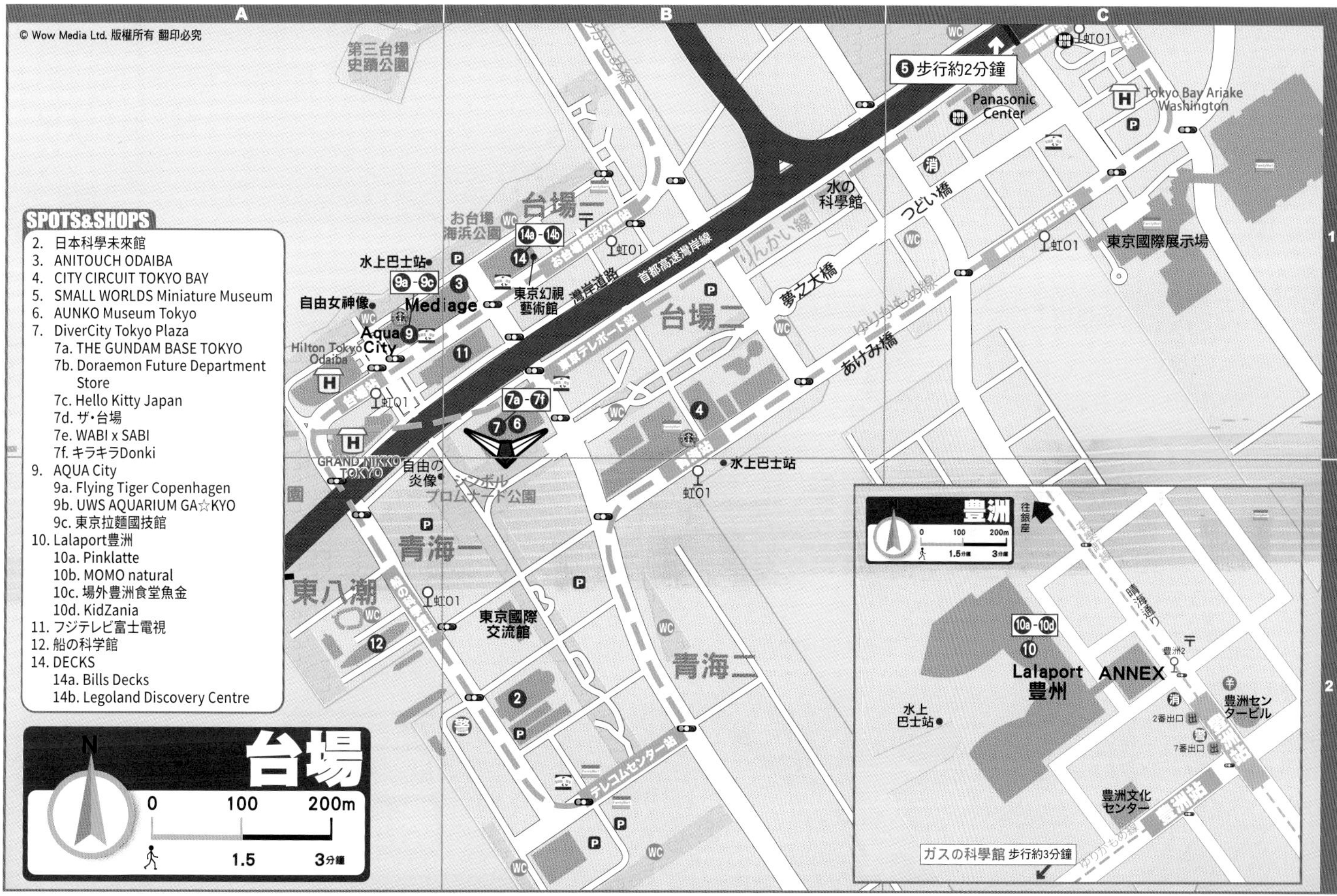
© Wow Media Ltd. 版權所有 翻印必究
台場
0 100 200m
1.5 3分鐘
SPOTS&SHOPS
2. 日本科學未來館
3. ANITOUCH ODAIBA
4. CITY CIRCUIT TOKYO BAY
5. SMALL WORLDS Miniature Museum
6. AUNKO Museum Tokyo
7. DiverCity Tokyo Plaza
7a. THE GUNDAM BASE TOKYO
7b. Doraemon Future Department Store
7c. Hello Kitty Japan
7d. ザ・台場
7e. WABI x SABI
7f. キラキラDonki
9. AQUA City
9a. Flying Tiger Copenhagen
9b. UWS AQUARIUM GA☆KYO
9c. 東京拉麵國技館
10. Lalaport豐洲
10a. Pinklatte
10b. MOMO natural
10c. 場外豐洲食堂魚金
10d. KidZania
11. フジテレビ富士電視
12. 船の科学館
14. DECKS
14a. Bills Decks
14b. Legoland Discovery Centre
第三台場史蹟公園
⑤ 歩行約2分鐘
Panasonic Center
Tokyo Bay Ariake Washington
東京國際展示場
水の科學館
つどい橋
夢之大橋
あけみ橋
りんかい線
ゆりかもめ線
首都高速灣岸線
湾岸道路
台場一
台場二
お台場海浜公園
水上巴士站
自由女神像
Mediage
Aqua City
Hilton Tokyo Odaiba
GRAND NIKKO TOKYO
東京幻視藝術館
自由の炎像
シンボルプロムナード公園
青海一
青海二
東八潮
東京國際交流館
テレコムセンター站
虹01
豐洲
0 100 200m
1.5分鐘 3分鐘
往銀座
晴海通り
Lalaport 豐洲
ANNEX
豐洲センタービル
豐洲文化センター
2番出口
7番出口
豐洲2
水上巴士站
ガスの科學館 歩行約3分鐘

豊洲市場
0
200
400m
3分鐘
6分鐘
© Wow Media Ltd. 版權所有 翻印必究
SPOTS&SHOPS
1. 千客萬來
1a. 牡蠣や粋
1b. 丸武Premium
1c. 濱風茶房
1d. 小田原六左衛門
8. 豊洲市場
8a. 青果棟
8b. 水産仲卸賣場棟
8c. 海鮮丼大江戸
8d. 関連物販店舗
8e. 水産賣場棟
8f. 愛養
13. WILDMAGIC
Kingdom
Toyosu PIT
新豊洲Brilliaランニングスタジアム
IHI Stage Around Tokyo
Hotel JAL City Tokyo Toyosu
新豊洲
市場前
ゆりかもめ
ゆりかもめ線
ON THE CANAL
Toyosu 6-chome Park
有明親水海浜公園
Tokyoto Chuooroshiurishijo Toyosu Market
Nakahiko
Daiwa Sushi
首都高速10號晴海線
Ariake Arena
U-maku-
マンスリーリブマックス有明国際展示場EAST
484

© Wow Media Ltd. 版權所有 翻印必究
A
B
1
2
3
壽仙院
萬隆寺
雷5656會館
319
貞千代
淺草寺病院
實相院
ASAKUSA VIEW HOTEL
淺草花やしき
淺草新劇場
國際通り
Hotel 京阪淺草
Khaosan World Hostel
462
淺草觀音温泉
淺草中映劇場
淺草2
淺草神社
淺草寺本堂
江戸川2
29 步行約8分鐘
東寶劇場
2a
2
28a
28
五重塔
寶藏門
馬道通り
3
27
5
13 14 15 16 步行10分鐘
淺草站
ROX
ROX3
ROX2G
和ふ庵
傳法院
助六
犬印鞄製作所（2丁目店）
32 32a-32c 步行11分鐘
東武スカイツリーライン
25
地球屋書店
大黑家本館
淺草今半別館
淺草1
淺草公會堂
元祖壽司
勇新
23
大黑家別館
旅館淺草指月
仲見世通り
19a-19b
19
松屋百貨
6
34 步行約5分鐘
21
22
20
新仲見世
壽司清
天丼てんや
とんかつおりべ
Central Hotel
三美堂
助六
文扇堂
24
出 6
專勝寺
淺草通り
雷門通り
雷門
出 1
G 19
THE GATE HOTEL KAMINARIMON by HULIC
オレンヅ通り
水上巴士站
雷門1
雷門2
出 A4
6
魚眠莊
吾妻橋
26
銀座線
A 18
淺草站
隅田川
淺草通り
30
18
出 A1
出 A2
463
步行15分鐘 至晴空塔
31
都營淺草線
17 乘車約9分鐘
N
淺草
0
100
200m
1.5
3分鐘
SPOTS&SHOPS
2. 淺草橫町
2a. 鰻串 いづも
13.釜淺商店
14.はし藤本店
15.犬印鞄製作所
16.Baise バイス
17.おさかな たいこ茶屋
18.淺草むぎとろ本店
19.仲見世通商店街
19a. 門嘉堂
19b. よろし化粧堂仲見世通店
20.やなぎ茶屋
21.河村屋
22.舟和
23.かなや刷子
24.Sanrio Gift Gate淺草店
25.淺草苺座
26.並木藪蕎麦
27.淺草今半國際通り本店
28.まるごとにっぽん
28a. おおいた 温泉座
29.今戸神社
30.色川
31.駒形どぜう
32.Tokyo mizumachi
32a. KONCENT
32b. むうや
32c. Deus Ex Machina
34.馬嶋屋菓子道具店

NHK放送中心
宇田川町
東急百貨本店
道玄坂二
道玄坂一
公園通り
オルガン坂
ペンギン通り
スペイン坂
井の頭通り
渋谷センター街
文化村通り
東急本店通り
道玄坂
道玄坂小路
ファイヤー通り
JR山手線・埼京線
渋谷站
JR渋谷站
東急田園都市線
京王井の頭線
玉川通り
PARCO 3
Mark City
Parco3
Parco 1
渋谷MODI
宮下公園
西武B館
西武A館
Loft
JAM
Q-Front
Shibuya 109
東急百貨東横店
Shibuya Excel Hotel Tokyu
Shibuya Fukuras
Shibuya Tobu Hotel
HOTEL UNZO Shibuya
山陽會館
City
Central Inn
Tower Records
Apple
999.9
Opening Ceremony
Sweet Paradise
Function Junction
Bape Store
Columbia
すき家
薄利多賣半兵ヱ
Popeye
Bershka
Village/Vanguard
天下一品
KIND
H&M
Zara
CoCo壹番屋
ASBEE
味源
味の時計台
大盛堂
Tsutaya
VANQUISH
池86
みずほ
PLAZA
ハチ公口
ハチ公巴士
渋谷站西口
ハチ公像
Beard Pa Pa
Bucchigiri鮨
壽司清
モヤイ像
機場巴士站
南口巴士總站
南口
Green Label Relaxing
梅丘壽司の美登利
玉壽司
權八
Club Asia
Jeans Mate
Mont-bell
AVIREX
Beaver
Comme Ca Mono
Space
ねぎし
JS Luxe
Journal Standard
American Rag Cie
-atelier- Head Porter
Mean
Neighborhood
Switch
GIP Store
And A
Trove
Regal Shoe & Co
ITEM
BEAMS Shibuya
BEAMS BOY
BEAMS TIME
417 by Edifice
WEGO
Crisp
Margret Howell
電力館
RAGTAG
Garden
HARE
B'2nd
Freak's Store
Onspotz
Beauty & Youth
nano. universe
CA4LA
Supreme
Regrise
Vulture
Rinkan
design T-shirts store graniph
16
8
8a-8d
2
12
1
10
11
14
15
9
18
18a
5
5a-5c
⑥ 歩行約10分鐘
③ 歩行約5分鐘

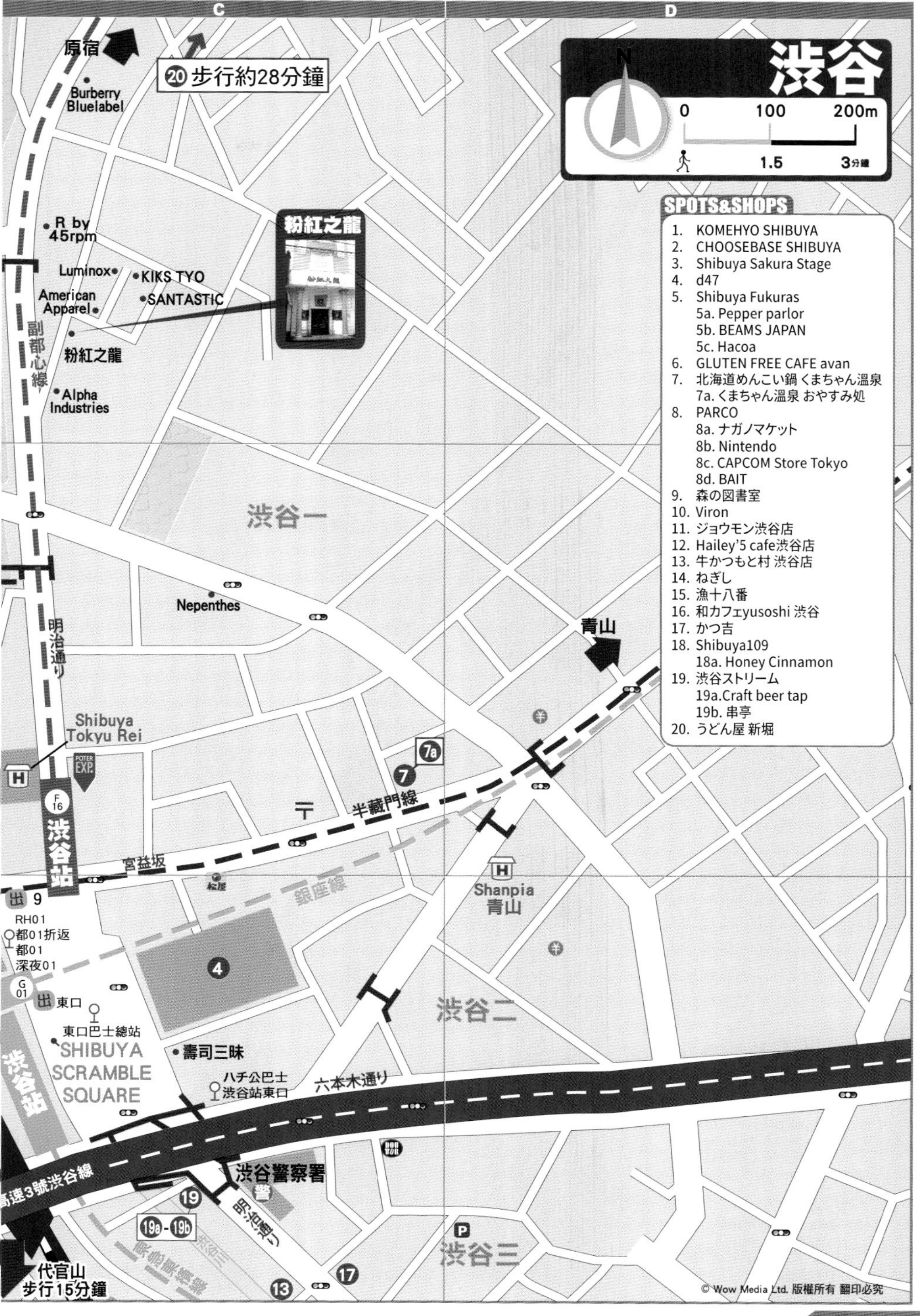
渋谷
0
100
200m
1.5
3分鐘
SPOTS&SHOPS
1. KOMEHYO SHIBUYA
2. CHOOSEBASE SHIBUYA
3. Shibuya Sakura Stage
4. d47
5. Shibuya Fukuras
5a. Pepper parlor
5b. BEAMS JAPAN
5c. Hacoa
6. GLUTEN FREE CAFE avan
7. 北海道めんこい鍋 くまちゃん温泉
7a. くまちゃん温泉 おやすみ処
8. PARCO
8a. ナガノマケット
8b. Nintendo
8c. CAPCOM Store Tokyo
8d. BAIT
9. 森の図書室
10. Viron
11. ジョウモン渋谷店
12. Hailey'5 cafe渋谷店
13. 牛かつもと村 渋谷店
14. ねぎし
15. 漁十八番
16. 和カフェyusoshi 渋谷
17. かつ吉
18. Shibuya109
18a. Honey Cinnamon
19. 渋谷ストリーム
19a.Craft beer tap
19b. 串亭
20. うどん屋 新堀
原宿
20 步行約28分鐘
Burberry Bluelabel
R by 45rpm
Luminox
KIKS TYO
American Apparel
SANTASTIC
粉紅之龍
Alpha Industries
副都心線
渋谷一
Nepenthes
明治通り
青山
Shibuya Tokyu Rei
渋谷站
半蔵門線
宮益坂
銀座線
Shanpia 青山
出 9
RH01
都01折返
都01
深夜01
出 東口
東口巴士總站
SHIBUYA SCRAMBLE SQUARE
壽司三昧
ハチ公巴士 渋谷站東口
六本木通り
渋谷二
高速3號渋谷線
渋谷警察署
明治通り
渋谷三
代官山 步行15分鐘
© Wow Media Ltd. 版權所有 翻印必究

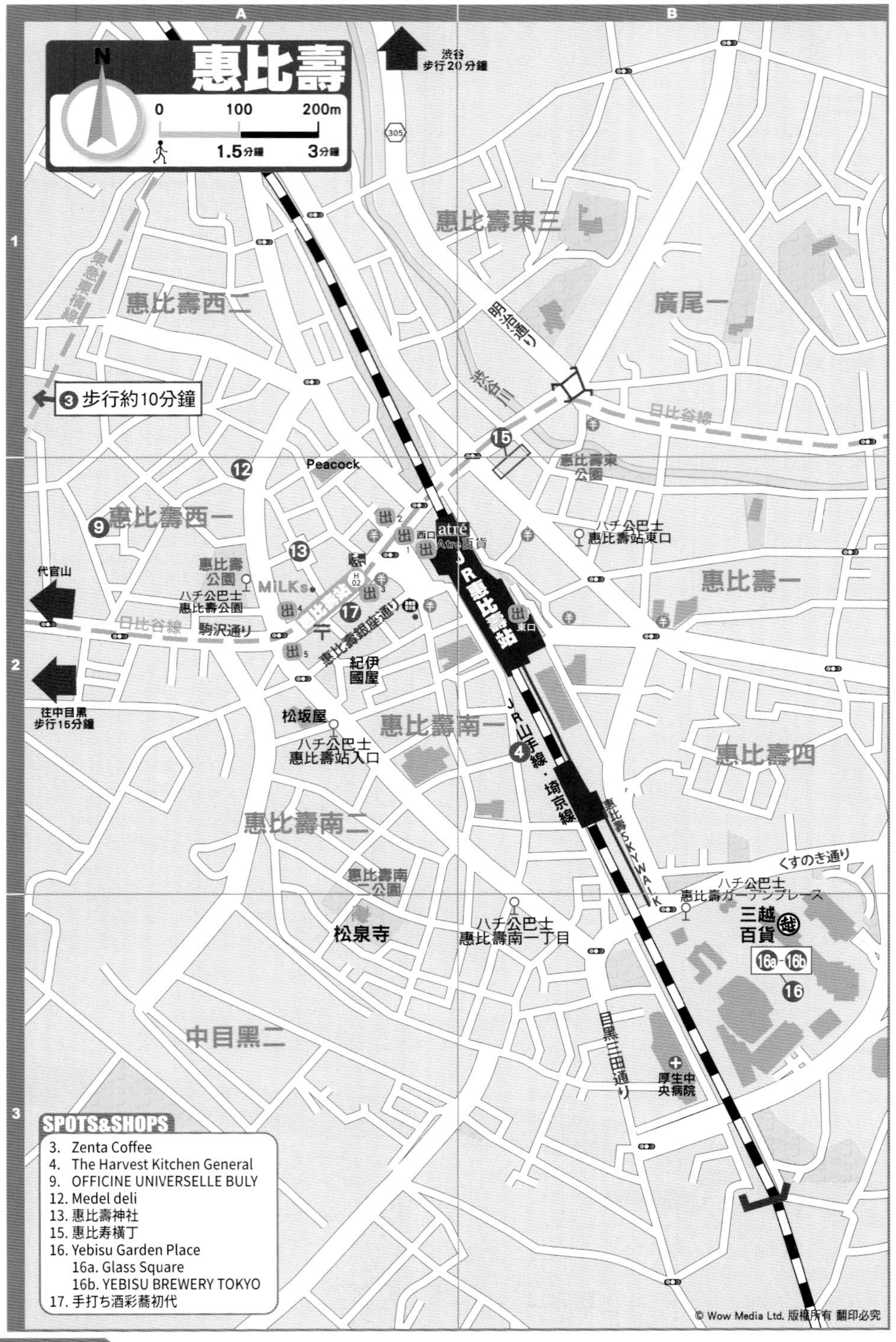

SPOTS&SHOPS

3. Zenta Coffee
4. The Harvest Kitchen General
9. OFFICINE UNIVERSELLE BULY
12. Medel deli
13. 惠比壽神社
15. 惠比寿横丁
16. Yebisu Garden Place
    16a. Glass Square
    16b. YEBISU BREWERY TOKYO
17. 手打ち酒彩蕎初代

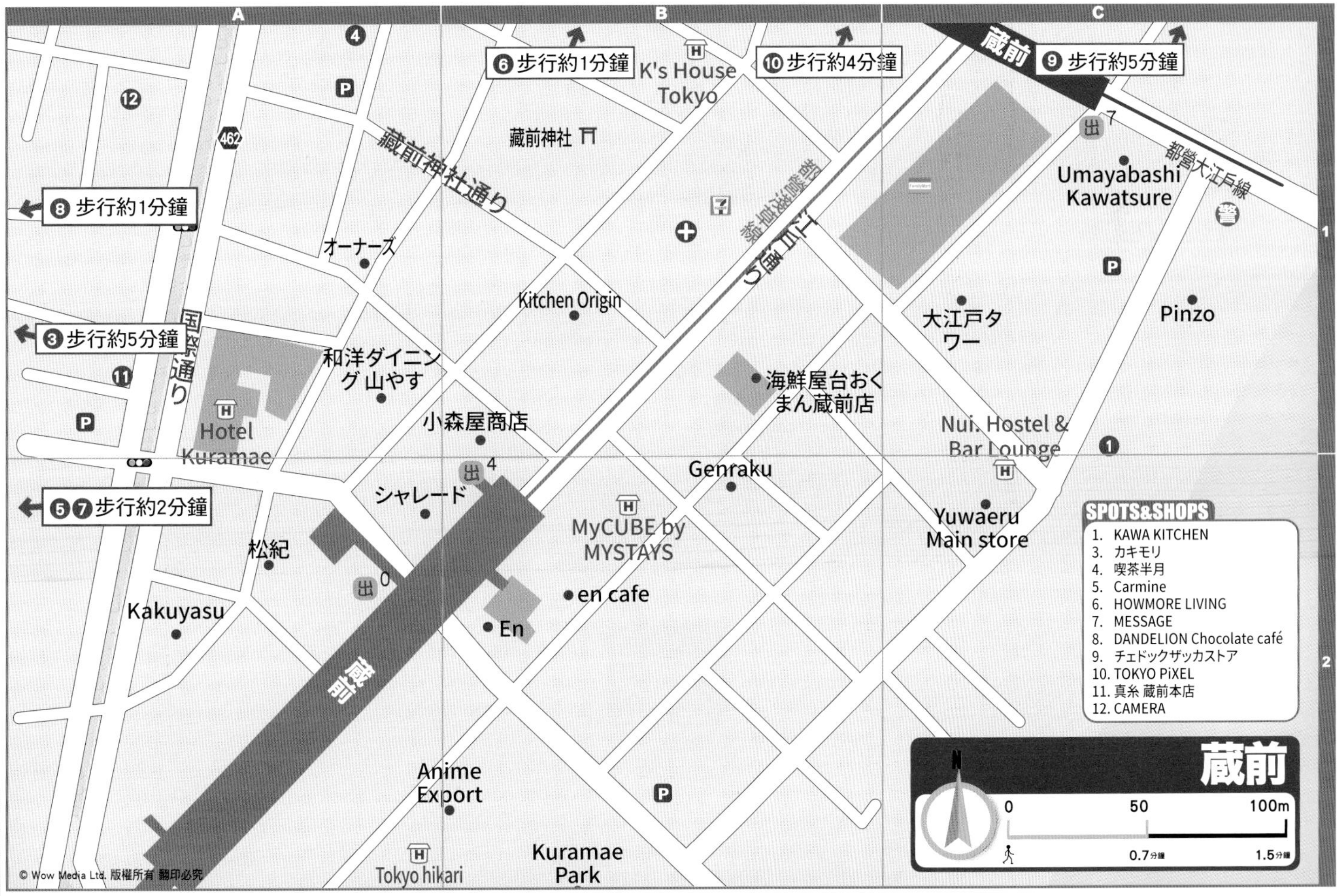
蔵前
❾ 歩行約5分鐘
❻ 歩行約1分鐘
❿ 歩行約4分鐘
❽ 歩行約1分鐘
❸ 歩行約5分鐘
❺❼ 歩行約2分鐘
K's House Tokyo
蔵前神社
蔵前神社通り
都營淺草線
江戶通り
都營大江戶線
Umayabashi Kawatsure
Pinzo
大江戸タワー
海鮮屋台おくまん蔵前店
Nui. Hostel & Bar Lounge
Yuwaeru Main store
Genraku
MyCUBE by MYSTAYS
en cafe
En
Kitchen Origin
オーナーズ
和洋ダイニング 山やす
小森屋商店
シャレード
松紀
Hotel Kuramae
国際通り
Kakuyasu
Anime Export
Tokyo hikari
Kuramae Park
SPOTS&SHOPS
1. KAWA KITCHEN
3. カキモリ
4. 喫茶半月
5. Carmine
6. HOWMORE LIVING
7. MESSAGE
8. DANDELION Chocolate café
9. チェドックザッカストア
10. TOKYO PiXEL
11. 真糸 蔵前本店
12. CAMERA
0 50 100m
0.7分鐘 1.5分鐘

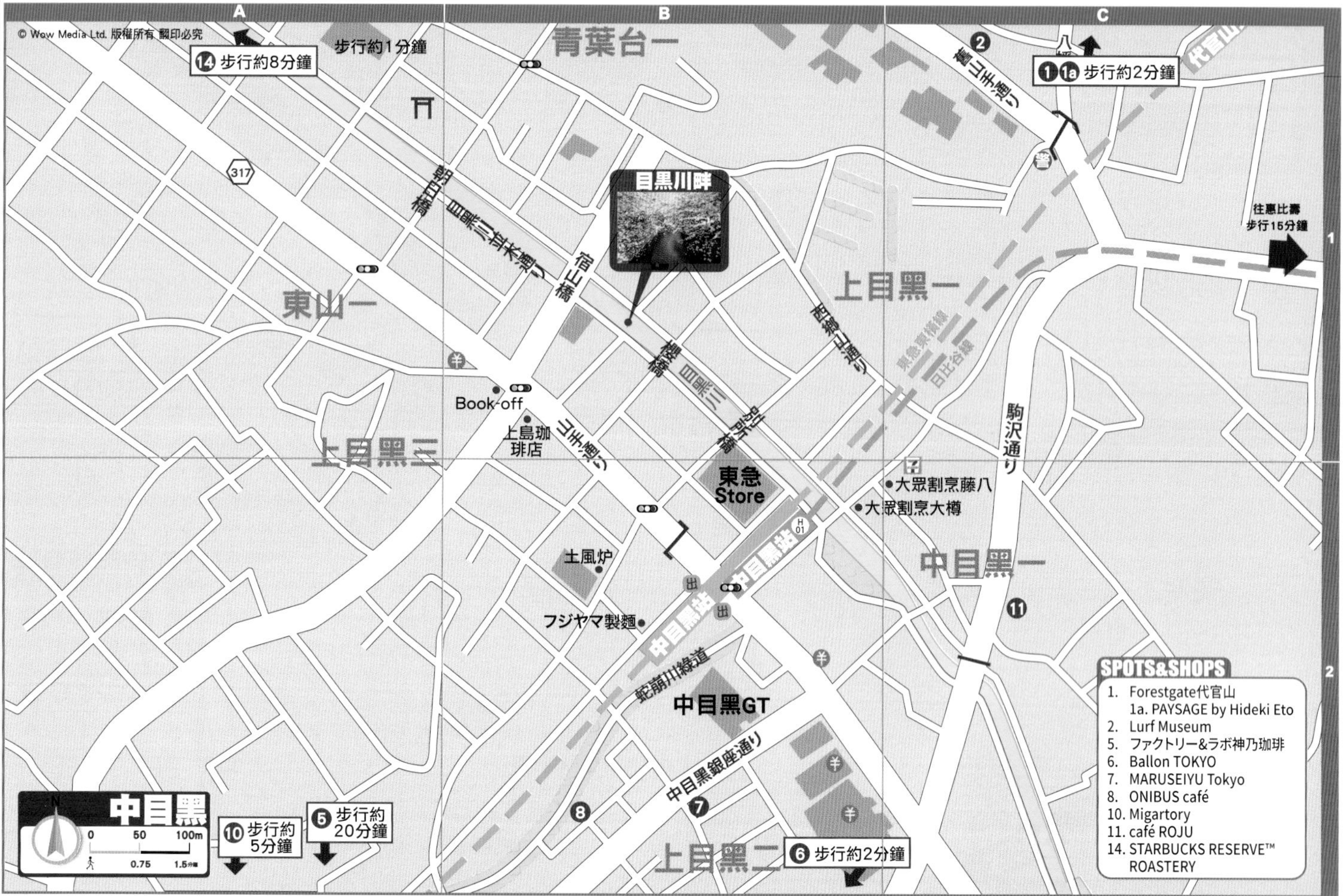
© Wow Media Ltd. 版權所有 翻印必究
14 步行約8分鐘
步行約1分鐘
青葉台一
2
1 1a 步行約2分鐘
舊山手通り
代官山
往惠比壽
步行15分鐘
317
朝日橋
目黑三田長通り
宿山橋
目黑川畔
東山一
上目黑一
駒沢通り
東急東橫線
日比谷線
Book-off
上島珈琲店
山手通り
目黑三
櫻橋
別所橋
上目黑三
東急 Store
大衆割烹藤八
大衆割烹大樽
中目黑站
H 01
中目黑一
土風炉
出
フジヤマ製麵
11
蛇崩川綠道
中目黑GT
中目黑銀座通り
7
8
上目黑二
6 步行約2分鐘
10 步行約 5分鐘
5 步行約 20分鐘
中目黑
0 50 100m
0.75 1.5分鐘
SPOTS&SHOPS
1. Forestgate代官山
1a. PAYSAGE by Hideki Eto
2. Lurf Museum
5. ファクトリー&ラボ神乃珈琲
6. Ballon TOKYO
7. MARUSEIYU Tokyo
8. ONIBUS café
10. Migartory
11. café ROJU
14. STARBUCKS RESERVE™ ROASTERY

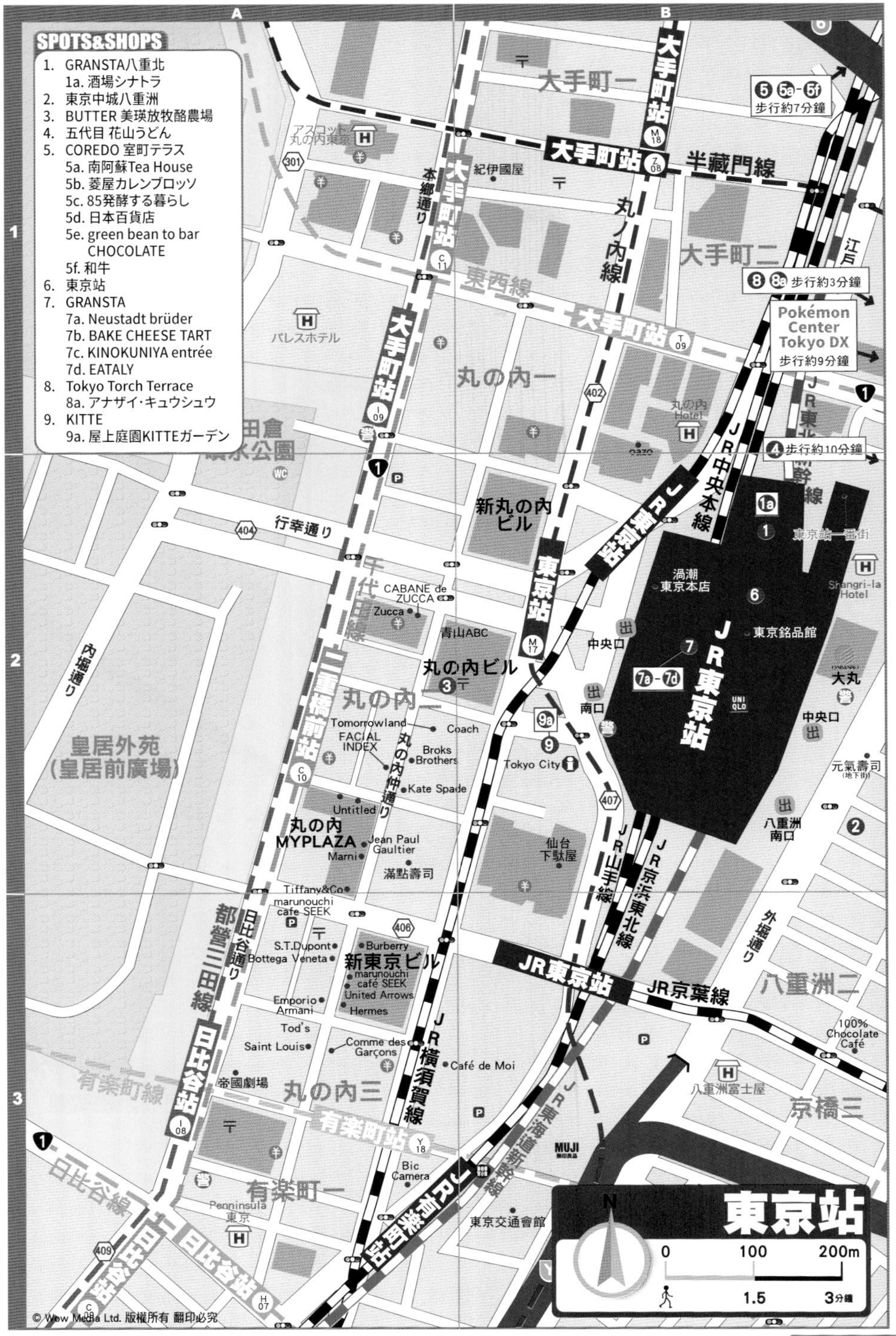
SPOTS&SHOPS
1. GRANSTA八重北
1a. 酒場シナトラ
2. 東京中城八重洲
3. BUTTER 美瑛放牧酪農場
4. 五代目 花山うどん
5. COREDO 室町テラス
5a. 南阿蘇Tea House
5b. 菱屋カレンブロッソ
5c. 85発酵する暮らし
5d. 日本百貨店
5e. green bean to bar CHOCOLATE
5f. 和牛
6. 東京站
7. GRANSTA
7a. Neustadt brüder
7b. BAKE CHEESE TART
7c. KINOKUNIYA entrée
7d. EATALY
8. Tokyo Torch Terrace
8a. アナザイ・キュウシュウ
9. KITTE
9a. 屋上庭園KITTEガーデン
大手町站
半藏門線
大手町一
大手町二
丸ノ内線
東西線
紀伊國屋
本鄉通り
5 5a-5f 步行約7分鐘
8 8a 步行約3分鐘
Pokémon Center Tokyo DX 步行約9分鐘
4 步行約10分鐘
パレスホテル
丸の内一
丸の内 Hotel
新丸の内ビル
行幸通り
東京站
JR中央本線
JR東京站
JR東北新幹線
東京站一番街
渦潮 東京本店
東京銘品館
Shangri-la Hotel
中央口
南口
JR東京站
大丸
CABANE de ZUCCA
Zucca
青山ABC
丸の内ビル
千代田線
二重橋前站
丸の内二
Tomorrowland
Coach
FACIAL INDEX
Broks Brothers
丸の内仲通り
Kate Spade
Tokyo City
Untitled
丸の内 MYPLAZA
Jean Paul Gaultier
Marni
滿點壽司
仙台 下駄屋
JR山手線
JR京浜東北線
八重洲南口
元氣壽司
內堀通り
皇居外苑 (皇居前廣場)
Tiffany&Co
marunouchi cafe SEEK
都營三田線
日比谷通り
S.T.Dupont
Bottega Veneta
Burberry
新東京ビル
marunouchi café SEEK
United Arrows
Hermes
Emporio Armani
Tod's
Saint Louis
Comme des Garçons
Café de Moi
JR東京站
JR京葉線
外堀通り
八重洲二
100% Chocolate Café
八重洲富士屋
京橋三
有楽町線
帝國劇場
丸の内三
JR橫須賀線
有楽町站
日比谷站
JR東海道新幹線
MUJI
日比谷線
Bic Camera
有楽町一
Penninsula 東京
JR有楽町站
東京交通會館
東京站
0 100 200m
1.5 3分鐘

六本木
0
100
200m
1.5分鐘
3分鐘
光闡山道教寺
赤坂五
赤坂
C 06
2 步行約3分鐘
赤坂七
都營大江戶線
乃木神社
3 6 步行約3分鐘
千代田線
赤坂六
水川神社
Ritz-Carlton
9
9a-9b
1
心臟血管研究所附屬醫院
4
外苑東通り
赤坂九
六本木站
E 24
一蘭
Hotel Ibis
Otsuna壽司
六本木七
六本木西公園
The b Roppongi
壽司割烹嘉
H 04
六本木站
8
六本木三
319
西麻布一
青山ABC
7
天下一品
日比谷線
朝日神社
渋88
都01
深夜01
(新橋方向)
六本木通り
Pintokona
Metro Hat
5 直行至西麻布十字路口約5分鐘
渋88
都01
深夜01
都01折返
(渋谷方向)
福鮨
西安刀削麵
Cafe Frangipani
RH01
都01折返
鮨青山
Grand Hyatt Tokyo
六本木Hills
芋洗坂
鳥居坂
南北線
テレビ朝日通り
櫻田神社
けやき坂通り (Keyakizaka Dori)
RH01
都01折返
Louis Vuitton
Le Chocolat De
さくら坂
六本木五
六本木六
SPOTS&SHOPS
1. 入鹿TOKYO
2. Flower market Tea house赤坂
3. Little Darling Coffee Roasters
4. 國立新美術館
5. KUSHI·SOBA権八
6. all good flowers
7. yelo
8. Bunkitsu 文喫
9. Tokyo Midtown
9a. 平田牧場
9b. GARDEN

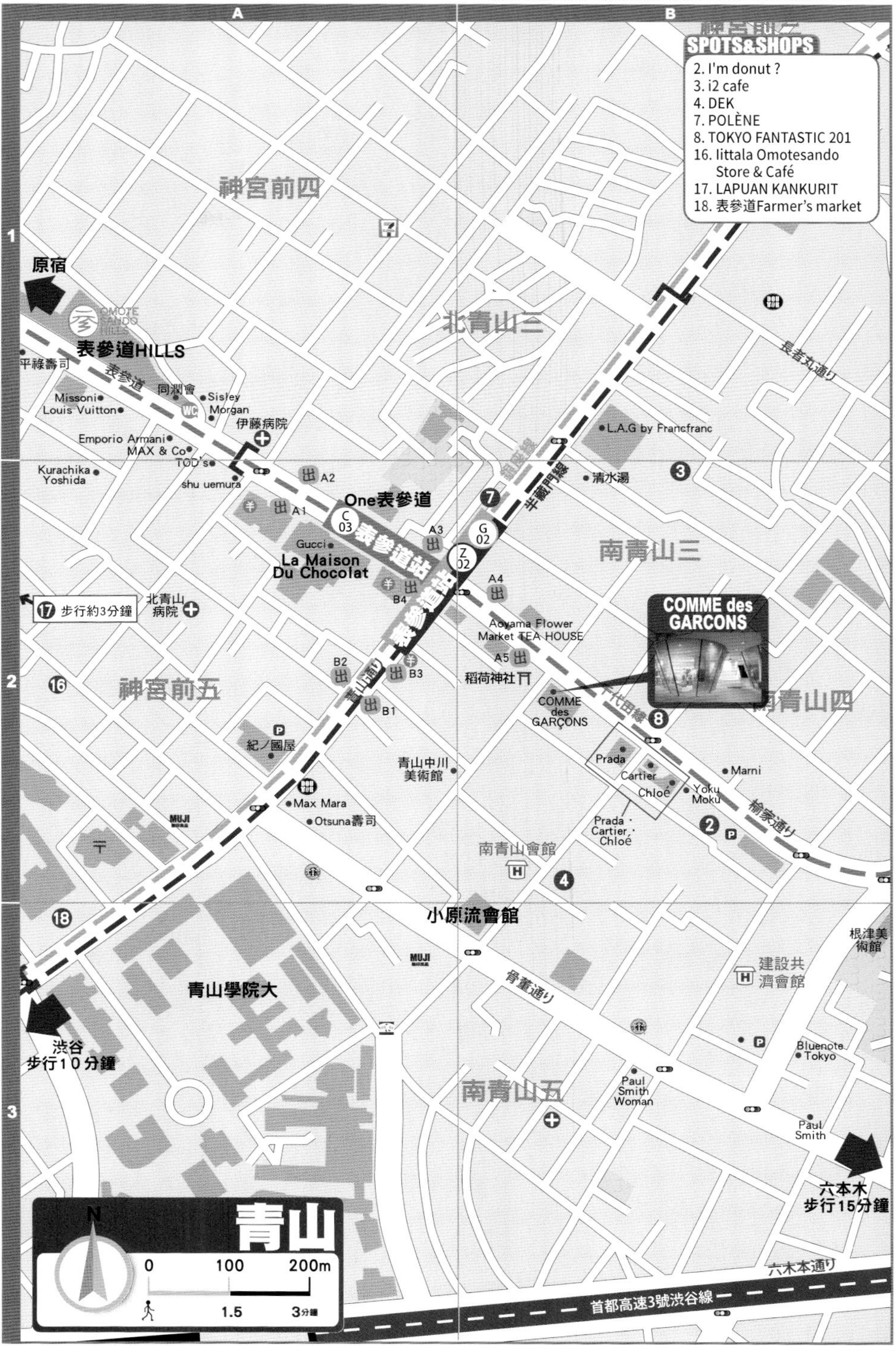

SPOTS&SHOPS
2. I'm donut ?
3. i2 cafe
4. DEK
7. POLÈNE
8. TOKYO FANTASTIC 201
16. Iittala Omotesando Store & Café
17. LAPUAN KANKURIT
18. 表参道Farmer's market
神宮前四
北青山三
原宿
表参道HILLS
平祿壽司
表参道
同潤會
Sisley
Morgan
Missoni
Louis Vuitton
伊藤病院
Emporio Armani
MAX & Co
TOD's
Kurachika Yoshida
shu uemura
One表参道
表参道站
Gucci
La Maison Du Chocolat
北青山病院
17 步行約3分鐘
南青山三
L.A.G by Francfranc
清水湯
銀座線
半藏門線
Aoyama Flower Market TEA HOUSE
稲荷神社
COMME des GARCONS
COMME des GARÇONS
千代田線
南青山四
神宮前五
青山通り
紀ノ國屋
青山中川美術館
Max Mara
Otsuna壽司
Prada
Cartier
Chloé
Yoku Moku
Marni
骨董通り
Prada・Cartier・Chloé
南青山會館
長者丸通り
小原流會館
青山學院大
渋谷
步行10分鐘
根津美術館
建設共濟會館
Bluenote Tokyo
Paul Smith Woman
Paul Smith
南青山五
六本木
步行15分鐘
六本木通り
首都高速3號渋谷線
青山
0 100 200m
1.5 3分鐘

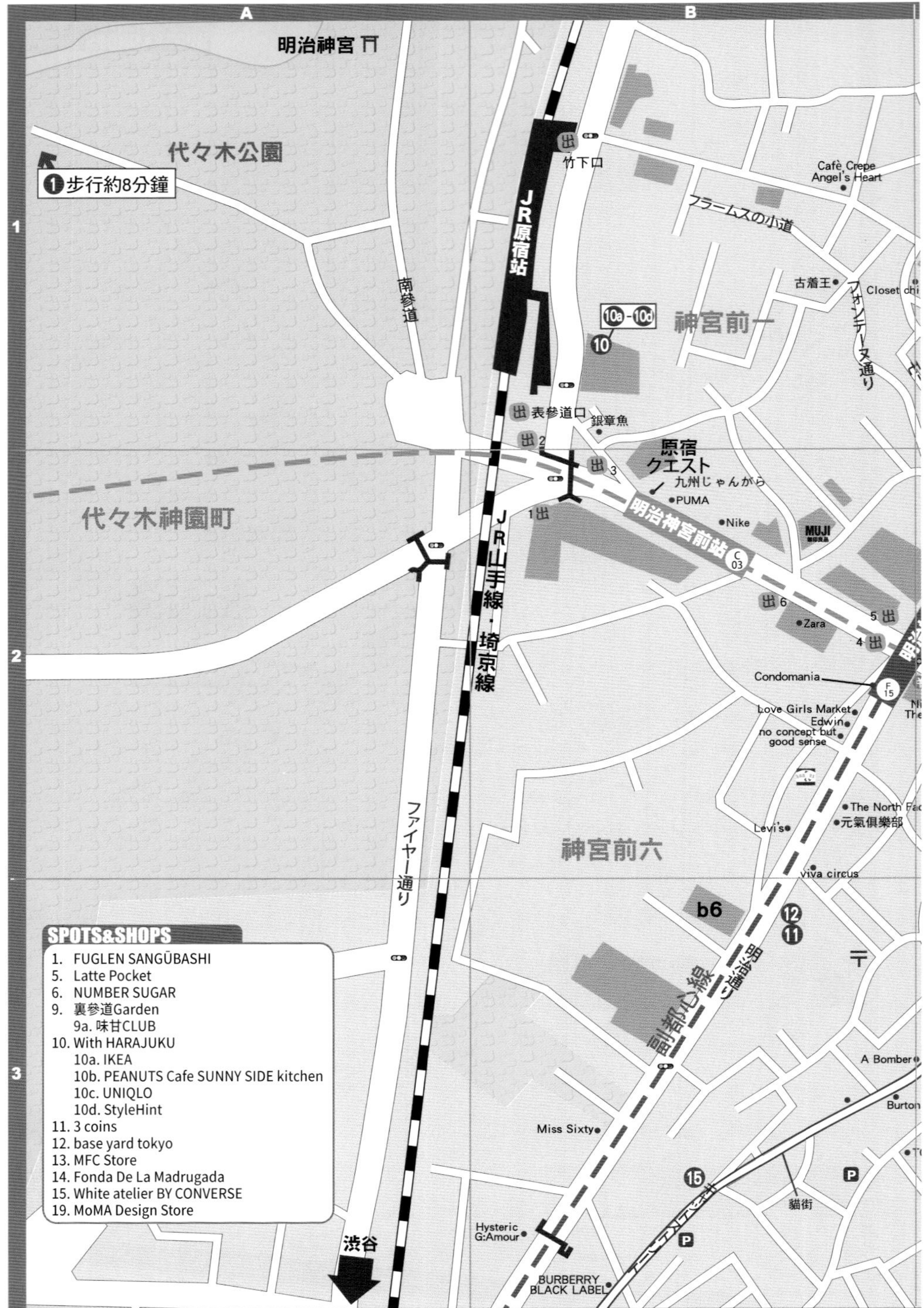

A
B
1
2
3
明治神宮
代々木公園
❶步行約8分鐘
竹下口
Cafè Crepe Angel's Heart
フラームスの小道
古着王
Closet chi
フォンテーヌ通り
南參道
JR原宿站
10a-10d
10
神宮前一
表參道口
銀章魚
原宿クエスト
九州じゃんがら
PUMA
Nike
MUJI
明治神宮前站
C 03
代々木神園町
JR山手線・埼京線
出 6
Zara
5 出
4 出
Condomania
F 15
Love Girls Market
Edwin
no concept but good sense
The North Face
元氣俱樂部
Levi's
神宮前六
viva circus
ファイヤー通り
b6
12
11
明治通り
副都心線
A Bomber
Burton
Miss Sixty
15
P
貓街
Hysteric G:Amour
BURBERRY BLACK LABEL
渋谷
SPOTS&SHOPS
1. FUGLEN SANGŪBASHI
5. Latte Pocket
6. NUMBER SUGAR
9. 裏参道Garden
9a. 味甘CLUB
10. With HARAJUKU
10a. IKEA
10b. PEANUTS Cafe SUNNY SIDE kitchen
10c. UNIQLO
10d. StyleHint
11. 3 coins
12. base yard tokyo
13. MFC Store
14. Fonda De La Madrugada
15. White atelier BY CONVERSE
19. MoMA Design Store

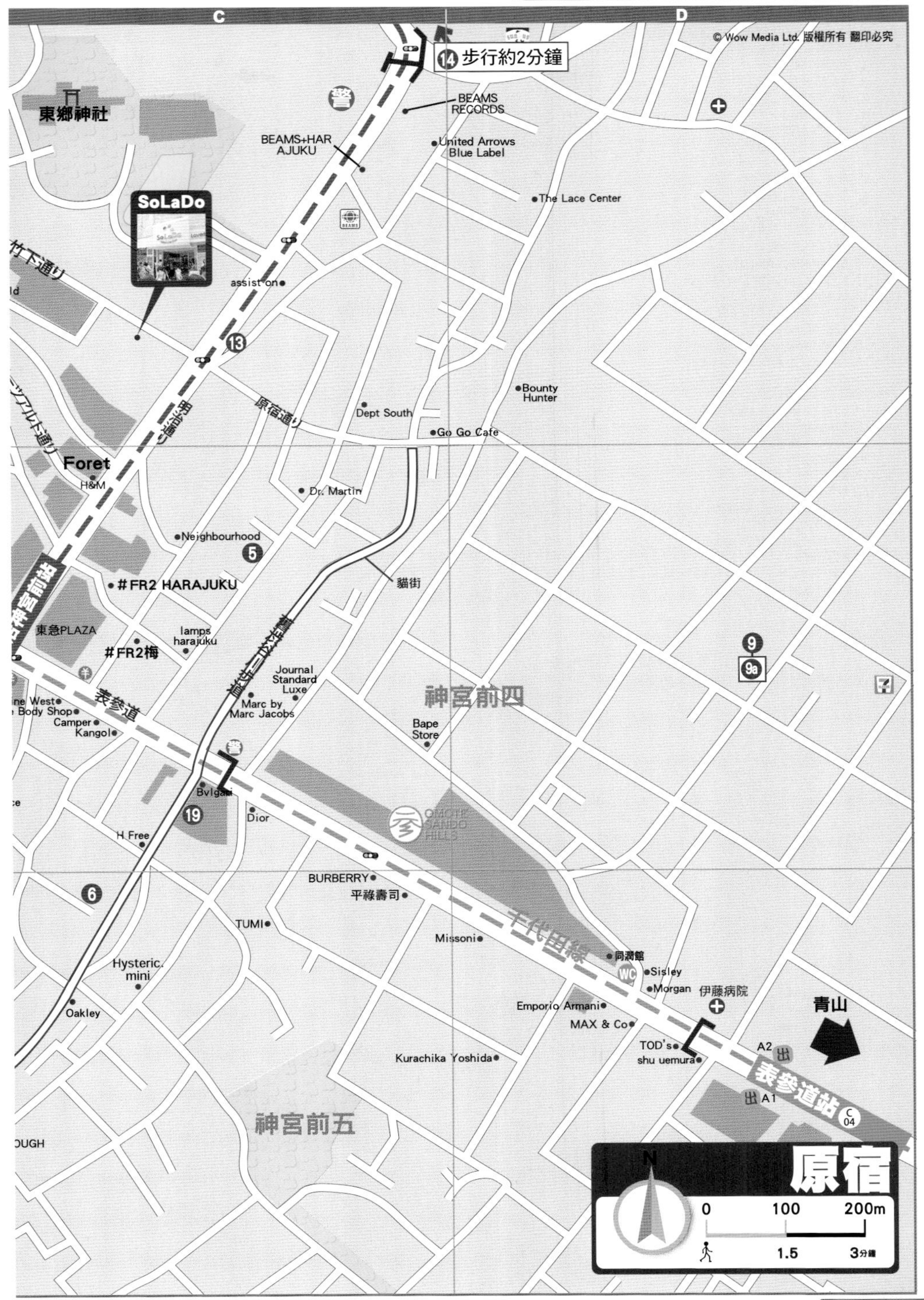
C
D
© Wow Media Ltd. 版權所有 翻印必究
14 步行約2分鐘
東鄉神社
BEAMS RECORDS
BEAMS+HARAJUKU
United Arrows Blue Label
SoLaDo
The Lace Center
竹下通り
assist on
13
明治通り
原宿通り
Bounty Hunter
Dept South
Go Go Cafe
Foret
H&M
Dr. Martin
Neighbourhood
5
貓街
#FR2 HARAJUKU
東急PLAZA
lamps harajuku
#FR2梅
Journal Standard Luxe
Marc by Marc Jacobs
表參道
Camper
Kangol
Bape Store
神宮前四
9
9a
Bvlgari
19
Dior
OMOTE SANDO HILLS
H Free
BURBERRY
平祿壽司
6
TUMI
Missoni
千代田線
同潤館
Sisley
Morgan
伊藤病院
青山
Hysteric mini
Oakley
Emporio Armani
MAX & Co
TOD's
shu uemura
A2
A1
表參道站
C 04
Kurachika Yoshida
神宮前五
原宿
N
0 100 200m
1.5 3分鐘

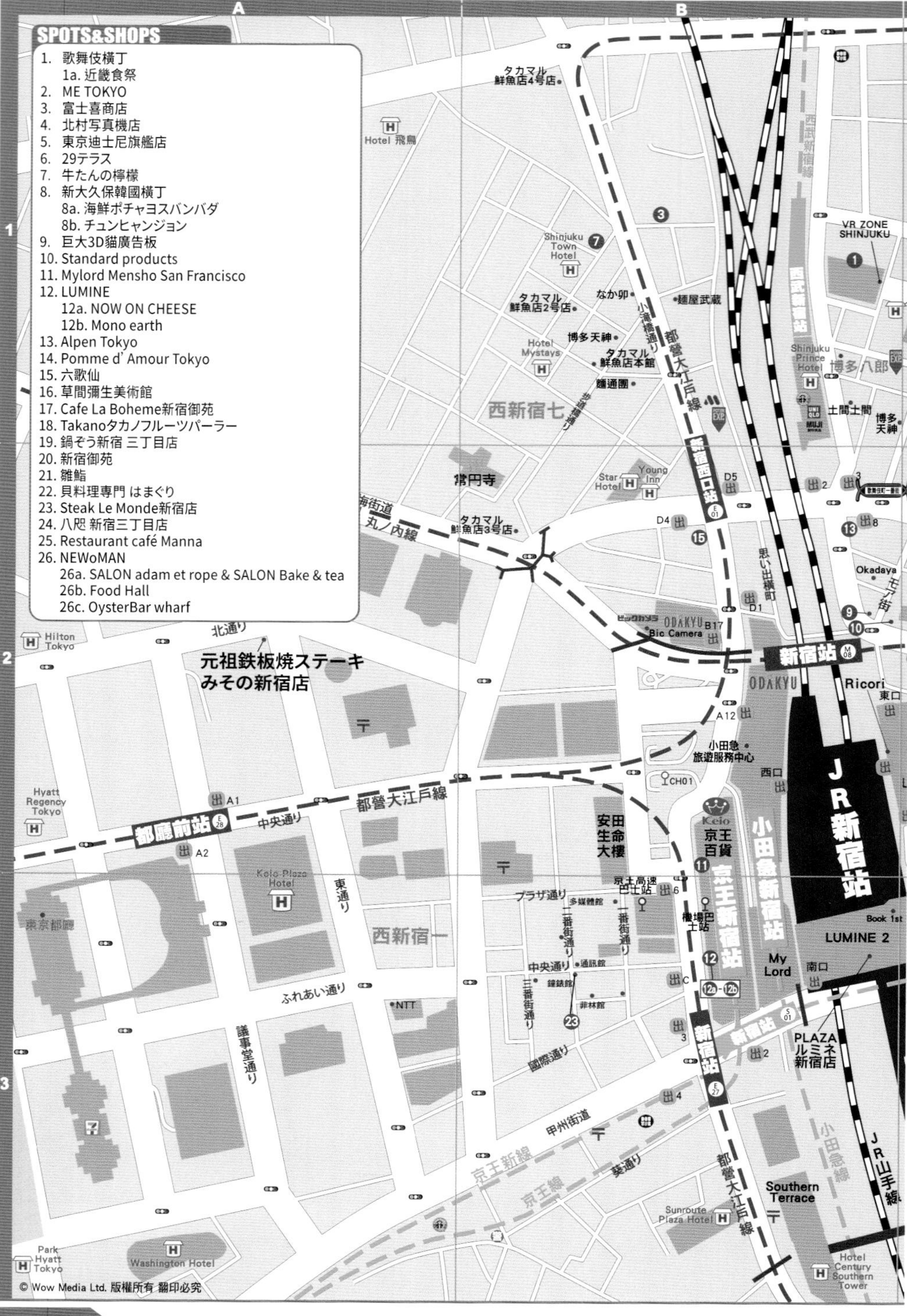
SPOTS&SHOPS
1. 歌舞伎横丁
1a. 近畿食祭
2. ME TOKYO
3. 富士喜商店
4. 北村写真機店
5. 東京迪士尼旗艦店
6. 29テラス
7. 牛たんの檸檬
8. 新大久保韓國横丁
8a. 海鮮ポチャヨスバンバダ
8b. チュンヒャンジョン
9. 巨大3D貓廣告板
10. Standard products
11. Mylord Mensho San Francisco
12. LUMINE
12a. NOW ON CHEESE
12b. Mono earth
13. Alpen Tokyo
14. Pomme d' Amour Tokyo
15. 六歌仙
16. 草間彌生美術館
17. Cafe La Boheme新宿御苑
18. Takanoタカノフルーツパーラー
19. 鍋ぞう新宿 三丁目店
20. 新宿御苑
21. 雛鮨
22. 貝料理専門 はまぐり
23. Steak Le Monde新宿店
24. 八咫 新宿三丁目店
25. Restaurant café Manna
26. NEWoMAN
26a. SALON adam et rope & SALON Bake & tea
26b. Food Hall
26c. OysterBar wharf
元祖鉄板焼ステーキ
みその新宿店
新宿西口站
新宿站
都廳前站
JR新宿站
京王新宿站
小田急新宿站
西武新宿站
都營大江戶線
丸ノ内線
西新宿七
西新宿一
常円寺
安田生命大樓
京王百貨
LUMINE 2
My Lord
PLAZA ルミネ新宿店
Southern Terrace
Hilton Tokyo
Hyatt Regency Tokyo
Keio Plaza Hotel
Park Hyatt Tokyo
Washington Hotel
Sunroute Plaza Hotel
Hotel Century Southern Tower
Shinjuku Prince Hotel
Shinjuku Town Hotel
Hotel Mystays
Star Hotel
Young Inn
Hotel 飛鳥
VR ZONE SHINJUKU
Bic Camera
ODAKYU
Ricori
Okadaya
小田急旅遊服務中心
京王高速巴士站
東京都廳
中央通り
北通り
東通り
議事堂通り
ふれあい通り
甲州街道
国際通り
小滝橋通り
思い出横町
JR山手線
京王新線
京王線
小田急線

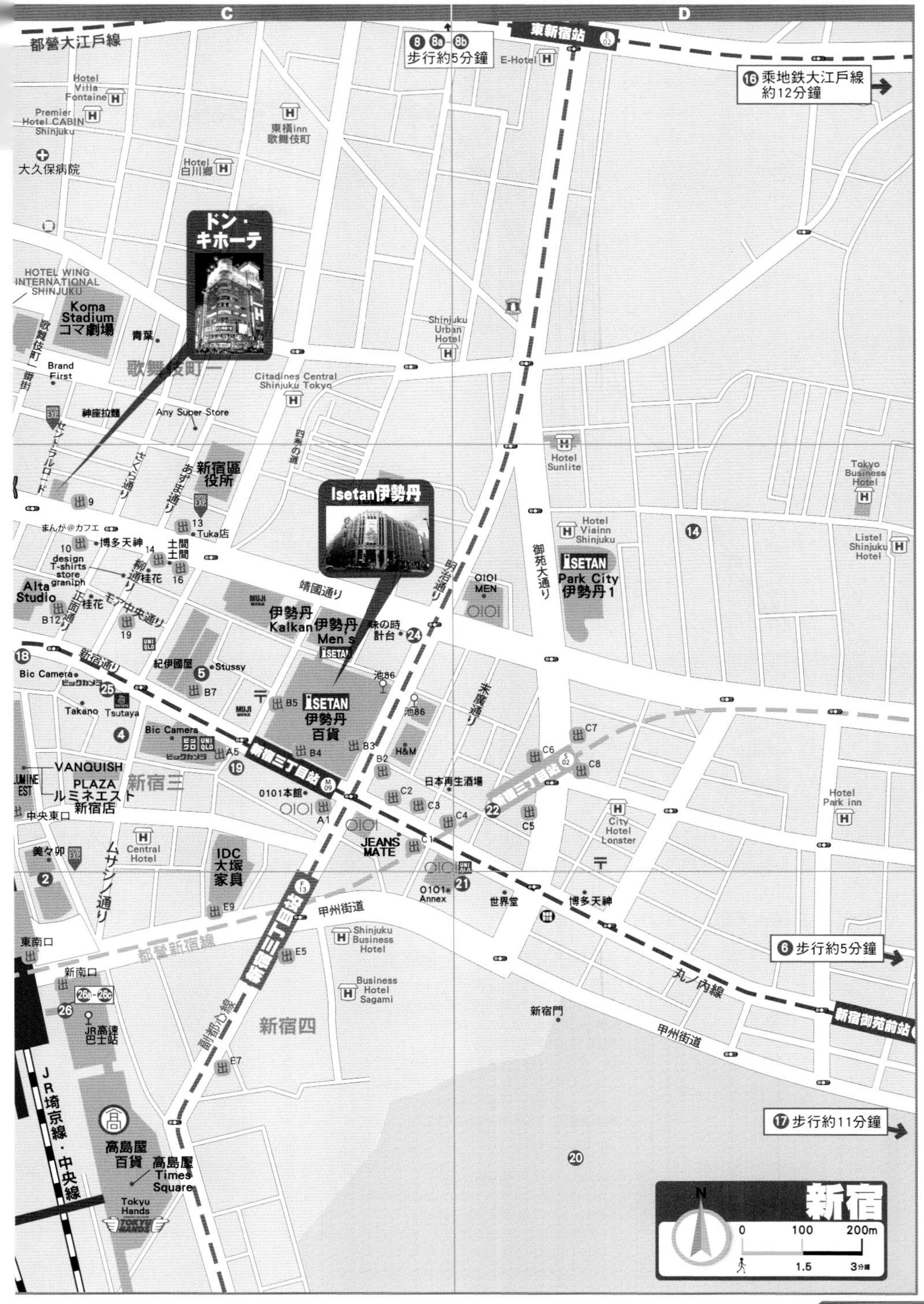

C
D
都營大江戶線
8 8a-8b 步行約5分鐘
東新宿站
E-Hotel
16 乘地鉄大江戶線 約12分鐘
Hotel Villa Fontaine
Premier Hotel CABIN Shinjuku
東横inn 歌舞伎町
大久保病院
Hotel 白川郷
ドン・キホーテ
HOTEL WING INTERNATIONAL SHINJUKU
Koma Stadium コマ劇場
青葉
歌舞伎町一番街
Brand First
歌舞伎町一
Shinjuku Urban Hotel
Citadines Central Shinjuku Tokyo
神座拉麵
Any Super Store
セントラルロード
さくら通り
あずま通り
新宿區役所
四季の道
Hotel Sunlite
Tokyo Business Hotel
Isetan伊勢丹
Hotel Viainn Shinjuku
14
Listel Shinjuku Hotel
まんが@カフエ
13 Tuka店
博多天神
10 design T-shirts store graniph
14 土間土間
柳通桂花
16
御苑大通
ISETAN Park City 伊勢丹1
明治通り
0101 MEN
靖國通り
Alta Studio
正面通り
桂花
モア中央通り
B12
19
伊勢丹 Kalkan
伊勢丹 Men's
味の時計台
24
18
新宿通り
Bic Camera
紀伊國屋
5
Stussy
25
B7
池86
Takano
Tsutaya
B5
ISETAN 伊勢丹百貨
池86
末廣通り
4
Bic Camera
A5
B4
B3
H&M
C7
VANQUISH
19
新宿三丁目站
B2
C6
C8
LUMINE EST
PLAZA
ルミネエスト新宿店
新宿三
日本再生酒場
0101本館
A1
C2
C3
新宿三丁目站
22
C5
Hotel Park inn
中央東口
C4
City Hotel Lonster
美々卯
Central Hotel
ムサシノ通り
IDC 大塚家具
JEANS MATE
C1
2
0101 Annex
21
世界堂
博多天神
E9
甲州街道
新宿三丁目站
Shinjuku Business Hotel
東南口
都營新宿線
E5
6 步行約5分鐘
丸ノ内線
新南口
26a-26c
Business Hotel Sagami
26
新宿御苑前站
JR高速巴士站
新宿四
新宿門
甲州街道
副都心線
E7
JR埼京線・中央線
17 步行約11分鐘
高島屋百貨
高島屋 Times Square
20
Tokyu Hands
新宿
N
0 100 200m
1.5 3分鐘

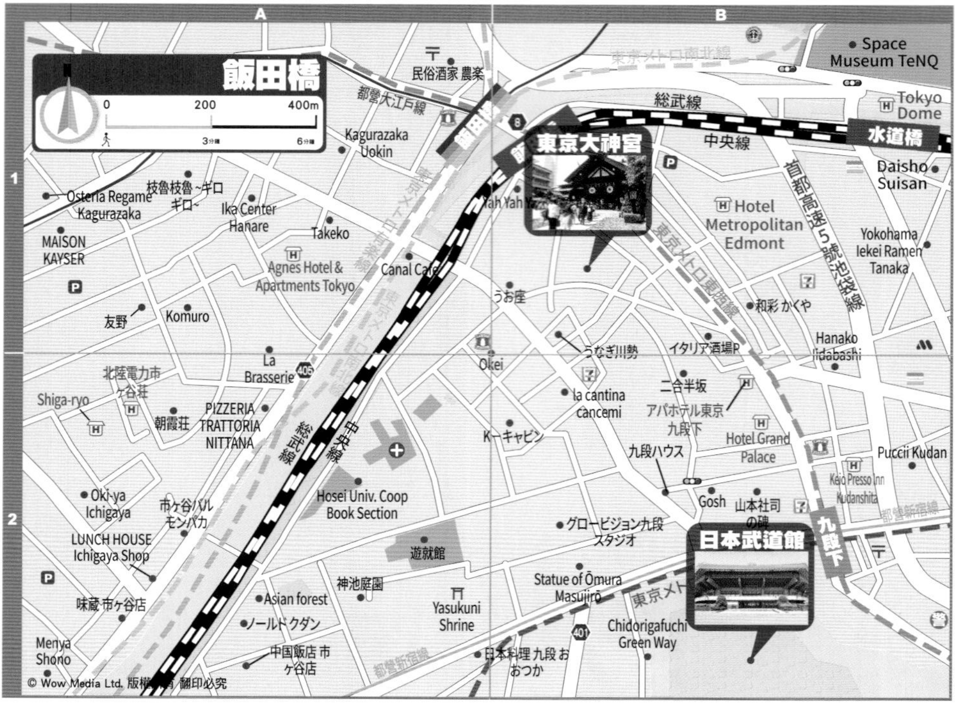

飯田橋

0 200 400m
3分 6分

A B 1 2

Space Museum TeNQ
東京メトロ南北線
民俗酒家 農家
都営大江戸線
総武線
Tokyo Dome
飯田橋
東京大神宮
中央線
水道橋
Kagurazaka Uokin
Daisho Suisan
Osteria Regame Kagurazaka
枝魯枝魯～ギロギロ～
Ika Center Hanare
Yah Yah
Hotel Metropolitan Edmont
首都高速5號池袋線
MAISON KAYSER
Takeko
Agnes Hotel & Apartments Tokyo
Canal Cafe
東京メトロ東西線
Yokohama Iekei Ramen Tanaka
うお座
和彩 かくや
友野
Komuro
うなぎ川勢
イタリア酒場P
Hanako Iidabashi
La Brasserie
Okei
北陸電力市ケ谷荘
la cantina cancemi
二合半坂
Shiga-ryo
朝霞荘
PIZZERIA TRATTORIA NITTANA
アパホテル東京九段下
総武線
中央線
K－キャビン
Hotel Grand Palace
九段ハウス
Pucci Kudan
Oki-ya Ichigaya
市ケ谷バル モンパカ
Hosei Univ. Coop Book Section
Keio Presso Inn Kudanshita
Gosh
山本社司の碑
都営新宿線
LUNCH HOUSE Ichigaya Shop
グロービジョン九段スタジオ
遊就館
九段下
日本武道館
神池庭園
Statue of Ōmura Masujirō
味蔵 市ケ谷店
Asian forest
Yasukuni Shrine
東京メトロ
ノールドクダン
Chidorigafuchi Green Way
Menya Shono
中国飯店 市ケ谷店
都営新宿線
日本料理 九段 おおつか

WOW! 東京達人天書2025-26 東京

MIMARU東京 上野EAST

P316

優惠：預約時輸入優惠碼「mimaru_tatsujin」，即可享95折優惠
地址：東京都台東区東上野4-26-3
網址：mimaruhotels.com/zh_CHT/
電話：(81)03-5811-1677
註： 1. 入住期間為2024年7月1日至2025年3月31日
2. 最多可享2-6晚優惠（POKEMON房除外，可與會員優惠併用）
有效期限：31st March 2025

5% off

優惠條款

Terms and Conditions:

- Cannot be used in conjunction with other offers
- Wow is not responsible for any of the products/services
- All disputes are subject to the final decision of merchants companies
- One coupon for 1 person only
- This coupon could not be photocopied

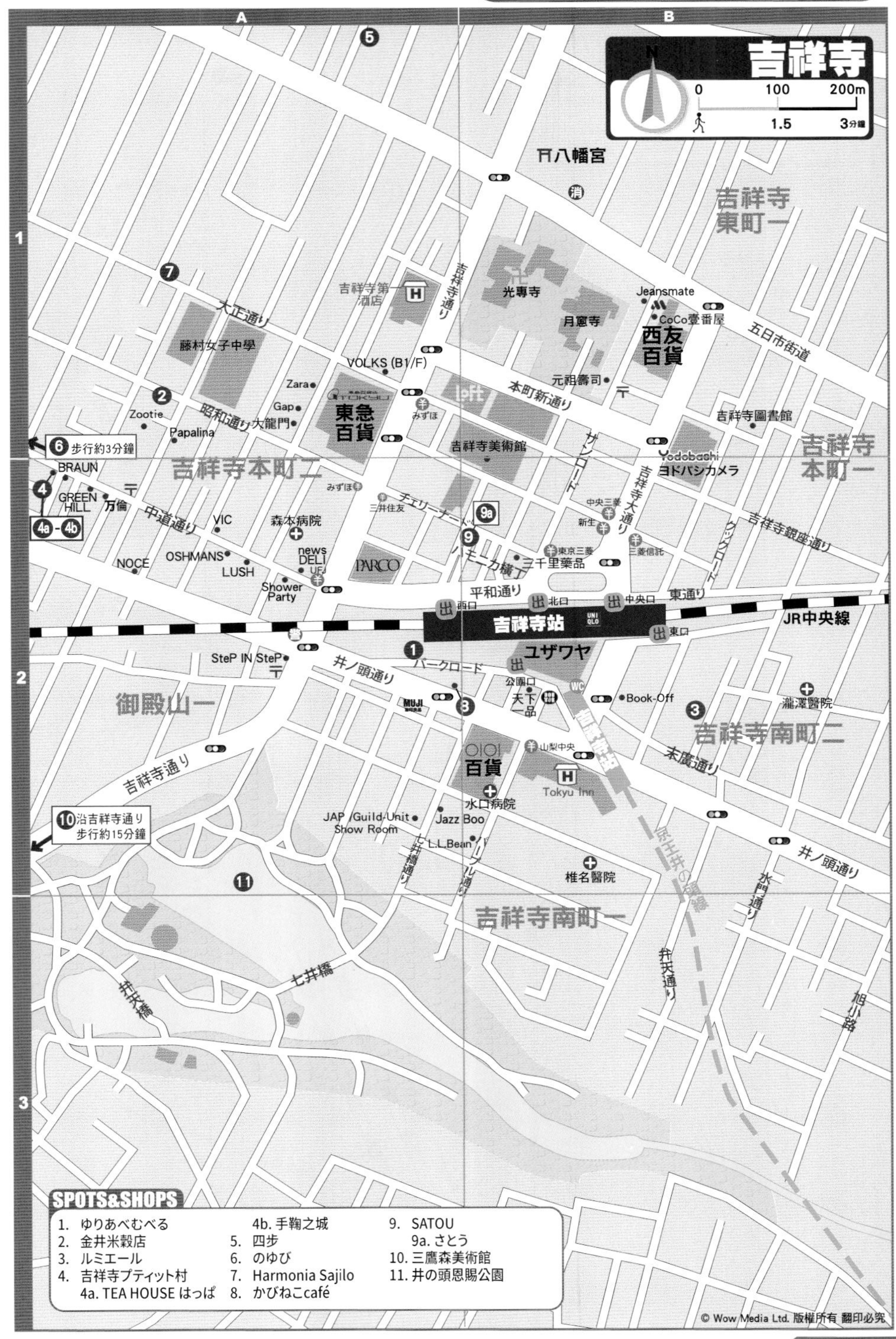

SPOTS&SHOPS

1. ゆりあべむべる
2. 金井米穀店
3. ルミエール
4. 吉祥寺プティット村
   4a. TEA HOUSE はっぱ
   4b. 手鞠之城
5. 四歩
6. のゆび
7. Harmonia Sajilo
8. かびねこcafé
9. SATOU
   9a. さとう
10. 三鷹森美術館
11. 井の頭恩賜公園

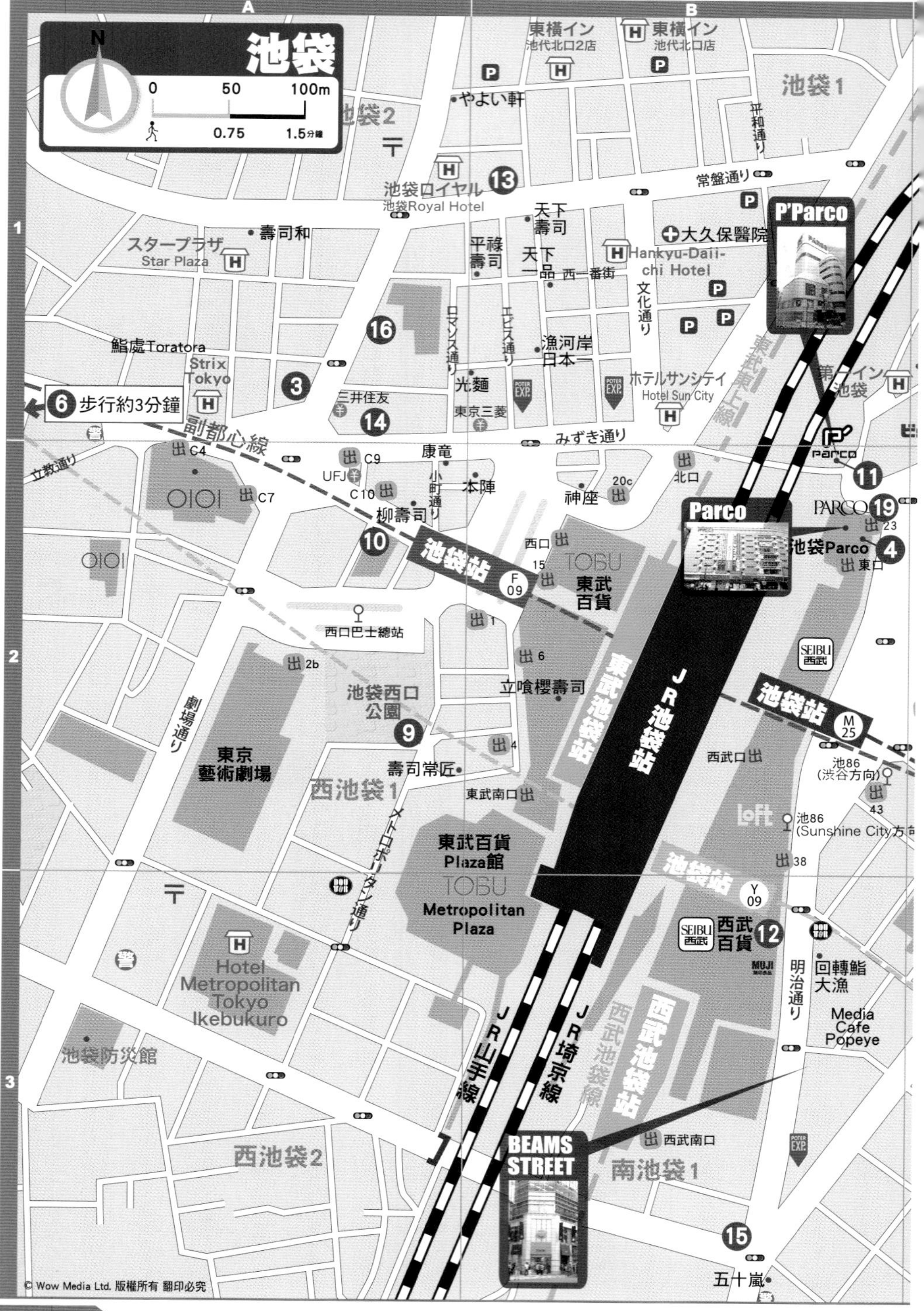

池袋
0
50
100m
0.75
1.5分鐘
東橫イン 池代北口2店
東橫イン 池代北口店
池袋1
池袋2
やよい軒
平和通り
常盤通り
池袋ロイヤル 池袋Royal Hotel
13
天下壽司
平祿壽司
天下一品
西一番街
大久保醫院
Hankyu-Daiichi Hotel
P'Parco
スタープラザ Star Plaza
壽司和
文化通り
16
ロマンス通り
エビス通り
漁河岸日本一
鮨處Toratora
Strix Tokyo
3
光麵
ホテルサンシティ Hotel Sun City
東武東上線
第一イン池袋
6 步行約3分鐘
三井住友
14
東京三菱
副都心線
みずき通り
Parco
C4
C9
康竜
北口
11
立教通り
UFJ
小町通り
本陣
20c
神座
C7
C10
柳壽司
PARCO
19
10
池袋站
F 09
西口
15
TOBU
東武百貨
Parco
23
池袋Parco
4
東口
1
西口巴士總站
SEIBU 西武
2b
6
東武池袋站
JR池袋站
立喰櫻壽司
劇場通り
池袋西口公園
池袋站
M 25
9
4
東京藝術劇場
壽司常匠
西武口
池86 (渋谷方向)
西池袋1
東武南口
43
Loft
池86 (Sunshine City方向)
メトロポリタン通り
東武百貨 Plaza館
TOBU
Metropolitan Plaza
38
池袋站
Y 09
SEIBU 西武
西武百貨
12
MUJI
明治通り
回轉鮨大漁
Hotel Metropolitan Tokyo Ikebukuro
JR山手線
JR埼京線
西武池袋線
西武池袋站
Media Cafe Popeye
池袋防災館
BEAMS STREET
西武南口
西池袋2
南池袋1
15
五十嵐
A
B
1
2
3

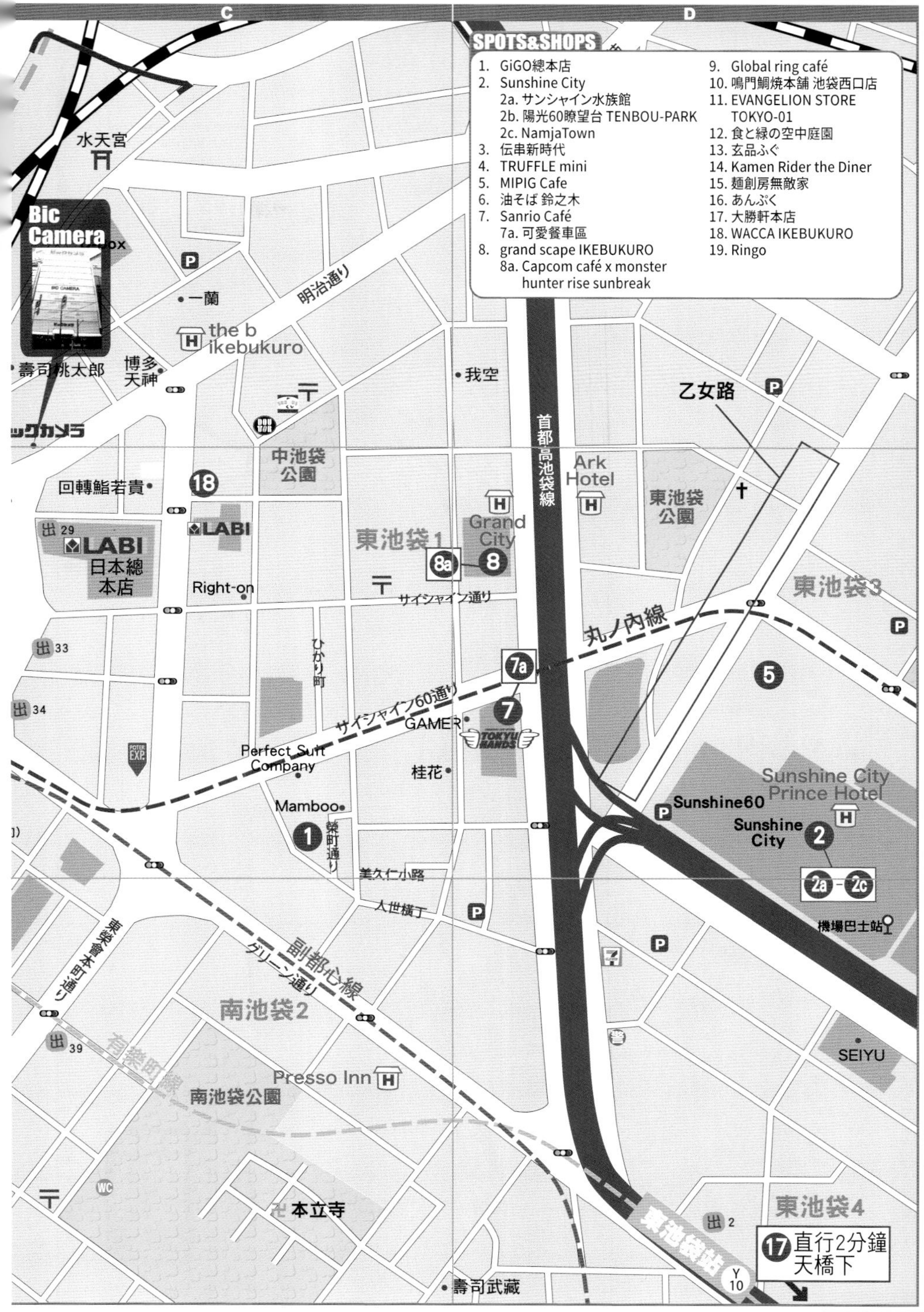

C
D
SPOTS&SHOPS
1. GiGO總本店
2. Sunshine City
2a. サンシャイン水族館
2b. 陽光60瞭望台 TENBOU-PARK
2c. NamjaTown
3. 伝串新時代
4. TRUFFLE mini
5. MIPIG Cafe
6. 油そば 鈴之木
7. Sanrio Café
7a. 可愛餐車區
8. grand scape IKEBUKURO
8a. Capcom café x monster hunter rise sunbreak
9. Global ring café
10. 鳴門鯛焼本舗 池袋西口店
11. EVANGELION STORE TOKYO-01
12. 食と緑の空中庭園
13. 玄品ふぐ
14. Kamen Rider the Diner
15. 麵創房無敵家
16. あんぷく
17. 大勝軒本店
18. WACCA IKEBUKURO
19. Ringo
水天宮
Bic Camera
明治通り
一蘭
the b ikebukuro
壽司桃太郎
博多天神
我空
乙女路
首都高池袋線
中池袋公園
Ark Hotel
東池袋公園
回轉鮨若貴
LABI
日本總本店
Grand City
東池袋1
東池袋3
Right-on
サイシャイン通り
丸ノ内線
ひかり町
サイシャイン60通り
GAMER
Perfect Suit Company
桂花
Mamboo
榮町通り
美久仁小路
人世横丁
Sunshine60
Sunshine City Prince Hotel
Sunshine City
機場巴士站
東京會本町通り
グリーン通り
副都心線
南池袋2
有樂町線
Presso Inn
南池袋公園
SEIYU
本立寺
東池袋4
東池袋站
壽司武藏
17 直行2分鐘 天橋下

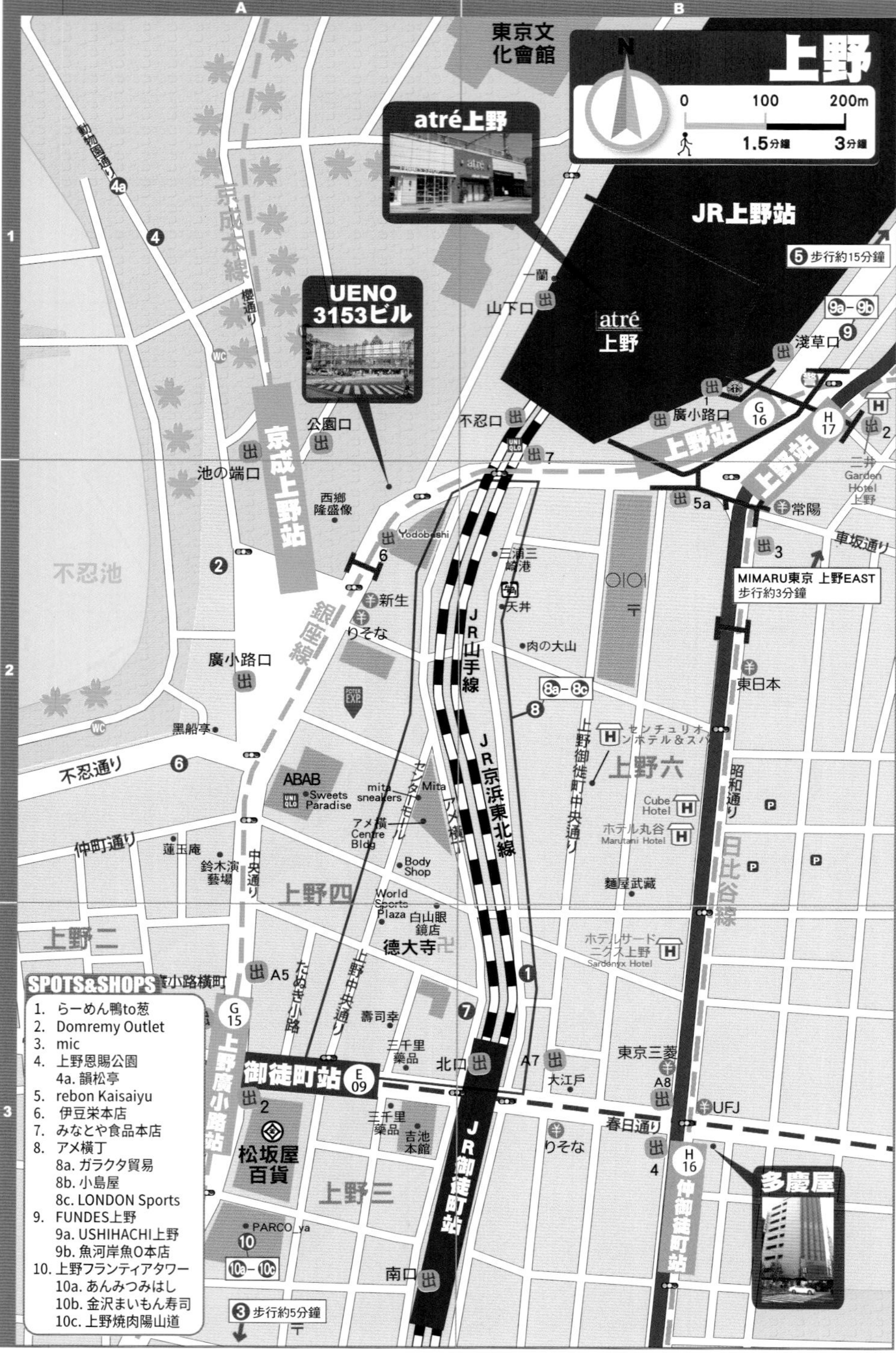
上野
0 100 200m
1.5分鐘 3分鐘
東京文化會館
atré上野
JR上野站
⑤ 步行約15分鐘
9a–9b
淺草口
UENO 3153ビル
京成本線
櫻通り
動物園通り
4a
4
一蘭
山下口
atré 上野
公園口
廣小路口
G 16
H 17
上野站
不忍口
池の端口
京成上野站
西鄉隆盛像
Yodobashi
6
7
5a
常陽
三井 Garden Hotel 上野
3
車坂通り
不忍池
2
三浦三崎港
天丼
MIMARU東京 上野EAST
步行約3分鐘
新生
りそな
銀座線
JR山手線
肉の大山
東日本
廣小路口
8a–8c
8
JR京浜東北線
センチュリオンホテル&スパ
上野御徒町中央通り
黒船亭
不忍通り
6
上野六
ABAB
Sweets Paradise
mita sneakers
Mita
センターモール
アメ横
昭和通り
Cube Hotel
アメ横 Centre Bldg
ホテル丸谷 Marutani Hotel
仲町通り
蓮玉庵
鈴木演藝場
中央通り
Body Shop
日比谷線
麺屋武蔵
上野四
World Sports Plaza
白山眼鏡店
上野二
德大寺
ホテルサードニクス上野 Sardonyx Hotel
A5
廣小路橫町
たぬき小路
上野中央通り
1
SPOTS&SHOPS
1. らーめん鴨to葱
2. Domremy Outlet
3. mic
4. 上野恩賜公園
4a. 韻松亭
5. rebon Kaisaiyu
6. 伊豆栄本店
7. みなとや食品本店
8. アメ橫丁
8a. ガラクタ貿易
8b. 小島屋
8c. LONDON Sports
9. FUNDES上野
9a. USHIHACHI上野
9b. 魚河岸魚〇本店
10. 上野フランティアタワー
10a. あんみつみはし
10b. 金沢まいもん寿司
10c. 上野焼肉陽山道
G 15
上野廣小路站
壽司幸
7
三千里藥品
北口
A7
東京三菱
御徒町站
E 09
大江戸
A8
2
UFJ
三千里藥品
吉池本館
りそな
春日通り
松坂屋百貨
4
H 16
仲御徒町站
多慶屋
JR御徒町站
上野三
PARCO_ya
10
10a–10c
南口
③ 步行約5分鐘

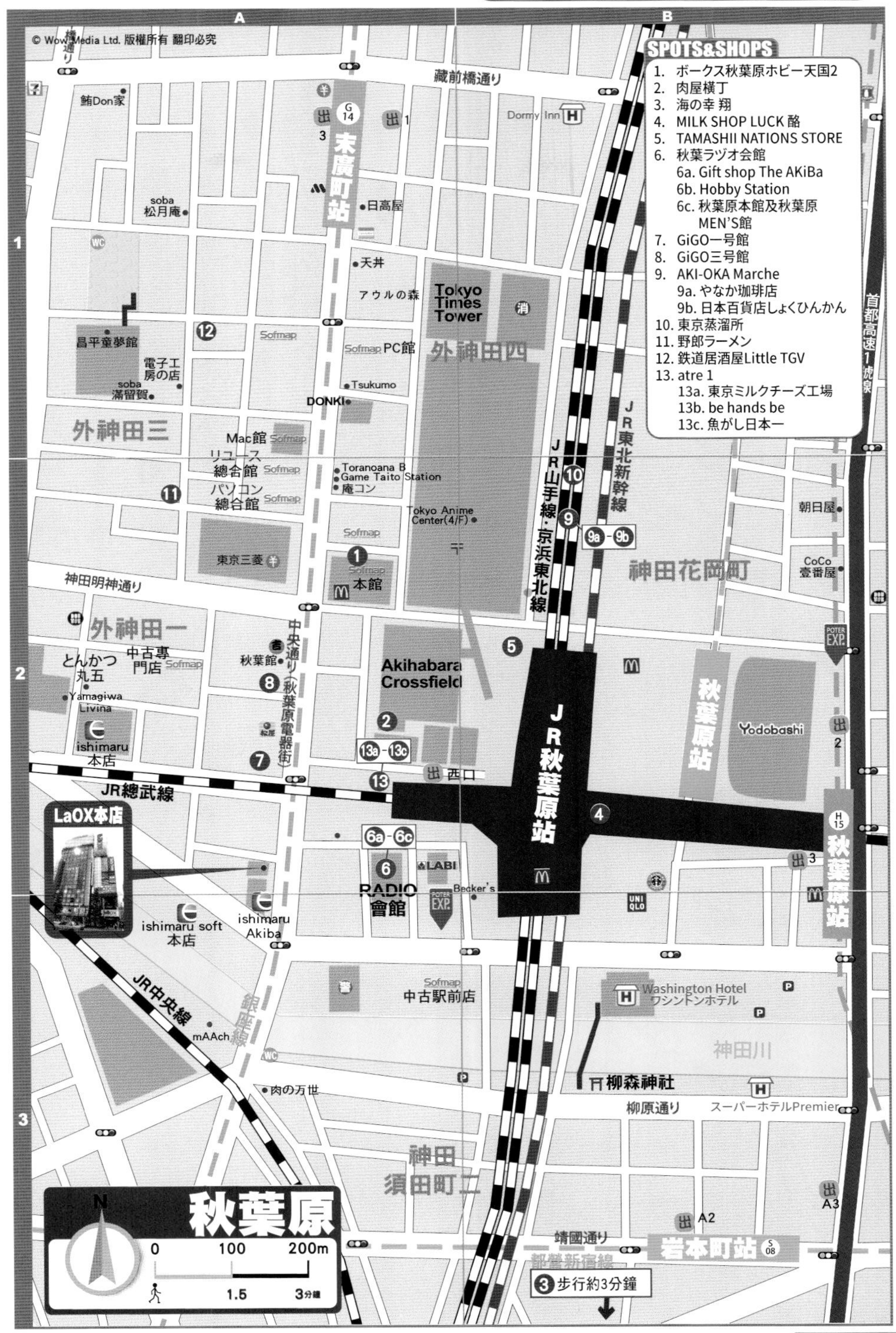

© Wow Media Ltd. 版權所有 翻印必究
SPOTS&SHOPS
1. ボークス秋葉原ホビー天国2
2. 肉屋横丁
3. 海の幸 翔
4. MILK SHOP LUCK 酪
5. TAMASHII NATIONS STORE
6. 秋葉ラヅオ会館
6a. Gift shop The AKiBa
6b. Hobby Station
6c. 秋葉原本館及秋葉原 MEN'S館
7. GiGO一号館
8. GiGO三号館
9. AKI-OKA Marche
9a. やなか珈琲店
9b. 日本百貨店しょくひんかん
10. 東京蒸溜所
11. 野郎ラーメン
12. 鉄道居酒屋Little TGV
13. atre 1
13a. 東京ミルクチーズ工場
13b. be hands be
13c. 魚がし日本一
藏前橋通り
末廣町站
Dormy Inn
鮪Don家
soba 松月庵
日高屋
天丼
アウルの森
Tokyo Times Tower
昌平童夢館
電子工房の店
soba 滿留賀
Sofmap PC館
Tsukumo
DONKI
外神田四
外神田三
Mac館
リユース總合館
パソコン總合館
Toranoana B
Game Taito Station
庵コン
Tokyo Anime Center(4/F)
東京三菱
本館
神田明神通り
外神田一
中古專門店
とんかつ丸五
Yamagiwa Livina
ishimaru 本店
秋葉館
中央通り(秋葉原電器街)
Akihabara Crossfield
JR山手線・京浜東北線
JR東北新幹線
JR秋葉原站
神田花岡町
朝日屋
CoCo壹番屋
首都高速1號線
Yodobashi
秋葉原站
西口
JR總武線
LaOX本店
LABI
RADIO 會館
Becker's
ishimaru soft 本店
ishimaru Akiba
JR中央線
銀座線
mAAch
肉の万世
中古駅前店
Washington Hotel ワシントンホテル
神田川
柳森神社
柳原通り
スーパーホテルPremier
神田須田町二
靖國通り
都營新宿線
岩本町站
歩行約3分鐘
秋葉原
0 100 200m
1.5 3分鐘

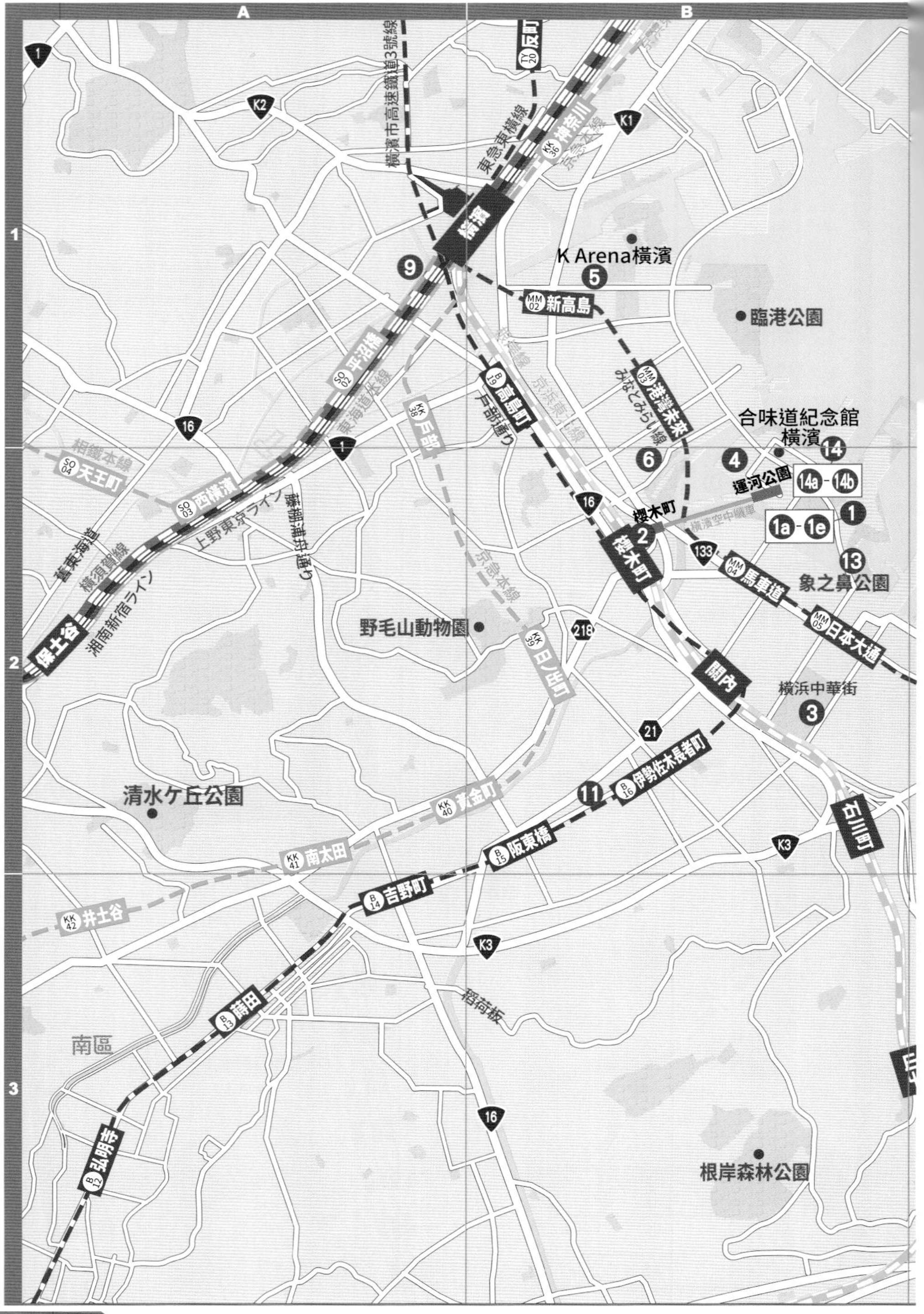

A
B
1
2
3
橫濱
反町
神奈川
東急東橫線
橫濱市高速鐵道3號線
K Arena橫濱
5
9
新高島
臨港公園
平沼橋
高島町
港灣未來
みなとみらい線
合味道紀念館
橫濱
14
4
6
運河公園
14a
14b
1a
1e
1
櫻木町
2
天王町
西橫濱
上野東京ライン
舊東海道
橫須賀線
湘南新宿ライン
保土谷
東海道本線
相鐵本線
戶部
京急本線
133
馬車道
日本大通
13
象之鼻公園
野毛山動物園
日ノ出町
218
關內
橫浜中華街
3
21
伊勢佐木長者町
11
清水ケ丘公園
黃金町
南太田
阪東橋
石川町
K3
井土谷
吉野町
稻荷坂
蒔田
南區
16
弘明寺
根岸森林公園
K1
K2

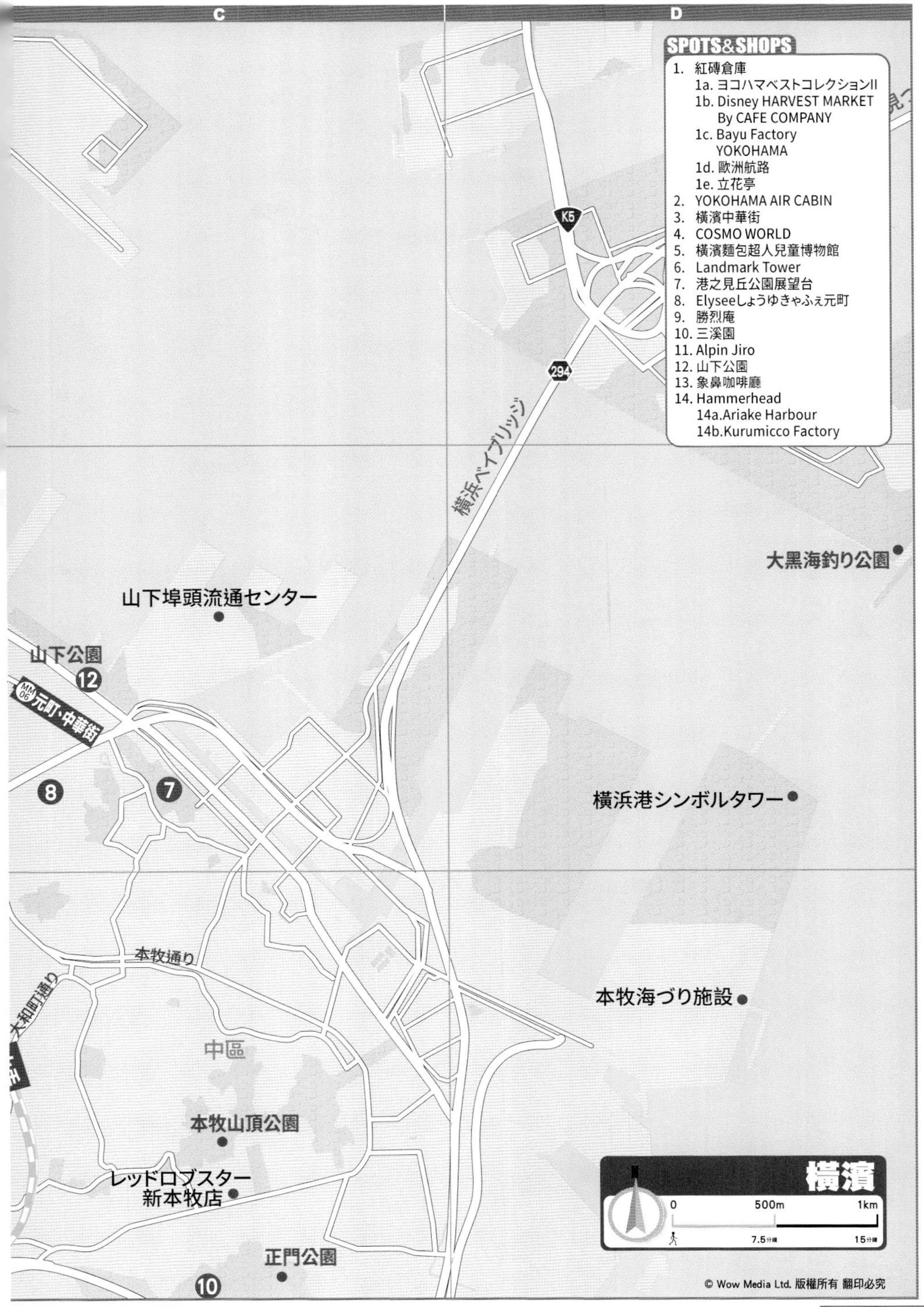
C
D
SPOTS&SHOPS
1. 紅磚倉庫
1a. ヨコハマベストコレクションII
1b. Disney HARVEST MARKET By CAFE COMPANY
1c. Bayu Factory YOKOHAMA
1d. 歐洲航路
1e. 立花亭
2. YOKOHAMA AIR CABIN
3. 橫濱中華街
4. COSMO WORLD
5. 橫濱麵包超人兒童博物館
6. Landmark Tower
7. 港之見丘公園展望台
8. Elyseeしょうゆきゃふぇ元町
9. 勝烈庵
10. 三溪園
11. Alpin Jiro
12. 山下公園
13. 象鼻咖啡廳
14. Hammerhead
14a.Ariake Harbour
14b.Kurumicco Factory
K5
294
横浜ベイブリッジ
大黑海釣り公園
山下埠頭流通センター
山下公園
12
MM 06 元町・中華街
8
7
横浜港シンボルタワー
本牧通り
大和町通り
本牧海づり施設
中區
本牧山頂公園
レッドロブスター
新本牧店
正門公園
10
橫濱
0
500m
1km
7.5分鐘
15分鐘

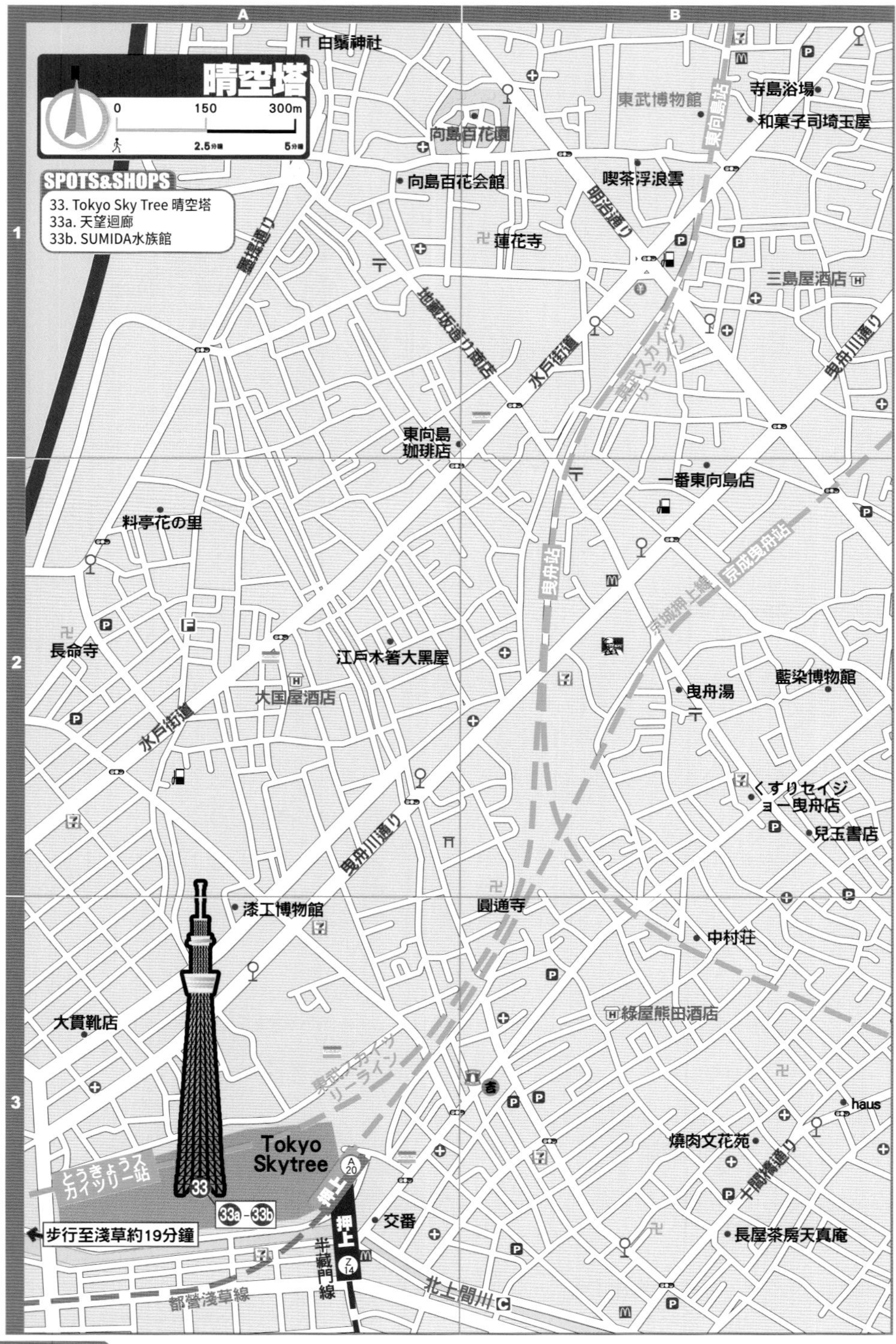
晴空塔
0
150
300m
2.5分鐘
5分鐘
SPOTS&SHOPS
33. Tokyo Sky Tree 晴空塔
33a. 天望迴廊
33b. SUMIDA水族館
白鬚神社
向島百花園
向島百花会館
東武博物館
寺島浴場
和菓子司埼玉屋
喫茶浮浪雲
明治通り
東向島站
墨堤通り
蓮花寺
三島屋酒店
地蔵坂通り商店
水戸街道
東武スカイツリーライン
曳舟川通り
東向島珈琲店
一番東向島店
料亭花の里
曳舟站
京成曳舟站
京成押上線
長命寺
江戸木箸大黒屋
大国屋酒店
曳舟湯
藍染博物館
くすりセイジョー曳舟店
兒玉書店
漆工博物館
圓通寺
中村荘
大貫靴店
綠屋熊田酒店
haus
Tokyo Skytree
とうきょうスカイツリー站
燒肉文花苑
十間橋通り
交番
押上
半藏門線
長屋茶房天真庵
步行至淺草約19分鐘
都營淺草線
北十間川

序

用WOW! MAP去東京！

相隔一年，東京竟又變了樣

在短短的一年間，東京竟然又多了不少新建設，由東京華納兄弟哈利波特影城玩到IMMERSIVE FORT TOKYO，從麻布台逛到全新豐洲最新觀光設施千客萬來，每隔幾個月，總有新的理由再去東京。動漫的、購物的、溫泉的，甚至是想窮遊的自遊人，也可找到無料又精彩的行程，那就讓我們以全新視覺認識東京，來個更徹底的玩樂之旅。

點樣可以用盡行程每分每秒？

想用盡玩盡每分每秒東京也不是一件容易的事。若果懂得安排行程，要玩得盡興、順利，編排行程是最重要一環。《WOW達人天書》配合手機APP為各位自遊行的朋友打開嶄新一頁。

識帶路嘅旅遊天書

看書前，大家先下載我們免費的獨家**「WOW!MAP」**APP，然後將書中想去的景點，用APP對準WOW MAP的QR Code「嘟一嘟」，就可將景點收藏到你的行程內。更可使用導航功能，交通工具運用、店鋪資訊等等，十分方便。就算身處當地，都可以隨時check到最update資訊，十分互動。

一邊睇書，一邊編行程，超方便！

WOW!編輯部
wowmediabooks@yahoo.com

全港首創 WOW! MAP

全港首創WOW!Map，出發前預先下載，在計劃行程時只要一掃想去景點的WOW!Map，就可以自動為你收藏景點：交通導航、店鋪資訊一目了然！編排行程從此輕鬆簡單。

wow.com.hk

facebook.com/wow.com.hk

Tokyo Highlight

港区 SP074 特集

香港首推

麻布台之丘

>> 日本最高摩天大廈、全新Epson teamlab Borderless！

豐洲 P255

香港首推

千客萬來

>> 豐洲最新觀光設施！集超過70間店舖、多間人氣食店

台場 P259

CITY CIRCUIT TOKYO BAY

提供實體EV賽車及VR虛擬賽車

池袋 P294

陽光60瞭望台 TENBOU-PARK

365天，感受公園天空

秋葉原 P209

肉屋橫丁

¥6,980任吃A5和牛＋任飲各種無酒精飲料

東京華納兄弟哈利波特影城
スタジオツアー東京

>> 重塑經典場景，邀請你走進哈利波特

IMMERSIVE FORT TOKYO

>> 世界第一座沉浸式主題樂園

SNOOPY MUSEUM TOKYO

>> 重開後更精彩，Fans必去朝聖

橫十間川親水公園

>> 化身船伕，感受江戶時代和船體驗

Tokyo Highlight

POLÈNE
來自巴黎的小眾品牌首間亞州旗艦店

I'm donut?
人氣甜甜圈，口感鬆軟的同時又帶點煙韌

紅磚倉庫
最受年輕人歡迎的文創園區

東京達人天書

CONTENTS

Tokyo

特集

東京

WOW！搜羅第一手「最Like食買玩」！

WOW！為大家推介適合一家大小前往的好地方。

稱得上美食，物有所值。

櫻花綻放之美地，叫你沉醉粉紅世界下。

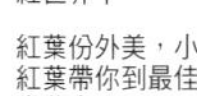
紅葉份外美，小紅葉帶你到最佳賞葉處。

好味又抵食，超值。

SNAP 要影張沙龍靚相，認住呢個標誌。

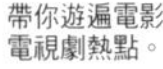
帶你遊遍電影/電視劇熱點。

親身落手落腳體驗，好玩又夠Fun！

提供日語導賞

「QR碼」YouTube睇片，點止旅遊書咁簡單。

美食、購物、遊樂優惠券！玩到邊、平到邊！

達人教室

歷史知識，風土習俗，旅遊貼士，慳錢秘技，一網打盡。自遊達人必讀秘笈。

全港首創！

WOW! MAP

識帶路嘅旅遊天書

全港首創 WOW! MAP，出發前預先下載，在計劃行程時只要一掃想去景點的 WOW! MAP，就可以自動為你收藏景點：交通導航、店舖資訊一目了然！編排行程從此輕鬆簡單。

使用方法：

1. 手機下載及打開「WOW! MAP」App，登記成為會員。
2. 掃描頁底的 QR Code 時，即可看到店鋪相片、資訊還有導航功能。

WOW! 送：

購物、遊樂，優惠券！玩到邊、平到邊！M18

*書內所有價錢和酒店訂房，均只作參考之用。

建議行程@東京

TOKYO

東京有這麼多新景點，想一口氣玩到盡自然要好好規劃行程，參考一下這個豐富的5日4夜，來玩得盡興吧！

5日4夜

趣遊東京

day 1

上午	香港 ➡ 成田空港
中午及晚上	麻布台之丘
住宿	市中心酒店

下機後到酒店放下行李，到全新地標麻布台之丘Azabudai Hills逛逛，打卡最新Epson teamlab Borderless，品嚐% ARABICA、Mr. CHEESECAKE、ÉCHIRÉ等多間特色小店美食。

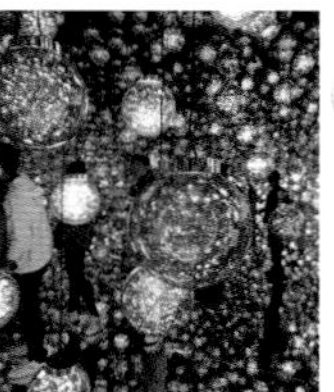

day 2

上午及下午	練馬區
住宿	市中心酒店

第二天必須把一整天的時間，都留給東京華納兄弟哈利波特影城スタジオツアー東京，花5-6個小時打卡玩樂，午餐到Food Hall享用主題美食，晚上則回到市區，到秋葉原的肉屋橫丁任食和牛。

day 3

上午	豐洲：千客萬來
下午	豐洲：ANITOUCH ODAIBA、CITY CIRCUIT TOKYO BAY
住宿	市中心酒店

早上來到豐洲最新觀光設施「千客萬來」，品嚐豐洲市場直送的人氣美食，到牡蠣や粋、丸武Premium、濱風茶房等名店享用小食，下午到ANITOUCH ODAIBA，親親可愛的小動物們，之後再到CITY CIRCUIT TOKYO BAY瘋狂玩賽車，晚上到銀座的挽肉屋神徳歎炭火燒漢堡扒。

day 4

上午	橫濱：三溪園
下午	橫濱：紅磚倉庫、COSMO WORLD
住宿	市中心酒店

吃完早餐後，乘車到橫濱玩樂一整天。早上先到三溪園看看美景，下午到紅磚倉庫瘋狂購物，逛逛Bayu Factory YOKOHAMA、歐洲航路等小店，享用人氣蛋包飯立花亭，之後再去COSMO WORLD放電，最後品嚐人氣老店勝烈庵的炸豬扒定食。

day 5

上午	池袋
下午	乘飛機回港

早上Check Out後拿行李到池袋站，放行李於Locker後，到Sunshine City逛逛，去陽光60瞭望台TENBOU-PARK打卡，又或者是サンシャイン水族館玩樂，下午乘飛機回港。

建議行程@ TOKYO

東京

4日3夜

最潮打卡之旅

一年番幾次鄉下，想要試試新玩意？參考一下這個特別的行程，好好感受東京的另一面！

day 1

上午	香港 ➡ 成田空港
下午及晚上	渋谷SHIBUYA SCRAMBLE SQUARE
住宿	市中心酒店

下機後到酒店放下行李，到渋谷最新的商場SHIBUYA SCRAMBLE SQUARE逛，黃昏到SHIBUYA SKY欣賞日落景色；晚餐可到北海道めんこい鍋 くまちゃん温泉，吃人氣的熊仔泡溫泉火鍋！

day 2

上午及中午	銀座：築地本願寺、日比谷OKUROJI
下午及晚上	銀座：THREEPY、Art Aquarium Museum
住宿	市中心酒店

早上到已預約的Tsumugi café吃18品早餐，順道參觀築地本願寺。中午到日比谷OKUROJI逛街，午餐可到焼貝あこや；下午到附近的THREEPY逛街，黃昏到Art Aquarium Museum參觀及打卡。晚餐可到LION BAR and Restaurant。

day 3

上午及中午	蔵前
下午及晚上	淺草：雷門、仲見世通商店街
住宿	市中心酒店

早餐到蔵前逛街，感受小店的特色：Carmine、MESSAGE、DANDELION Chocolate café、喫茶半月等，中午到浅草むぎとろ本店吃懷石料理；午餐後到雷門、仲見世通商店街，逛逛門嘉堂、かなや刷子……又或到やなぎ茶屋吃個抹茶甜品，晚餐可到淺草今半吃和牛。

day 4

上午及中午	上野：アメ横丁、韻松亭
下午	乘飛機回港

早上check out後拿行李到上野站，放行李於locker後，到アメ横丁逛街，午餐於韻松亭吃傳統的日式料理。下午乘飛機回港。

¥0円 Free 東京遊攻略

免費景點大放送

東京作為日本最繁華的地方，物價自然比其他縣高出不少，由機票、住宿到餐飲，預算要一升再升。精打細算的WOW自遊人！為大家推薦超好玩的「0円遊攻略」，由免費觀景台到各項獨特體驗，帶你從另一個角度認識東京。

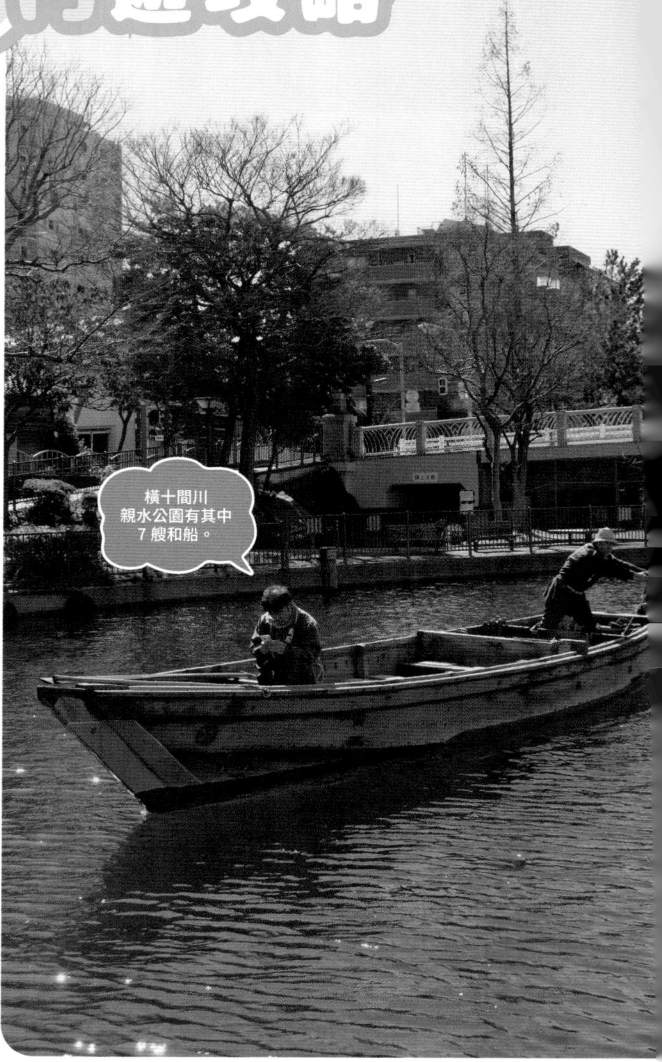

地 東京都江東區扇橋3-22-9
時 指定星期三、日10:00-14:15，準確時間表請參考官網
金 免費
網 www.wasen-tomo.com
電 (81)03-3643-0114
交 Metro木場（東京）站步行約9分鐘

橫十間川親水公園有其中7艘和船。

化身船伕

01

江戶時代和船體驗

位於東京江東區的橫十間川親水公園，指定星期三/日的早上10時至下午2時15分，都有免費和船乘搭體驗。和船指的是日本特有的木造船隻，江戶時代的東京以船代步，當時的傳統划船技術如今已慢慢失傳。東京江東區目前一共有8艘和船，當中7艘就放在橫十間川親水公園。江東區和船之友會的一班志願者，為了傳承江戶時代的搖船技術以及推廣和船文化，便為日本人及遊客提供免費的和船體驗。

在和船體驗的日子會變得非常熱鬧。

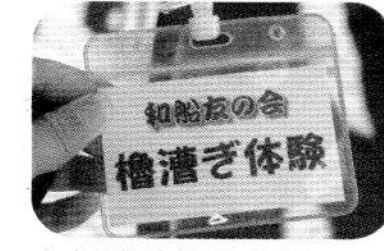

↑想體驗搖船的話，要在登記時提出，就會獲得證件。

↓前面的船夫在引領方向。

在不同季節，可以欣賞各種景致。

→船尾的船夫則負責搖船。

船位置鄰近海砂橋，除了乘船外，大家還可以親自體驗搖船，這個技術相當不容易，要用上全身的力量，再根據水流決定搖船的力度和方向。船夫會先示範一段路，在你搖船時也會一直輔助、指導，是非常難得的體驗，大家有興趣的話，在登記處說明即可。整個體驗大概為時15分鐘，在橫十間川河畔的一段路間來回，感受微風輕拂，非常寫意。兩岸的景致同樣賞心悅目，3、4月的櫻花季、6月菖蒲開花，都有不一樣的享受。

←搖船是非常有趣的活動，大家有興趣不妨體驗一下。

免費參觀日本天皇住所

皇居

02

想對日本文化歷史有更深入的了解，參觀天皇所居住的皇居是不可錯過的行程。位於東京都千代田區的皇居，可以分為「東御苑」、「皇居外苑」及「皇居內」3大部分，全部都是免費參觀，當中皇居內需要事先預約方可參觀，是非常值得安排的行程。想參觀皇居內，可事先在網上預約或當天到現場報名，逢星期二至六的10時及1時30分有導賞團，現場報名的名額為每場300人，編輯於平日早上8時30分左右到達桔梗門，已有長長的排隊人龍。警衛會在9時開始派發號碼牌，派完即止，大家記得要帶身份證明文件正本核對，才可以進入。

MAP
別冊 M11 A-2

地 東京都千代田区千代田1-1
時 09:00-11:15、13:30-14:45
休 星期日、一、不定休
網 www.kunaicho.go.jp
金 免費
電 (81)03-3213-1111
交 JR東京車站步行約12分鐘

↑於早上 8:30 左右到達，已經有超長的排隊人潮。

↑成功拿到這個牌子，就代表你可以參觀皇居內了！

↑先到窗明館集合，了解一下皇居內歷史背景，想買紀念品的話必須要現在入手。

↑整個導賞團大概需時 75 分鐘，一旦開始即不能離隊。

↑宮內廳廳舍於 1935 年建造，五角形的設計非常特別，現在是負責皇室公務。

↑宮殿東庭是新年和天皇生日時，發表致辭的地方。

↑二重橋最初建於 1614 年，後來在 1888 年及 1964 年又重新整修過。

↑伏見櫓於 1628 年由東京移師而來。

→春天前往，還會看到不同品種的櫻花呢！

導賞團開始後，導遊會先集合大家介紹一下皇居內的歷史背景，之後會按照語言分成不同小隊出發，有日、韓、中、英、法、西班牙等語言的導遊，完全沒有語言障礙。一開始會先見到於1659年重建的「富士見櫓」，之後再走過1935年建成的宮內廳廳舍、宮殿東庭、經典的二重橋、伏見櫓等等，雖然全部都只是在外面走過無法進內參觀，但可以近距離觀賞甚具歷史意義的建築物，依然是很難得的體驗。

WOW! MAP
2

富士見櫓於 1659 年重建，取代 1657 年大火燒毀的天守閣，成為江戶地重要的建築物。

天皇的秘密花園

皇居東御苑

03

在逛完皇居內後，旁邊的皇居東御苑同樣是免費且不需要預約的景點。這裡很多古蹟景點，像是二之丸庭園、三之丸尚藏館、諏訪茶室樂部廳舍和桃華樂堂等，整個區域佔地超過21萬平方米，同時也是賞櫻賞楓的名所。其中一個最重要的建築，便是天守閣遺留下來的地基，於1638年建成，可惜之後便被大火燒毀，現時只遺下地基，令人感慨。

在逛完皇居內後，可順道來逛逛皇居東御苑。

←天守閣遺留下來的地基。

↑皇居東御苑內有不少館藏，很有歷史意義。

MAP 別冊 M11 A-2

地 東京都千代田区千代田1-1
時 09:00-18:00
休 星期一、五、12月28至1月3日、不定休
網 www.kunaicho.go.jp/event/higashigyoen/higashigyoen.html
金 免費
電 (81)03-3213-2050
交 JR東京車站步行約12分鐘

WOW! MAP
3

↑非常迫真的暴風雨體驗，大家需要穿上雨衣雨靴。

↑學習水災時要用怎樣的姿勢開門，感受風阻水阻。

天災面前 學會保護自己

池袋防災館

04

近年天災頻仍，就連香港也偶爾出現輕微地震，颱風水震更是經常出現。面對突如其來的天災，我們理應要有各種防災意識，東京池袋防災館是一個免費的體驗館，讓大家學習面對災難。池袋防災館每天都會各式各樣的防災體驗，基本遊覽為時1小時40分鐘，包括4場災難體驗，每日的9:20、13:00、15:00舉行，另外還有新手爸媽急救訓練、外國人防災體驗等，大家可以在網站上提早預約。編輯體驗了基本遊覽，一開始會先看一條防災影片，之後分別參與了地震、暴風雨、煙霧體驗及水災體驗，期間學習了在火災時要以怎樣的姿勢逃難，地震時應怎樣保護自己等等，是非常珍貴的學習。在場亦不少日本人、一家大小參加，很值得排在遊日行程內。

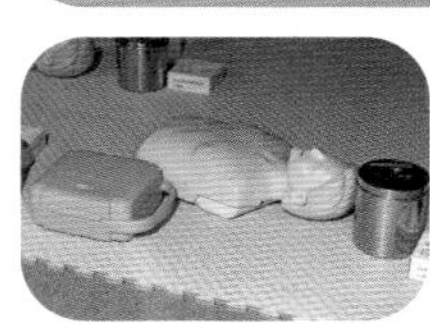
↑館內也有其他課程，包括如何為病人急救。

↑非常適合一家大小齊齊來的景點。

MAP
別冊 M20 A-3

地	東京都豊島区西池袋2丁目37番地8号
時	09:00-17:00、星期五09:00-21:00
休	年末年始、每月第一個星期二、第三個星期二、第三個星期二的翌日（如遇假日則順延至下一個工作日）
網	tokyo-bskan.jp/bskan/ikebukuro
金	免費
電	(81)03-3590-6565
交	JR池袋站步行約5分鐘

4

↓你可以在這裡認識到日本知名力士。

←相撲咖喱 ¥400

05

了解日本國技

相撲博物館

想真正了解一個地方，學習當地的文化和歷史是非常重要的。相撲是日本的國技，時至今日，相撲比賽依然會吸引成千上萬的日本人或遊客前去觀賞。如果你也想了解一下日本的相撲文化，不妨來到這個免費的相撲博物館。博物館內輪流展出與相撲歷史相關的裝備，像是最高等級的力士所穿著的絹製圍裙與帶有刺繡的裝飾圍裙、力士實際使用過的兜襠布，以及力士的手印和簽名，除了歷代橫綱的肖像照片是常設項目外，其他資料都是一年更換6次。

旁邊是商店，有各種相撲相關產品。

←國技館於明治 42 年（1909 年）開館，具有歷史意義。

→27 代木村庄之助使用的軍配。

↑相撲選手扇 ¥550

地 東京都墨田区横網1-3-28
時 10:00-16:30
休 年末年始、周末、假期
網 www.sumo.or.jp
金 免費
電 (81)03-3625-2111
交 JR兩國站步行約1分鐘

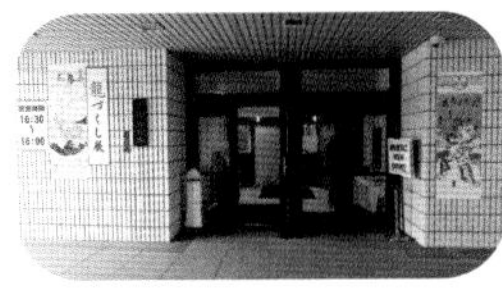

力士所穿著的絹製圍裙與帶有刺繡的裝飾圍裙，以及他們使用過的兜襠布。

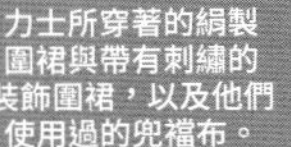

免費親親小動物

江戶川區自然動物園

06

甚麼！動物園居然也有免費的嗎？當然有了！東京江戶川區自然動物園是一個可以免費入場的自然動物園，與銀座大概也只是30分鐘的距離，非常方便。園內的小動物也是相當的多，約58種共630種動物快活地生活，你可以看到可愛的浣熊、灰林鴞、松鼠、沙袋鼠、蜘蛛猴、食蟻獸、綿羊、企鵝等等，真的讓人心都融化！「互動廣場」中遊客可以摸摸小動物們，在動物Cafe都收費頗高又限時的情況下，在這裡可以免費和牠們交流真的很幸福呢！

超可愛的浣熊，一整天都在跑來跑去。

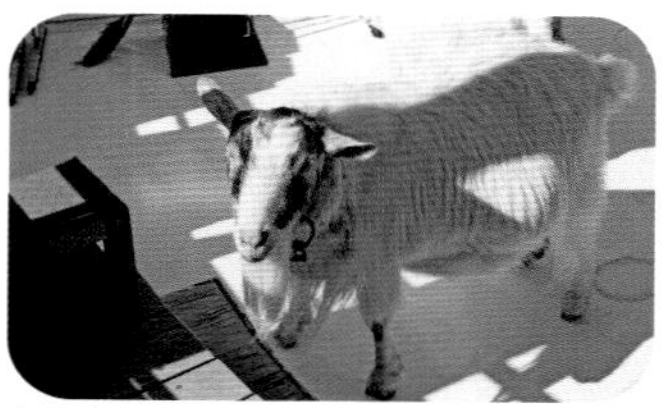
↑早上 10:00-11:45 及下午 13:15-15:00 都可以摸摸小羊。

圓滾滾的海獅在等待餵食。

↑瘋狂挖土的土撥鼠，呆萌地張望四周的樣子太搞笑了。

↑圍在一起用餐的袋鼠們。

↓還有一大班小企鵝們，動物的種類超齊全。

↑身手矯捷的小猴子。

↑免費的動物園平日也有不少人前來參觀。

MAP
別冊 M04 A-1

地 江戸川区北葛西3-2-1

時 10:00-16:30、周末及假期 09:30-16:30、11月至2月10:00-16:00

休 星期一、不定休

網 www.edogawa-kankyozaidan.jp/zoo

金 免費

電 (81)03-3680-0777

交 Metro西葛西站步行約15分鐘

WOW! MAP
6

江戶時代的日本廣告，會是怎樣的呢？

→設計非常有趣的東京廣告博物館，雲朵內播放著各種廣告。

藝文空間

07 東京廣告博物館

日本人的創意總是令人佩服不已，當中廣告產業是最能展示其天馬行空。東京廣告博物館於2002年開館，至今仍然深受歡迎，一眾廣告從業員、需要創意刺激的時候，就會來激發一下靈感。在這裡可以欣賞到日本廣告自江戶時代以來的變化、社會發展及美學的演變。常設展可以分為「日本廣告史」、「4種心情」、「收藏之桌」等3大主題，當中「4種心情」可分為「Yeah！」、「Love」、「Humm…」、「Wow！」，分析廣告如何觸動人心。二樓更設有廣告圖書館，非常適合尋找資料。

→ 2 樓則為廣告圖書館，非常適合尋找資料。

↓「收藏之桌」則將收集了約 2,000 個廣告作品。

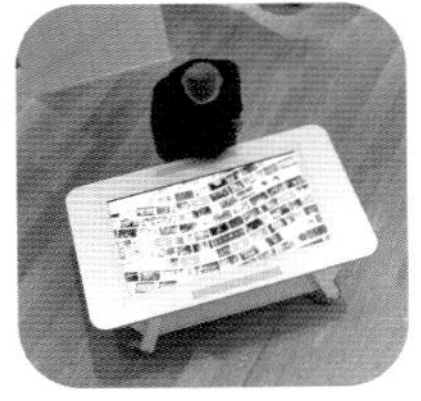

↑線香 ¥770

地 東京都港区東新橋 1-8-2 カレッタ汐留地下2階
時 12:00-18:00
休 星期日、一、不定休
網 www.admt.jp
金 免費
電 (81)03-6128-2500
交 Metro汐留站步行約4分鐘

東京廣告博物館20 周年，推出一系列限定商品。

豐洲千客萬來是結合美食與泡湯的新景點。

↑人超多的免費足湯，日本人果然很喜歡溫泉。

絕美海景歎足湯

千客萬来足湯庭園

08

東京都居然有新開的免費足湯！新蒲點位於2024年2月1日新開的「豐洲千客萬來」足湯庭園，由江戶前市場2樓進入溫泉棟，就會來到8樓的千客萬来足湯庭園。這是免費開放的設施，任何人都可以上去一邊泡足湯，一邊欣賞豐洲的開揚景致，在樓下掃街吃到累了，就隨時上去浸一浸。泉水是每日從箱根、湯河原運來的溫泉，非常舒服。大家最好自己帶備毛巾來擦拭雙腳，沒有的話也可以在販賣機即場購買。

↑千客萬来足湯庭園是免費的，長期都有很多人在排隊等候。

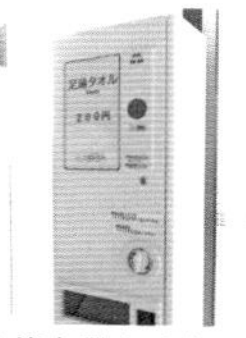

↑沒有帶小毛巾，可在販賣機購買。

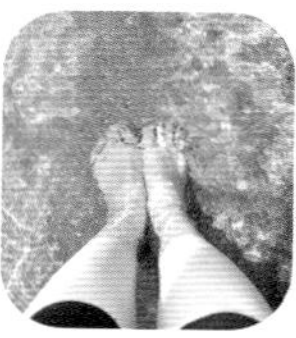

↑在樓下吃吃逛逛累了，就來泡一下腳吧！

↑邊浸腳邊看美景，疲倦一掃而空。

↑旁邊是咖啡店，還販賣「萬葉俱樂部」的自家產品。

MAP
別冊 M04 A-1

地 東京都江東區豐洲6-5-1
時 09:00-22:00
網 tokyo-toyosu.manyo.co.jp
電 (81)03-3532-4126
交 Metro市場站前步行約5分鐘

WOW! MAP 8

當櫻花遇上東京鐵塔

芝公園

09

日本櫻花季的景色總是美不勝收，如果不想長途跋涉地去偏遠的打卡景點，又或者花錢買門票去賞櫻的話，地點便利又免費的芝公園是極佳的選擇。其位於東京鐵塔旁，是日本最古老的公園之一，種植了約140棵櫻花樹，品種以河津櫻、染井吉野櫻和山櫻為主，另一個賣點是可以同時欣賞櫻花與東京鐵塔，兩大日本名物同步登場，根本是瘋狂拍照的最佳時刻。

只要調校好角度，即可輕鬆拍到東京鐵塔被櫻花包圍的美照。

←很多日本人都會帶寵物來賞櫻，非常熱鬧。

↑在芝公園的不同角度都可看到東京鐵塔。

地 東京都港区芝公園4-7-35
時 24小時
網 www.tokyo-park.or.jp/park/siba
電 (81)03-3431-4359
交 都營地下鐵芝公園站步行約2分鐘

櫻花散落在公園四周，相比起其他賞櫻地點反而更易打卡。

WOW! MAP

10

觀賞日式庭園

舊安田庭園

庭園向來都是日本文化重要的一部分，想走訪感受一下，又不想花太多金錢在入場費上，就來這個免費的舊安田庭園吧！其在元祿年間建成，水池與隅田川相連，是一個池泉迴游式庭園。在經歷關東大地震及太平洋戰爭後移交墨田區管理，並在全面復修後免費開放參觀。偌大的庭園就在市中心，有種大隱於市的感覺，遊走其中欣賞不同古蹟，由兩國公會堂、心字池、雪見燈籠到石燈籠，非常寫意。

迴游式庭園現在利用的是園北側的地下水。

地 東京都墨田區橫網1-12-1
時 09:00-16:30
網 visit-sumida.jp/spot/6085
電 (81)03-5608-6291
交 JR兩國站前步行約5分鐘

↑很多日本人都會專門來拍攝，很有古色古香的味道。

↑由兩國公會堂、雪見燈籠到石燈籠，都被很好地保留下來。

↑東京都廳是政府辦公室，也是觀看東京夜景的絕佳地點。

↑晴空塔建成後，東京都廳的夜景就更加獨一無二了。

↑也有售賣小小紀念品的地方

11

欣賞東京夜景

東京都廳

除了東京鐵塔、晴空塔可俯瞰東京夜景外，新宿也有一個東京都廳可以觀看東京夜景。如果人在新宿卻不想只是血拼，不妨找個天清氣朗的黃昏，悠然地登上東京都廳，在202米高的觀景台，花一會時間宏觀地看看新宿。

MAP 別冊 M16 A-3

地 東京都新宿区西新宿2-8-1
時 09:30-22:00(最後入場為閉館30分鐘前)
休 南展望室：09:30-22:00；每月第一及第三個星期二；北展望室：vaccination centre暫時關閉
網 www.yokoso.metro.tokyo.jp
電 (81)03-5320-7890 註 不准使用三腳架拍照
交 都營大江戶線都廳前站A2步行約3分鐘

WOW! MAP

10

11

也有適合一家大細參與的遊戲

認識煤氣

ガスの科學館

12

大家對於煤氣的認識可能止於煮食方面吧！來一趟位於豐洲的煤氣科學館，大家可以了解到煤氣的產生、用途及其重要性。從各式各樣的有趣模型、體驗，可以理解到煤氣在生活及工作上有什麼作用、昔日的人們用什麼能源呢？地震或自然災害發生時，要有什麼防災意識呢……都可以在這裡找到答案。

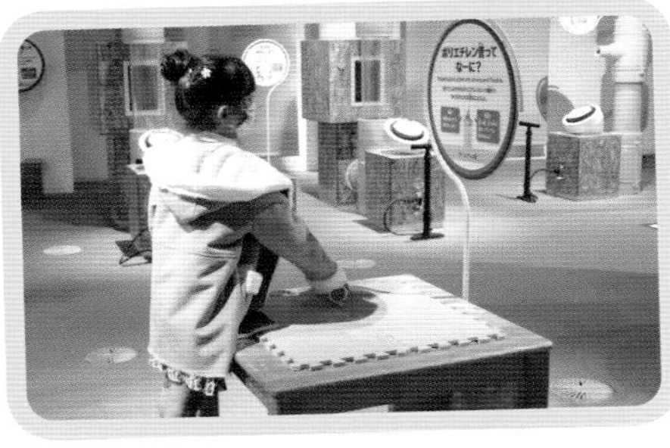

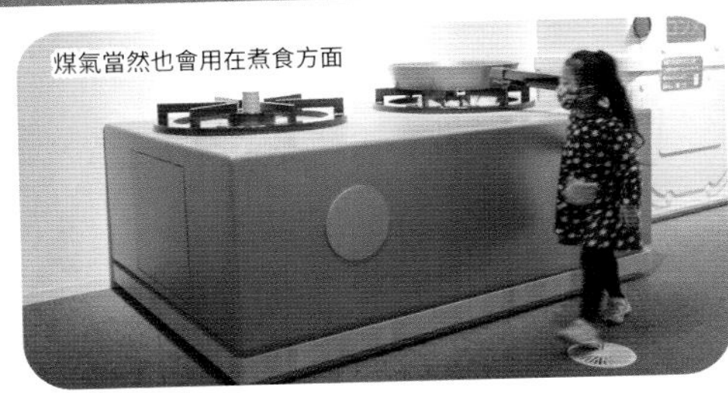

煤氣當然也會用在煮食方面

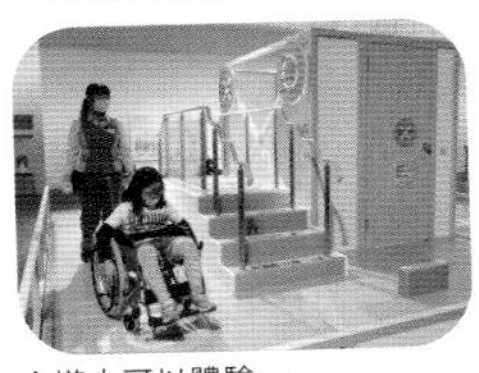

↑遊人可以體驗一下坐輪椅時的不便

↑比較利用不同能源時，污染物的排放量

MAP
別冊 M16 A-3

地 東京都江東区豐洲6-1-1
時 10:30-17:00(最後入場16:30)
休 星期一、年末年始、不定休
網 www.gas-kagakukan.com
電 (81)03-3534-1111
交 東京Metro豐洲站7號出口，步行約6分鐘

12

動影漫迷大集合！

反轉東京超好玩です
desu

↑入面的每一個角落都是重點，一定要慢慢欣賞。

東京新景點可以說是數之不盡，2024年對於各種動漫迷、電影迷來說是充滿驚喜的一年，從各大人氣IP，到各個主題樂園，東京總能給你玩不厭的驚喜，那就跟著WOW自遊人！的步伐來玩得盡興吧！

香港首推

整個設計都非常有氣氛，像是走進了電影中。

↓哈利波特和怪獸系列的所有海報都懸掛在此。

01 走進電影世界的感動

東京華納兄弟哈利波特影城
スタジオツアー東京

日本近年多個重大建設中，東京華納兄弟哈利波特影城絕對是一眾影迷最引頸期盼的景點之一！於2023年6月16日開幕，作為亞洲首座「哈利波特影城」，與日本環球影城內的哈利波特魔法世界™有著明顯的分別，並沒有刺激的機動遊戲，而是重塑電影的多個經典場景，邀請你走進電影世界，甚至是成為其中一個要角。

幸運的話，還有機會能坐上主角們的列車。

樂園外也有不少影相位，千萬不要錯過了。

↑豐島園站以前往「活米村」為主題。

WOW! MAP 1

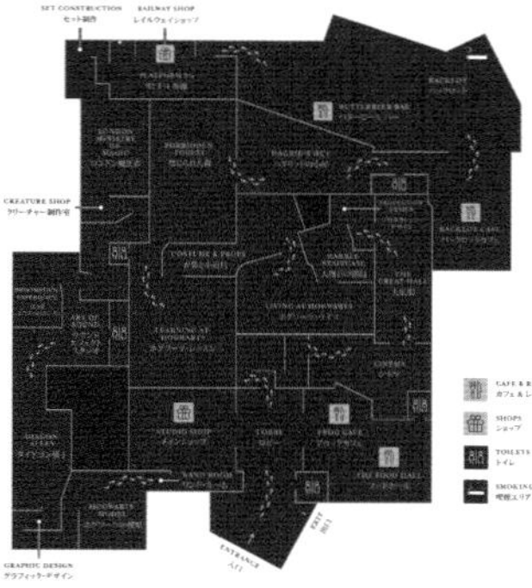

東京華納兄弟哈利波特影城極大，起碼要逛3-4小才可以玩完。

→校長鄧不利多正在等各位同學們。

哈利波特影城完美地還原了電影，一走進去會先抵達霍格華茲魔法學校的大禮堂，校長鄧不利多、石內卜教授、麥教授、海格都在等候大家，為你進行緊張的分配學院環節。隨後來到各學院的交誼廳：葛來分多、史萊哲林，每一個都佈置得相當用心，而男生宿舍更擺放了哈利和榮恩的睡床，彷彿他們正在床上和你打招呼。

↑男宿舍標記了哈利的床。

注目!!

←旁邊還有石內卜教授、麥教授和海格。

石內卜教授

最有趣的地方，是每一個遊客都被邀請成為電影的一員。大家可以觀看魁地奇比賽，職員會指導你在綠幕前做各種動作，包括拍手歡呼、震驚擔心、抱頭蹲下等等，之後會把你的反應和電影片段結合在一起，像是真的參與了電影，超級有趣。坐在飛天掃帚在天空飛翔想必是大家的夢想吧，工作人員會要你向左、向右、俯前，甚至是做出捕捉的動作，再把你Key入影片中，你也可以體驗參加魁地奇比賽了，記得要伸手捉實金探子！

→場內有多個互動體驗區，把自己融入魔法世界吧！

把你的反應剪入電影橋段當中，相當有趣。

魔藥學教室內擺著滿滿的草藥瓶，大家不妨先買魔杖，在這裡成功調配出高難度的變身水吧！黑魔法防禦術教室更讓你親身體驗防禦術，此教室與第3集《阿茲卡班的逃犯》中出現的是同一間，職員會教你口號和手勢，大家要一起練習咒語與揮動魔杖，齊心協力才可以擊退食死人！禁忌森林則是另一個還原度超高的地方，有海格陪在一旁，和大家一起探險更加安心。在森林中大家會見到第二集出現的巨型蜘蛛阿辣哥與食死人，一起來學「護法咒」來擊退催狂魔吧！

Muggle

2000 likes

Muggle 一起來調配出高難度的變身水吧！

↑要進入可怕的禁忌森林了。

說到必打卡景點，就是九又四分之三月台了。這裡直接為你準備了好幾個月台，讓你慢慢拍照不用排隊。另一邊則是開往魔法世界的蒸氣火車，一起前往魔法世界吧，再去斜角巷購買你的魔杖、探望貓頭鷹，每一步都彷彿離魔法世界更近了。

↑開往魔法世界的蒸氣火車

↑騎士巴士是由倫敦三輛雙層巴士的配件組合而成。

↑這裡可以買到牛油啤酒。

↑海格的家

→巫師棋盤

↓衛斯理先生的福斯汽車「空中飛車」。

↑瑪姬姑姑變身氣球被定格，相當搞笑。

戶外區域

→霍格華茲橋

單是室內已要逛好幾小時，來到戶外區又是另一幅光景。水蠟樹街四號是德思禮的家，小哈利的可憐童年就是在這裡長大，呈現了瑪姬姑姑變身氣球的一幕，搞笑極了。另外亦有衛斯理先生的福斯汽車「空中飛車」、霍格華茲橋、巫師棋盤等等，當中騎士巴士是由倫敦三輛雙層巴士的配件組合而成，非常真實。

最後自然要去Food Hall享用各款英式料理，也可以去朱克力青蛙咖啡館品嚐各種喚起魔法世界回憶的甜品，記得要買一杯奶油啤酒哦！商店更是令人破產的大好時機，入面分別有Studio Shop、Railway Shop兩間商品店，有超過7,000個訂制裝飾和特別道具，由魔杖到零食、長袍、公仔、襟章、杯等應有盡有，大家不妨在入場前先買長袍和魔杖，則可有更好的體驗。

4大學院Donut ¥400

↑餐廳是分學院的，你又想進入哪個學院呢？

9又3/4月台全日早餐盤 ¥2,200

英式 All Day Breakfast，多士上貼心地印上了 9 3/4 的字眼。

↓刺繡 ¥990

↑頭箍 ¥2,200

大家不妨在入場前先買長袍和魔杖。

↑超過 7 千款的精品，錢包保不住了！

地 東京都練馬區春日町1-1-7
時 9:30-22:00、每日不同以官網為準
休 不定休
網 www.wbstudiotour.jp
金 成人¥6,500、12至17歲¥5,400、4-11歲¥3,900
交 Metro豐島園站步行約2分鐘

世界第一座沉浸式體驗樂園

IMMERSIVE FORT TOKYO

02

在2024年3月1日才正式開幕的IMMERSIVE FORT TOKYO，是世界第一座沉浸式主題樂園，更是台場又一人氣新景點。樂園的前身是「Palette Town」，經過兩年的改建後，在保留VenusFort商場原有設計的基礎下，加入各項人氣體驗設施，務求令客人擁有更真實的體驗，成為遊戲、故事中的一個角色參與其中。

← VenusFort商場的標誌性裝置被留了下來，成為另一打卡位。

如果你是福爾摩斯迷，就一定要玩《The SHERLOCK》！

IMMERSIVE FORT TOKYO與多個人氣動漫及遊戲推出聯乘體驗，分別是《東京復仇者》、《The SHERLOCK》、《我推的孩子》、《第五人格》等等。當中的《The SHERLOCK》可以說是體驗感滿滿，玩家會見證福爾摩斯收到一名女子未婚夫失蹤的委托，再目睹整個連續殺人事件，跟著福爾摩斯四處奔走，期間按照自己的判斷去選擇路線，再近距離觀察整個破案的過程，參與感滿滿。

→遊客會有一個同步翻譯機，不會日文也不用怕。

跟著福爾摩斯的步伐，一起尋找真正的兇手吧！

→玩家目擊連續殺人事件，期間要尋找線索思考兇手是誰。

《第五人格》本身就是非常人氣的手遊，變成真實遊戲後的體驗有點可怕。

↑獵人的妝髮超認真，在遊戲間會感到滿滿的恐懼感。

與同伴協力，才有機會逃出生天！

↑每個角色都有指定的職業，要留意一下自己的特殊技能。

↓中庭會不時舉行歌舞表演，也會邀請觀眾們互動。

《我推的孩子》則是演唱會主題，很有氣氛。

另一個超好玩的遊戲是《第五人格》，玩家們會每人獲得一個平板，化身遊戲中的獵物，上面顯示了玩家的「職業」，從而可觸發特殊技能，要在限時內與同伴合力解謎逃出生天。被獵人追殺的感覺非常迫真，如果本身就喜歡這個手遊的話就一定要玩了！

Check Close Up

《東京復仇者》小饅頭 ¥1,600

←《The SHERLOCK》玩具熊吊飾 ¥2,600

這裡的商品在其他店買不到，Fans 不能錯過！

MAP 別冊 M03 B-1

地 東京都江東區青海1丁目3-15

時 平日11:00-19:00，部分日子延長開放至20:00

休 1月1日、不定休

網 immersivefort.com

金 成人¥6,800、小童¥3,000

交 臨海線東京電訊站A出口步行約7分鐘

場內還有餐廳、手信店等各種設施，餐廳同樣是與主題遊戲進行聯乘，包括有《東京復仇者》的主題輕食。商店更是非常好買，有《東京復仇者》的衣服與小饅頭、《我推的孩子》的演唱會手燈、《The SHERLOCK》的玩具熊等等，全部都是其他地方找不到的商品。

↑門票背面就是漫畫，太可愛了吧！

重開後更精彩

03 SNOOPY MUSEUM TOKYO

香港首推

→一出地鐵站，就會看到Snoopy在迎接大家。

日本各地有不少Snoopy店舖、餐廳，但真Fans絕對不能錯過位於南町田的SNOOPY MUSEUM TOKYO！經過翻新後在2024年2月1日重開，加入更多的常設展品和打卡位，必去朝聖！

對於Fans來說，大概沒有被Snoopy包圍更快樂的事了

張開了大大嘴巴的Snoopy正在迎接大家，就連門票背面都是漫畫，很有收藏價值。一走進去，會先來到新建的常設展覽「Snoopy Wonder Room」，入面是密密麻麻數之不盡的收藏品，來自世界各地Snoopy迷所捐贈的物品，各種玩偶、與不同品牌聯乘推出的商品，很多都頗有歷史感，令人眼界大開。博物館還帶來了新展覽「Traveling Peanuts」，展示45幅畫描繪了史努比與好友們的冒險之旅，當中更有來自美國博物館的珍貴原畫；常設展「Peanuts Gang Gallery」則重點介紹了漫畫中的可愛角色們。

↑不同年份的Snoopy漫畫，大家有看過嗎？

→堆積如山的Snoopy珍貴收藏，是來自世界各地的Fans。

WOW! MAP 3

超巨型的 8 米長 Snoopy！

旁邊還有各種姿態的 Snoopy，非常可愛！

→一起走進 Snoopy 的家，入面還播放著動畫。

另一個超好拍的展館便是「Snoopy Room」了，正中間全長8米的巨型Snoopy正在幸福地閉目養神，旁邊則包圍了不同姿態的史努比，更會定時舉行「Snoopy，覺醒」的光影表演，一起來捕捉Snoopy吧！千萬不要錯過3樓室外的露台，牆上有無數隻Snoopy，每隻的表情都好像有點不一樣，牠們正在看著草地上的史努比打高爾夫球！

↑正在打高爾夫球的史努比，身後有很多觀眾呢！

Check Close Up

記得要和可愛的 Snoopy 們合照哦！

博物館限定 Figure ¥2,090

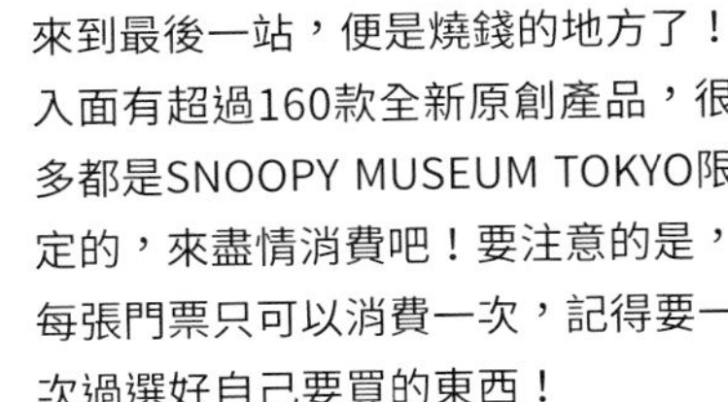

來到最後一站，便是燒錢的地方了！入面有超過160款全新原創產品，很多都是SNOOPY MUSEUM TOKYO限定的，來盡情消費吧！要注意的是，每張門票只可以消費一次，記得要一次過選好自己要買的東西！

↑破產時間到，過百款全新原創產品怎能忍手。

→購物袋也印滿了 Snoopy，很有收藏價值！

↑水杯 ¥2,200

←小手帕 ¥880

↑ Snoopy 日曆 ¥1,650

Cafe 內也有各種限定精品。

↑旁邊是 Peanuts Cafe，如果沒有提前預約的話，建議可以在逛博物館前先拿即日籌。

地 東京都町田市鶴間3-1-4

時 平日10:00-18:00（最終入場17:30）、星期六日及假期10:00-19:00（最終入場18:30）

休 1月1日、不定休

網 snoopymuseum.tokyo

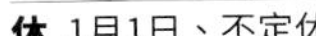

金 即日票 成人 ¥2,000、高中生¥1,000、4歲至小學生¥600，提前購買便宜¥200

電 (81)04-2812-2723

交 Metro南町田Grandberry公園站步行約4分鐘

店舖的設計非常繽紛，產品也有超過 2 百款。

芝麻街水杯 ¥2,750

↑芝麻街 T-Shirt¥5,980

等著你來打卡的一眾角色，是滿滿的童年回憶啊！

04

全球第一間！

SESAME STREET MARKET

嘩嘩嘩，全球首間芝麻街專門店開在池袋了！SESAME STREET MARKET由打造 gelato pique、SNIDEL等人氣品牌的MASH Style Lab策劃，可以分為打卡、購物及餐飲3大部分。門口已有幾隻芝麻街在等候大家，進去後就會看到超過200款的限定公仔及服飾，又是破財的地方。旁邊的Cafe有各種甜品，麵包供應，還有香蕉船、Donuts等等，造型真是非常可愛呢！

芝麻街菓子 ¥1,944

↑水杯的設計也同樣可愛，想要拿回家收藏。

旁邊餐廳走的是美式設計，有多款美食可供選擇。

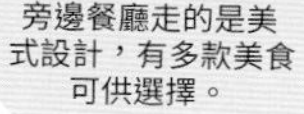

Donut ¥520

MAP 別冊 M21 D-2

地 東京都豊島区東池袋3丁目1サンシャインシティ 専門店街アルパ 1F

時 10:00-21:00

網 sesamestreetmarket.jp

電 (81)03-5810-3664

交 JR東池袋駅步行約5分鐘

WOW! MAP

←曾獲得多個大獎，說不定你小時候也看過很多角野榮子的作品！

外面的純白與裡面的粉色形子成強烈對比。

←來到這裡，《魔女宅急便》是必看的吧！

展覽區每半年轉一次主題，開展是《魔女に会った》，展示了角野榮子的女巫人偶收藏。

香港首推

05 走進魔女宅急便的世界

魔法の文学館

你也喜歡宮崎駿的作品嗎？當中《魔女宅急便》這個故事，講述了少女琪琪遠離家鄉四出冒險的成長故事，由著名作家、繪本家角野榮子創作，她曾發表多部膾炙人口的兒童文學作品。這個位於江戸川區なぎさ公園內的魔法の文学館，便是以她的世界觀為中心打造的新設施。由隈研吾團隊設計，純白的外表與裡面的粉色形成鮮明對比，好像是走進了奇思妙想的世界。入面有過萬本童書，也有角野榮子從世界各地搜集來的魔女娃娃，邀請大家走進她的創作世界。

↓過萬本由角野榮子創作及來自世界各地的童書。

←每日都會有幾場黑貓劇場（黑猫シアター）演出。

→角野榮子邀請大家一起來走進童話世界。

↑門口的商場售賣了很多可愛的小物，都是角野榮子喜歡的設計

↑入面就像是一個夢幻的城堡，大家可隨意坐下看看書。

地	江戸川区南葛西7-3-1 なぎさ公園内
時	09:30-17:30 （最終入館16:30）
休	星期二、年末年始
網	kikismuseum.jp
金	15歳以上 ¥700、 4歳至中學生 ¥300
電	(81)03-6661-3911
交	Metro葛西站下車轉乘巴士葛西21「魔法の文学館入口」站下車

魔法文學館附近種植了各種植物，春季到訪意外看到櫻花隧道。

WOW! MAP

動漫新據點

06 Anime Tokyo Station

池袋又有動漫新據點了，為了把池袋打造成另一個動漫聖地，Anime Tokyo Station於2023年10月開幕，目標是向全世界展示日本動漫，因此為免費入場可隨便參觀。一共有3層，地下一樓「Archive」是動畫製作資料保存區、一樓「Platform」展示各種活動及工作地，二樓「Exhibition」則是限定企劃展覽、商店等。打頭陣是《火影忍者》展覽，2024年2月3日至5月6日轉為機動戰士「SEED＆GUNDAM SERIES」展、5月18至8月18為「Love Live! Superstar!!」展，保證每次來到都有新的驚喜。

↑ 2024年2月3日至5月6日則轉為機動戰士「SEED & GUNDAM SERIES」展。

展出了多個機動戰士模型。

↑ Anime Tokyo Station每期的展覽主題都不一樣。

← B1樓則是動畫製作資料保存區。

注目!!

動漫迷對動畫師這個職業有更深入的了解。

商店區主要販賣該主題展的各種產品。

MAP 別冊 M20 B-3

地 東京都豊島区南池袋2丁目25-5 藤久ビル東5号館 B1F～2F

時 11:00-19:00（最終入場18:45）

休 星期一、年末年始、不定休

網 animetokyo.jp

交 JR池袋站步行約4分鐘

Check Close Up

WOW! MAP

整間餐廳被佈置得像花園，與 Sanrio 角色們野餐。

人氣角色陪・用餐

07 Sanrio Garden Cafe

作為日本的國民卡通，東京Sanrio的主題餐廳、商店可以說是數之不盡。位於上野的Sanrio Garden Cafe於2023年開幕，以花園為主題，有各種櫻花、紅葉等與大自然相關的裝飾，感覺就像是和角色們在野餐，太治癒了吧！每枱放了一隻卡通玩偶陪你齊齊坐，一個人來也不會尷尬。主題餐點自然是以可愛為主，店家還會為該月生日的角色打造靚靚的打卡空間，讓你和他齊齊慶生。

↑每枱都放置了一隻玩偶陪你用餐。

Kuromi雜果Pancake ¥1,430

↓店內還設有打卡位，佈置得相當用心。

到訪的月份剛好是玉桂狗的生日，一起和他慶生吧！

↑小小的購物 Corner，產品不算太多。

地 東京都台東區上野2-14-30 帕瑟拉度假村上野公園前 1F

時 平日11:00-20:00、周末及假期10:00-20:00（L.O. 19:00）

休 不定休

網 www.paselaresorts.com/collaboration/sanriocharacters-garden-cafe

電 (81)01-2075-9875

交 JR上野站步行約5分鐘

WOW! MAP 7

Check Close Up

走進繪本世界

08 miffy café Tokyo

多次舉行期間限定店的Miffy，終於也迎來她的常設店了！miffy café tokyo於2023年11月11日開幕，進駐日本最時尚的代官山。其以Miffy原創繪本為靈感，白、黃、藍、橙、綠的色彩帶你走進她的世界觀。餐點以各種西式輕食為主，印上了Miffy樣子的多士可愛到不行，餐具的設計也是萌翻了，如果沒有預約也可以外帶Miffy造型小蛋糕。咖啡廳同時推出多款獨家商品，像是Tote Bag、手巾、杯墊等等，在等著你帶回家！

小手巾 ¥1,100

收納袋 ¥1,650

↑開業不久的新店，門口還有在慶祝的 Miffy。

Miffy小蛋糕 ¥390

Café 的配色是白、黃、藍、橙、綠，像是走進繪本世界。

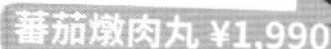

蕃茄燉肉丸 ¥1,990

MAP 別冊 M10 C-1

地 東京都渋谷区代官山町19-4 代官山駅ビル 1F

時 8:30-21:05

網 miffy-cafe-tokyo.jp

電 (81)03-3780-9570

交 Metro代官山站步行約1分鐘

WOW! MAP 8

旁邊是商店，同樣要整理券才可進入。

看到如此可愛的chiikawa，整個人都要融化了。

注目!!

吊飾玩偶 ¥1,540

↑ chiikawa 的餐點非常可愛，甚至還有兒童餐。

可愛最無敵！

09

THE GUEST cafe&diner 池袋パルコ店

說到日本當下最hit的卡通人物，吉伊卡哇chiikawa必須榜上有名！由日本插畫家ナガノNagano設計的角色，被形容是「感覺又小又可愛的傢伙」，終於有常設的餐廳了！走的是家庭餐館路線，有各種意粉、漢堡排、咖喱、拉麵、三文治、鬆餅等等，不只是可愛，味道意外地很不錯！吉伊卡哇採取的是全預約制，大家可以在Lawson Ticket上免費預約，一般的餐食抵用券是¥1,000，指定沙發席抵用券¥6,000。

MAP 別冊 M20 B-2

地 東京都豊島区南池袋1丁目28-2 池袋PARCO本館7F

時 Cafe 11:00-21:00 (L.O.20:30) Shop 11:00-21:00

網 chiikawa-info.jp/cafe.html

電 (81)03-5391-8604

交 JR池袋站步行約5分鐘

Pancake ¥1,400

櫥窗也全是chiikawa的身影。

WOW! MAP

9

10

世界最大動漫專門店

Animate 池袋本店

有乙女聖地之稱的Animate池袋本館經過翻新重開，更一躍成為世界最大的動漫專門店。樓高9層，由漫畫、雜誌、動漫周邊，到聲優產品及期間限定展覽，一走進去就像是進入了無底洞，沉迷在其中無法自拔。每一層都堆滿了人，2樓有各大人氣漫畫以及齊全的畫具，3樓是同人和BL作品專區，人頭湧湧，再往上走則有不同類型的動漫周邊，又或者是各種CD、DVD，就連應援用的手燈都有！8-9樓不時舉行各種展覽及活動，動漫迷匯聚一堂，非常熱鬧。

↑多款人氣連載漫畫都可以找到

不同聲優、歌手推出的CD及DVD。

↑每一層都塞滿了人。

↑無論你在追哪一套卡通，都可以找到它的周邊。

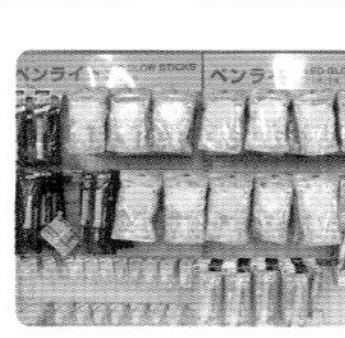
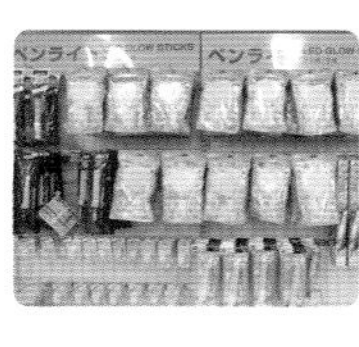
→居然連應援棒都有！

來到BL專區，瞬間發現所有男性都消失了。

排球少年卡 ¥110

近期大熱的鏈鋸人

MAP 別冊 M21 C-2

地 東京都豐島區東池袋1-20-7

時 平日11:00-21:00、周末及假期 10:00-20:00

網 ex.animate.co.jp/zh-sc/shop/ikebukuro

電 (81)03-3988-1351

交 JR池袋站步行約5分鐘

WOW! MAP 10

2021 年上映的《謎案！天下春日部學院的怪奇事件》

2014 年上映的《大對決！機器人爸爸的反擊》

1996 年上映的《搞怪遊樂園大冒險》

1993 年上映的《動感超人 VS 高衩魔王》

小新迷必朝聖

蠟筆小新 THE MOVIE OFFICIAL STORE ⑪

↑蠟筆小新小金人，太可愛了吧！

蠟筆小新陪伴了多少人的成長，雖然東京到處都可以買到蠟筆小新的精品，但這間電影主題周邊專賣店卻是全球首間，絕對是粉絲必去的。專門店內有多個電影主題雕像，入面的精品亦都是圍繞著蠟筆小新的各大電影，100%還原電影經典，大部分都是其他精品店買不到的，還有各大聲優的親筆簽名，絕對是好買又好拍！

→小新 Tote Bag ¥3,850

Check Close Up

大量可愛的精品，其他地方不一定買到。

↑各大聲優的親筆簽名

出現在各大電影的角色，你又認得多少？

地 東京都豊島區東池袋3-1-2
時 10:00-20:00
休 不定休
網 www.instagram.com/crayon_cinema
電 (81)03-5924-6131
交 JR 池袋駅步行約8分鐘

11

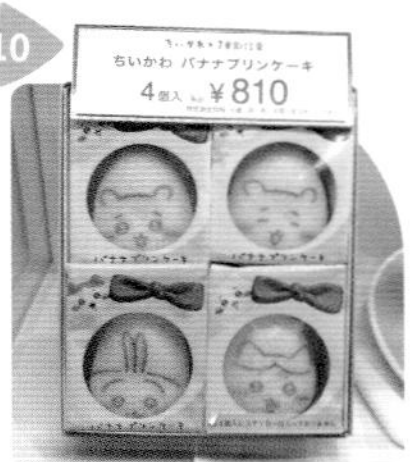

中央區域不時舉行各種精彩活動，最新的佈置是Chiikawa！

12 動漫迷大爆走

東京站一番街

在東京哪裡可以找到最多最齊全的動漫IP店？來東京站一番街就對了！馬上為大家介紹東京站一番街的各大IP：mofusand、假面騎士、Kirby、蠟筆小新、正能量企鵝、SNOOPY、Chiikawa、miffy、Snoopy等等，連NHK-Character、K-spot、JUMP SHOP、TOMICA都在這裡有分店，買爆GIP的機會來了。中央區域不時舉行各種精彩活動，街頭花車更是定期更換主題，每一次前往都有新鮮感。

↓ mofusand 首個官方店於2023年3月開幕，人流相當誇張。

注目!!

入面的甜點極早就會賣光，想吃就要早點來了。

→各款可愛公仔。

KIRBY 朱古力 ¥2,160

店內有超過 20 款的紀念商品，由御守到毛巾、公仔應有盡有。

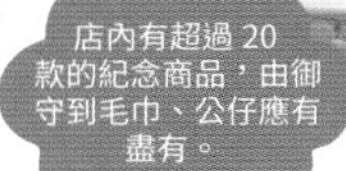

KIRBY CAFÉ PETIT 同樣是2023 年新開。

MAP 別冊 M11 B-2

地	東京都千代田區丸之內1丁目9-1
時	各店不同
休	各店不同
網	www.tokyoeki-1bangai.co.jp
交	東京車站B1出口步行直達

WOW! MAP 12

13

把Pikachu吃下肚

Pokémon Café

各位精靈訓練員，捉小精靈捉到累了嗎？想小精靈陪你吃飯嗎？那就可以到這間Pokémon Café，一進門就可以看到不同的小精靈，他們還坐到桌上陪你吃飯。而餐點都是小精靈的造型，靚到不捨得吃，幸運的話，侍應生造型的皮卡丘還會出來跟大家見面，就連小編也忍不住大叫「可愛い」。但是想吃也不容易，因為餐廳是採取上網預約制，想吃就要提早預約！

MAP 別冊 M11 B-1

地 東京都中央區日本橋2-11-2 日本橋高島屋S.C.東館 5F

時 10:30-22:00 (餐點L.O.21:00) (飲品L.O.21:30)

休 星期日、年末年始、不定休

網 www.pokemoncenter-online.com/cafe

電 (81)03-6262-3439

註 Pokémon Café只提供網上預約

交 從JR「東京站」八重洲北口步行5分鐘；東京Metro 銀座線、東西線「日本橋站」B2出口

WOW! MAP 13

14 來東京必遊

Tokyo Disneyland Resort

別以為來東京是大人專享的福利啊！其實這裡有很多適合親子同遊的設施，最為人所熟悉的當然是東京的迪士尼樂園，園內各式各樣新主題及機動遊戲外，也有明星巡遊及煙花，真的令大小朋友都想一去再去……除此以外，市內還有不少可以即日來回的有趣玩樂設施，讓我帶大家看看吧！講起東京的迪士尼沒有可能有未聽過吧！這個位於東京都旁千葉縣的Tokyo Disneyland Resort包括了Tokyo Disneyland及Tokyo Disney Sea兩部份，開幕至今一直人氣高企。

地 千葉縣浦安市舞浜1-1
時 通常是09:00-21:00，但因應假期而改變，建議先上官網查詢。
網 www.tokyodisneyresort.jp
電 (81)057-000-8632
交 從東京站乘京葉線東行至舞浜站下車

交通資料

注目!!

美女與野獸

遊人進入園區後，會先經過女主角Belle居住的村莊，這時大家可以會看到Belle爸爸Morris的小屋、根據動畫打造的鄉村風商店、Gaston的酒館餐廳和森林劇院。當然還有必玩的「美女與野獸 魔法物語」遊戲，觀眾可於約30公尺高的粉紅夢幻城堡中、坐在咖啡杯內，欣賞電影故事中經典的場景，充滿童心！

魔法物語坐的咖啡杯

城堡內的擺設和裝修都美倫美奐

→城堡內的晚餐場景十分夢幻

↑園內到處都是打卡點

WOW! MAP

14

Tokyo Disneyland

Tokyo Disneyland共有七大區域，三十多款遊樂設施：夢幻樂園、卡通城、明日樂園、西部樂園、動物天地、探險樂園、世界市集。而最人氣的當然是最新開、位於夢幻樂園旁的New Fantasyland園區的《美女與野獸》！

除此之外，還有以下新項目登場呢：

夢幻樂園

樂園首座室內的表演劇場《夢幻樂園森林劇院》會上演「米奇魔法音樂世界」的音樂劇。

卡通城

而喜歡米妮的朋友也要留意啊！因為園內推出了《米妮風格工作室》，遊人可以和米妮見面和拍照呢！

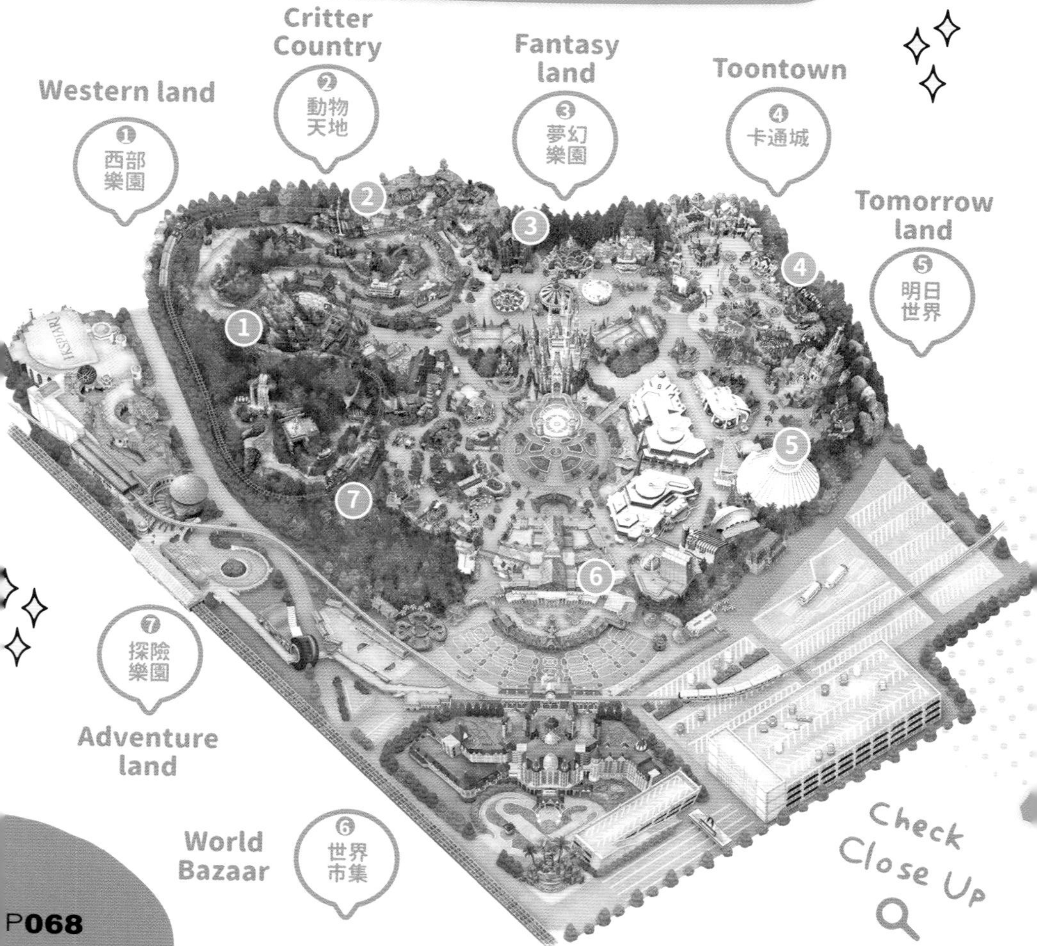

Western land
❶ 西部樂園

Critter Country
❷ 動物天地

Fantasy land
❸ 夢幻樂園

Toontown
❹ 卡通城

Tomorrow land
❺ 明日世界

World Bazaar
❻ 世界市集

Adventure land
❼ 探險樂園

Check Close Up

Tokyo Disney Sea

Tokyo Disney Sea於2001年9月落成，樂園以七個獨特主題的海港區組成：發現港、美國海濱、失落三角洲、神秘島、地中海海灣、美人魚礁湖和阿拉丁世界。四周洋溢著歐陸小鎮的異國風情，有不少打卡位都令人有如置身歐洲的錯覺。

園區在2019年新增了《翱翔：夢幻奇航》和《幻境頌歌》兩個最新體驗。

《翱翔：夢幻奇航》

是一個可以讓遊人坐著的夢想飛行器，來一趟難忘的環遊世界。這個體驗除了有視覺上的震撼外，也有加上獨特的氣味，令大家仿如身歷其境一樣！

《Believe! Sea of Dreams》

這個於2022年11月上映的Believe! Sea of Dreams是迪士尼史上史無前例的新式表演Show，表演用上大型光雕投影技術配合水上的船隻表演，在敞大的空間令觀眾感受精彩絕倫的視覺享受。

① 發現港
Port Discovery

以未來世界的港口為背景，設有遊樂設施動感電影氣象控中心「風暴騎士」和「水上逗趣船」，還有往返美國海濱的高架海洋電氣車。

② 失落河三角洲
Lost River Delta

③ 美人魚礁湖
Mermaid Lagoon

④ 美國海濱
American Waterfront

重現20世紀初期美國的海港，還集合了最多間餐廳的海港，絕對是遊人必到重點大區域。

⑤ 阿拉伯海岸
Port Discovery

來到《阿拉丁》世界，區內中東色彩濃烈，充滿圓尖頂拉丁風情的建築物。

⑥ 地中海港灣
Mediterranean Harbor

一踏進DisneySEA首先來到帶有南歐海港風情的地中海港灣。

⑦ 神秘島
Mysterious Island

神秘島上彌漫著詭異的氣氛，加上普羅米修士火山不定時爆發，令人又驚又喜。

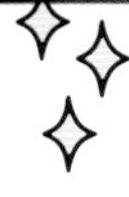

大家若果想爭取每分每秒來瘋玩，大可以參考以下遊玩攻略：

1 為了節省步行時間，付費乘坐位於Tokyo Disneyland內的單軌列車是園內最佳的移動方法。單軌電車的迪士尼度假區線包了東京迪士尼樂園站、東京迪士尼海洋站、海濱站及度假區總站，而度假區總站是最近JR舞濱站的。

2 而在Tokyo Disney Sea園內則可以活用迪士尼海洋電氣鐵路和迪士尼海洋渡輪的航線來縮減步行的時間。

3 以往的FastPast系統已取消，最新的的Standby Pass(主要用作預約用、免費、人數太多時會只開放給有預約的客人)、Entry Request及Disney Premier Access(￥2,000、可選擇指定設施進行單次快速通關)，三款都要透過官方的Tokyo Disney Resort App取得。

4 園內的部份遊戲會設有一個叫「單人騎士」的通道是專門給一個人到園內遊玩的客人而設的，假若你是和一班朋友同來，但是又沒有要求坐在一起的話，也可以使用，既是免費，又可以大大縮減排隊時間。

5 出發前務必到官網查詢開園時間、遊行時間、煙花表演、入場人數，還有哪項設施是在維修中等等是十分重要的。

 圖片提供:東京迪士尼樂園

必買手信

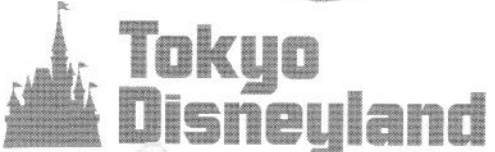

↑怪獸公司安全帽 ￥1,950
戴上怪獸公司的安全帽，你也是員工之一啦！

↑訂製刻名皮革手帶 ￥1,200
將彼此的名字刻在皮手帶上，留住在這裏的美好回憶吧。

↑女兒節版米奇米妮公仔 ￥4,400
日本限定的女兒節公仔，極具紀念價值！

→迪士尼角色的爆谷 ￥2,400-2,600
購自Disneyland園內爆谷車

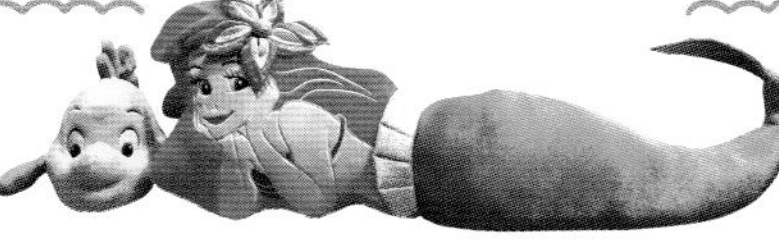

←小魚仙攬枕 ￥4,500
與小魚仙一起進入甜美的夢鄉！

↑神燈咖喱壺 ￥2,600
擦擦神燈可以許願嗎？

↑StellaLou x Duffy收納包 ￥2,300
Duffy 在東京迪士尼海洋的郵輪前，與正在努力練舞的 Stella Lou 相遇，並成為好朋友。

↑米奇雪糕夾心餅 ￥310
購自小攤位

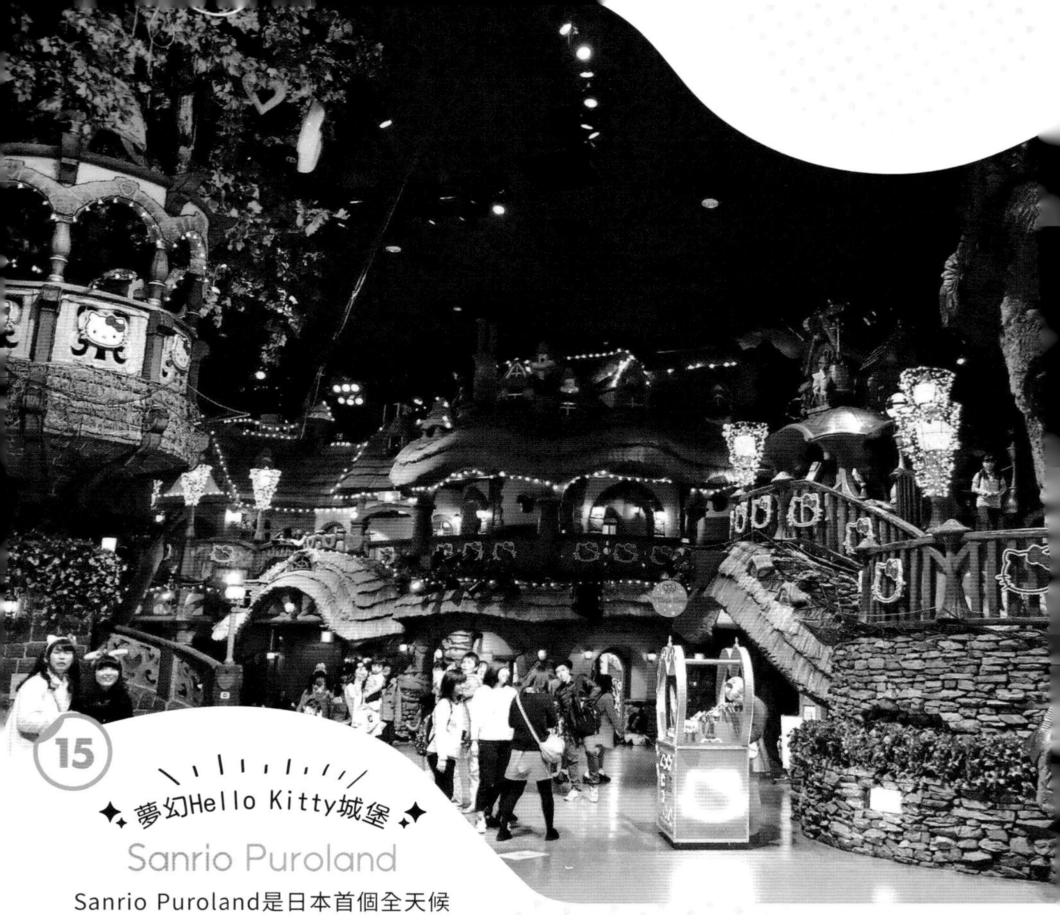

15 夢幻Hello Kitty城堡

Sanrio Puroland

Sanrio Puroland是日本首個全天候室內主題樂園，外型設計以城堡作為主題，進入園內彷彿來到了色彩繽紛的夢幻世界，Sanrio Town共分五大主題區：「Lady Kitty House」、「My meroad drive」、「Twinkling Tour」及「Character Food Court」都是常設主題區，佈景都非常精緻。小朋友和女生一定會流連忘返，別忘了為手機／相機充足電啊！

↑由藝術家吉田ユニ設計的梳化，華麗精美。

走進夢星雲鄉探訪 Kiki 和 Lala

Kitty 的床上設有互動小遊戲，小朋友玩得不亦樂乎。

→ Melody 火車號緩緩地向 Melody 家 Maryland 進發，帶你探訪 Melody，再暢遊草莓田和捉迷藏森林。

玩累了可到場內的 Food Court 進餐，桌椅均採用粉紅色，緊貼夢幻主題。

Melody40周年
限定咖哩飯 ¥1,400

↓ Miracle Gift Parade 大遊行絕對是 Sanrio Puroland 的重頭戲。

交通資料

地 東京都多摩市落合1-31

時 09:30-17:00（每個月開放時間有所不同，請參考官網）

休 不定休（請參閱官網時間表）

金 平日大人￥3,900、小童￥2,800
假日大人￥4,600、小童￥3,500
午後票（平日14:00後、假日15:00後）
大人￥2,500、小童￥2,200

網 cn.puroland.jp

電 (81)042-339-1111

交 京王線、小田急線或多摩都市單軌電車「多摩センター站」下車步行5分鐘。

東京日新月異，大家闊別千日的東京帶點陌生，又帶點期待，對嗎？看完以下幾個新商場，真的急不及待想出發吧！

由英國鬼才設計師 Heatherwick 設計，就像是一座高低起伏的山丘。

香港首推

日本第一高

01

麻布台之丘

說到東京近期最具人氣的話題商場，絕對非全新地標「麻布台之丘 Azabudai Hills」莫屬，由多位建築師傾力打造，集多個焦點於一身：日本最高摩天大廈、全新Epson teamlab Borderless、多個人氣品牌進駐等，在出發之前，一起來了解一下這個充滿魅力的新建築吧！

整個商場都是滿滿的藝文氣息。

WOW! MAP

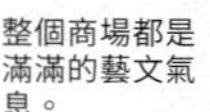

整個麻布台之丘佔地8.1公頃，可以分為Mori JP Tower、Tower Plaza、Garden Plaza及中央廣場，最好逛的店舖與餐廳都匯聚在Tower Plaza及Garden Plaza，而主棟的森JP塔（Mori JP Tower）前是綠意盎然的中央廣場，擺放了著名藝術家的作品，如奈良美智的《東京の森の子》、ZHAN WANG 的《Artificial Rock. No.109》等等，訪客更能感受其藝文氣息。

←奈良美智的作品《東京の森の子》

MAP 別冊 M12 B-2

- **地** 東京都港区麻布台1-3-1
- **時** 11:00-21:00
- **休** 不定休
- **網** www.azabudai-hills.com
- **電** (81)03-6433-8100
- **交** Metro神谷町駅站5號出口直達

- **時** 10:45-21:00
- **休** 不定休

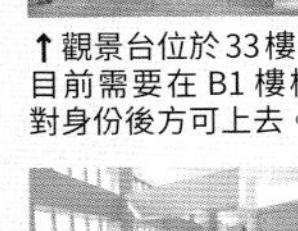

↑觀景台位於33樓，目前需要在B1樓核對身份後方可上去。

→觀景台放置了不少桌椅，可以坐著欣賞美景。

↓入夜後的東京鐵塔更為迷人。

迷人的東京日與夜 **01a**

33樓觀景台

森JPタワー 33F

麻布台之丘其中一個話題焦點，便是位於33樓的免費觀景台，然而由2024年4月18日起觀景台不再免費對外開放，而是指定身份的人才可內進，分別是JP Tower的職員、預訂了Dining 33的客人、Sky Room Cafe & Bar 的客人及於Dining33 Pâtisserie à la maison消費的人，並改為於B1樓核對身份後方可上去。雖然不再免費開放，但Sky Room Cafe & Bar大概幾百円就買到一杯飲料或甜點，為了美景也不算破費。

33樓觀景台可以極近距離欣賞東京鐵塔，入夜後燈光亮起又是另一番美景，天氣好的話，還有機會看到富士山呢！

↑花海雖然是每個 teamLab 都有，但每次看依然會驚艷。

無界的世界

01b

Epson teamlab Borderless

Hills Garden Plaza B B1F

2024年2月9日，期待已久的「Epson teamlab Borderless」終於在麻布台之丘開幕，由御台場移師而來，延續「無界」的概念，每個作品與空間相互交流、影響，展現藝術的無限性。50多件錯綜複雜的作品，首度登場的《Bubble Universe》，數之不量的球體每個的外形設計都略有不同，內部的光線或明或暗互相交織，像是引領你走進一場奇幻的旅程。另一個展覽《Megalith Crystal Formatione》，呈現生命是誕生於黑暗又回歸於黑暗的微弱光芒，花朵生長、綻放、凋零、消散、重生，展現萬物生與亡之間的聯繫。

→《EN TEA HOUSE》，讓花朵綻放於茶飲之中。

↑《光之雕刻 - 平面》，光線在平面上的集合，重新構築空間，並形成立體雕塑。

時 09:00-21:00
(最終進場時間為閉館前1小時)

休 每月第一、第三個星期二、不定休

網 www.teamlab.art/zh-hant/e/tokyo

電 (81)03-6230-9666

休 不定休

首次進駐東京

01c

% ARABICA

Garden Plaza B B1F及Tower Plaza 4F

2014年發跡於京都的%ARABICA在不同國家都有分店，居然到2024年才首次進駐東京，更於麻布台之丘一口氣開設了兩間分店，B1樓是早上8時開店，專為一眾忙碌的打工仔而設，純白的店面配上優質的咖啡度過醒神的一天。4樓寬闊開揚，設有戶外空間自然更chill。店內放置了咖啡生豆設有定制烘焙服務，展現品牌對咖啡品質的要求。標誌的Kyoto Caffe Latte添加了煉奶，味道甘醇不酸，有種馥郁芬芳的奶香。

時 B1F 08:00-20:00、4F 11:00-20:00
網 arabica.coffee/en/shokudo/
電 B1F (81)03-6721-5551
4F (81)03-6277-6098

4樓則是更為寬闊開揚，設有戶外空間感覺更chill。

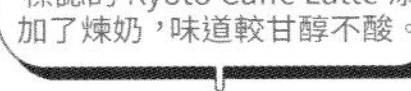

→各款不同產地的生咖啡豆。

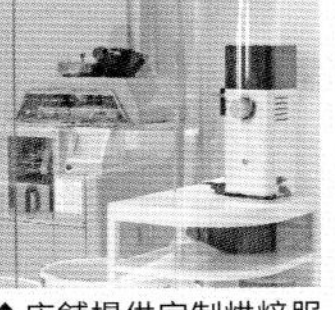

↑店舖提供定制烘焙服務。

←B1樓專為一眾忙碌的打工仔而設，早上8時開店。

標誌的Kyoto Caffe Latte添加了煉奶，味道較甘醇不酸。

條裝的芝士蛋糕是品牌的招牌，買回去做手信或自私食也可以！

首間實體店

01d

Mr. CHEESECAKE

Garden Plaza C B1F

另一個引起話題的人氣店Mr. CHEESECAKE，成立僅5年憑著入口即化的芝士蛋糕在網上爆紅，每到開售日即引起搶購熱潮！首間實體店終於進駐東京麻布台，此店為期間限定店，預計只營業至2024年9月30日，未知會否延長營業。全新推出的杯裝芝士蛋糕有多種口味：經典、焦糖、檸檬、南瓜、士多啤梨、抹茶等等，入口的確相當驚艷，濃郁的芝士味卻一點也不膩，口感非常creamy！

一個人的話買杯裝芝士蛋糕剛剛好，而且新出了多種口味。

↑原味Cheese cake ¥972

←口感綿密，面層較為厚實，底層則是偏奶油狀。

時 11:00-20:00
網 mr-cheesecake.com
電 (81)03-5545-5883

紅茶專賣店 **01e**

TEAPOND

Garden Plaza C B1F

於2010年創業、2014年開創第一間分店的TEAPOND進駐麻布台後，同樣是長期大排長龍的人氣店。主要販賣來自世界及日本各地的精選紅茶，近年也擴展至各種花草茶、水果茶、南非國寶茶等，其最大的賣點是包裝超精美，簡約大方的鐵罐設計非常適合買來做手信。

如果是首次購買，不妨先入手小包裝試試口味。

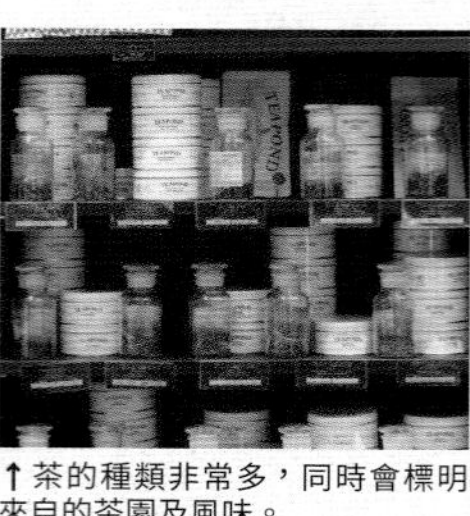

↑茶的種類非常多，同時會標明來自的茶園及風味。

時 11:00-19:00
網 teapond.jp
電 (81)03-5544-9939

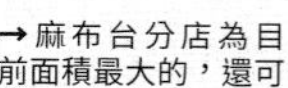

→麻布台分店為目前面積最大的，還可以買到人氣牛角包。

←牛油亦是品牌標誌性的產品，可以買回去塗麵包。

時 11:00-19:00
網 www.kataoka.com/echire
電 (81)03-5860-1621

東京最大分店 **01f**

ÉCHIRÉ L' Atelier

Garden Plaza B 1F

ÉCHIRÉ是另一間絕對不可錯過的店舖，作為人氣法國牛油品牌，在東京各地都有分店，目前麻布台的面積最大。其牛油獲得A.O.P認證，肯定它為以土地傳統農產品保護為目的所製造出來的商品。盒裝的餅乾極受歡迎，Galette和Sable都是招牌必買的，牛油的香氣十足令人忍不住一塊接一塊。而牛角包更是世界級的好食，一咬入口面層酥脆中間柔軟，邊咬邊有陣陣牛油香。

→牛角包¥649

↑Sable Quatre ¥10,800

全新概念便利店 01g

Famima!!

■ Tower Plaza 4F

麻布台內居然有一間便利店？仔細一看它並不是普通的Family Mart，而是新型的複合式店舖Famima!!，以「Every Life，Every Fun」為概念，再生、再考、再利用3大原則強調環保的生活理念。店內設置了推廣永續性的食物捐贈箱，同時設有SDGs的商品專區，更引進了主打環保天然的品牌，而穀物果乾區則可以自行秤重。Famima!!補給水區讓遊人隨時補充水份，相當貼心。

←穀物果乾區都可以自行秤重。

↑店內的產品同樣是精挑細選，設有 SDGs 的商品專區。

↑推廣永續性的食物捐贈箱。

↑補給水區。

時 07:00-23:00

網 www.family.co.jp

電 (81)03-5797-7801

城市就是博物館 01h

藝文展覽空間

■ Azabudai Hills Gallery Garden Plaza A M

來到麻布台，自然要感受一下它的藝文空間。強調「整個城市都是博物館」，標誌性的畫廊定期展出不同藝術家的作品。最近的展覽是「卡爾德：撫摸、感覺、日本」－ 讓參觀者從不同的角度了解、探知世界。在看完展覽後，還可以到旁邊的咖啡廳The Kitchen享用當期展覽的聯名餐點，The Shop則是展覽的週邊商店，一站式的體驗讓大家對藝術展品有更深入的了解。

時 10:00-20:00

網 www.azabudai-hills.com/en/azabudaihillsgallery/

電 (81)03-6402-5460

Azabudai Hills Gallery 會定時更換展覽主題。

The Kitchen 的餐點主打健康，很受日本年輕人喜愛。

↑旁邊的 The Shop 則是展覽的週邊商店。

打造未來東京

02 虎之門之丘車站大樓

虎之門之丘是東京大型商業建築計劃區，由2014年陸續有4棟建築完工，虎之門之丘車站大樓（虎ノ門ヒルズ ステーションタワー）終在2023年10月6日正式開幕，隨即成為另一個必逛新景點！它與東京Metro日比谷虎之門HILLS站共構而成，集酒店、購物、藝廊於一身，一共有70間名店進駐，希望可以打造「未來東京」。

←與東京近年新建的商場一樣，少不了藝術的蹤影。

→虎之門之丘車站大樓另一個特點，是有非常多的休息區。

地 東京都港區虎之門2-6-1　時 各店不同　休 不定休

網 www.toranomonhills.com　電 (81)03-6406-8192

交 Metro虎之門之丘站7號出口直達

白色哆啦A夢駕到

02a Toranomon

2F

不知大家有沒有見過白色的哆啦A夢呢？這是由藤子·F·不二雄製作公司為虎之門製作的吉祥物「虎之夢」，超可愛的白色哆啦A夢自一推出即成為大家搶購的目標，而這裡可以買到各種各樣的產品！由必入手的公仔到服飾、各種文具、Tote Bag，每一款都令人愛不釋手。

時 平日11:00-20:00、周末及假期11:00-19:00

網 www.toranomonhills.com/about/toranomon/index.html

電 (81)03-5771-9711

→小袋子 ¥3,300

→ T-Shirt ¥3,300

←Toranomon 公仔 ¥4,345

↑Toranomon是虎之門的吉祥物，全白的在其他地方找不到。

店內有多款家居用品，以暖色系為主調令日常生活更添暖意。

設計選物店 02b

BASIC AND ACCENT

B2F

喜歡日本雜貨的話絕對不可以錯過這間來自自由之丘的小店，以簡約和諧風北歐風格為理念，搜羅來自各地的質感餐具，也有自家品牌的衣服，以及不同的優質的產品如香氛、護膚品、妝點家具的飾品等等，令你的生活更有品味。

各款潤唇膏、潤手霜，全為品牌嚴選。

↑精選的各款香氛產品，讓家裡隨時都是香香的。

時 11:00-20:00

網 basicandaccent.com

電 (81)03-6273-3355

BASIC AND ACCENT來自自由之丘，在日本各地都有分店。

新型態生活美食廣場 02c

T-MARKET

B2F

一共有27間食店進駐，T-MARKET是日本打工一族及遊人休閒美食的地方，當中包括多間人氣餐廳，像是中目黑壽司名店鮨つきうだ監修的立喰すし魚河岸山治、漢堡店Builders及麵包店BEAVER BREAD等知名食店，同時也有各種精緻的甜點店，一次過享受日本各地的美食。

時 各店不同

網 www.toranomonhills.com/t-market/index.html

←↑人氣水果蛋糕店，多款果撻賣相吸引。

↑赤坂おぎ乃 和甘主打不同口味的雪糕，銅鑼燒同樣受歡迎。

→漢堡店Builders是來自本所吾妻橋的名店。

DOLCE TACUBO CAFFE 的泡芙外表香酥，內餡甜而不膩。

T-MARKET 有足足 900 坪，27 間人氣食店進駐。

渋谷最新人氣地標 03

SHIBUYA SCRAMBLE SQUARE

這個於2019年11月開業的渋谷スクランブルスクエア絕對是渋谷區最新的人氣地標，推介各遊人到來。有別於其他商場的大型連鎖店，場內有各式各樣的日系文創小雜貨、家庭用品、自家品牌服飾，當然還有那位於頂樓的SHIBUYA SKY，可以飽覽東京市中心的繁華夜景、東京鐵塔、晴空塔，晴天時更可以遠眺富士山呢！

↑場內的裝修優雅又時尚，難怪可以吸引年輕人到來

MAP 別冊 M07 C-3

地 東京都渋谷区渋谷2-24-12

時 10:00-21:00(各店不同)

休 各店不同

網 www.shibuya-scramble-square.com

電 (81)03-4221-4280

交 JR渉谷站東口直達樓上

360度的都心夜景 SHIBUYA SKY (展望設施) 14F、45F-天台 03a

這個令一眾遊人趨之若鶩的SHIBUYA SKY展望設施位於45樓，客人可於商場的14樓乘SKY GATE電梯到45樓。SKY EDGE四面都是落地玻璃，360度零死角的被繁華的市景包圍，黃昏前後到來剛好欣賞到都心的日景和夜景交替的時刻。重點推介就是那玻璃角落，站在那裡拍照就可以拍到絕美的都心美景！

SKY EDGE 日間風景

photo by @SHIBUYA SCRAMBLE SQUARE

WOW! MAP 3

日落之時旁邊的hammock都很受遊人歡迎

遊人沿著扶手電梯上到天台的展望空間SKY STAGE後，就可以看到壯觀的都心景色，這裡的空間感更強，站在角落處俯瞰，就有如懸浮在半空中一樣，放眼盡是周邊廣闊的城市景致；參觀過後大家可以沿著回程路線到46樓的室內展望回廊SKY GALLERY，在這裡也可看到熱鬧的城市景色，然後會經過「Paradise Lounge」，再到紀念品店SHIBUYA SKY SOUVENIR SHOP，順道可以買點手信呢！

↑日落之時旁邊的hammock都很受遊人歡迎

←因為沒有進場時限，遊人都會揀選一個舒適的位置來坐坐

←由入口到天台那段路程也很有驚喜

最後當然是再上一層到 SKY EDGE

時 10:00-22:30(21:20)

金 18歲以上¥2,200、中學生¥1,700、小學生¥1,000、3-5歲¥600

網 www.shibuya-scramble-square.com/sky/

時 10:00-21:00 休 各店不同

甜品控必到 03b

CARAT Tokyu Food show Edge

B2-1F

位於商場入口處的甜品街，各位喜歡甜品的朋友定必要逛逛。這裡結集了大大小小三十間菓子店；有西洋菓子、和式菓子、麵包等，不少更是人氣店家！

↑蛋糕都是用上合時的水果 ¥3,888

↓還有各樣的散件裝小蛋糕

↑店內可看到師傅即席整蛋糕

i 立體造型蛋糕

Atelier Anniversary

這間專營紀念蛋糕的人氣店家，其店內可以訂造生日蛋糕、結婚蛋糕、畢業蛋糕等，其立體造型的蛋糕很受客人歡迎；此外店內的洋菓子外型精緻，用上合時的水果，當然大家也可以買些小蛋糕回酒店享用。

時 10:00-21:00
電 (81)03-6427-5114

↑12個裝的小蛋糕 ¥3,456

ii 法式甜品店

EN VEDETTE

這間一直在tabelog人氣高企的法式甜品店，店主森先生除了曾在法國習廚外，還得過不少甜點大賞呢！店內售賣的洋菓子色彩繽紛，包裝精美，很適合買作手信。

←渋谷店限定的千層蛋糕 ¥346

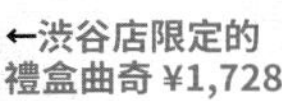

←渋谷店限定的禮盒曲奇 ¥1,728

時 10:00-21:00
電 (81)03-6450-6755

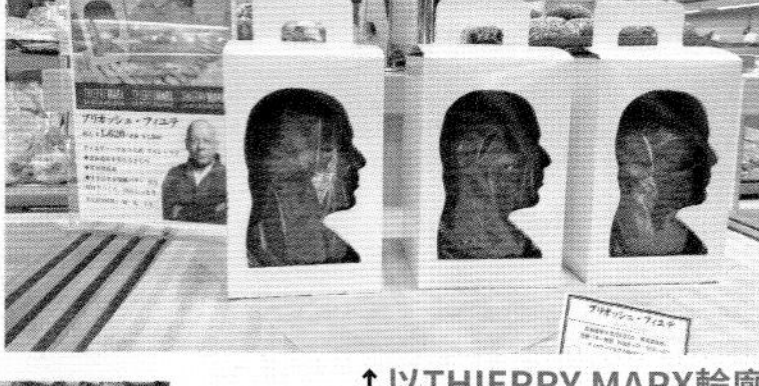

↑以THIERRY MARX輪廓而做的麵包禮盒 ¥1,650

↑法式蛋撻 ¥270

↑人氣的法式長包 ¥195

iii 法國名牌麵包店

THIERRY MARX LA BOULANGERIE

THIERRY MARX是一位人氣法國廚師，自1988年起，曾多次獲得米芝蓮星號，他最拿手的當然是烘焙麵包，而這間位於Shibuya scramble square地庫的THIERRY MARX LA BOULANGERIE更是他於日本第一間設立的麵包店，店內有眾多法式麵包及其品牌的相關產品。

時 10:00-21:00
網 thierrymarxbakery.jp
電 (81)03-6450-5641

↑渋谷限定 Pie & Dip連啤酒套裝 ¥1,941

時 10:00-21:00
網 coneri.jp
電 (81)03-3498-2345

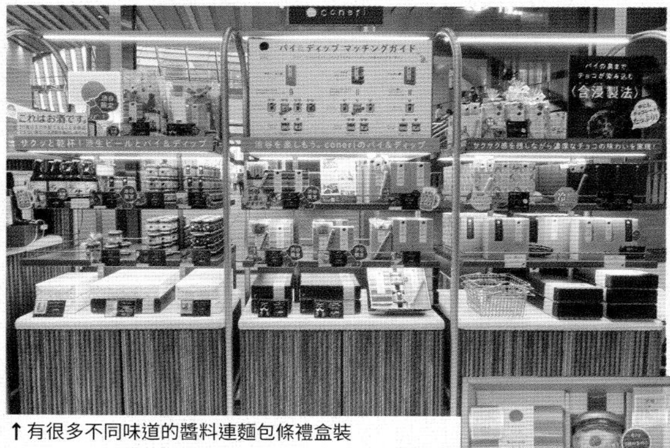

↑有很多不同味道的醬料連麵包條禮盒裝

→渋谷限定的禮盒 ¥3,299

iv 除了麵包，還有……

Coneri

大家都會喜歡吃麵包，可是不同的麵包配搭不同的醬料，味道可以完全不同啊！這間店家可以找到各式各樣的醬料：鮮果醬、配有香料的醬、蘑菇醬，就連野菜醬都有，當然也有適合配麵包的酒類，店內的禮盒裝也很適合作禮物呢！

←Pickles the frogs cross over kitamura motomachi的限定品手巾

↓青蛙系列包包 ¥38,000

個性化的服飾配件 03c

+Q Goods

5F

時 10:00-21:00
休 各店不同

遊人若果想買點特別設計的服飾、包包、首飾或是小型家品雜貨等，可以到5樓的+Q Goods來逛逛，這裡有定期營業的店家，也有不定期出店的pop up店，由時裝到家品都必定令大家有驚喜！

→Pop up店有可愛的kitamura motomachi品牌的熊仔

←↑Panni的環保袋，比一般的質地堅韌、不易破 ¥2,750

↑最新出的旋轉木馬造型的手袋 ¥4,950

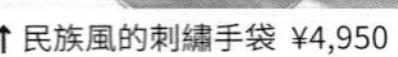

↑民族風的刺繡手袋 ¥4,950

過百款不同款式的包包，大部份都是市面少見的

i 配件及包包編

BALL&CHAIN

時 10:00-21:00
網 ball-chain.com

位於場內中央的是主要售賣女士最愛的包包、來自英國的品牌店家BALL & CHAIN：手挽袋、環保袋、絲質造的、布造的、民族風、可愛卡通造型等，款式齊備，色彩繽紛，售價也親民；另一邊也有品牌的包包，不論上班或逛街也很好配搭。

ii 融合藝術和生活

LAMMFROMM

日本有名的現代藝術家奈良美智、草間彌生等大家都熟悉吧！這店販賣的生活小物、裝飾、公仔都出自她們手筆，除了衣飾外，也有很多家居的小擺設：毛公仔、坐墊、手巾、小枱燈等，不只造型可愛，也有不少很有趣的句子，可以添加生活的趣味呢！

奈良美智 PupKing 公仔 ¥3,520 起

↑草間彌生系列的 TEE ¥4,840 起

時 10:00-21:00

電 (81)03-5454-0450

↑玻璃瓶 ¥1,100

→一人限購一盞的座枱枱燈 ¥176,000

→↑草間彌生南瓜小擺設 ¥24,200

不是公園的公園 04

香港首推

宮下公園

剛於2020年暑假新開幕的宮下公園MIYASHITA PARK是一座複合型的商業設施，所以別被它的名字騙到呀！這個公園結集了購物、美食和休閒於一身，四層高的樓層最頂樓是可供休憩及玩樂的公園。全個商場主要為三部份：渋谷區立宮下公園、shopping及美食為主的RAYARD MIYASHITA PARK、以及sequence MIYASHITA PARK酒店。商場為開放式，遊人一邊逛街，可以一邊享受陽光和微風，頂樓的大片草地更是很受小朋友歡迎。

←公園旁有美食車

↑室內到處都很有空間感

→內裡的裝修也給人悠閒的感覺

南區3樓設有Food Hall，可以找到各國美食

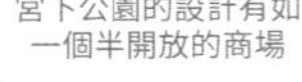

MAP 別冊 M06 B-2

- **地** 東京都渋谷区神宮前6-20-10
- **時** 11:00-21:00、餐廳11:00-23:00(各店略有不同)
- **休** 各店不同
- **網** www.miyashita-park.tokyo
- **電** (81)03-6712-5291
- **交** JR涉谷站步行約5分鐘；或東京Metro明治神宮前下車，步行約7分鐘

頂層的宮下公園除了有大草地及休憩地方外，也設有滑板場、攀岩和沙場（付費）

限量版的手信 04a

The Shibuya Souvenir Store

B2-1F

想要買一些特別版、限量版的手信給朋友？來這店家就對了！這店以渋谷為主題，售賣一些帶有渋谷色彩的手信及紀念品：和菓子、雜貨、文具、零食及酒品等，不少都是和藝術家合作、帶有渋谷獨有文化、特色的產品。

時 11:00-21:00
電 (81)03-6450-6322

→比卡超crossover 香蕉芭娜娜 ¥600

↑ SNAP 出品，印有 SHIBUYA 的Cap帽 ¥3,300

←店內的貨品有別於一般的土產店

↑渋谷站前狗狗像作背景的包包 ¥1,540

→很有渋谷街持色的手繪紀念品

↑零食和和菓子都包裝精美

質感小物

04b

The Editorial

2F

時 11:00-21:00
電 (81)03-6427-3260

走在店裡就像走進一本生活雜誌當中，大部份的貨品都是經過編輯精心挑選一般：手霜、毛巾、沐浴用品、衣飾、耳環、香薰等，隨著季節的變化，店內的貨品也會變得不一樣，所以每次走進店內都會有不一樣的驚喜！

HIPPO 品牌毛巾 ¥1,870

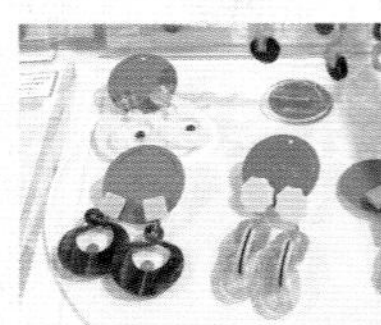
↑很有個性的膠耳環 ¥4,950

↑來自沖繩的石鹼

←可以驅蚊的月桃香 ¥1,650

中古黑膠唱片

04c

FACE RECORDS

3F

這間在渋谷已有25年歷史的黑膠唱片店，可以說是在區內的老店。店內的黑膠唱片及相關雜貨，主要來自美國紐約及在日本國內收集所得，在現今世代，可以看到黑膠唱片店，可以說是非常難得呢！

店內除了黑膠唱片外，還有很多關於音樂的產品

過千張黑膠唱片，國內及海外的都有

↑會有不定期的 pop up 角落，介紹不同年代的歌手及樂隊

時 11:00-21:00
網 www.facerecords.com/shop/index.php
電 (81)03-6427-3260

店內的文具不但適合學生，就算上班一族也十分捧場

文具控至愛 04d

HIGHTIDE

2F

這個在福岡創立的文具品牌，可以說是文具控的至愛，其設計的文具及精品不只外型美觀精緻，也十分具備功能性。記帳簿、原子筆、筆袋、卡片盒以至電腦包包等，都有獨特的風格，其日常生活的小物，搞鬼又有趣，令人愛不釋手！

←有一整套的文具售賣，十分貼心

→Nahe系列的文件袋

時 11:00-21:00

電 (81)03-6450-6203

←小收納袋 ¥580

←日本製小收納包包 ¥1,100

↑小學生用的收納小袋

店內有男女裝的波鞋及皮鞋

民族特色 04e

Cloudy

2F

店家的創辦人銅冶先生特意將非洲的一些特別的民族特色圖案和現代的設計結合，創造出自家的品牌；他的廠房設立於非洲，為貧窮的居民提供工作，而商店的部份收益更會捐到NGO幫助有需要的人士，可謂十分有意義。

店內還有可愛的飾物

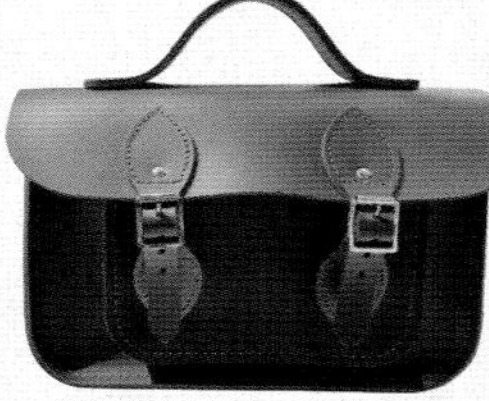

↑深紅真皮包包 ¥34,650

→設計特別的男裝襯衣 ¥19,800

←卡其色漆皮皮鞋 ¥6,820

時 11:00-21:00

網 cloudy-tokyo.com

電 (81)03-6450-5110

全國美食

04f

渋谷横丁

1F

RAYARD MIYASHITA PARK南區的渋谷横丁，內裡的裝修有點像屋台，每到周末或黃昏就會熱鬧非常，這裡匯集了全日本各地的特色美食，約有19間個性迥異的食店，由北海道到沖繩的人氣菜色的應有盡有，店員都很熱情，客人多是附近的上班族，用餐的氣氛十分輕鬆，而且大部份店家的餐牌都附有圖片，就算是外國遊客到來也沒有問題。

↑屋台的形式十分有趣

時 11:00-23:00
(部份店家營業至凌晨05:00)

休 各店不同

網 shibuya-yokocho.com

横丁內結集了19間不同地方的食店

↑就算是午餐時份，也有不少客人到來

↑內店內的巨型壁畫很有昔日的感覺

↑南蠻海老刺身 ¥599、黑hoppy ¥300、純けいねき¥199

i 特色壁畫

北陸食市

被店內巨型的富士山壁畫所吸引，而且店內可以吃有富山、能登、新潟等地方的代表菜式：夢幻的貴價高級黑喉魚、富山的炸白蝦、新潟的甜蝦等。當天點了一客南蠻蝦刺身，大蝦不但蝦頭有膏、肉質鮮嫩，再來一串雞串燒、配著帶有昭和味道的hoppy 麥芽酒來喝，真的很搭配呢！

←hoppy是昔日一種便宜的酒精飲料，帶有麥芽的味道

時 11:00-05:00、星期日至23:00

電 (81)03-6805-0127

↑登山扣 ¥1,980

小龍貓擺設
¥13,200

↑各種有紀念意義的產品。

←服飾設計偏美式風格，日常穿搭也不會太稚氣。

時 11:00-21:00
網 www.gbl.tokyo
電 (81)03-6434-1140

店內有不少動畫場景內的擺設，令人忍不住打卡。

吉卜力迷注意！ 04g

GBL Miyashita Park

3F

作為吉卜力迷，自然是不能錯過所有相關的週邊商品。大家或許對GBL這個品牌感到陌生，它是美式休閒服裝品牌，由吉卜力工作室在2017年創立，在宮下公園開設首間常設店。店內的產品相當豐富，由不同動畫的T-Shirt、帆布袋、玻璃杯、鎖匙扣，到各種文具、唱片，每一款都充滿特色，有不少更是涉谷店的限定款式，還是忍不住要放肆地破費吧！

外觀的高架橋已
有過百年歷史

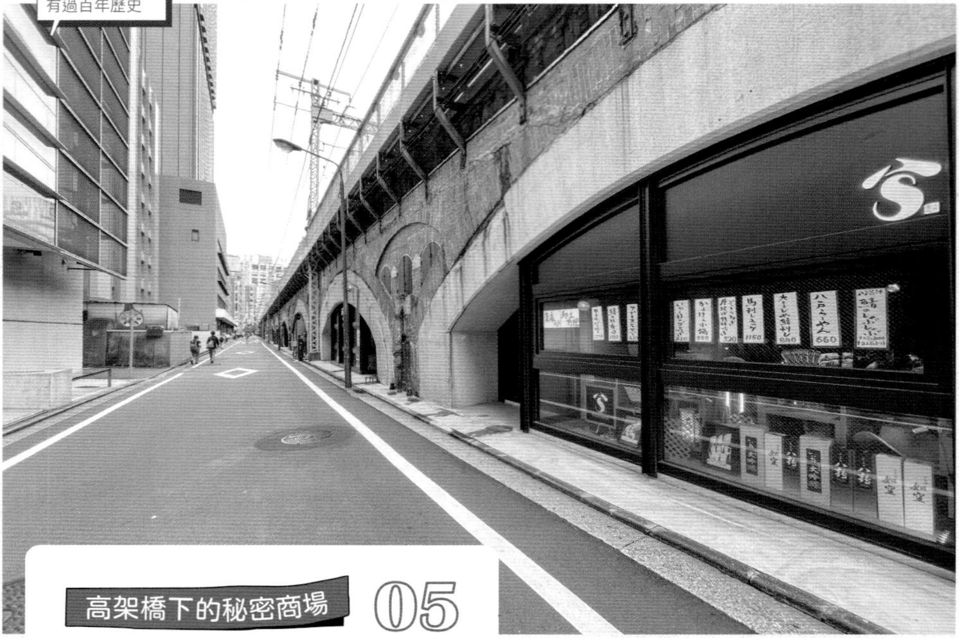

高架橋下的秘密商場 05

日比谷OKUROJI

近年有不少新的商場於高架橋下開發，而這個位於日比谷、有超過百年歷史的紅磚高架橋下的日比谷OKUROJI也於2020年新開幕。全長約300尺的建築空間，約有40多間店進駐：日系雜貨、手信店、衣飾店、餐廳、甜品店、café等等…足夠大家逛上大半天。

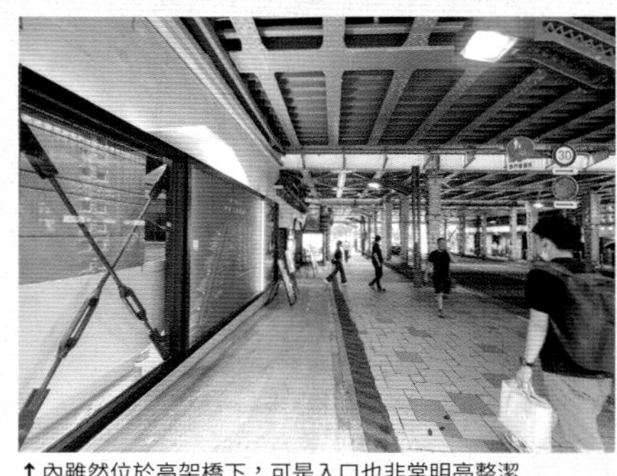

↑內雖然位於高架橋下，可是入口也非常明亮整潔

周末或假期
會有不定期的
小型市集攤位

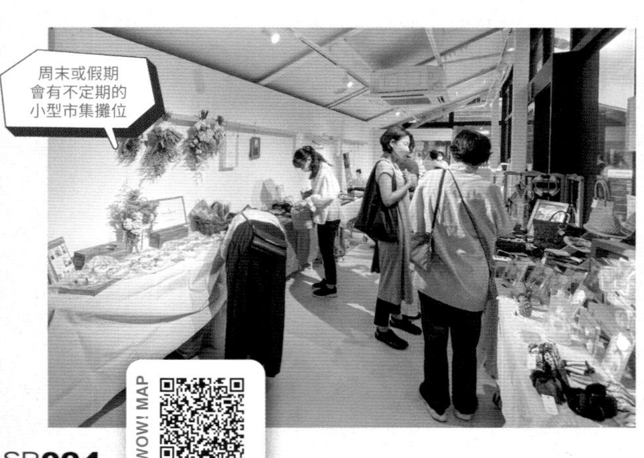

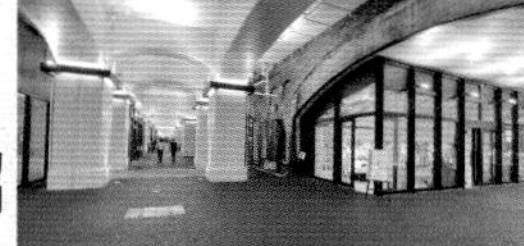

→場內的
拱門空間
很有特色

MAP 別冊 M02 A-2

地 東京都千代田区内幸町1丁目7-1
時 10:00-20:00(各店不同)
休 各店不同
網 www.jrtk.jp/hibiya-okuroji
交 東京Metro日比谷站A13出口，步行約6分鐘；或東京Metro銀座站C2出口，步行約6分鐘

WOW! MAP

5

店內可以製訂自己喜歡的傘子

←蔬菜造型的傘子 ¥4,950

時 11:00-19:00
休 不定休
網 www.tokyo-noble.com
電 (81)03-6811-2222

職人手工傘 **05a**

TOKYO NOBLE

G02

傘子不論晴天或是雨天也用得上。這間專門售賣職人手工傘的店家有數百款不同款色的傘子，全是由工匠精心的一針一線縫合而成。若果你想訂製一把獨一無二的傘子，也只需要30分鐘左右就完成了！

人氣午餐 **05b**

焼貝あこや

G25

這間人氣的食店未到午餐時份已出現人龍。傳統木色的基調配上簡約的裝修，明亮舒適。店家主要提供秋田縣產的食材，有海鮮丼、燒魚定食等。當天點了一客刺身定食，大大碗的刺身有吞拿魚、鰤魚、三文魚籽、飛魚籽和帶子，吞拿魚味鮮，厚切的帶子則甘鮮爽滑，午市的定食，客人可以嚐到土鍋炊的湯，熱騰騰的很鮮味，好一頓滿足的午餐。

←**刺身定食 ¥1,500**
定食的海鮮丼會包了五種刺身，師傅會視乎當天的食材而定

時 11:00-14:30、17:00-23:00
休 星期一
網 www.tako2020.co.jp
電 (81)03-6205-8085

↓坐在吧枱前可看到師傅手起刀落的刀工

↑70年代發售至今，一直人氣高企的黑色皮鞋 ¥30,800

←UNION IMPERIAL日本製防水皮鞋 ¥57,200

→PANTHER DERA 黑色波鞋 ¥14,800

時 11:00-20:00
休 不定休
電 (81)03-6550-9992

型格男裝鞋 **05c**

Panther／UNION IMPERIAL

G05

日本製造就是質素的保証，對吧！Panther這品牌，於1964年在東京舉行奧運會時誕生的，它的鞋子，不論皮鞋、靴子或是波鞋都是日本製造的，款式新潮、質料舒適，男士們上班或是逛街也很好配搭。

新潟職人手工藝

05d

八戶酒場8 BASE

H09

真的估不到在東京都可以買到東北縣青森的手信！八戶是位於青森東南部的臨海城市，其盛產的海鮮是日本有名的。店內的海鮮相關產品應有盡有，同時也可以買到青森出產的煎餅、調味料、白米等。店內附設食堂，可以食到鮮味的海鮮丼！

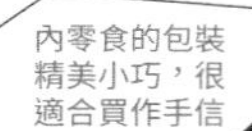

←限定酒品：菊駒特別純米 ¥650

↑海膽鹽 ¥900

←青天の霹靂米真空包裝 ¥620

↑食堂可吃到新鮮的海鮮餐

時 11:00-20:00
休 星期一
電 (81)03-6807-5611

藍染體驗

05e

水野染工場

H04

藍染是天然染色的一種，有別於人工製的顏料，職人透過不同的藍染方法：紮染、夾纈、蠟染、型糊染等傳統技術，染製出獨一無二的圖案，店內可以買藍染的TEE、手巾、頸巾和口罩等，有時間的話，還可以預約體驗藍染的工作坊。

內衣飾的圖案每件也略有不同

↑小錢包 ¥1,980

↑設有藍染的體驗

時 11:30-20:00
休 不定休
網 www.hanten.tokyo
電 (81)03-6807-3901

橫濱
Yokohama

把東京視為「鄉下」的自遊人們，自然不會滿足於新宿、涉谷、銀座這幾個熱門區域！橫濱是東京時下年輕人最愛的景點，與市中心只是約30分鐘的距離，集文創、美食、遊樂場、大自然於一身，難怪每到周末就人潮湧湧！

往來橫濱交通

出發	路線	轉乘	路線	目的地
東京車站	JR 上野東京線 約27分鐘¥483			橫濱站
成田空港	Skyliner京成上野	上野站	JR 上野東京線 約1小時16分鐘¥3,138	橫濱站
新宿站	JR 湘南新宿線 約33分鐘¥571			橫濱站

1 橫濱的文創園區

紅磚倉庫

於2022年12月整修後重開的橫濱紅磚倉庫，是建於明治末期至大正初期、擁有百年歷史的古建築，如今搖身一變成為最受年輕人歡迎的文創園區。紅磚倉庫分為1號館和2號館，結集了多間人氣餐廳、商店、手信店及娛樂設施，中間的廣場則會舉行各種豐富活動，非常熱鬧。想感受一下橫濱當地人的休閒下午，來這裡就對了！

↑裝潢很好地還原了舊建築的特色，與一般的商場有很大分別。

↑紅磚倉庫內還有陽台，可對著海景享用美食。

↑中間的廣場不時會舉行各種祭典，像是士多啤梨展、美食祭典，非常熱鬧。

MAP 別冊 M24 B-2

地 神奈川県横浜市市中區新港1-1-2
網 www.yokohama-akarenga.jp
時 1號館10:00-19:00、2號館11:00-20:00
電 (81)04-5227-2002
休 各店不同
交 港灣未來站步行約12分鐘

1a 伴手禮區

ヨコハマベスト コレクションII (1號館1F)

一走進一號樓，就可以看到一整列的伴手禮店，主打各種橫濱限定的手信，想找別出心裁的伴手禮，來這裡就絕對沒有錯！來自「橫濱最佳精選」的5間手信店集結在一起：有明、三黑、幻冬洋之、榎亭及紅庵，從橫濱船造型的和菓子，到三溪園的點心，在送禮的同時也可令對方更了解橫濱的特色和風土民情。

↑橫濱限定的啤酒，就算無法做手信也可買回去即日喝。

←橫濱船造型和菓子 ¥650

↑來到每一個地方，都可以找到當地的觀光 T-Shirt。

↑一走進紅磚倉庫，就會看到一整排的伴手禮。

↑橫濱煉瓦布朗尼 ¥1,858

→三溪園麵包 ¥650

→霧笛樓布甸丁 ¥650

時 10:00-19:00
網 www.yokohama-akarenga.jp/shops/detail/98
電 (81)04-5307-2040

WOW! MAP

1b 倉庫裡的米奇

Disney HARVEST MARKET By CAFE COMPANY (2號館 3F No.54)

太可愛了吧，米奇米妮唐老鴨齊齊進駐橫濱！作為繼涉谷的第二間Disney HARVEST MARKET By CAFE COMPANY，入面的裝潢真的超級可愛，設有Cafe及禮品兩大區域，以「豐收」為主題，結合木材和各種植物，打造出自然的環境。2.7米的巨型白色米奇老鼠超級搶眼，就算不用餐也可以進去打卡，店內大量該店限定的產品，而餐點則是強調「Japan Local」及注重營養，遵守每份熱量600kcal以下、不含反式脂肪等。

↑ 2.7 米的巨型白色米奇老鼠在等你哦！

↑一眾人氣角色以與別不同的造型登場。

杏仁朱古力 ¥850

↑此店限定商品，農夫裝很少見吧！

時 星期一至五、星期日及假期 10:00-21:00 (L.O. 20:00)
星期六10:00-22:00(L.O. 21:00)
網 d-harvestmarket.com
電 (81)04-5306-9250

1c 無添加護膚品

Bayu Factory YOKOHAMA (2號館 2F No.27)

說到整個紅磚倉庫最受歡迎的店，非Bayu Factory YOKOHAMA莫屬，它是一間馬油專賣點，有一系列無添加護膚品，像是馬油、香皂、洗髮水，而原創的多功能香膏更是送禮首選，客人有興趣的話也可以現場製作自己設計的香膏。店員都非常熱情地為客人推薦產品，試用各種護膚品，就算試完不買也不會受到白眼，難怪吸引如此多的遊人。

↑馬油香膏 ¥1,320

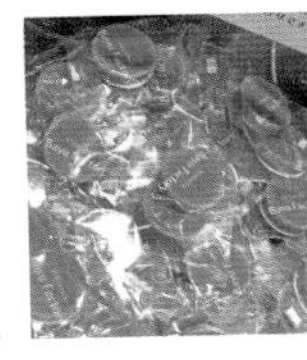

↑客人可以隨便試用各種護膚品。

時 11:00-20:00
網 yokohama-bayu.jp
電 (81)04-5323-9960

1d 日常生活的小幸福

歐洲航路 (2號館 2F No.42)

紅磚倉庫內有很多特色小店，歐洲航路是一間搜羅歐洲各種精品的店舖，希望能令客人感受「日常生活中的小幸福」。一走進去就像是來到了歐洲街頭，很有尋寶的感覺，由飾物到碗碟、Tote Bag、絲巾、服飾、俄羅斯娃娃等，相信沒有人可以空著手出來。

↑來自意大利的彩繪碟子，是相當童趣的設計。

↑店面不大產品卻塞得滿滿當當，有種尋寶的感覺。

↑在歐洲街頭隨處可見的俄羅斯娃娃，也來到橫濱了。

←各款歐洲風格的飾品。

↑絲巾腕錶 ¥4,200

時 11:00-20:00
網 www.amina-co.jp
電 (81)04-5650-1190

1e 人氣蛋包飯

立花亭 (2號館1F No.14)

想知道橫濱有甚麼美食？不用煩惱了直接來2號倉庫的美食廣場吧！多間人氣食店進駐，日本超人氣bills、甜點店MILK MARCHĒ等等，當中橫濱たちばな亭的蛋包飯更是超人氣美食，在日本各大綜藝被大肆報導，即使是Food Court依然是即叫即製，嫩滑的雞蛋加入香濃的醬汁，日本米的Q彈香氣令一道簡單的料理更上一層樓，是橫濱必試美食。

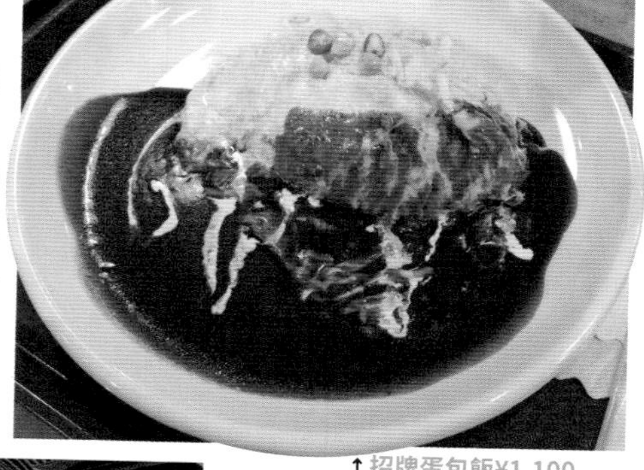
↑招牌蛋包飯¥1,100
雞蛋是肉眼可見的超嫩滑，加上香濃的醬汁令人慾罷不能。

時 11:00-21:00（L.O.20:30）
網 yokohama-tachibana.net
電 (81)04-5650-8752

↑在日本各地都有分店的 UNI COFFEE ROASTERY，起源自橫濱。

↑美食廣場的選擇甚多，每一間都很有水準。

↑摩天輪高 40 米，感覺上離地面很近！

↑單程每程¥1,000，買來回票則是¥1,800。

2 城市內的纜車
YOKOHAMA AIR CABIN

在2021年4月啟用的YOKOHAMA AIR CABIN，是日本首座城市型循環式空中纜車，連接JR櫻木町到港未來21新港地區的運河公園，在JR櫻木町站出發的話，可以直達另一人氣景點紅磚倉庫，方便的同時，也可從另一角色欣賞城市景色。纜車全長630米，需時約5分鐘，來回價格會比單獨逐程買便宜¥200，可以玩完後再搭纜車欣賞橫濱夜景。

↑ 360 度全方位無死角地欣賞橫濱的景色。

↑從「運河公園」纜車站或櫻木町纜車站上車，全程需時約 5 分鐘。

MAP 別冊 M24 B-2

地 神奈川縣横浜市中區櫻木町1丁目200 休 每月第二個星期三、不定休
時 星期一至五10:00-21:00、星期六日及假期10:00-22:00
金 12歲以上單程¥1,000，來回票¥1,800；3至11歲單程¥500，來回票¥900
網 yokohama-air-cabin.jp 電 (81)04-5319-4931
交 JR「櫻木町駅」東口步行1分鐘

3 最熱鬧的街道
橫濱中華街

在到達橫濱中華街前，總以為這是遊客集中地，來了才發現整條街都塞滿了日本人，他們一堆堆地集結在中華料理前，拿著冰糖葫蘆、大塊台灣雞排、小籠包，在公園裡享用。中華街分別有朝陽門、延平門、朱雀門、玄武門、善鄰門5個牌樓，除了食肆外，還有各種中華雜貨店，以及超多的占卜店。如果想知道日本人平時喜歡去哪裡玩，來橫濱中華街就對了！

↑橫濱中華街是日本最大的中華街，入面的店舖竟多達 600 間！

↑入面還有關帝廟道，瞬間有種穿越的感覺。

↑各款台式料理、中華料理都可以在這裡找到。

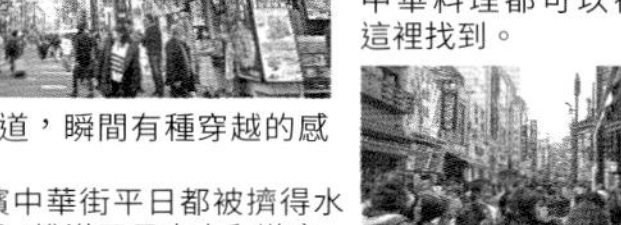
→橫濱中華街平日都被擠得水洩不通，堆滿了日本人和遊客。

↑台式雞排人手一份，超受歡迎！

MAP 別冊 M24 B-2

地 神奈川縣横浜市中區山下町
時 各店不同
交 Metro元町、中華站步行約8分鐘

2

3

WOW! MAP

↑必玩世界最大的時鐘摩天輪，可以俯瞰橫濱的景色。

4 免費入場遊樂園

COSMO WORLD

來到橫濱想放電？橫濱COSMO WORLD是絕對不能錯過的！其位於橫濱市中心，是一座都市型遊樂園，最驚喜的是免費入場無需門票，看到想玩的機動遊戲再每個付費即可。入面的機動遊戲選擇極多，也有不少適合小朋友的遊戲，必玩的有摩天輪，是住世界最大的時鐘摩天輪，另外還有雲霄飛車「Punish」、急流泛舟「Cliff・Drop」、超級行星、海洋吊車等等，每個機動遊戲¥100-¥1,000不等，玩到爽大概也只需要HK$2-300！

↑旋轉雲霄飛車 ¥600

→粉紅色的過山車，遠看是滿滿的少女心，玩的時候也會被嚇得尖叫連連。

← DISC・O ¥600

↑急流泛舟「Cliff・Drop」¥800

↑下雨了也不用擔心，室內也有遊戲機。

↑兒童嘉年華區，小朋友可以免費玩車。

↑場內還有不少遊戲攤檔贏公仔。

MAP 別冊 **M24 B-2**

地 神奈川県横浜市中區新港2丁目8-1
時 星期一至五11:00-21:00、星期六日及假期11:00-22:00
休 不定休
金 免費入場，機動遊戲¥100-¥1,000
網 cosmoworld.jp
電 (81)04-5641-6591
交 港灣未來站步行約10分鐘

WOW! MAP
4

5 童年回憶
橫濱麵包超人兒童博物館

是大人小朋友都愛的麵包超人啊！橫濱麵包超人兒童博物館一共有3層，地下是免費入場不需門票，有售賣各種可愛造型麵包的果醬叔叔麵包工場，以及餐廳、遊樂場、專賣店等等，就算不買門票也可以來逛逛！來到二、三樓，就是麵包超人的世界，以他們的世界觀下建構出來的空間，從街道、海邊到學校，小朋友可以四處探索，吐司超人、天王麵包超人、咪咪老師、細菌人更會出來與大家見面呢！

↑門口已有麵包超人在等候你，陪你回到童年世界。

←地下也有小遊戲讓小朋友玩個夠，店員姐姐們都很熱情。

←抬起頭看，四處都是麵包超人角色們的身影呢！

↑麵包超人童裝 ¥3,850

MAP 別冊 **M24 B-1**

地 神奈川縣横浜市西區港未來6-2-9
時 博物館10:00-17:00 (最後入館 16:00)；商店、餐廳10:00-18:00
休 12月31日～1月2日及設施維護日
金 門票¥2,200- ¥2,600，詳情可參考官網
網 www.yokohama-anpanman.jp
電 (81)04-5227-8855
交 新高島站步行約3分鐘

↑地下是果醬叔叔麵包工場，卡通造型麵包也太可愛了吧！

↑還有大量麵包超人書籍，提早培養小朋友的閱讀興趣。

↑爆谷桶 ¥2,800

←一眾角色還會不時出來和大家見面呢！

WOW! MAP
5

6 不一樣的觀景台

Landmark Tower

東京的觀景台可以說是數之不盡，而橫濱的標誌建築之一橫濱地標塔 THE LANDMARK TOWER ，則是可以讓人從另一個角度欣賞橫濱之美。只需40秒便到達位於69樓的觀景台，傍晚時分到達，映入眼簾是絕美的海灣，比東京其他中心的高樓大廈密佈，景觀更為開揚，更可遠眺東京鐵塔、晴空塔、伊豆半島，甚至是富士山等景點。觀景台內更設有咖啡廳、空中散步地圖、橫濱・天空圖書館等空間，遊客亦可坐在沙發區靜靜地觀賞景致。

↑從另一角度欣賞橫濱，各大地標都一覽無遺。

→雲朵、天空、青空雪糕 ¥550

↑觀景台上設有各種座位區、沙發區，讓大家更愜意地享用美景。

←橫濱的開揚海景確實令人有不一樣的感覺。

MAP 別冊 **M24 B-2**

地 神奈川県横浜市中区新港2丁目8-1　網 www.yokohama-landmark.jp
時 10:00-21:00（最後入場20:30）
星期六及指定日子10:00-22:00（最後入場21:30）
金 大人 ¥1,000、65歲以上及高校生¥800、中小學生¥500、4歲以上¥200
電 (81)04-5222-5015　交 Metro港未來站步行約3分鐘

7 賞花好去處

港之見丘公園展望台

在橫濱，想找一個浪漫的地方散散步，港之見丘公園展望台是很多日本人的最愛。這個免費的展望台可一覽海灣全景，從橫濱灣大橋、橫濱海洋塔到本牧碼頭都盡收眼底。整個公園都種植了四季更迭的植物花卉，當中最受歡迎的莫過於是玫瑰花了，作為橫濱最好的玫瑰產地之一，每年的五月初及十月中旬，都是玫瑰盛放的日子，其他月份也可欣賞到繡球花等鮮花。

↑可愛的 Garden Bear 在迎接大家。

↑遠眺橫濱灣大橋、橫濱海洋塔到本牧碼頭的景色。

↑踏入五月及十月玫瑰盛開，又是另一美景。

→不少日本人都會在飯後來散散步，放鬆一下。

→港之見丘公園展望台是賞花的好去處。

MAP 別冊 **M24 C-2**

地 神奈川県横浜市中区山手町114
時 24小時
網 www.welcome.city.yokohama.jp/spot/details.php?bbid=182
電 (81)04-5671-3648
交 Metro元町・中華街站步行約3分鐘

WOW! MAP

6

7

8 生雞蛋遇上甜品
Elyseeしょうゆきゃふぇ元町

日本是一個非常愛吃生雞蛋的地方，但連吃甜品布甸都要加入生雞蛋，還真是對味蕾的一大挑戰！店家會先送來一杯布甸及小雞模型，大家要親手把蛋黃吱在布甸上，儀式感滿滿。第一口說真的有點害怕，入口竟然沒有任何蛋腥味，蛋香與布甸結合，口感反而更加濃稠，不夠甜的話可以再加上焦糖醬，是意外好吃的甜點。

→生雞蛋布甸¥1,380

↑蛋黃藏在雞仔模型內，要自己把它捏出來。

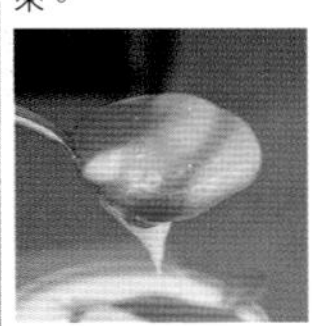
↑蛋黃與布甸是意料之外的合拍，令人忍不住一口氣吃光。

MAP 別冊 M24 C-2

地 神奈川県横浜市中区元町1-30 藤田ビル2階
時 11:00-17:00
休 星期三
網 elysee-hikaru.com/motomachi
電 (81)04-5225-8654
交 元町、中華站5出口步行約4分鐘

↓店舖每天使用的雞蛋都不一樣，會寫好產地及日期。

→一開店即來就可以不用排隊

9 人氣老店
勝烈庵

來到橫濱，怎能不試試當地的老字號：勝烈庵呢！作為一間於1927年開業的老店，近百年來一直是當地人的最愛。最經典的勝烈定食有一大碟炸豬扒、切得幼細的椰菜絲、白飯以及味噌湯。熱情的店員在你一坐下時已強調白飯和椰菜都是可以任添的，炸豬扒不算超厚，勝在肉質非常鬆軟且炸粉酥脆，加入店家特製的醬汁，酸甜可口很好地解膩。

←勝烈定食¥1,980

↑秘製醬汁酸甜不太咸，配著豬扒吃超加分。

MAP 別冊 M24 A-1

地 神奈川縣横浜市西區南倖1-5-1
時 11:00-23:00（L.O. 22:30）
網 katsuretsuan.co.jp
電 (81)04-5311-2165
交 港灣站西口步行約11分鐘

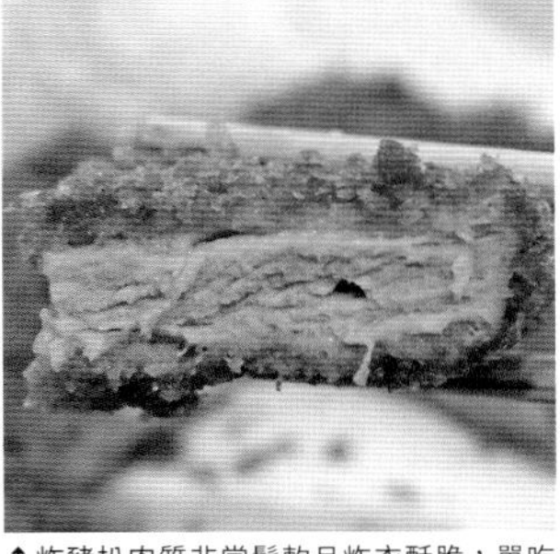
↑炸豬扒肉質非常鬆軟且炸衣酥脆，單吃也不會覺得膩。

WOW! MAP

8

9

10 盡享四季風情 三溪園

橫濱也有不少古色古香的景點，當中三溪園是必去的！由商人原三溪所建的日本庭院，於1906年起對外開放，庭園內有11棟建築由京都或鎌倉等地移師而來，是日本國家指定名勝，非常具有文化意義的歷史建築。三溪園一年四季都可以欣賞到各種鮮花盛開的景色，春日的櫻花、夏天的粉紅蓮花、深秋的黃葉，乃至冬日的梅花，任何時候到來都有滿滿驚喜。

→矗立於山上的三重塔，由京都燈明寺移建而來。

↑3月正是櫻花盛開的季節，不想人擠人的話就來三溪園吧！

↑連綿起伏的山丘、池塘和各種植物，建構出這個指定名勝。

↑臨春閣是其中一個具代表性的建築。

MAP 別冊 M24 C-3

地 神奈川縣橫浜市中區彌生町3-26
時 9:00-17:00（最終入園16:30）
休 12月26日-31日
金 高中生以上 ¥900、小學生及中學生 ¥200
網 www.sankeien.or.jp
電 (81)045-621-0634
交 JR根岸(神奈川)下車後轉乘054系統巴士，「三溪園南門入口」站下車

11 日式湯咖喱 Alpin Jiro

來到橫濱另一款必試的美食，便是超人氣的湯咖喱了。ALPIN JIRO有別於一般濃稠的咖喱，走的是湯水的路線，但絲毫不減其香氣及濃郁程度，配菜方面有雞、豬、牛、野菜等等，全部都是即烤，客人可自選咖喱的辣度，由偏甘口的野毛山到超辣的天國以上任君選擇。更特別的是，白飯是用鐵盒裝著的，客人要自己把白飯搖下來放到碟上享用。

↑阿蘇自然豚咖喱 ¥2,150

↑Alpin Jiro 雞咖喱 ¥1,900
雞皮煎得微焦，雞肉更是非常嫩滑。

→白飯是用鐵盒裝著的，客人要自己把白飯搖下來放到碟上享用。

↓餐廳整體風格走的是西洋風格，可看著大廚即烤。

MAP 別冊 M24 B-2

地 神奈川縣橫浜市中區彌生町3-26
時 11:00-15:00、17:00-21:00
休 星期一
網 www.alpinjiro.jp
電 (81)04-5261-4307
交 伊勢佐木長者町駅步行約6分鐘

WOW! MAP

10

11

12 浪漫約會地
山下公園

情侶想來個甜蜜的小散步，山下公園是很受歡迎的景點。在這裡可以遠眺橫濱港、海灣大橋、紅磚倉庫及橫濱地標塔等地方。山下公園是日本第一座臨海公園，卻在1923年因關東大地震被埋，在1930年才重新開園，甚有歷史價值。園內種植了各種植物：雛菊、楓葉、銀杏、玫瑰等等，感受四季更迭。

↓美國聖地亞哥市贈送的「水之守護神像」。

↑→初春時分前往，也有多種花卉可慢慢欣賞。

↑很多人會一家大小，帶著寵物來散步。

MAP 別冊 M24 C-2

地 橫濱市中區山下町279 時 24小時 電 (81)04-5671-3648
網 www.welcome.city.yokohama.jp/spot/details.php?bbid=190
交 Metro元町・中華街站步行約5分鐘

13 不忍吃掉的可愛
象鼻咖啡廳

每次看到可愛的動物造型食物就會不忍心吃掉，橫濱的象鼻咖啡廳就有個標誌性的象鼻雪糕，由脆餅製成的象耳，加上朱古力豆的雙眼與彎彎的象鼻，簡單的小設計已讓人融化。雪糕採用北海道的牛乳製作，奶香順滑是自然的。咖啡廳內有隻全長6米的巨象，由現代美術家椿昇先生製作，可近距離欣賞藝術品。買完雪糕讓可以到象之鼻公園享用，在綠丘區欣賞海景。

↑公園內到處都是小象，此為象之鼻公園的標誌。

←↑大象雪糕¥480

MAP 別冊 M24 B-2

地 神奈川県横浜市中区海岸通1丁目 象の鼻テラス内
時 10:00-18:00
網 zounohana.com/cafe
電 (81)04-5661-0602
交 日本大通站步行約3分鐘

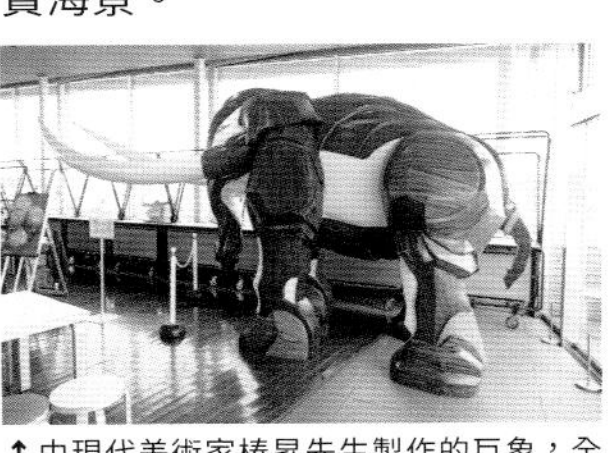
↑由現代美術家椿昇先生製作的巨象，全長有6米！

↑大家也可以到象之鼻公園享用美食，非常寫意。

12

13

WOW! MAP

14 海邊商場 Hammerhead

來到橫濱想購物只有紅磚倉庫？這樣想就大錯特錯了！集海景、美食、伴手禮於一身的Hammerhead，建於新港碼頭旁邊，結合了辦理入境、安檢等手續的港埠大樓、25間餐廳以及洲際酒店多個元素。入面有結集了5間拉麵的「Japan Ramen Hall」、抹茶名店茶寮伊藤園橫濱、朱古力專賣店「Vanillabeans」、伴手禮店「Ariake Harbour」等等，相當好逛！

↑士多啤梨芭菲 ¥1,200

↑人氣店 Mizunobu 主打各種當季水果製作的甜點。

↑結集了 5 間人氣拉麵店的 Japan Ramen Hall。

↑有不少人會坐著看看海。

MAP 別冊 M24 B-1

地 橫浜市中区新港2-14-1
時 11:00-22:00、星期六日10:00-22:00 (部份店舖不同)
電 (81)04-5211-8080
網 www.hammerhead.co.jp
交 Metro港灣未來站步行約14分鐘

14a DIY伴手禮 Ariake Harbour (2F)

想買獨一無二的手信？一起來DIY吧！以郵輪「瑪麗皇后2號」外型為靈感的Ariake Harbour，栗子蛋糕是很多人必買的手信。而這裡限定的「My Harbour」更是可以把自己的照片印出來製成包裝，客人只要在店內的拍照機拍照即可，完成後更可自選3款喜歡的口味，很有心思！商店旁邊則是烘焙坊，可以品嚐新鮮出爐的栗子蛋糕。

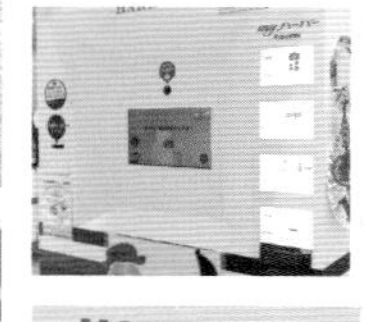

←店內的照相機

→栗子蛋糕 ¥278
很多地方都可以買到栗子蛋糕，但只有這分店可以吃到即製的。

↑把自己的照片印出來，製作獨一無二的手信。

↑雜錦禮盒 ¥1,080

時 平日11:00-20:00、星期六日及假期10:00-20:00
休 不定休
電 (81)04-5228-8234
網 harbour-world.jp

WOW! MAP 14

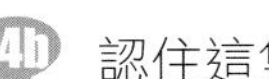

14b 認住這隻松鼠

Kurumicco Factory (2F)

來到橫濱，必買的手信是鎌倉紅谷KURUMICCO的焦糖核桃餅，作為獲獎無數的菓子，牛油麵團中間夾著鬆脆的核桃和焦糖，又甜又酥的味道配著茶和咖啡吃剛剛好，基本上是一開門就大排長龍，到下午就已經買不到了！店內還有體驗工場，可以看著餅乾的製作過程。如果買不到也不用灰心，大家可以品嚐一下咖啡廳內的甜品，加入了自家製作的餅乾同樣美味。

→熱抹茶拿鐵¥666

↑→焦糖核桃餅5入 ¥810

↑期間限定士多啤梨雪糕餅乾¥770

↑士多啤梨奶¥726

時 11:00-20:00（L.O.19:00）
休 不定休
電 (81)04-5263-9635
網 beniya-ajisai.co.jp/kf

←對著海景享用下午茶，非常寫意。

新宿

Shinjuku

必見！歌舞伎橫丁

新宿、涉谷和池袋是東京三大副都心，新宿站的西口是各大新商場的集中地，而喜歡夜生活的朋友，就必定要到歌舞技町見識一下夜夜笙歌的節奏，這裡對遊人來說可以說是東京的縮影。

往來新宿交通

出發站	路線	中轉站	路線	目的地
上野站	JR山手線	神田	JR中央線 約24分鐘 ¥208	新宿站
羽田空港	京急空港線快特 約16分鐘 ¥327	品川站	JR山手線 約21分鐘 ¥208	新宿站
成田空港	JR特急成田エクスプレス 約1小時20分鐘 指定席 ¥3,600			新宿站

超有氣氛的歌舞伎橫丁，瞬間踏進日本祭典世界。

1 愈夜愈有機 歌舞伎橫丁

香港首推

繁忙的新宿車站附近又有新景點了！東急歌舞伎町TOWER於2023年4月14日開幕，當中最愛歡迎的，一定是2樓的歌舞伎橫丁了！一共10間以日本為主題的餐廳，由北海道到沖繩料理，所有餐廳都是24小時營業愈夜愈熱鬧，想感受一下日本的夜生活絕對要來！3樓則是大型遊戲中心「namco TOKYO」，裝潢風格同樣配合歌舞伎町主題，有遊戲機台、夾公仔、扭蛋、萬代南夢宮等等，說真的和其他分店沒有太大的分別，但在燈光與音樂的加持下，還是會忍不住揮霍一下。

↑Bandai 最新扭蛋機

→到了晚上更會有 DJ 表演

MAP 別冊 **M16 B-1**

地 東京都新宿区歌舞伎町1-29-1
時 各店不同
網 www.tokyu-kabukicho-tower.jp
交 西武新宿駅步行約1分鐘

↑有各種遊戲機

↑ 3 樓則是大型遊戲中心「namco TOKYO」。

1a 狂熱氣氛
近畿食祭 (2F)

在10間餐廳中挑選了近畿食祭這間食店，作為旺區「食氣氛」的店舖，價錢居然一點也不貴！炸雞¥659、豚平燒¥879，非常划算，味道雖然不算特別出色，但勝在便宜且超熱鬧，約一大班朋友來小喝兩杯，叫幾款小食，也是相當不錯的選擇。

↑豚平燒¥879

↑炸雞¥659

↑餐廳內超有氣氛，店員也非常熱情。

時 24小時
網 kabukihall.com/shop/kinki/

2 凌晨好去處
ME TOKYO

於2022年12月29日開幕的ME TOKYO SHINJUKU，以3層樓高的亮眼黃色設計，成為新宿又一新景點。其定位是「情緒解放區」，除了扭蛋區、夾公仔區外，最令人驚喜的是3樓的貼紙機，有各式各樣的服裝、頭飾可以租用，在女洗手間內還有大量的護膚品供使用，甚至連直髮夾、瘦面器都有，盡情扮靚影貼紙相吧！加上營業至凌晨一點，成為遊人深宵好去處。

↑女洗手間內有色彩繽紛的化妝品供使用。

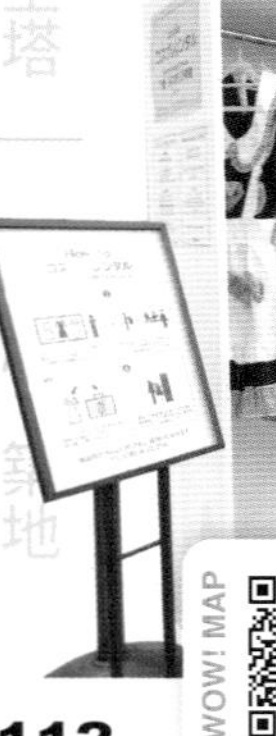
←3樓的貼紙相區是大人氣，最大賣點是可以便宜地租用各種服裝飾物。

MAP 別冊 M17 C-3

地 東京都新宿区新宿3丁目37番14号
時 10:00-25:00
網 www.maruhan.co.jp/amusement/metokyoshinjuku/outline
電 (81)03-6826-9722
交 JR新宿駅步行約3分鐘

WOW! MAP 2

3 490円清酒放題 富士喜商店

抵食 編者推介

平時去居酒屋，一杯清酒也要好幾百円，在這間餐廳居然可以490円清酒無限飲，太划算了吧！以為490円只可以喝到最普通的清酒？這樣想就錯了，慷慨的店家主打47都道府縣日本酒，包括獺祭、黑龍、麗吟、智惠美人、鳳凰美田等等，好幾十款令人眼花繚亂，就連柚子酒、蘋果酒、啤酒都可以任飲。餐廳規定每位客人要下單兩款餐點，燒明太子、關東煮、甲羅燒、炸生蠔等都值得一試，定價大概都只是幾百円相當划算，用來下酒一流！店內的小菜及味噌湯都是可以任吃，難怪成為日本打工仔人氣蒲點。

↓ 490 円只限星期五、六、假期前夕、年末年始晚上 10:30 後來店。平日最便宜是 1,480 円 90 分鐘放題。

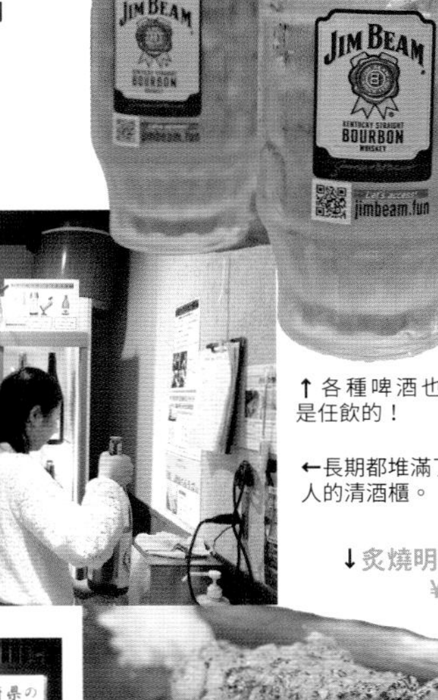

↑ 各種啤酒也是任飲的！

←長期都堆滿了人的清酒櫃。

甲羅燒 ¥690

↓炙燒明太子 ¥590

↑關東煮 ¥690

→燒多春魚 ¥540

MAP 別冊 M16 B-1

地 東京都新宿区西新宿7-5-5 プラザ西新宿B1
時 平日16:00-24:00、周末及假期14:00-24:00
網 https://gesu304.gorp.jp/
電 (81)03-6279-3960
交 都営大江戸線新宿西口駅步行約4分鐘

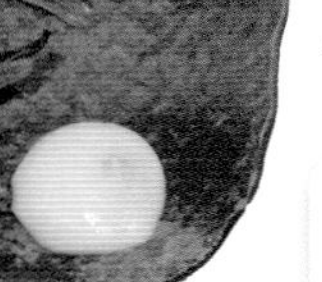

店內的相機、機頭、接環選擇極多。

4 攝影迷天堂 北村写真機店

→菲林相機 ¥6,980

喜歡攝影的話，絕對不能錯過北村☒真機店！這間位於新宿的旗艦店是一個6層的複合空間，入面放置60多種的鏡頭接環，相機及鏡頭的數量更是多達6千，被形容是「世界第一相機庫存」。地下是各種菲林、即影即有及相機配件，二樓則是相機及鏡頭新品，之後的數層則是各種相機中古買取、相機維修、相機租借服務，另外也有活動空間及攝影展， 如果你也是攝影迷的話，絕對要來尋寶。

↑即使是平日也人頭湧湧。

↑部分熱賣款式限量一人一件。

出售各種菲林，並有效果展示。

MAP 別冊 M17 C-2

地 東京都新宿區新宿 3-26-14
時 10:00-21:00
休 1月1日
網 www.kitamuracamera.jp/ja
電 (81)03-5361-8300
交 新宿三丁目站B6號出口步行約2分鐘

WOW! MAP 4

5 全日本最大
東京迪士尼旗艦店

來到東京，迪士尼相信是很多人必去的景點，如果還買不夠，位於新宿的東京迪士尼旗艦店絕對可以令你買到破產！作為日本最大的旗艦店，總面積達1,710平方公尺，有整整3層的超巨型空間，從Disney到Pixar、Star Wars、Marvel系列都有，相信連男士也會沉淪其中。店內有部分產品是旗艦店限定，其他分店都買不到，同時也會為不同角色推出周年限定產品，又或者是櫻花季限定等等，每次去都有驚喜。

拍攝期間剛好是櫻花季，推出了多款期間限定產品。

→男士們注意，Marvel 系列產品也可以在這裡找到哦！

←東京旗艦店限定和菓子 ¥1,500

MAP 別冊 M17 C-2

- **地** 東京都新宿區新宿三丁目17-5
- **時** 10:00-21:00
- **網** www.disney.co.jp
- **電** (81)03-3358-0632
- **交** 新宿三丁目站B6號出口步行約1分鐘

→多個人氣角色都變得粉嘟嘟的，太可愛了吧！

↓和牛拼盤3點 ¥3,980

↑日本餐廳的慣例是每位客人都要點一杯飲料。

→在燒的過程已會聞到濃濃的蔥香！

6 大啖高質燒肉

29テラス

於2021年開業的「29テラス」在短短的3年間，已憑著高質燒肉成為網民激推的燒肉店。新宿分店於2023年11月開幕即極難預約，必點蔥厚牛舌，厚厚的牛舌中間夾著大量蔥花，燒得微脆的牛舌一入口，蔥花香氣迸出！生拌牛肉絲毫不覺得腥，反而是蛋香中帶有絲絲清甜。不知道點甚麼好，可以選擇和牛拼盤，每日的產地品種都不一樣，單看油花就知高質了！

↑生拌牛肉 ¥1,490
一點也不腥的生拌牛肉，居然還非常清新。

←一坐下店家即送上一盤蔬菜，收費為每人 ¥600。

→蔥厚牛舌 ¥2,480
每日限量的蔥厚牛舌絕對是每枱必點的名物。

↑和牛握壽司 ¥890

MAP 別冊 M17 D-3

地 東京都新宿區新宿1-12-11
時 星期一至五 17:00-23:00（L.O. 22:00）
星期六日及假期
12:00-15:00（L.O. 14:00）、
16:00-23:00（L.O. 22:00）
網 www.instagram.com/29terrace_shinjukugyoen
電 (81)03-5341-4339
交 新宿御苑前站2號出口步行約3分鐘

WOW! MAP 6

7 世一牛舌

牛たんの檸檬

被喻為「世一牛舌」的牛たんの檸檬是日本的人龍名店，從開業前已排上長長的人龍，網上訂位只能預約一個月後的。必點的牛舌套餐有6件厚厚的牛舌，外層微焦裡面卻還是粉紅色的，一咬下去肉質非常柔軟，難以想像如此厚的牛舌居然一點也不會難咬！附餐還有山藥泥、檸檬、味噌、沙律、湯，以及一小碗的咖喱牛，咖喱是偏幸口重口味的，送飯一流！

MAP 別冊 M16 B-1

地 東京都新宿區西新宿7-16-12
時 星期日至四 11:30-15:00、17:00-22:00（L.O. 21:00）
星期五六 11:30-15:00、17:00-23:00（L.O. 22:00）
網 www.instagram.com/beef_lemon
電 03-6279-3997
交 新宿站B15出口步行約7分鐘

WOW! MAP 7

8 感受一下韓國的魅力吧！

新大久保韓國橫丁

東京既然是國際的大都市，當然會有多元的文化，要感受最hit最人氣的韓流，就要來大久保走一趟了！這個剛於2021年年尾開幕的新大久保韓國橫丁，⊠對不會令大家失望。這裡可以吃到比韓國更地道的韓式美食，十數間的韓國食肆：泡菜、餃子當然不在話下，還有懷舊的韓式烤肉、冷凍的五花肉、醬油蟹、芝士火鍋等，場內就像一個熱鬧的夜市，周末到來就可以體驗到那熱鬧且地道的韓式風味！

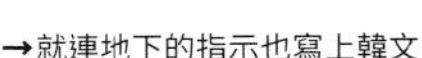
→就連地下的指示也寫上韓文

↓來這裡的客人有韓國人、也有日本人，有不少都會說英文呢！

↑正門口會有各食店的指示圖及介紹，客人可以先看看才決定

MAP 別冊 **M17 C-1**

- **地** 東京都新宿区大久保2丁目19-1 セントラル大久保1F、2F
- **時** 11:00-05:00(各店不同)
- **休** 各店不同
- **網** kankokuyokocho.com
- **電** (81)03-6205-9405(第一食堂)
- **註** 可網上預約；每枱都會有付費小吃約¥300，客人可保留單據到別家出示，就不用再付費
- **交** JR新大久保站步行約6分鐘

WOW! MAP
8

8a 地道海鮮燒烤

海鮮ポチャヨスバンバダ

這間是人氣的韓式海鮮店家，菜單有地道的韓國海鮮：海蝦料理、醬油蟹、韓式燒酒等，不少海鮮都是可以讓客人自己現烤的，隨自己的喜好生一點、熟一點也可以。當天點了大隻的網燒海蝦，味道鮮甜且蝦頭帶有蝦膏，而另一款蟹味噌，香滑甘味的蟹膏配上味噌，滋味濃郁，再吃一啖辛口的泡菜，十分醒胃。

右：えび網焼き¥1,280
左：蟹味噌¥780

店家的裝修有如海邊的屋台

↑店員只幫忙 set 爐，客人要靠自己燒烤技術了

→炭火燒烤得更焦香

時 11:00-05:00(L.O.04:00)
電 (81)03-6205-5175

店內裝修保留了昔日的氣氛

↑除了韓式美食，也有日本傳統的關東煮

→豚肉ミニキンパ ¥780

8b 簡單的美味飯捲

チュンヒャンジョン

這間位於正門口第一間的店家是主打韓式的懷舊小食，賣相一點也不花巧，帶點媽媽的手作味道，也有點像家庭式的料理、又有點像學校的飯堂。端上一客豚肉紫菜飯捲，中間的肉碎入味，帶點鹹香，外層的紫菜則鬆脆帶芝麻油的香味，是簡單的美味！

時 11:00-23:00
電 (81)03-6205-9910

9 忍不住駐足
巨大3D貓廣告板

早前常被朋友洗版的新宿3D立體貓貓廣告板，今次終於可以親眼看到，這個廣告版就在新宿車站東口廣場的「クロス新宿ビジョン」，每相隔十數分鐘就會出現一次巨型的立體廣告，其具大的迫力吸引了不少遊人駐足觀看。

MAP 別冊 M16 B-2

地 新宿区新宿3-23－18
註 每期的廣告略有不同
交 新宿站東口對面

↑傳統手工藝的陶瓷餐具 ¥300起

↑收納的籃子選擇多且比市面便宜

↑手工職人做的飯勺 ¥300
→設計新潮的環保袋 ¥300
↓店內裝修的格調也不似300円店吧！

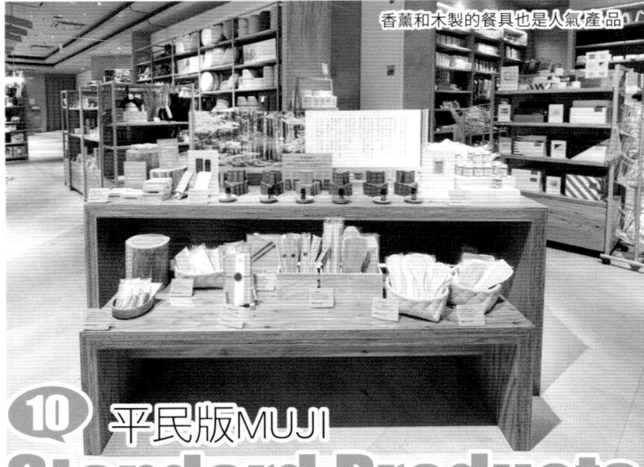
香薰和木製的餐具也是人氣產品

10 平民版MUJI
Standard Products

位於新宿這間Standard products是DAISO旗下的新品牌，這店甫於2021年10月開幕時就引來了大批人潮，商品的概念就是要「最好」，所以貨品的設計、質素都有別於原本的一百円店，可是超過七成的貨品價格卻只要300円！而且有部份的品牌更是本店優先販賣：Stack餐具、有機毛巾、關市名產的刀等等，各位定必要到來逛逛。

MAP 別冊 M16 B-2

地 東京都新宿区新宿3-24-3新宿アルタ 1F
時 11:00-20:30
網 standardproducts.jp
交 JR新宿站東口步行約1分鐘

WOW! MAP
9
10

若不想等位，建議一開店即來

→麵條較粗，所以吸收湯底後吃更美味

11 米芝蓮推介必吃

Mylord Mensho San Francisco

好食 編者推介

一聽到三藩市就以為是洋食？其實它是日本拉麵「麵屋庄野」在海外的支店，因為獨特的湯底在美國三藩市爆紅，更在2017及2018年獲得三藩市的米芝蓮美食推介！ 其中它的抹茶雞白湯拉麵，簡直打破大家對味道的認知，湯底順滑帶有抹茶香，令人一吃上癮！而一款極上和牛擔擔麵，湯底香濃帶微辣，和牛入口即化，帶有油脂香，也絕對值得一試！

→和牛担々麺 ¥1,450

↑和牛ローストビーフのせ抹茶鶏白湯ラーメン ¥1,250

MAP 別冊 M16 B-2

地 東京都新宿区西新宿ミロード1-1-3-7F
時 11:00-22:00
網 menya-shono.com/menshosf
電 (81)03-3349-5874
交 JR新宿站南口步行約1分鐘

除了吧枱，店內只有少量二人座位

WOW! MAP
11

12 掃貨至晚上9時
LUMINE

百貨店LUMINE新宿店分1和2兩部分，網羅了大量人氣品牌，是年青上班族的購物熱點。LUMINE 1店B2的The Kitchen餐廳街早上8時便開始營業，不妨在此吃早餐後再開始掃貨之旅。

LUMINE 1

LUMINE 2

MAP 別冊 M16 B-3

LUMINE 1
地 東京都新宿区西新宿1-1-5
LUMINE 2
地 東京都新宿区新宿3-38-2
時 11:00-21:00 (各店略有不同)
休 不定休
網 www.lumine.ne.jp
交 新宿站步行約1分鐘

12a 芝士迷必吃
NOW ON CHEESE (1F)

香港首推

甫經過店門已被它可愛鮮艷的裝修吸引，店內選用優質的芝士製造出餅乾、點心、雪糕等等，全都帶有濃郁的芝士味道，其中一款芝士黑胡椒餅乾更是十分人氣，不少遊人都會買來做手信呢！

←新宿店限定的果仁芝士夾心餅 ¥394

←↓芝士曲奇 ¥864

時 11:00-21:00
網 nowoncheese.jp
電 (81)03-5989-0939

店內的產品包裝很用心，買作手信也很得體

↑店內除了衣飾也有護膚用品和香薰

12b 環保先行
Mono earth (Lumine 2-4F)

這間以環保概念而生的服飾店絕對是一間很愛惜大自然的店鋪，店內的衣飾、護膚品等大都用上有機的原材料，不只對eco-friendly，而且對人的皮膚負擔也減到最低，其衣物的質感柔軟，穿著舒適。

→和白茶洗面泡 ¥1,980

↑質地柔軟的睡衣 ¥16,500

時 11:00-21:00
網 monoearth.jp

WOW! MAP 12

戶外活動的樓層可以說是最人氣的

13 史上最大旗艦店

Alpen Tokyo

2022年4月開幕的Alpen Tokyo是日本史上最大型的運動店，全間共十層，每層都售賣不同種類的運動用品，由足球、籃球、高爾夫球到乒乓球等，超過240個品牌，其中最吸引還有位於4樓和5樓的戶外活動貨品，有多達8萬樣的行山、露營等用品供選擇，絕對是只有在這裡才可以找到。

→限定版 ¥12,100

←Adidas Harden vol6系列 ¥18,700

MAP 別冊 M16 B-2

地 東京都新宿区新宿 3-23－7 ユニカビルB2F-8F
時 11:00-22:00、星期六、日及假期 10:00-22:00
網 store.alpen-group.jp/alpentokyo/CSfTokyoTop.jsp
電 (81)03-5312-7681
交 JR新宿站東口步行約2分鐘

↑每個樓層賣的運動用品也不同，大家可先看電梯旁的指引

眾多的露營用品香港是很難找到的

↑少不了RODMAN人氣籃球戰衣 ¥18,700

←大量不同品牌的爬山鞋

WOW! MAP
13

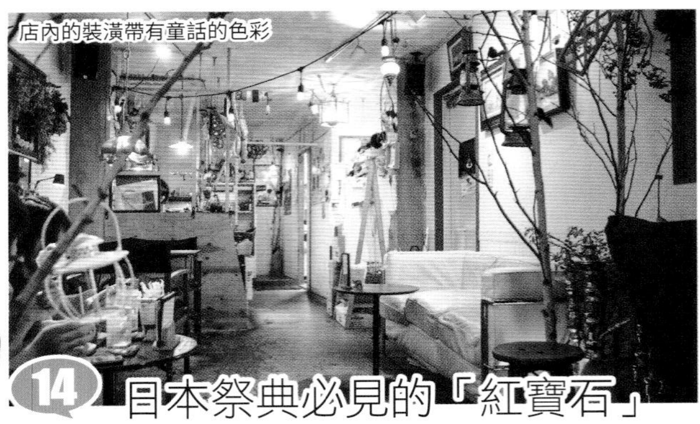
店內的裝潢帶有童話的色彩

→原味蘋果糖 ¥660

有不同口味的蘋果糖可以選擇

14 日本祭典必見的「紅寶石」
Pomme d'Amour Tokyo

有留意日本祭典的朋友，對這個蘋果糖一定絕不陌生。Pomme d'Amour Tokyo隱藏在新宿的小巷之內，推開大門，雖然沒有祭典的氣氛，但也蓋不住這「紅寶石」的光芒。店家特製的蘋果糖用上新鮮的蘋果，配上外層薄薄的糖漿。脆脆的糖漿與爽脆多汁的蘋果結合，令這顆「紅寶石」更吸引。店內除了原味的蘋果糖之外，還有肉桂、可可、季節限定的口味，讓人品嚐到「紅寶石」不同的滋味。

MAP 別冊 M17 D-2

地 東京都新宿区新宿5-9-12 ＫＩビル2F
時 13:00-20:00(L.O. 19:30)
網 www.pommedamourtokyo.com
電 (81)03-6380-1194
交 新宿三丁目步行約3分鐘

15 豪歎和牛帝王蟹河豚
六歌仙

六歌仙曾在日本朝日電視台「通が選んだ食べ放題ベスト100」節目中被選為全國燒肉第一名。六歌仙的食材上乘，選用來自日本各地的黑毛和牛，每日新鮮直達。除了和牛，還有帝王蟹、河豚、大蝦和扇貝等高級海鮮任食。六歌仙放題以牛肉的等級作為區分，最平的雪の宴是普通和牛，而最貴的松阪の宴是松阪牛和上等和牛。

用炭火慢烤和牛，逼出牛油香味。

←5吋長的鮮甜大蝦比手指還要粗，肉質彈牙爽脆；肉質豐厚的帝王蟹腳是最受歡迎的海鮮單品。

←六歌仙設有不同類型座位，符合客人的不同需要。

MAP 別冊 M16 B-2

地 東京都新宿区西新宿1-3-1サンフラワービル6F/7F(大ガード交差点角)
時 11:00-23:00(L.O.22:30)
休 年始 金 雪の宴 ¥12,100(稅込) 限時120分鐘
網 www.rokkasen.co.jp
電 (81)03-3187-3860
交 JR新宿站西出口步行約2分鐘

WOW! MAP

14 15

美術館正門可見草間彌生專用的波點做落地大玻璃，很有標誌性。

戶外空間亦設有作品展覽

16 最新打卡熱點

草間彌生美術館

各位草間彌生的粉絲有福了，她在東京開設了全球首間的美術館。美術館是一座有六層高的白色建築物，正門有黑白大波點的落地玻璃。這裡除了普通展廳外，還設有體驗式裝置藝術、資料閱覽空間及戶外的展示空間。另外，這個博物館也有販賣限定商品，粉絲們記緊不要錯過。不過想進去參觀也不是容易的事，事關美術館採取的是網上預約制，每天只有四個入場時間，而參觀的人最多也只可以停留90分鐘，想去參觀的朋友，記得提早上網去預約。

→美術館內展出大量草間彌生的作品

↑設有紀念品，草間彌生的粉絲可以買回家留念。

MAP 別冊 **M17 D-1**

- **地** 東京都新宿区弁天町107
- **時** 11:00-17:30 (入館時間為11:00、12: 00、13:00、14:00、15:00、16:00)
- **休** 星期一至星期三
- **金** 大人¥1,100，小學生至高中生¥600
- **網** yayoikusamamuseum.jp
- **註** 需網上預約
- **交** 都営地下鉄大江戸線牛込柳町駅步行6分鐘 / 東京メトロ東西線「早稲田駅」步行約7分鐘

草間彌生美術館

17 「你的名字」電影取材地

Café La Boheme新宿御苑

想感受一下意大利的浪漫情懷，來這裡就對了！走進店門，就看到落地玻璃外的陽光映照著室內的綠化小樹，挑高的天花吊著復古的吊燈，空氣中瀰漫着悠閒恬靜，選了一個靠近窗邊的位置，店家送上自製的芒果蛋糕，微酸的味道搭上鮮甜的忌廉，就是那抹淡淡的水果甜味，令人感受到幸福的味道。

↑坐在角落細看那優雅的裝修也是一種享受

↓一道玻璃劃分開熱鬧的馬路和悠閒的café

MAP 別冊 M17 D-3

地 東京都新宿区新宿1-1-7 コスモ新宿御苑ビル 1F・2F
時 11:30-23:30、星期六、日及假期11:00-23:30(L.O.22:30)
網 boheme.jp/shinjuku-gyoen/
電 (81)050-5444-5123
交 東京Metro新宿御苑前站步行約3分鐘

←Zuccotto ¥800

←大家有看到那位在場景中出現的侍應嗎？

有4種口味的雪糕和雪芭供應。

吧台整齊地排著各式各樣的甜品和水果，refill速度快。

18 人氣票選no.1甜食放題

Takanoタカノフルーツパーラー

設有沙律吧及漬物。

↓店內的人氣食物

Takano有多款時令水果，包括奇異果、西柚、靜岡產的士多啤梨、富有柿、蘋果、愛媛柑，就連矜貴的高野哈密瓜都任你食。還有甜品和鹹食任君選擇。食物新鮮美味，品質有保證，難怪被東京女性票選為最愛甜品buffet第一名，放題經常排隊一小時以上，可說是魅力沒法擋！

MAP 別冊 M17 C-2

地 東京都新宿区新宿3-26-11 5F
時 11:00-20:00（L.O.19:30）
網 takano.jp
電 (81)03-5368-5147
交 JR新宿站東口步行約1分鐘

WOW! MAP 17 18

19 大眾火鍋放題
鍋ぞう新宿三丁目店

抵食 編者推介

日式牛肉火鍋Shabu Shabu及Sukiyaki任食放題每位¥3,850，加上野菜、白飯及飲料只不過二百元港幣，湯底有壽喜燒、涮涮鍋、豆乳鍋、泡菜鍋及鹽味豚骨鍋，醬汁香濃，挑戰你的食量。

↑經常爆場！可預早取票再逛街。

←湯底上桌沒有配料，趕快去按個人喜好取配料做湯底吧！

MAP 別冊 M17 C-2

地 東京都新宿区新宿3-30-11新宿高野第二ビル8F
時 星期一至五:午餐11:30-15:00(L.O.14:30)；晚餐:17:00-22:30(L.O.22:00)
金 ¥3,000起
網 www.nabe-zo.com
電 (81)050-1807-4365

在賞花高峰期，遊人多到可填滿整個草地。

櫻花季節整個新宿御苑都被染成粉紅色，十分浪漫。

20 賞櫻勝地
新宿御苑

SNAP 親子

以往由JR新宿站步行到這裡需要15分鐘，但由新宿三丁目站步行則只需5分鐘。這裡原是皇室御用的庭園，面積約五萬平方米，有日式及法式花園等不同設計。花園內種植了很多不同種類的植物，單是櫻花樹便有1,500株，每年4月都會吸引成千上萬的遊人前來賞櫻，秋天亦有紅葉飛舞。

MAP 別冊 M17 D-2

地 東京都新宿区內藤町11
時 1月10日至9月30日(每季開園時間不同)
休 星期一及12月29日至1月3日
金 大人¥500、高中生¥250、中學生以下免費
網 fng.or.jp/shinjuku
交 新宿三丁目站步行約5分鐘

19

20

WOW! MAP

21 海膽拖羅鰻魚壽司任食

雛鮨

雛鮨是高級壽司放題，隨著季節變化而引入時令食材，以60種材料製作不同種類的壽司、軍艦和手卷，當中少不了海膽、中Toro、海鰻、干貝等熱門食材。雛鮨採用即叫即製的職人手握壽司，務求為客人提供最新鮮的壽司。必食海膽壽司、特長魚鰻壽司和中拖羅壽司，肥美鮮甜，食多幾碟就已回本。

↑專業的壽司職人為客人精心炮製每件壽司。

←雛鮨壽司種類多，可多試不同口味的壽司手卷。

環境明亮舒適，讓人放鬆心情，慢慢品嚐美味壽司。

MAP 別冊 M17 D-3

- 地 東京都新宿區新宿3-1-26 8F (0101 ANNEX內)
- 時 午餐：11:00-17:00；晚餐:星期一至五17:00-23:00(L.O.22:00)、星期日及假期17:00-22:30(L.O.21:45)
- 金 男性¥4,939起、女性¥4,169起 、小童¥2,519起 (限時120分鐘)
- 電 (81)03-5367-3705
- 交 地下鉄丸ノ內線西新宿站步行約3分鐘

22 貝料海鮮居酒屋

貝料理 はまぐり

好食 編者推介

店面低調，但店內卻經常高朋滿坐，吸引不少當地食饕慕名而來。はまぐり提供以貝類海產為主的料理，不說不知原來常見的貝類多達25種，師傅以刺身、燒烤、煮物、炸物和漬物的方式烹調，種類選擇甚多。推介北寄貝ウニ焼き，彈牙鮮甜的北寄貝舖上濃厚creamy的海膽，啖啖鮮味，十分滿足！

↑老舖保留了昭和時期的格局，窄長的一樓只有吧枱座位，師傅經常與客人交談，氣氛熟絡。

↑**みそ玉焼き¥1,850、梅酒 ¥600**
みそ玉焼き是味噌蛋煮牡蠣貝肉，散發著陣陣味噌香氣，味道不太鹹。

↓**北寄貝ウニ焼き ¥1,950**

みそ玉焼き上枱後，店員才開始煮，大約3分鐘就完成。

MAP 別冊 M17 D-2

- 地 東京都新宿区新宿3-8-4
- 時 17:00-23:00(L.O.22:00)
- 休 星期日及公眾假期
- 電 (81)03-3354-9018
- 交 東京メトロ新宿三丁目駅步行約1分鐘

WOW! MAP

21　22

23 物超所值美味牛扒
Steak Le Monde 新宿店

獲得日本網友一致好評的Steak Le Monde，窄長的店面只能容納10位客人，雖然座位稱不上舒適，但門前總是排著長長的人龍，平日基本都要排隊半小時才能用餐。店內精選來自美國、西班牙和智利等地的優質牛肉，提供サーロイン(西冷扒)、リブロースステーキ(肉眼扒)、ヒレステーキ(菲力扒)三種不同口感的牛扒，午市套餐一千多円就有交易，價錢貼地親民，牛扒質素卻毫不馬虎，肉嫩多汁，牛味香濃，配上一碗香軟白飯，非常滿足！

←煙肉菲力扒ヒレステーキ ¥1,950/110g
菲力牛扒外層包著煙肉燒，牛味雖不及西冷和肉眼扒濃，但肉質更軟腍，而且略帶煙肉香，十分惹味。

↑西冷扒 サーロイン ¥1,500/150g
西冷牛扒油脂較多，肉質柔嫩，配上特製醬汁及牛油，份外美味。

廚師即場製造，保證新鮮。

在門外排隊時，店員會先為大家點餐。

MAP 別冊 M16 B-3

地 東京都新宿区西新宿1-16-11 1F
時 11:00-15:00；17:00-21:30
休 星期日
電 (81)03-3343-7728
交 JR新宿站西口步行約5分鐘

一邊望著車水馬龍的繁華街道，一邊飲米酒感覺份外寫意。

24 立飲純米酒酒吧
八咫 新宿三丁目店

八咫是一間只供應純米酒的立飲酒吧，有30多種由米與米麴釀製而成的純米酒品選擇，只要付￥2,500就可以任飲1小時，如果想淺嚐亦可以付￥700單點一杯，另有十一種佐酒小食。

店員經驗豐富，可以用簡單英文交談，樂意為大家推介酒品。

MAP 別冊 M17 C-2

地 東京都新宿区新宿三丁目14-22 小川ビル10F
時 平日15:00-23:00(L.O22:30)、星期六日及公眾假期 14:00-22:30(L.O22:00)
網 junmaishu.net
電 (81)03-5341-4365
交 東京メトロ新宿三丁目駅步行約3分鐘

↑Creamy Cream Cheese With Wasabi
適合配任何類型米酒

→二兎米酒果味香濃，容易入口略帶甜味，適合女士們。隆酒味香純，但後勁比較強。

23

24

WOW! MAP

25 日本第一間印度咖喱店
Restaurant café Manna

中村屋在1901年創業時只是一間小小的麵包店，後來生意越做越大，除了麵包店，亦開始製造及售賣菓子，於1927年更開始涉足飲食界，Manna就是其中的一間餐廳。當年在機緣際遇之下，第一代老闆識了印度獨立運動家Rash Behari Bose，得到傳授正宗印度的製作秘方後，自此90多年以來都提供著正宗的印度咖喱，是日本第一間印度咖喱店。試一口這裡的咖哩，會發覺口感不像日式咖喱般濃稠，而且因為加了大量香料的關係，味道非常香濃！

↑純印度式咖喱 ¥1,980
在昭和 2 年就已經登上店內人氣之首的位置，可想而知味道有多正宗！

MAP 別冊 M17 C-2

- 地 東京都新宿区新宿三丁目26番13号新宿中村屋ビル 地下2階
- 時 星期一至六 11:00-22:00(L.O.21:30)；星期日及假期前夕 11:00-21:00(L.O.20:30)
- 休 1月1日
- 網 www.nakamuraya.co.jp/manna
- 電 (81)03-5362-7501
- 交 JR新宿站步行約2分鐘；地下鐵丸ノ内線新宿站A6出口直達

26 優質日系服飾品牌
NEWoMAN

顧名思義NEWoMAN是主攻女性市場，走高檔的輕熟女路線，當中8成店舖更是首次進駐新宿，除了不少優質日系服飾品牌，貪靚女士亦不可錯過日本天然有機的護膚化妝品店ComseKitchenNaturopathy和THREE，此外，還有齊集不同類型美食的food hall由早上營業至深夜，就算逛到深夜也不怕肚餓！

MAP 別冊 M17 C-3

- 地 東京都新宿区新宿4-1-6
- 時 1F-7F星期一至六 11:00-20:30；星期日及假期11:00-20:00
- 網 www.newoman.jp
- 電 (81)03-5334-0550
- 交 JR新宿站直達

WOW! MAP

25

26

26a 服飾雜貨 ＋ 精緻甜品

SALON adam et rope & SALON Bake & tea (3F)

→日本傳統工藝南部鉄器茶壺 ￥14,040

SALON一向注重飲食文化與生活品味，位於NEWoMAN的分店，將食物與服飾雜貨結合在一起，以店中店的形式，空間感大樓底又高，環境舒適好逛。SALON adam et rope主打剪裁俐落的女裝服飾，強調簡約優雅的風格，還精選了不少時尚配件。服飾以外，同時兼賣家品雜貨、法國茶葉和果醬等。逛完街不妨來到SALON Bake & tea歎下午茶，店內提供賣相味道同樣吸引的精緻甜品。

←粉綠色零錢包 ￥5,000

↑店內有售法國茶和日本傳統工藝茶具

→aumoniere Praise ￥1,300

時 11:00-21:30(星期日至20:00)
網 salon.adametrope.com
電 (81)03-6380-1750

每間餐廳的環境裝潢都各具特色

↓ Food Hall 雖然在 NEWoMan 內，但與商場不相連，擁有獨立出入口。

26b 全天候覓食地 Food Hall (2F)

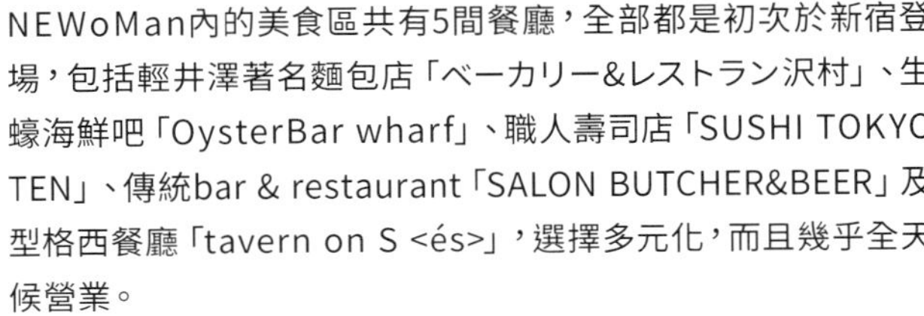

NEWoMan內的美食區共有5間餐廳，全部都是初次於新宿登場，包括輕井澤著名麵包店「ベーカリー&レストラン沢村」、生蠔海鮮吧「OysterBar wharf」、職人壽司店「SUSHI TOKYO TEN」、傳統bar & restaurant「SALON BUTCHER&BEER」及型格西餐廳「tavern on S <és>」，選擇多元化，而且幾乎全天候營業。

時 07:00-23:00

↑ 炊飯飯粒充滿生蠔的鮮味

牡蠣の鉄鍋ではん御膳 ¥1,870（期間限定）

26c 鮮味日本蠔料理 OysterBar wharf (2F)

OysterBar wharf是來自新加坡的人氣生蠔吧，店內嚴選當地時令食材，並採用日本各縣市所產的新鮮生蠔，包括佐賀県有明海、香川県白方、兵庫県坂越灣等地，生蠔新鮮肥美，價錢合理，一隻生蠔¥539。另有豐富的酒品供應。推介牡蠣の鉄鍋ではん御膳，套餐包括了生蠔炊飯、炸生蠔、芝士焗生蠔和檸檬醬汁蒸生蠔，非常豐富。

時 11:00 - 23:00 網 www.opefac.com/restaurant/wharf
電 (81)03-3351-7788

渋谷 Shibuya

渋谷是東京都內最潮的年輕人必到之地之一，區內有新建的SHIBUYA SCRAMBLE SQUARE、Shibuya Fukuras、宮下公園，還有改裝後的PARCO商場，而小街中也很容易找到一些人氣非常的食店、設計別幟一格的店家，是遊人例必朝聖的掃貨重鎮。

往來涉谷交通

出發站	路線	時間及車費	目的地
池袋站	JR山手線	約15分鐘 ¥178	涉谷站
新宿站	JR山手線	約6分鐘 ¥167	涉谷站

相比起很多日本買取店，KOMEHYO空間夠大且分類清晰，更為好逛。

1 中古迷必到！香港首推 KOMEHYO SHIBUYA

各位中古迷注意！KOMEHYO可以說是日本目前規模最大且最具權威性的二手精品店，如果大家都想買中古包，又怕被騙的話，來KOMEHYO就最安心了！渋谷店於2023年年尾進駐，分別有4層，每一層的主題都不一樣可以慢慢逛個夠，裡面的品牌眾多，從Hermès、Chanel、Rolex到LV全部都有，而且不只是手袋，連鞋款、帽、珠寶首飾都有，每件商品都會根據狀態來標示分級，目測商品的狀態都非常新淨，相信沒有人可以空手而回！

↑ LV Alma BB ¥230,000

↑ Dior 帽子 ¥55,000

Vintage服飾有不少都是早已絕版的設計，相信一定可以挖到寶。

↑不同品牌的鞋款都有，而且相當新淨。

→近期瘋狂加價的Chanel齊款色多，看價錢也令人心動。

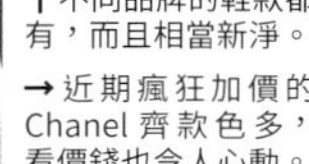

MAP 別冊 M06 B-2

地 東京都渋谷區宇田川町16-9
時 11:00-20:00
休 不定休
網 www.komehyo.co.jp
電 (81)03-6712-7215
交 Metro渋谷車站步行約4分鐘

WOW! MAP

2 未來購物空間
CHOOSEBASE SHIBUYA

大家在逛街的時候，是不是最怕在店員死跟著你硬要介紹產品，才改為網購呢？CHOOSEBASE SHIBUYA 是可以令你放鬆慢慢逛的好去處。主打「OMO」購物形式，結合線上線下的購物模式，匯集超過50個品牌，每一個產品區域都放置了一個QR Code，只要用手機一scan，即可知道產品的售價及背景資料，完全不需要和職員溝通，找到想要的產品即場添加到個人購物車中，不需要拿著商品四圍走，整個體驗都超新穎！

↑各種服飾、袋款都可以自助試穿試揹，I 人福音！

↓ CHOOSEBASE SHIBUYA 的銷售對象是 20-30 代，挑選的產品都相當有質感。

→鱷魚筆桶 ¥3,580

←小動物擺設 ¥2,280

↓只要一 Scan QR code，即可知道品牌的歷史和產品特點。

MAP 別冊 **M06 B-2**

地 東京都渋谷區宇田川町21-1
時 11:00-21:00
休 不定休
網 choosebase.jp
交 JR渋谷車站步行約6分鐘

WOW! MAP 2

3 涉谷最新地標 Shibuya Sakura Stage

香港首推

渋谷又有新地標了！於2023年年底竣工的Shibuya Sakura Stage以櫻花為主題，集工作、遊樂、住宅於一身，目前有各種新店陸陸續續地開幕，像是藥妝店Cocokara Fine、買取店Bissell等，餐飲方面則有Starbucks、to your Farm、CATARATAS BOTTLE SHOP等等，相信之後的發展會更令人期待。商場內的活動空間更會不時舉行各種表演、展覽，吸引不少人前來打卡！

商場不時會舉行各種展覽，吸引遊人觀賞。

↑入夜亮燈後會非常好看！

↑目前商場內的店舖陸陸續續開放中，成為另一新地標！

MAP 別冊 M06 B-3

地 東京渋谷區櫻丘町1-1 時 各店不同
網 www.shibuya-sakura-stage.com 交 JR渋谷車站直達

WOW! MAP 3

不同縣市的土產都可以在這裡找到。

4 最能代表日本的店 d47

渋谷HIKARIE的8樓非常能代表日本，該層樓分別有d47 MUSEUM、d47 design travel store 及 d47食堂，所謂的d47，d指的是設計design，而47則代表著日本全國47個都道府縣。走訪日本各地，把在地好物集結在一起，讓人們身在東京也能感受到日本全國的不同魅力，這正是d47的理念。在小小的店內，你可以找到四國愛媛的護膚品、福井縣越前的蝦干，又或是福岡的陶瓷製品，是最能感受風土民情的店。

↑來自富山的工藝品 ¥6,600

↓來自愛媛無茶々園的保養品，不添加化學成分大人小朋友都可安心使用。

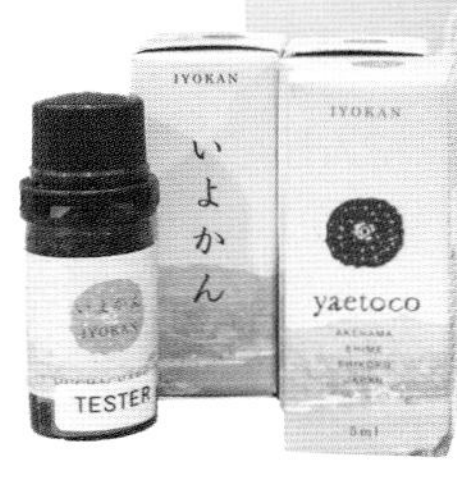

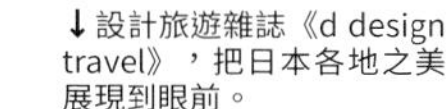

↓設計旅遊雜誌《d design travel》，把日本各地之美展現到眼前。

福岡太田哲三窯陶器非常著名，是一款致力於保護原始手工生產的技術。

MAP 別冊 **M06 C-3**

地 東京都渋谷區渋谷2-21-1 渋谷ヒカリエ8F
時 12:00-20:00
網 www.d-department.com/ext/shop/d47.html
電 (81)03-6427-2301
交 JR渋谷車站步行約6分鐘

WOW! MAP 4

橫濱 新宿 澀谷 藏前・淺草・晴空塔 銀座・築地

180度的城市景觀

5 東急Plaza的變奏
Shibuya Fukuras

位於渋谷站玄關口的Shibuya Fukuras於2019年12月開幕以來一直人氣不斷，場內有全新面貌的東急PLAZA登場，而這棟複合性的商業設施更包括了觀光中心、機場巴士轉運站，不論羽田空港或是成田空港，遊人都可以乘高速巴士直達；而最令人期待的是為於18樓的屋頂空中花園，客人可以一邊淺嚐美酒，一邊欣賞繁華的夜景。

↑空中花園環境寬敞，也是喝酒談心的好地方

MAP 別冊 M06 B-3

地 東京都渋谷区道玄坂1-2-3
時 07:00-01:00 (各店不同)
休 各店不同
網 www.shibuya-fukuras.jp
電 (81)03-3464-8109
交 JR渋谷站步行約1分鐘；或東京Metro渋谷站步行約3分鐘

以全新面貌進駐的東急PLAZA

↑↓位於3樓的111有不定期展覽，遊人有時間可以去欣賞一下

WOW! MAP
5

counter處有三位Pepper協助客人點餐

5a AI時代來臨

Pepper parlor (5F)

這間餐廳的賣點就是主要由AI負責餐廳的運作：機械人Pepper，可以和大家傾談、玩遊戲；Servi就負責出餐及收集碗碟；較小型WHIZ則負責清潔地面。甫走進店內，客人先在counter和Pepper點餐，然後由另一個Pepper帶大家到座位等待，不久Servi就會把餐點送到客人手上。若果一人或是和小朋友到來的話，不妨請Pepper到桌子旁和大家玩玩遊戲，享受一頓愉快的餐點吧！

↑不少客人都會和Pepper傾計

→客人可以依指令和Pepper玩遊戲和對答

→水果Tiramisu連飲品 ¥980

↑Servi會把餐點送到枱前

←店前有一小部屋，可以買到自家品牌的紀念品

由於有不少機械人走動，店內空間寬敞

時 11:00-23:00(L.O.22:00)
星期日至22:00
休 以商場為準
網 pepperparlor.com
電 (81)03-5422-3988

店內有很多設計獨特的精品和衣飾

5b 結合潮流和傳統文化

BEAMS JAPAN (2F)

喜歡BEAMS的朋友，除了它的設計和品牌外，當然最欣賞的是它將傳統的日本文化不知不覺的融入會到潮流當中，店內的格仔櫃，每一格就是一個縣的人氣產品，很有心思，不少的設計都隱藏了魔鬼的細節，令人會心微笑，店內的衣飾鞋履，還有生活小物、精品等，一邊逛，一邊感到驚喜！

↑男裝襪和內褲都有大個BEAMS logo

↑愛知縣的招財貓 ¥5,720

↑富士山造型的杯 ¥770起

地 11:00-20:00
網 www.beams.co.jp
電 (81)03-5422-3974

↑←童裝捧球公仔TEE ¥2,000

↑各款木製的手錶也很時尚

↑最受客人歡迎的產品就是這個木製名片盒 ¥4,840

→可以自訂的鎖匙扣，約30分鐘可自取 ¥6,320

5c 北歐風雜貨

Hacoa (3F)

喜歡北歐自然風格的朋友定必要到這店逛逛，店內的生活小物多以原木來生產，配合日本傳統的工藝技術，由職人製作出簡約、原創的北歐風生活小物和日系雜貨，如：電話套、手工名片盒、原木鏡面時鐘、木系手錶、印鑑盒等，令人愛不釋手。

時 11:00-20:00
網 hacoa.com
電 (81)03-5422-3561

6 無麩質飲食餐廳

GLUTEN FREE CAFE avan

近年都市人對飲食更有要求，無麩質飲食是其中一款流行的飲食習慣，要求食物中完全不含麥麩。Avan就是其中一間無麩質飲食餐廳，當中最人氣的Churros有超多款口味，以米粉製造即叫即製，入口和一般的沒有太大分別，反而是更為鬆脆煙韌，對於喜歡Churros卻對麩質過敏的人來說，又有多種選擇了！

店內以森林系為主題，大熒幕還會播放卡通片呢！

抹茶味Churros ¥700
一直以為無麩質的食物口感一般，這款 Churros 竟然做到又脆又煙韌！

↑仔細看店內有很多松鼠的裝飾，店員還寫上了「Thank you」，是溫暖的小店。

→迷你 Churros ¥460

MAP 別冊 M06 A-3

地 東京都渋谷区神泉町1-20 松濤ビル 1F
時 平日 10:00-17:00(L.O.16:30)、周末 10:00-18:00(L.O.17:30)
休 不定休
網 www.avan-sweets.com
電 (81)03-6416-1856
交 Metro神泉車站步行約4分鐘

WOW! MAP 6

部份坐位更有毛毛熊陪坐

7 超萌熊仔泡溫泉的火鍋

北海道めんこい鍋 くまちゃん溫泉

這間可以說是涉谷區內最人氣的火鍋店，是各位打卡必到的餐廳。店內的火鍋湯底是用上可愛的熊寶寶形狀，不同顏色的熊寶寶代表不同味道的湯底，配以蔬菜、肉類、麵食或餃子等。客人點餐後，店員就會送上一隻坐在鍋內的熊寶寶，開火後，可愛的熊寶寶就像泡在熱騰騰的溫泉中，看著它漸漸融化變小的身型，有點捨不得呢！

←調味料是自助形式

↓特選めんこいセット ¥2,980

↑餐廳的裝修令客人感覺有如坐在森林中用餐一般

↑冒煙後客人可隨自己喜歡加入食材

MAP 別冊 M07 C-2

地 東京都涉谷区涉谷1丁目8-10 2F
時 11:00-15:00、17:00-22:00(L.O.為關門前1小時)
休 不定休
網 kumachan-onsen.jp/
電 (81)03-6427-1613
註 建議網上預約
交 東京Metro涉谷站明治通り口出口步行約3分鐘

WOW! MAP 7

客人先在小屋點餐，然後揀選自己喜愛的座位

7a 來陪熊仔坐一會吧！

くまちゃん温泉 おやすみ処 (1F)

大家如果吃過火鍋還意猶未盡的話，大可以走到樓下的café繼續和萌萌熊打卡。店內打造成童話故事中的森林小屋般，有自成一角的打卡位、鞦韆的座位，也有如露營般的座席，點了一客くまちゃん温泉クリームソーダ，內裡有不同味道的果汁可以揀選，再配以一個香濃的北海道牛奶3.6做的軟雪糕，看著眼前的熊寶寶裝飾，甜甜的牛奶雪糕在口中融化，真的瞬間療癒了！

↑熊寶寶杯墊 ¥180

→くまちゃん温泉クリームソーダ ¥980

↑↓也有不少精品及紀念品售賣

也有適合一班朋友的座席

café內的座位有多款選擇，全都令人十分放鬆

時 11:00-19:00
休 不定休

8 全新面目 PARCO

MAP 別冊 **M06 B-2**

地 東京都涉谷区宇田川町15－1
時 11:00-21:00、餐廳11:30-23:00
休 各店不同、1月1日
網 shibuya.parco.jp
電 (81)03-3464-5111
交 JR涉谷站八公口步行約10分鐘

經過三年休業整頓的時間，位於涉谷的PARCO商場以全新的面目登場；商場除了有潮流衣飾、日系名牌、雜貨及生活用品外，最令人期待的當然是位於6樓的CYBERSPACE SHIBUYA、它配合了ACG的新潮流，和不同的遊戲品牌合作和任天堂、Pokemon、Jump Shop等在此駐場，人氣高企，吸引了一班年青的遊戲迷。

↑陳列架上有自嘲熊的插畫手稿

↑不同表情的chiikawa公仔

↓自嘲熊限定版環保袋 ¥1,980

店內有不少限定品

8a 人氣插畫卡通自嘲熊 ナガノマケット (5F)

這隻常出現在手機貼紙上的可愛自嘲熊，簡單勾畫出來的形象，不只表情可愛，其創作的相關精品也十分受歡迎餐具、文具、鎖匙扣、環保袋等，不少限定品更是甫上架就已被搶購一空，各位粉絲要買的話，不妨到這實體店碰碰運氣吧！

SHAPE UP

→自嘲熊TEE ¥2,970

時 11:00-21:00
網 nagano-info.jp/tenpo_nm/shibuya
電 (81)080-7094-5633

WOW! MAP 8

店內有巨型Mario，不少都是限定品

8b 買到破產系列 Nintendo (6F)

這間是任天堂日本首間的官方直營店，可想而知內裡的貨品款式極多，甫開張之時更誇張得要抽籤才可以進店！店內可以找到四大人氣的遊戲區《Super Mario》、《動物森林會》、《Splatoon系列》及《薩爾達傳說》，當然最人氣的還是超級瑪利歐吧！店內還可以找到Nintendo Tokyo特別的限定品和獨家產品，很適合作手信，要找到心頭好的話，大家真的要花點時間慢慢逛啊！

↑星之卡比坐墊 ¥6,380

←↓《薩爾達傳說》的衣飾，領呔¥4,620

→筒仔Mario ¥7,150

時 11:00-21:00
電 (81)03-6712-7155

精品和文具都齊備

街頭霸王的非賣品模型

8c 機迷必到 CAPCOM Store Tokyo (6F)

喜歡打機的朋友一定對CAPCOM很熟悉吧！店內主要售賣Monster Hunter、Biohazard和Street Fighter的相關文具、精品、模型等，當然還有限定品，加上有指定打卡位，吸引各位機迷到來；最特別的是店內會不定期舉行各式的體驗活動呢！

時 11:00-20:00
網 www.capcom.co.jp/amusement/capcomstore/index.html
電 (81)03-6455-0420

除了暴力熊，也買到Air Jordan波鞋

↑小飛俠阿童木波鞋 ¥22,000

←暴力熊crossover超人¥63,800

↓不同造型的暴力熊

8d 美國潮流店 BAIT (5F)

這間首次於日本插旗的BAIT，是一間來自美國加州的潮店。店內可以買到各式造型的暴力熊、小飛俠阿木童、原子小金剛等模型公仔、精品等；它同時亦是Marvel Studios、Air Jordan、Air Force 1、NIKE、STUSSY等品牌的限定商品店。

→門口有巨型小飛俠坐陣

自家品牌TEE ¥6,050

時 10:00-21:00
網 baitme.jp/blog/store/shibuya-parco/
電 (81)03-6809-0867

café內充滿書卷氣息

9 讓自己沉澱一下的秘密基地

森の図書室

在涉谷租金高昂的地段竟然找到一個寬敞自在的圖書室真令人有點意外！這間森之圖書館是日本首間以集資成功而營運的私人圖書館，客人可以在館內自由閱讀喜愛的書籍，找一個舒適的角落盡情放空，而特別的是圖書室內餐點的名字是取自文學作品內的名稱呢！

↑店內有日本文學、兒童繪本、雜誌等

↑進店時，客人先在counter先揀選逗留的時間

MAP 別冊 M06 B-2

地 東京都涉谷区宇田川町23-3 涉谷第一勧銀ビル 8F
時 09:00-22:45
休 不定休
金 ¥1,000/小時起包特定飲品放題
網 morinotosyoshitsu.com/
電 (81)03-6455-0629
交 東京Metro涉谷站A3出口步行約1分鐘

10 手工甜品麵包

Viron

以手工取勝的Viron由海外學成歸來的富永芳和打理，他善於利用麵粉及材料的特點，創製出不同口味的精緻甜點。

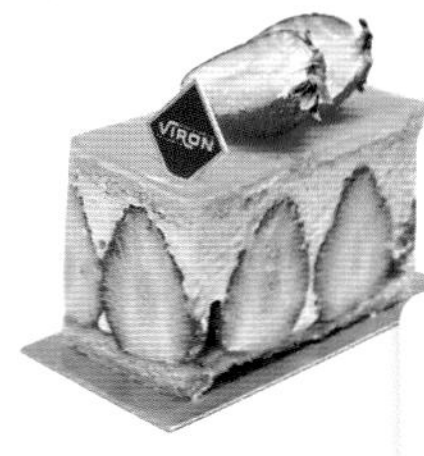

←奶油草莓FRAISIER ¥630
香濃奶油內排著滿滿的草莓，新鮮香甜。

MAP 別冊 M06 A-2

地 東京都涉谷区宇田川町33-8
時 09:00-22:00 電 (81)03-5458-1776
交 JR涉谷站步行5分鐘

9 10
WOW! MAP

食客可以坐在料理枱前，看著食材烤熟。

↑博多串燒8串盛 ¥1,780

11 CP值極高串燒店
ジョウモン涉谷店

好食 編者推介

隱藏在大廈內的ジョウモン，牆外沒有招牌，要花上一陣子才能找到。晚上來的時候，店內已塞滿用餐的食客。這間居酒屋有兩層，第一層是料理台，座位的前方放著不同種類的串燒，師傅烤的時候香氣四溢，讓食客垂涎三尺。為了多品嚐幾款美食，點了博多串燒8串盛，¥1,780就有8款不同的串燒，而串燒的供應是按照當天食材做配搭。這次就有黑豚、雞肉串、和牛串及野菜肉卷串等等，每一串都有滿滿的肉汁，非常好吃！

MAP 別冊 M06 A-3

地 東京都涉谷区道玄坂2-19-2 ムルギービル2階3階
時 17:00-23:30 (食物L.O.22:30，飲品L.O.23:00)
網 teyandei.com/?page_id=21
電 (81)03-6416-1633
交 JR涉谷站步行約5分鐘

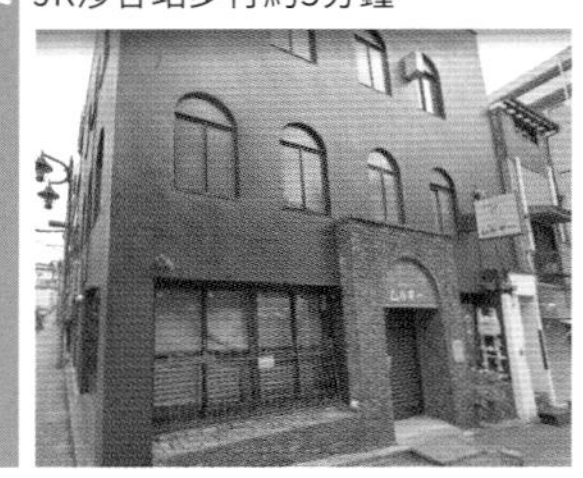

↑每個房間都有獨立門鎖，需要用IC卡開門，遊人可以安心在內休息。

↓遊人先在自動販賣機申辦做會員。

有不少當地人也會在CAFÉ消磨時間

12 凌晨到埗福音
Hailey'5 cafe涉谷店

為節省時間，有不少的遊人都會選擇在凌晨到達東京，但如果多訂一晚酒店的話就不划算，而Hailey'5 café正正可以滿足凌晨到埗東京的自遊人。遊人先在門外的自動販賣機申辦做會員，並購買需要的時間就可以入內。店內明亮乾淨，除了有不同的書籍、少不了的WIFI和飲品外，還提供不同房型供遊人休息，方便遊人叉足電再出發。

MAP 別冊 M06 A-2

地 東京都涉谷区 宇田川町13-11 KN涉谷1 7/F
時 24小時營業 金 ¥660起/每小時
網 www.hailey5cafe.com/shop/涉谷1st 電 (81)03-3463-1982
註 第一次光顧需申辦會員卡及繳交¥100 交 JR涉谷站步行約6分鐘

WOW! MAP
11 12

店內只有窄長的吧枱坐位，只能容納10位客人。

↑酥脆的外層包著粉嫩的牛肉，嚼落有肉香，而且完全不油膩，出乎意料地美味。

←每個客人都有一個陶板爐，可以將炸牛肉放上去輕輕一烤。

13 令人喜出望外炸牛排
牛かつもと村 涉谷店

東京最近吹起一股炸牛扒熱潮，牛かつ もと村就是其中一間炸牛排人氣食店，要將牛扒炸得好比起豬難度更高，時間火侯控制不好容易造成肉質太韌，店家以60秒時間炸好一塊牛排，令其保持外脆內嫩的半生熟狀態，口感極佳有點像牛肉刺身。

→炸牛扒定食 牛かつ麦飯セツト ¥1,630/130g（稅込）

MAP 別冊 M07 C-3

地 東京都涉谷区涉谷3-18-10 大野ビル2号館 B1F
時 11:00-23:00
網 gyukatsu-motomura.com
電 (81)03-3797-3735
交 JR涉谷站東口步行約4分鐘

坐在吧枱前，看著廚師把牛舌燒得焦香。

14 不能錯過的炭烤牛舌
ねぎし

抵食 編者推介

愛吃牛舌的朋友，絕對不能錯過這家店。同樣是炭燒牛舌為賣點，不同的是這家店更設有白舌，白舌是位於舌頭的後半段，口感比較柔軟、味道更有鮮味，而厚片的白舌，更能感受到牛舌經炭燒後所散發的香氣，更能細嚐牛舌的美味。開放式的廚房，一邊看著廚師把牛舌揮動，把它燒熟並保留肉汁，另一邊則不停的傳出香氣，不禁令人食指大動。

↑一份套餐包含牛舌、麥飯、山藥泥、漬物及牛肉湯

MAP 別冊 M06 A-3

地 東京都涉谷区道玄坂2-29-8 道玄坂センタービルB1
時 11:00-22:30 (L.O.22:00)
網 www.negishi.co.jp
電 (81)03-3770-0227
交 JR涉谷站，沿道玄坂直行約5分鐘

13

14

WOW! MAP

十八番盛り ¥2,700(2人份)

←こぼれ寿司 ¥1,500

抵食 編者推介

15 鮮美海鮮居酒屋

漁十八番

涉谷超夯海鮮居酒屋漁十八番，以平價與鮮度取勝，每日於漁市場嚴選新鮮海產，再因應時令食材而更變每日推介菜單，務求為食客提供最鮮最美味的刺身料理。必食推介十八番盛り，由店家挑選10款當季海鮮製成肥美又鮮甜刺身，令人一試便愛上。還有大人氣的こぼれ寿司，用鮮度100%的海膽、蟹肉、吞拿魚腩、魚子鋪在青瓜卷上，食材多到滿瀉，新鮮又好食，大推！

MAP 別冊 M06 B-3

地 東京都涉谷区道玄坂2-6-12 道玄坂トロワー2F
時 星期一至五 11:30-14:30(L.O.14:00)、17:00-23:30(L.O.23:00)；星期六日及公眾假期 17:00-23:30(L.O.23:00)
電 (81)03-6808-5175
交 JR涉谷駅步行約3分鐘

WOW! MAP
15

客人只要倚著背後的咕啞就很舒適

16 窩在這裡放鬆吧！

和カフェyusoshi 渋谷

這間位於東武酒店地庫的和式café可以說是打破一般人對café的印象，因為店內的座位是以一大片的白色坐墊為主，客人就在門口脫下鞋子，舒適地坐在軟綿綿的墊子上，輕鬆地交談、看書、放空就好了！一個人發呆，喝一口士多啤梨忌廉梳打，一邊呷著淡淡的士多啤梨味的梳打水、一邊想著下次旅行的目的地……

→あかいろクリームソーダ　¥870

↑清水是自助形式

店內有八成的坐席都是白色的坐墊為主

MAP 別冊 M06 B-1

地 東京都渋谷区宇田川町3-1 渋谷東武ホテルB1F
時 星期日至四 11:00-21:00、星期五至六11:00-22:00
休 年末年始
網 www.dd-holdings.jp/shops/yusoshi/shibuya#/
電 (81)03-5428-1765
註 可網上預約
交 JR渋谷站步行約10分鐘

WOW! MAP
16

←揚げ物盛り合わせ(梅)
￥4,600(2人份)
一行多人亦可以點炸物拼盤

17 半世紀豬排老店 かつ吉

好食 編者推介

擁有50多年歷史的炸豬排專門店かつ吉，傳統日式老店的懷舊環境，加上大量骨董擺設點綴，復古風味十足，かつ吉精心挑選肉質纖維分佈均勻的高級國產銘柄豚，用100%植物油低溫油炸，小心處理鎖住肉汁，剛炸好的厚切豬排，外層鬆脆無比內層肉嫩多汁，可能是最好食的日式炸豬排之一。

MAP 別冊 M07 C-3

地 東京都涉谷区涉谷3-9-10 KDC涉谷ビルB1
時 星期一至五11:00-16:00、17:00-22:00(L.O.21:10)；星期六11:00-22:00(LUNCH L.O.15:00、DINNERL.O.21:10)；星期日及假期11:00-21:30(LUNCH L.O.15:00、DINNERL.O.20:40)
網 www.bodaijyu.co.jp
電 (81)050-3134-5712
交 JR涉谷站步行約4分鐘

18 日本流行指標 Shibuya109

到SHIBUYA109走一圈，就會知道日本最近流行什麼。SHIBUYA109是涉谷的象徵，也代表東京流行文化。商場的變化很大，有很多新晉的本土牌子，同時也有不少舊店無聲無色地消失，只有最潮最新的店才能在SHIBUYA109屹立。最殘酷的109，卻同時是最潮流的109。

MAP 別冊 M06 B-2

地 東京都涉谷区道玄坂2-29-1
時 10:00-21:00 休 1月1日
網 www.shibuya109.jp
電 (81)03-3477-5111
交 JR涉谷站ハチ公口對面

↑店員親切友善又可愛滿分

18a Honey Cinnamon (7F)

大走甜美日系風格的Honey Cinnamon，找來名古屋人氣女團SKE48成員平松可奈子作為品牌模特兒，完美演繹夢幻少女的感覺。以熊仔、兔仔等可愛圖案加上糖果色系的服飾設計，青春無敵。

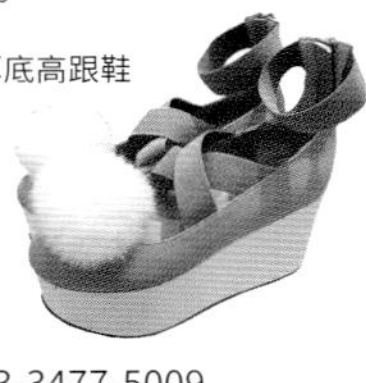

→毛毛球厚底高跟鞋
￥10,800

電 (81)03-3477-5009

WOW! MAP
17 18

橫濱 新宿 涉谷 藏前・淺草・晴空塔 銀座・築地

MAP 別冊 M07 C-3

地 東京都涉谷区涉谷3-21-3
時 星期一至五 11:00-01:00；星期六 11:00-22:00；星期日 11:00-21:00 (各店略有不同)
網 shibuyastream.jp
電 (81)05-7005-0428
交 涉谷駅步行約2分鐘 休 1月1日

19 最新潮食商場

涉谷ストリーム

涉谷Stream是當地人的餐飲熱點。商場內有不少特色的食肆，外國料理。而且Shibuya Stream依靠在涉谷川而建，綠化了旁邊的步道，為人來人往的涉谷加添幾分悠閒的氣息。

酒吧內有超過45種來自世界各地的啤酒

吸引不少當地人光顧

19a 「CHILL」勻全世界

Craft beer tap (3F)

位於三樓的Craft beer tap，聚集了來自世界各地的精釀啤酒，餐廳提供超過45種啤酒及生啤酒。點了一杯來自英國的生啤酒，麥味較重，口感順滑，能夠品嚐到烘焙麥芽的香氣及啤酒花的甘味，深受女仕們的歡迎。

→啤酒放題 ¥1,980/1小時

店員熟讀每一款的啤酒

時 11:30-23:00
網 www.zato.co.jp/restaurant/craftbeertap
電 (81)03-6427-5768

WOW! MAP 19

橫濱 新宿 涉谷 藏前・淺草・晴空塔 銀座・築地

坐在吧枱前欣賞廚師的手藝

19b 炸串 Omakase 串亭(3F)

↑鮮蝦炸串建議加上小許鹽作調味，鮮蝦的鮮味在口腔內散發出來。

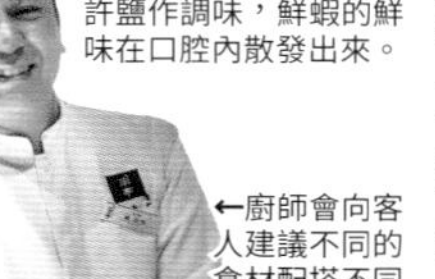

←廚師會向客人建議不同的食材配搭不同的醬料。

這家的炸串店吃過一次以後就令人念念不忘了，串亭的點餐方式分為套餐及Omakase，這次就嘗試了Omakase，價錢不貴，一串¥330。店內使用的是葵花籽油，健康又能減輕身體的負擔，炸串的炸粉很薄，口感酥脆，但又能保持食材本身的鮮味，廚師在上桌前會介紹用不同的醬料配合炸串，使炸串變得更美味。

時 11:30-15:00(L.O.14:30)；17:00-22:00(L.O.21:00)
網 www.real-taste.net
電 (81)03-6427-6694

避開飯點前來，就可以免排隊了。

←把食材都混合在一起，掛汁效果一流的烏冬把美味匯聚。

明太子奶油拌烏冬 ¥1,300

20 超邪惡烏冬 うどん屋 新堀

日本的烏冬又玩出新意了！人氣小店Udon Shimbori最近推出超邪惡的烏冬Carbonara，加入了一大團的明太子、生雞蛋、一片牛油，以及香蔥與紫菜碎，吃的時候只要把所有食材都拌在一起，就可以獲得一碗集奶香、鹹香、Creamy口感於一身的烏冬。烏冬是即叫即製的，由麵團慢慢變成一條條的烏冬，吃起來非常彈牙滑溜，掛汁效果一流。要注意的是由於明太子頗大份且較濃，吃的時候不妨分次加入，調校自己最愛的口味。

MAP 別冊 M07 C-1

地 東京都渋谷区千駄ヶ谷 5-23-9
時 星期二至五11:30-15:30、17:30-21:30；星期六11:30-15:30
休 星期日、一、年末年始
網 http://shimbori.jp/
交 JR代代木站步行約3分鐘

WOW! MAP 20

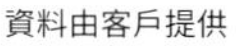
資料由客戶提供

店內裝修以美術館為靈感，簡約且以白色為主調，也有展示商品設計和照片的相框，營造出舒適的店鋪環境。店內不僅有T恤、運動衫等服裝，還有帽子、鞋子、口罩等各種商品。

日本最新人氣潮流品牌

＃FR2 HARAJUKU

品牌於2015年創立，以兔子攝影師的概念，及「攝影師的服裝和照片」為主題，在Instagram等平台上發布設計，以圖片為代替文字，發怖設計獨特並令人注目的相片。品牌將每個時刻發生的全球事件融入設計中，推出獨一無二的商品。他們突破潮流框架，讓外國人也能感受到「日本也有這樣的無管轄地帶文化」的自由氛圍。「吸煙會提早死去，自行負責」Smoking系列的設計理念，是＃FR2品牌的代表作。該系列從世界名畫和知名人士中獲取靈感。並受到非吸煙者和吸煙者支持，此系列深受年輕人追捧，並瞬間售罄。

↑另一店舖「#FR2梅」位於原宿核心地帶，店舖以粉色為基調。由於其外觀具有獨特的視覺效果，也成為了遊客Instagram的打卡熱點。

↑除女裝系列外，還涵蓋了成人商品等。

#FR2 HARAJUKU

#FR2梅

＃FR2 HARAJUKU

MAP 別冊 M15 C-2

地 東京都渋谷区神宮前4-31-6 1階
時 11:00-21:00
休 年末年始
網 fr2.tokyo/
電 (81)03-6804-1313
交 地下鐵「明治神宮前‹原宿›」站

＃FR2梅

MAP 別冊 M15 C-2

地 東京都渋谷区神宮前4-29-7原宿V1ビル1階
時 11:00-21:00
休 年末年始
網 fr2.tokyo/
電 (81)03-6455-5422
交 地下鐵「明治神宮前‹原宿›」站

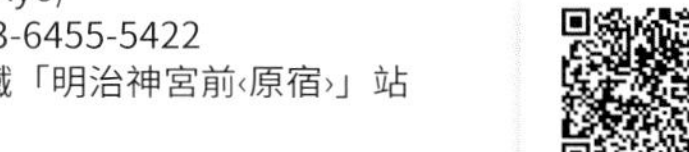

FR2 HARAJUKU　# FR2 梅
WOW! MAP

蔵前・晴空塔・淺草區

Kuramae・Tokyo Sky Tree・Asakusa

必見！淺草橫町

淺草是東京一個充滿傳統庶民味道的地區，而自從數年前周邊的晴空塔開業後，就將這區注入了新元素；而夾雜在它們之間的蔵前和合羽橋則隱藏了不少有趣的小店，這區絕對是一個穿越今昔的旅遊地。

往來蔵前・晴空塔・淺草交通

- 池袋站 → JR山手線（約15分鐘 ¥178）→ 上野站 → 東京メトロ銀座線（約5分鐘 ¥178）→ 淺草站 → 東武スカイツリーライン（約3分鐘 ¥157）→ 東京Skytree站
- 新宿站 → 都営新宿線（約8分鐘 ¥220）→ 九段下站 → 東京メトロ半蔵門線（約8分鐘 ¥209）→ 押上站
- 新宿站 → JR中央線快速（約12分鐘 ¥178）→ 神田站 → 東京メトロ銀座線（約10分鐘 ¥178）→ 淺草站
- 成田空港 → 京成成田スカイアクセス線アクセス特急（約1小時 ¥1,310）→ 淺草站

↓仔細一看，會發現店內的建築材料都是回收的廢物。

1 隈研吾新操刀

KAWA KITCHEN

位於淺草隅田川旁的KAWA KITCHEN由知名建築家隈研吾設計，店舖的設計採用了大量會被丟棄的漂流木，用料上亦是各種回收材料為主，貫徹品牌永續及共生的理念。餐點同樣是以永續為核心理念，以蔬果為主，致力減低碳排放量。菜單上列明了「V（蔬食）」、「gr（無麩質）」、「H（清真）」、「5（五辛素）」，令不同需求的客人都可以找到適合自己的餐點。

↑地下則為雜貨店，販賣以天然素材及回收材料製成的產品。

→天氣好的話，還可以看到晴空塔呢！

↑銅鑼燒 ¥440、Black Tea ¥550

↑齒磨潔粉 ¥2,200

MAP 別冊 M09 C-1

地 東京都台東區藏前2-10-11
時 星期三、四11:00-18:00、星期五11:00-21:00、星期六10:00-21:00、星期日10:00-18:00
休 星期一、二、不定休
網 kawakitchen.owst.jp
電 (81)05-5592-9520
交 Metro藏前站步行約5分鐘

2 室內打卡好去處

淺草橫町

↑超有feel的設計，像是一秒來到日本祭典現場。

以美食與祭典為主題，位於室內的淺草橫町，是一個隨時隨地都可以感受日本祭典的地方。其位於東京樂天地淺草大樓的4樓，一走進去就超有氣氛，各種霓虹燈裝飾、燈籠、風鈴等等，佈置得相當用心。和服店Wargo在此開了分店，大家可以租借和服後到處打卡拍照。場內一共有7間餐廳，串燒、居酒屋、韓國料理、壽司店應有盡有，想不到吃甚麼？來這裡就對了！

→貼心地準備了多個打卡位，感覺是怎樣拍都好看。

↓場內還有不少祭典現場才會出現的小遊戲。

↑ Wargo 在大阪、東京都有分店，是非常具人氣的和服租借店。

MAP 別冊 **M05 A-1**

- 地 東京都台東区浅草2-6-7 4樓
- 時 各店不同
- 網 asakusayokocho.com
- 電 (81)03-5839-2970
- 交 Metro淺草站步行約5分鐘

ASAKUSAYOKOCHO

2a 鰻魚專門店

鰻串 いづも

在眾多餐廳中，挑選了人氣非常高的鰻魚專門店「鰻串 いづも」，可以品嚐各式各樣的鰻魚料理，由香脆的鰻魚骨到鰻魚、內臟、湯品，每款都只是幾百円，叫杯酒再叫幾款小食慢慢品嚐，即使是一個人用餐也不用尷尬！

店內的名物是巨型的蒲燒鰻魚玉子丼，總重量有1.2kg，用上了5個雞蛋製作的玉子燒、炭火燒製的鰻魚，再加上醬油炒成的飯，基本上要3-4個人才可以K.O.！

↓蒲燒鰻魚玉子丼 ¥2,849
超巨型的鰻魚丼，建議有3-4人分享才可以叫。

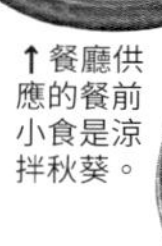
↑餐廳供應的餐前小食是涼拌秋葵。

→燒得超香的醬油飯團，送酒一流！

- 時 平日12:00-22:00、周末及假期12:00-23:00
- 網 asakusayokocho.com/shops06
- 電 (81)03-5830-7440

↑鰻魚串燒拼盤 ¥1,199

↑酥炸鰻魚骨 ¥429

WOW! MAP 2

3 手寫文字的溫度

カキモリ

在現今科技發達的年代，你有多久未拿起過筆寫字？店家的理念是要將書寫的喜樂傳播給不同的人。有各式各樣的珍奇文具：客製的調配墨水、客人自製的筆記簿、日式的信箋、自家原創的墨水、墨水鋼筆等，手工精緻，令人愛不惜手，最特別的還是大家可以在店內自製一本獨一無二的筆記簿，由封面、紙張選擇等到釘裝都充滿樂趣。走進這間名為「カキモリ」的文具老店，你會找到一份久違了的喜悅感！

↑店中央放置了大型的切紙機

↑1950年開始發售的PELIKAN德國產墨水筆 ¥38,500

MAP 別冊 M09 A-1

地 東京都台東区三筋1-6-2 1F
時 12:00-18:00、星期六、日及假期11:00-18:00
休 星期一
網 kakimori.com
電 (81)050-3529-6390
交 東京Metro蔵前站步行約7分鐘

↑客人可按自己喜好調配墨水

↑對於各種筆的特徵的介紹

自製筆記簿流程

來這店家當然最特別的就是可以自己製作一本獨一無二的筆記簿！店家的右方有一角落是專門給客人製作自己喜歡的筆記簿的：

製作費用：¥300（材料則按客人所揀選來決定，大約¥800-900起）

所需時間：30分鐘左右

第一步：
拿起一個小盤子，先揀選想要的封面及封底，有不同的花紋、紙質可揀選，就連皮革面、布面、羊皮等也有。

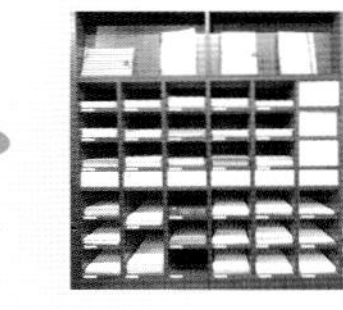

第二步：
選擇內頁的紙張，有不同的質地，也有單行、空白等，然後決定厚度

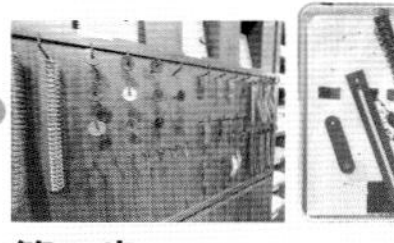

第三步：
揀選書邊的釘裝書環，也可隨意配上書帶或書扣掛

第四步：
如果想獨特一點的話，更可熨上自己的名字或喜歡的句子呢！

WOW! MAP

客人都只是喁喁細語，環境謐靜

4 大人限定的優雅

喫茶半月

這間大人限定的喫茶店絶對是推介大家必到的。一樓是售賣菓子的店家菓子屋 シノノメ，而二樓則是喫茶半月。店內裝修優雅，帶點古典的味道，木系的色調加上寬敞的空間，還有那充滿儀式感的吧枱和復古的高櫃，點一客鐵觀音意式奶凍，再呷一口咖啡，細味這浪漫的謐靜時光。

→Earl Grey茶 ¥850、鉄観音のパンナコッタ ¥550（期間限定）

↑café的空間感很強，為每枱客人保留了空間

←微甜的鐵觀音奶凍帶點茶香

一樓是菓子屋シノノメ

MAP 別冊 **M09 A-1**

地 東京都台東区蔵前4-14-11
時 12:00-18:30
休 不定休
網 www.fromafar-tokyo.com
註 不可帶小朋友入座
交 東京Metro蔵前站步行約3分鐘

WOW! MAP 4

↑客人可即場揀選不同的配飾來改裝

→手袋由可洗的皮來製造 ¥5,500

5 小物控必到

Carmine

這間位於蔵前的店家主打自家設計的配飾：皮製的散銀包、漆皮的名信片夾子、波點系列的銀包、色彩繽紛girly的手提包包、水墨畫系的包包等，不同的款式都是由中村小姐和伊藤小姐設計，全都是日本製造，部份貨品還可以根據客人喜好來訂製呢！

↑長型動物皮革銀包 ¥24,200

↑動物系列的銀包款式

MAP 別冊 M09 A-2

地 東京都台東区三筋1-15-8
時 12:00-17:00
休 星期日、一
網 carmine.co.jp
電 (81)03-6662-8754
交 東京Metro蔵前站步行約7分鐘

↑木調的裝修貼近大自然

←自家研發的米糠護理系列

→針織上衣 ¥6,900

6 健康生活雜貨

HOWMORE LIVING

聽聞這間店的主人是台灣人，店家特別注重健康生活，所以在日本、台灣等地找不同的有機產品來售賣：有機肥皂、米糠造的精華油、對小朋友無害、蔬菜做的蠟筆等，大部份都是自家品牌，喜歡健康生活的朋友推介一到。

MAP 別冊 M09 B-1

地 東京都台東区蔵前3-22-7
時 11:00-19:00
休 不定休
網 howmoreliving.jp
電 (81)03-5846-9797
交 都營大江戶線蔵前站A6出口步行約1分鐘

WOW! MAP

5

6

店內的背包有多款顏色

↑有少量卡片套、銀包等選擇

↑銀包的拉鏈扣可自選顏色

7 老牌大翻身 MESSAGE

1947年創立至今已超過70多年歷史，別以為店舖歷史悠久定必設計帶點老套！Message的背包、銀包、手袋以至公事包，全都設計新穎、顏色耐看、用上高質的牛皮來製作，加上其計算過重量來分散對肩脊的負荷，絕對是潮流手工之作。

→綠色皮革背包 ¥44,000

MAP 別冊 M09 A-2

地 東京都台東区蔵前4-24-2
時 11:00-17:00
休 星期三
網 message-bag.com
電 (81)03-3861-1081
交 東京Metro蔵前站步行約3分鐘

↑House Hot Chocolate ¥690

↑二樓是用餐空間

店內帶有異國色彩

8 不能抗拒的朱古力工坊 DANDELION Chocolate café

來自美國的Dandelion Chocolate，2010年開設的第一間的海外分店，選擇落戶在蔵前。他們主張由購買可可豆、烘烤、製作、包裝，到製作朱古力都一手包辦，所以顧客在店內都可以看到製作朱古力的每一個工序。甫入店內，整個以工業風裝潢的CAFÉ，陣陣朱古力的香氣撲鼻而來。店內除了可以買包裝好的朱古力外，還可以品嚐朱古力的甜點。

MAP 別冊 M09 A-1

地 東京都台東区蔵前4-14-6
時 10:00-19:00
網 dandelionchocolate.jp
電 (81)03-5833-7270
交 大江戶線蔵前站步行約3分鐘

WOW! MAP

7

8

↑牆上排滿手繪的明信片

層架上放滿了各式各樣的玻璃製品

店內帶有異國色彩

9 東歐風格的雜貨店 チェドックザッカストア

沿著大街走，途中架起了一塊橙色的指示牌，才發現在夾縫間有一間店。推開大門，店內散發著異國色彩，放滿了極具東歐色彩的精品擺設，每一件物品彷彿代表著一個故事。店內有收藏著東歐特色的陶製品及手工藝品，每一件都吸引著遊人駐足欣賞。

→復古手提箱
¥7,900

MAP 別冊 M09 C-1

地 東京都台東区駒形1-7-12
時 12:00-19:00
休 星期一
網 www.cedok.org
交 大江戶線蔵前站步行約5分鐘

10 起格潮流 TOKYO PiXEL

PIXEL是指「像素」，以前的動畫、電玩都是由這些的像素組成。不過，以前的像素較低，就會使公仔「起格」，這家店就是以低像素為靈感，創作了一系列「起格」的產品。除了「起格」的產品外，店內還有一些舊電玩出售，讓一些大朋友可以懷緬昔日的好時光。

→T-Shirt
¥3,500

店內設有展示的空間，遊人可以欣賞到老闆不同的畫作。

店內不定時會幫客人畫人像畫

MAP 別冊 M09 B-1

地 東京都台東区寿3-14-13-1F
時 12:00-19:00
休 不定休
網 https://tokyopixel.shopinfo.jp/
電 (81)03-6802-8219
交 大江戶線蔵前站步行約3分鐘

WOW! MAP
9
10

展示出不同的染料是由那一款植物萃取而成

11 天然染料
真糸 蔵前本店

現在的衣服都用上很多不同的化學染料，對一些患有嚴重皮膚敏感的朋友造成很大的困擾。真糸推崇自然，不論是衣服物料，還是染料都用上天然材質，店家從植物萃取色素，為不同的布料、毛線染上顏色，由衣服到絲巾都沒有使用任何的化學品，所以大大減低了皮膚敏感的可能性。

→草木染能為大部分的衣服物料上色。

↑店內的服飾都是用上天然的物料而製成

MAP 別冊 M09 A-1

地 東京都台東区蔵前4-20-12 1F
時 11:30-18:30
休 星期一
網 maitokomuro.com
電 (81)03-3863-1128
交 淺草線蔵前站步行約6分鐘

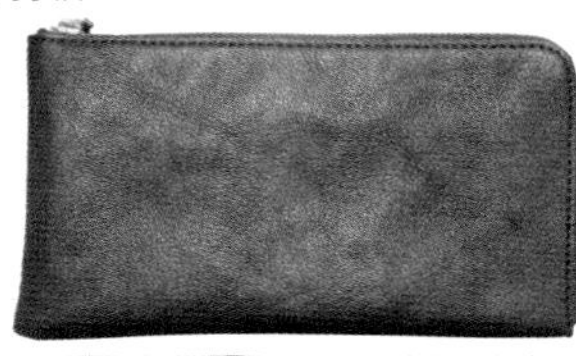
↑開放式的廚房在烹調時令香氣充斥著整間小店

↑皮製散紙包
¥2,480

←香蕉奶昔
¥600

店內的裝潢相當簡潔

12 複合性的個性小店
CAMERA

看著CAMERA這個字，你以為是一家賣相機的店？那你就錯了，「CAMERA」在拉丁語中是指「小房子」，而這是一間複合式的café。甫入店內，會看到陳列架上放置了各式各樣的皮革製品；而另一邊就是開放式廚房，店內設有座位區，客人可以先點餐，再可以逛逛其他的皮革精品，再到用餐區用膳。

MAP 別冊 M09 A-1

地 東京都台東区蔵前4-21-8 岡松ビル1F
時 11:00-17:00
休 星期一
網 camera1010.tokyo
電 (81)03-5825-4170
交 大江戶線蔵前站步行約5分鐘

WOW! MAP

11

12

店內各式各樣的廚具有適合初學者，也有適合師傅級的

13 百年廚具專賣店 釜淺商店

佇立在淺草合羽橋道具街已有百多年歷史的釜淺商店，是當地享負盛名的廚具專賣店。店內的廚具由初學到職人要求的都有，各式的品牌更是琳琅滿目：南部鐵器、山田工業所長柄鐵造平底鍋、姬野雪平鍋等，全是口碑極佳，而店內的刀更是經過不同職人的千錘百鍊而製成，客人可依自己喜好來刻上名字。

↑各款鐵鍋是鎮店之寶

↑就連傳統的烤爐也有數十款

用來磨食物的鋼鮫 ¥4,400起

↑南部鐵瓶 ¥110,000

MAP 別冊 M05 A-2

地 東京都台東区松が谷 2-24-1
時 10:00-17:30
休 年末年始
網 www.kama-asa.co.jp
電 (81)03-3841-9355
交 TX筑波快線淺草站步行約5分鐘；或東京Metro田原町站步行約8分鐘

14 百年筷子老店 はし藤本店

這間位於淺草的筷子店於1910年創業，至今已超過百年歷史，也有不少電視媒體訪問過；店內不同場合用的筷子也仔細分清楚：結婚、新年、升遷等，大家也可買作手信啊！另有不同材料製造的手工筷子，造工精細，有不少都價值連城！

MAP 別冊 M05 A-2

地 東京都台東区西浅草2丁目6-2
時 10:00-17:30
休 星期日及假期
網 hashitou.co.jp
電 (81)03-3844-0723
交 TX筑波快線淺草站A2出口，步行約6分鐘

WOW! MAP

13

14

不少帆布袋也有和其他品牌crossover款式新穎

←經典大帆布包包 ¥14,000

15 合羽橋限定的製品

犬印鞄製作所

以帆布袋起家的犬印鞄製作所大家絕不陌生，可是這間位於合羽橋的分店，和其他分店有點不同，店內可以找到不少和廚具相關的產品；其店製作的帆布袋實用耐看，布料是滋賀縣的高島帆布，手工生產每天只能織出數十公尺，其質地越用越柔軟，款式也不會過時。

→專門放在單車後座的包包，可以放餐盒及飲品 ¥14,000

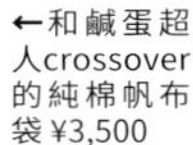

←和鹹蛋超人crossover的純棉帆布袋 ¥3,500

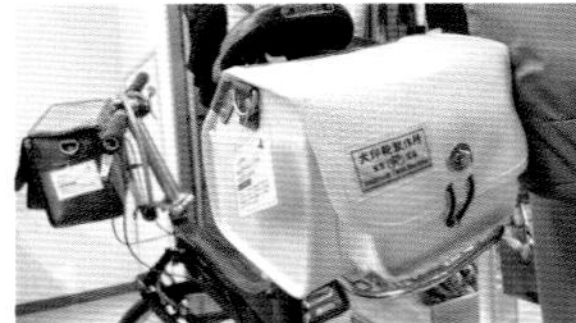

用作收藏刀類的帆布包 ¥9,900

MAP 別冊 **M05 A-2**

地 東京都台東区松が谷2-12-7
時 10:00-18:00
休 不定休
網 www.inujirushikaban.jp
電 (81)03-3844-5377
交 TX筑波快線淺草站步行約6分鐘；或東京Metro田原町站步行約7分鐘

店內設有工作室

↑坊間少見將木和白瓷混合的杯子，極考功夫 ¥3,300

→日本製的碎花白瓷杯 ¥1,100

←輕巧耐用的搪瓷杯 ¥520

16 純白餐具專賣店 Baise バイス

白色總給人清純乾淨的感覺，所以不少人都會偏愛白色的餐具。這間主打白色餐具的店家人氣高企，曾受訪於電視節目，所以不少遊人都會專程到來購買餐具作手信。店家樓高三層，地下主要售賣白色餐具：碟、碗、筷子、杯等，樓上也有不少日本製造、帶有簡約歐風的餐具和雜貨等，到來逛逛，絕對會帶給大家驚喜啊！

MAP 別冊 M05 A-2

地 東京都台東区松が谷 2-1-12 TDI第2ビル
時 09:30-18:00
休 年末年始 電 (81)03-3847-8818
交 東京Metro田原町站3號出口，步行約6分鐘

おさかな たいこ茶屋成為了不少上班族的午膳飯堂

豐腴的鮪魚刺身帶有淡淡的甘甜味

17 平食魚生放題 おさかな たいこ茶屋

開業32年的おさかなたいこ茶屋在日本甚有名氣，曾被當地媒體多次報導，就連人氣日劇《半澤直樹》也在此取景，店內柔和的燈光加上木質枱櫈，日式料理店的感覺份外親切。中午的刺身放題食物種類不算多，有吞拿魚、鰤魚、三文魚、魷魚四款時令刺身，還有醃漬吞拿魚、螺肉、通心粉沙律、椰菜花、味噌湯等配菜，另有提供白飯和壽司飯，客人可自製魚生飯。刺身尚算新鮮，就算魚味不夠濃，但以如此平價食刺身放題，已經非常超值。

MAP 別冊 M05 A-3

地 東京都中央区日本橋馬喰町2-3-2 セントピアビル B1
時 11:00-14:30 (lunch buffet)；17:00-23:00 (dinner)
休 星期日 金 ¥1,900（限時50分鐘）
網 www.taikochaya.jp
電 (81)03-3639-8670
交 JR総武線馬喰町站東口C4出口步行約1分鐘；都営浅草線浅草橋站A2出口步行約6分鐘

16

17

WOW! MAP

以木色為主調的裝修，清雅脫俗

18 傳統和式懷石料理

淺草むぎとろ 本店

對！要吃傳統而又美味的懷石料理，排隊是必需的！這間鄰近淺草地鐵站的店家就算過了午餐時份，還是要等位的。店內有分自助餐和會席料理、懷石料理等選擇。當天甫看到餐單就點了這個平日限定的十六々彩膳，共有十六款前菜的會席料理，賣相精緻之餘，味道也不錯，尤其那道醬油煮海螺，鮮甜帶有嚼勁；而喜歡吃山藥的朋友就應該更加歡喜了，白飯和山藥是可以免費續添的。

十六々彩膳 ¥3,300
十六款前菜是用上當造的食材，所以每月來到也有不同

↑一樓有少量的手信及和菓子可以買到

玄關的擺設很有和風味道

MAP 別冊 **M05 B-3**

- 地 東京都台東区雷門2-2-4
- 時 11:00-16:00(L.O.15:00)、17:00-22:30(L.O.21:00)、星期六、日及假期11:00-22:30(L.O.21:00)
- 網 www.mugitoro.co.jp/honten/info.html
- 電 (81)03-3842-1066
- 交 東京Metro淺草站A3步行約1分鐘

WOW! MAP 18

19 古老街道 仲見世通商店街

經過雷門便是仲見世通商店街。寬9公尺、長300公尺，由雷門一直伸延至淺草寺寶藏門前的商店街，是日本其中一條最古老的商店街。兩旁有過百間商舖，售賣日本傳統趣味手工藝品、甜食、玩具及紀念品。商店會因應不同季節裝飾商店街，別具特色，令遊人每一次來到仲見世都有不同感受。

MAP 別冊 M05 B-2

交 銀座線浅草站步行約4分鐘

19a 藝術品般的妝物 門嘉堂

就在雷門大燈籠前的門嘉堂是一間賣妝物的店家，店內的護膚品：洗面奶、肥皂、入浴劑、面膜等都使用天然的素材，敏感皮膚也適用，加上其包裝都很girly，部份設計使用浮世繪作插畫，吸引了不少遊人到來購買。

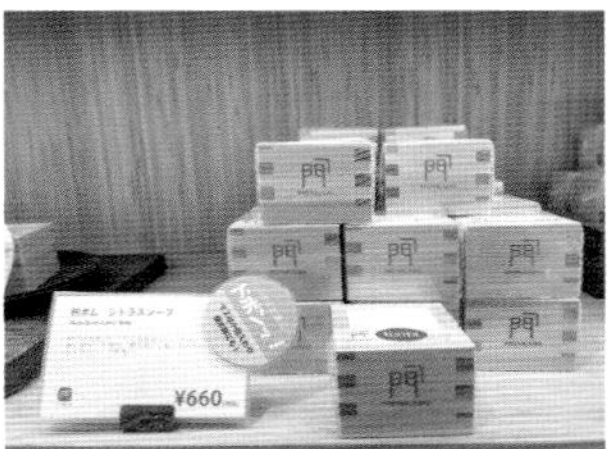

←店內人氣的石鹼 ¥660

↑用作洗面的肥皂盒設計是知名的浮世繪

↑各式各樣的沐浴產品

店內的裝修充滿和風味道

地 東京都台東区浅草1-18-1
時 10:00-18:00
網 monkado.com
電 (81)03-5830-3255
交 東京Metro淺草站步行約3分鐘

WOW! MAP 19

店內的貨品擺放得井井有條

19b 大正浪漫氛圍
よろし化粧堂 仲見世通店

以大正時代為背景的YOROSHI妝物店，於1924年開業，其商品全以大正時代的浪漫風格為主調，由包裝設計到商品名稱都帶有昔日的味道，店內最矚目的要算是一面展示出365個不同手霜的唇膏牆，每個唇膏都代表一個日期及花色，買作手信也很吸引！

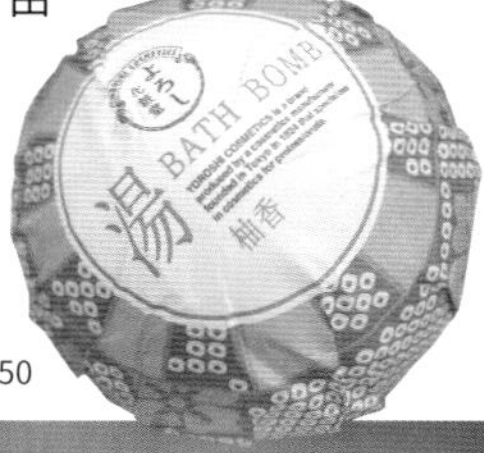

→沐浴球 ¥550

↑花籠味道的手霜 ¥1,100

護膚禮盒¥2,860

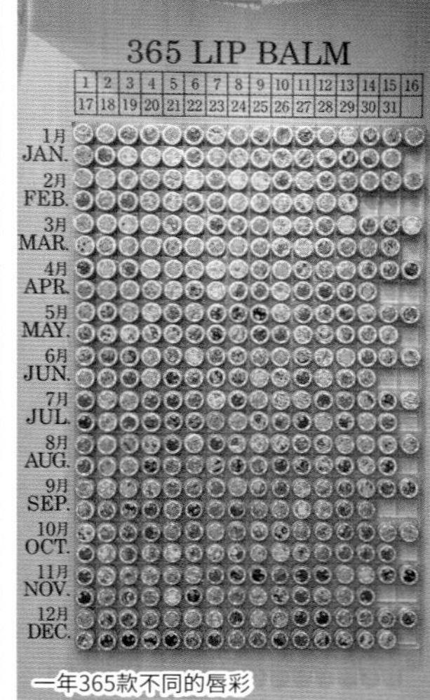

一年365款不同的唇彩

↑店內的手霜、沐浴球、唇膏等護膚品設計都別幟一格

地 東京都台東区浅草1-18-1
時 平日10:00-18:00；星期六、日及假期10:00-19:00
網 www.yoroshi.co.jp
電 (81)03-3841-0460
交 東京Metro淺草站步行約3分鐘

外牆有極大隻的Hello Kitty，非常搶眼

沿樓上三樓，有不少Sanrio的卡通人物在守候你的光臨。

↑一樓以Hello Kitty 最愛的蘋果為主題，有不少Hello Kitty的限定商品。

24 Hello Kitty最新直營店
Sanrio Gift Gate 淺草店

Sanrio的直營店外牆印有約7米高、闊5米的巨型Hello Kitty，十分搶眼。店舖販賣不少淺草限定的商品；除了Hello Kitty之外，還有其他Sanrio人物的精品，好像有蛋黃哥、My Melody、布甸狗等等不同的產品。

→Hello Kitty造形的即影即有相機 ¥69,880

MAP 別冊 **M05 A-2**

地 東京都台東区浅草1-17-5
時 11:00-18:30
網 stores.sanrio.co.jp
電 (81)03-5830-8163
交 淺草站步行約3分鐘

---

25 令和開業
淺草苺座

2019年5月1日，日本進入令和時代，而淺草苺座也選擇在同一天開業。店內主打士多啤梨的甜品，在炎熱的天氣下就點了士多啤梨沙冰及大福。士多啤梨沙冰的味道十分濃郁，店家把士多啤梨凍結成冰後，加入牛奶沙冰，冰涼加上酸甜的味道十分消暑。而士多啤梨大福用煙靭的外皮包著士多啤梨，一口咬下去的時候果汁直噴，能夠品嚐到士多啤梨的新鮮、香甜，喜歡士多啤梨的朋友一定要前往品嚐。

↑遊人先購買，再到閣樓用餐。

→苺スムージー(後) ¥750
大福いちご ¥390

MAP 別冊 **M05 B-2**

地 東京都台東区浅草2-1
時 11:00-18:00
休 不定休
電 (81)03-5811-1504
交 淺草站步行約3分鐘

24

25

WOW! MAP

吸引著很多日本人在排隊，是淺草的人氣老店。

↑とろろそば
非常健康，很受女生歡迎

↑非常貼心的設有坐位，讓不習慣盤膝而坐的遊人，可以坐在椅子上品嚐蕎麥麵。

26 百年蕎麥麵老店
並木藪蕎麦

店內分別有兩個的用餐空間，一邊是以和式設計的榻榻米坐位；而另一邊則有椅子。說到人氣，就不得不提山芋蕎麥麵，濃稠的山芋蓉，拌著蕎麥麵，調味過的山芋蓉小許鹹味，蕎麥麵黏附著，非常滋味，同時亦是女仕瘦身的必選。用餐途中侍應會送上一壺煮蕎麥麵時所用的水，可以混合醬汁喝。

MAP 別冊 M05 B-3

地 台東区雷門2-11-9
時 平日11:00-19:30
休 星期三、四
網 yabusoba.co.jp
電 (81)03-3841-1340
交 地鐵淺草站步行約7分鐘

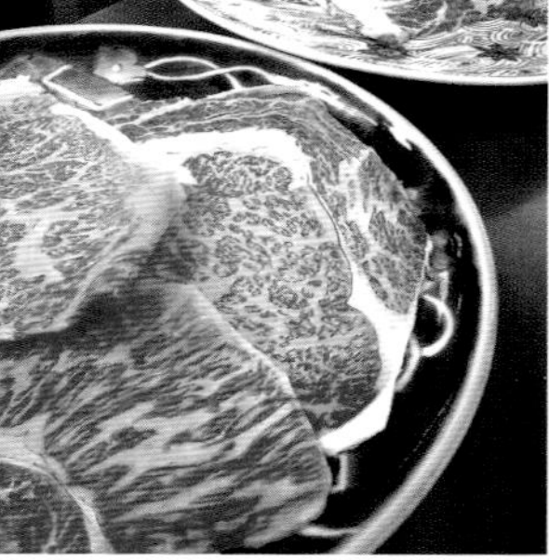
↑可選擇近江牛Shabu Shabu和Sukiyaki(鋤燒)

MAP 別冊 M05 A-1

地 東京都台東区西浅草3-1-12
時 11:30-21:30 (L.O. 20:30)
網 www.asakusaimahan.co.jp
電 (81)03-3841-1114
註 淺草今半的【牛肉つくだ煮】是東京的手信名物，飽餐後記住把美味帶回家與親朋好友分享！
交 築波快車線浅草站3號出口即到；銀座線/都營浅草線浅草站步行10分鐘

27 和牛名店
淺草今半 國際通り本店

淺草今半是一間有80多年歷史的近江牛料理店，和牛的美味眾所周知，而近江牛是日本皇室的「御用牛」，更顯身價。餐廳建築物建於昭和三年，樓高三層，有和式座席和普通座位，環境舒適。

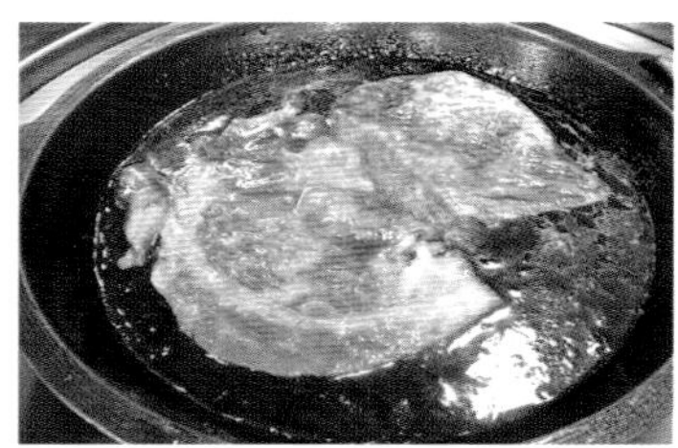

WOW! MAP

26

27

28 齊集日本各地特產
まるごとにっぽん

Marugoto Nippon樓高4層，打正旗號，推廣日本各地特產，由農產品、生活百貨、傳統工藝品，以至鄉土料理都一應俱全。1樓的日本食物市場，共有23家店舖，販售產地直送的新鮮食品、日本酒和產農品；2樓是日本生活雜貨集中地，精選運用傳統技術製成的生活用品和精緻手工藝品。

↑3樓「推薦的故鄉」的宣傳區中，分不同縣市設置了融合照影像投影的Space Player，讓遊人可以接觸當地到與以往直銷商店不同的地方魅力。

↑一樓是遊人買手信的好地方，齊集了包羅萬有日本名產、食材和調味料。

MAP 別冊 **M05 A-1**

地 東京都台東区浅草2-6-7
時 11:00-20:00
網 marugotonippon.com
電 (81)03-3845-0510
交 淺草站步行約1分鐘

由於衛生的問題，店員會提供膠袋襪子讓遊人浸足浴。

→白湯肌入浴劑 ¥1,080

28a おおいた 温泉座 [2F-8]

大分縣別府溫泉含有藻類RG92和溫泉酵素，有保濕、美容護膚的功效。おおいた 温泉座販賣由當地溫泉水製成的護膚品、高效能生髮水、頭髮護理用品和溫泉入浴劑等商品。此外，店內更設有一個足湯池，歡迎大家一邊浸腳一邊試用護膚品。

網 www.saravio.jp/onsenza
時 10:00-20:00
電 (81)03-3847-2822

WOW! MAP
28

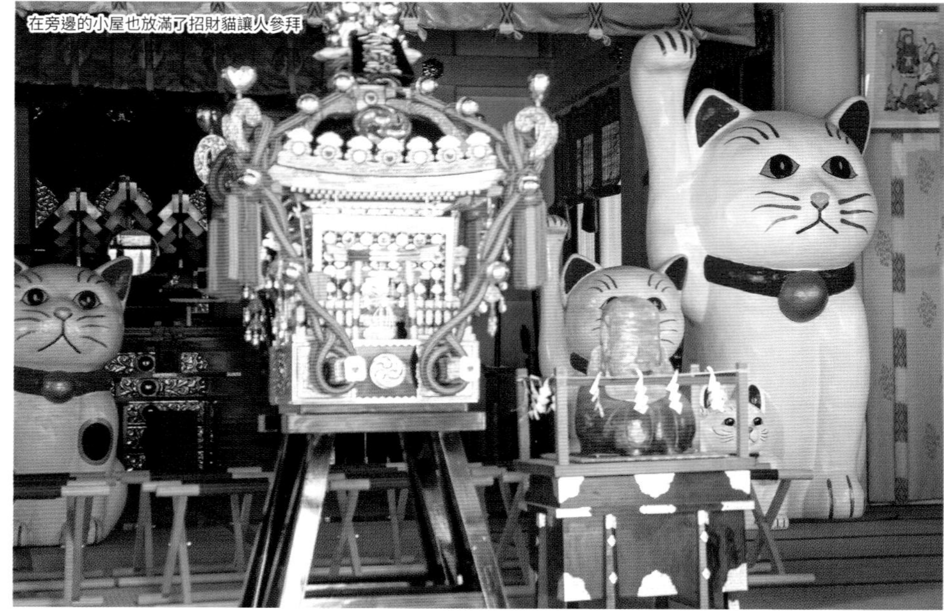

在旁邊的小屋也放滿了招財貓讓人參拜

29 招財貓神社 今戸神社

日本有很多不同的神社，而這一家就是招財貓的神社。據說今戶神社對於祈求戀愛運非常靈驗，因為它供奉的是「夫婦神」，因此會幫助單身男女求得好姻緣。在神社內，遊人可以在不同的角落找到不同貓貓的身影，十分可愛。今戶神社的主殿擺放著兩隻大型的招財貓，吸引著不少的參拜人士拍照。女仕們來到神社，當然少不了購買一道御守，一起來祈求戀愛順利找到好對象吧！

↑少女們都希望有段好姻緣。

↑招財貓的繪馬很可愛。

↘神社內看到不少貓貓的身影。

↑參拜後有不少人都會購買御守，祈求平安順利。

MAP 別冊 **M05 B-1**

- 地 東京都台東区今戸1-5-22
- 時 09:00-16:00
- 網 imadojinja1063.crayonsite.net
- 電 (81)03-3872-2703
- 交 淺草站步行約13分鐘

WOW! MAP 29

30 神級鰻魚飯 色川

色川店面小小的，就在淺草某小巷裡，但門外永遠排著一條長長的人龍，是由1861年屹立至今傳到第六代的老店。下了單，坐在店內等待著，店員端上一盒鰻魚飯，炭香撲鼻而來。慢慢地把一口鰻魚放進口中，這一種滿口炭香的烤鰻魚，才真正有資格稱為蒲燒鰻魚吧！

←看到那些被燻得黑黑的扇嗎？師傅在燒鰻魚途中會一直以竹扇撥火，一把把被薰黑的扇是見證。

MAP 別冊 M05 A-3

地 東京都台東区雷門2-6-11
時 11:30-14:00(鰻魚飯售完即止)
休 星期日及假日
電 (81)03-3844-1187
交 都營浅草線浅草站步行3分鐘

↑鰻重¥3,800 (小) /¥5,200(大)
它就是靈魂，它就是精粹，它就是那忘不了的鰻魚飯

↑泥鰍鍋 ¥3,100
只此一家的泥鰍鍋。附無限多的葱，可加山葵與七味粉。份量不多，配飯慢慢吃也不錯。鍋底極淺，上菜時泥鰍浸著的淺淺味噌湯容易乾掉，要記得適時加湯。

←老店的服務很周到，除了會親切地為你點菜、適時加茶添水外，更會提醒你泥鰍鍋可以下葱啊加點七味粉等小秘訣。

老店基本上把江戶時代的一切都保留下來。陳設、座位、氣味、以至那氣氛。

31 天下無敵泥鰍鍋 駒形どぜう

駒形どぜう是由德川幕府年代保留至今的二百年老店。招牌菜是我們可能連聽都沒有聽過的泥鰍鍋，炭爐上放著一個薄薄的鐵鍋，在味噌湯中浸著小小的泥鰍。軟綿綿的泥鰍連骨都化開，完全沒有腥味，只剩下軟軟嫩嫩的魚肉，味噌湯的香都化進了小泥鰍魚的肉與骨裡了。對這一種人生中沒有嚐過的新滋味，有點上癮了。

MAP 別冊 M05 A-3

地 東京都台東区駒形1-7-12
時 11:00-20:00
休 星期一、四
網 www.dozeu.com
電 (81)03-3842-4001
交 都營浅草線浅草站步行約3分鐘

30

31

WOW! MAP

32 高架橋下的另類風景
Tokyo mizumachi

TOKYO mizumachi，是一個建於高架橋下的商業設施，對出還有一個敞大的隅田公園，四周環境優雅清新，難怪每到周末就有一家大小到來。

MAP 別冊 M05 B-2

地 東京都墨田区向島1丁目
時 各店不同
休 各店不同
網 www.tokyo-mizumachi.jp
交 都營淺草線本所吾妻橋站A3出口，步行約4分鐘；或東京Metro淺草站A5出口，步行約9分鐘

↑有少量傢具供選擇

店內的日系雜貨大多是日本製造

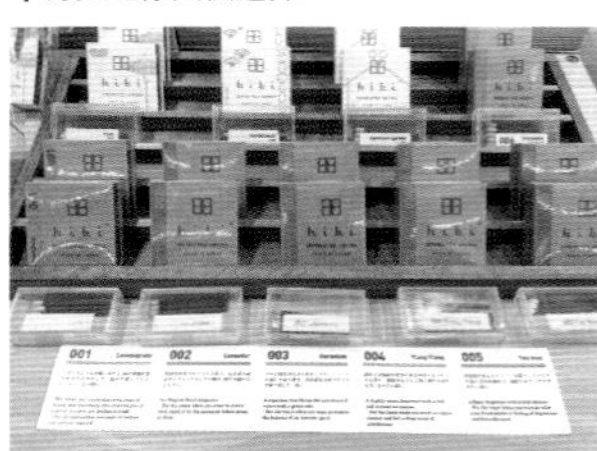
↑不同味道的香茅盒 ¥2,420

↓很有東京潮流的大耳環 ¥770起

32a 會心微笑的創意雜貨 KONCENT

喜歡日系雜貨的朋友定必要到這裡逛逛，KONCENT店內可以找到數百款有趣且有創意的日系生活小物：動物造型的文具、精品、獨特的香茅盒、造型誇張有趣的耳環、方便收藏的筷子等，也有自家設計的品牌，不只外型討好，也十分實用。

時 11:00-19:00
休 不定休
網 https://koncent.jp/
電 (81)03-5637-8285

→設計型格的收納盒 ¥2,530

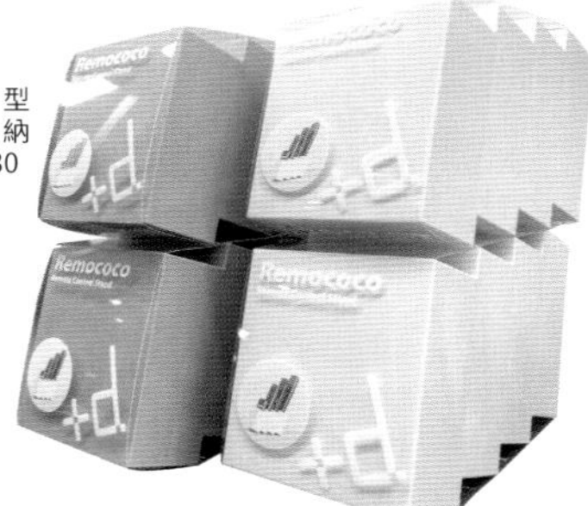

WOW! MAP 32

橫濱 新宿 渋谷 藏前・淺草・晴空塔 銀座・築地

↑店內設有座位，方便客人即場享用

↑人氣必買的方形多士 ¥420

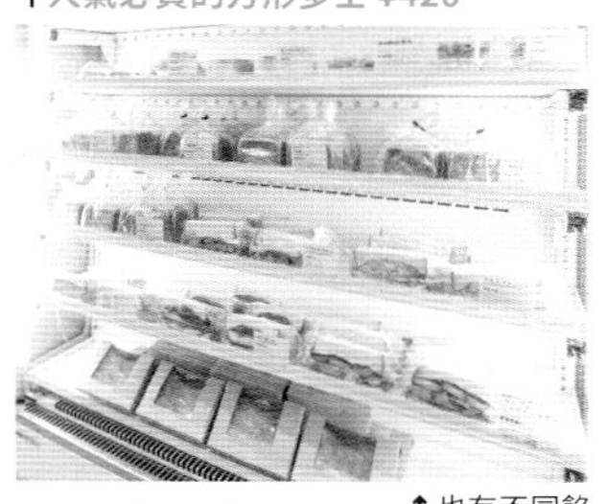

↑也有不同餡料的三文治

32b Tabelog的高分點評 むうや

這間來自表參道的人氣麵包店除了有每日新鮮出爐、香噴噴的鬆軟麵包外，店內還有甜品、午餐小吃及少量日系生活小物。當中最受客人歡迎的就是絕品的正方形「厚多士」和鐵板法國多士，味道帶有香濃的奶油味，口感鬆軟芳醇，也有加入了焦糖果仁、提子、栗子等口味。

時 10:00-18:00；星期六及日 09:00-18:00
休 不定休
電 (81)03-6240-4880

↑自家品牌的純棉TEE ¥7,150

↑附設的café令客人休息一下

店內有衝浪板擺設，給客人動感的感覺

32c 來自澳洲的品牌 Deus Ex Machina

這間來自澳洲的店家，它售賣的不只是衣飾，還帶有不同的文化潮流：由復古的改裝車、滑水、滑板等元素作背景，來設計出各樣的街頭文化衣飾，用色繽紛之餘也很有年輕活力的感覺。

→簡約搶眼的布鞋是年輕人必備的鞋履之一

時 10:00-18:00；星期六、日及假期10:00-19:00
網 jp.deuscustoms.com
電 (81)03-6284-1749

33 東京必遊之地 親子
Tokyo Sky Tree 晴空塔

關於東京，你也許逛過無數次，原宿銀座涉谷的路比自己家附近的路還熟。可是，當你走在這450米高的東京之巔看東京，那是另一種震憾。晴空塔是一座自立式的電波塔，總高度達634米。遊客最高可在450米高的天望迴廊鳥瞰整個城市，在天氣好的時候，甚至連富士山都看得到。

MAP 別冊 M26 A-3

地 東京墨田区押上1-1-2
時 瞭望台10:00-21:00 (最後入場20:00)
網 www.tokyo-skytree.jp
電 (81)03-6658-8012
交 東京Skytree站直達

33a 我在450米東京高空上
天望迴廊@445-450F

↑站在指定位置，由攝影師從345F拍下來，形成一個特別的構圖。

天望迴廊實質上是一條全長110米長的360度環迴走廊，基本上走一圈，就可以看盡整個東京的風景。 在450米看下去，附近每一格的土地都被劃成整齊的格子用盡，雖然密麻，卻還是非常整齊。日本人在建構東京這都市上究竟用了多少心血？這可能是登完晴空塔後不得不抒發的一種感嘆！

時 10:00-21:00(最後入場20:00)售票處08:00-21:20
金 天望迴廊＋天望甲板套票 成人¥2,700起／12-17歲¥2,150起／小童￥1,300
註 訪日外國遊客專用的入場券，不需要在當日票購票處排隊等候，在專用櫃台購票後即可入場，但價錢比一般入場券貴

You Tube 上網睇片

↑天望迴廊是一條古惑的走廊！如何說？原來它是微斜的。走在上面，你會由445米走到最高點451.2米。

WOW! MAP 33

33b 企鵝先生在此
SUMIDA水族館@西區5-6F 親子

Sumida水族館位於晴空塔西區的5至6樓，總面積達7,860平方米，展示了東京灣附近近400種合計10,000隻的海洋生物。在水族館的一樓，有一個全日本最大的開放式企鵝泳池。一塊玻璃之隔，五十隻各有名字的黑白相間的麥哲倫企鵝在水池中游泳、發呆、跳水、大叫。遊人們可以貼著玻璃觀看傻呼呼的企鵝，忽然一隻企鵝游到玻璃前，又可把握機會與小企鵝來一幀合照。

東京大水槽
水族館內尚有一個極高極大的水槽，深邃的感覺就像置身海底之下。

時 星期一至五10:00-20:00；星期六、日及假期09:00-21:00
休 不定休
金 大人￥2,500／高中生￥1,800／小學生￥1,200／3歲以上￥800
網 www.sumida-aqurium.com
電 (81)03-5619-1821

You Tube 上網睇片

↑鐵樓梯的牆也掛滿各式的模具，嚴如一個小型的模具博物館

↑店內展示大原仁職人製作的上千個木模具

34 日本百年最古老模具店

馬嶋屋菓子道具店

二戰結束後，西洋麵包、蛋糕等烘焙業在日本開始流行起來，馬嶋屋在那時售家用型的小型菓子模具：曲奇、蛋糕、和菓子等，單是餅乾模型已有千多款，特別的是店內的木模是由大原仁先生這位手工藝人所製作，他在這店已工作超過60年，製作過無數的木製模具。店內也有售賣各式圖案的燒印，讓大家在完成品上蓋上自己獨有的圖形，這裡不管你是糕點達人還是初心者，都定必吸引到大家逛上一兩個小時！

▲過千款燒印，客人也可以按自己喜好來訂造

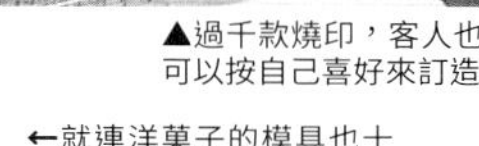

←就連洋菓子的模具也十分齊全，花型冬甩模 ¥462

MAP 別冊 M05 A-2

地 東京都台東区西浅草2-5-4
時 09:30-17:30、星期日10:0017:00
休 假期、年末年始、不定休
網 majimaya.com
電 (81)03-3844-3850
交 東京Metro田原町站步行約5分鐘

WOW! MAP
34

銀座・築地

Ginza・Tsukiji

銀座給遊人一向的印象就是名店林立、高檔的餐廳、穿著整齊的上班族，其實遊人若果細心逛逛，不難找到一些傳統的建築、百年傳承的小店，還有熱鬧的舊築地市場也佇立在這裡，所以銀座可以說是新舊相融的地區。

往來銀座交通

出發站	路線	目的地
新宿站	東京メトロ丸ノ内線 約16分鐘 ¥209	銀座站
池袋站	東京メトロ丸ノ内線 約19分鐘 ¥209	銀座站

前後共有3件吞拿魚壽司，不同部分都可以歎到。

抵食 編者推介

1 性價比之王
まんてん鮨

在香港食Omakase人均過千是常識吧！在東京，居然只要¥7,700，大約HK$398 就可以食到25道料理，太划算了吧！まんてん鮨比起一般的廚師發辦氣氛輕鬆，在短短一個半小時內瘋狂送上一道道的菜式，由硯汁到海帶、燒明太子、金針菇壽司、湯葉豆腐，有不少都是新奇有趣的配搭，當然矜貴食材亦不可少，拖羅、鰆魚、帆立貝、鰺魚、鮑魚、紅鰤魚、燒鰻魚壽司，再到迷你海鮮丼、超足料的海膽壽司，每一口都是超值的美味。到最後作結的一片Setoka橙，為這趟划算至極的Omakase劃上完美句號。

↑金針菇壽司還是第一次看到，竟然也不是暗黑料理。

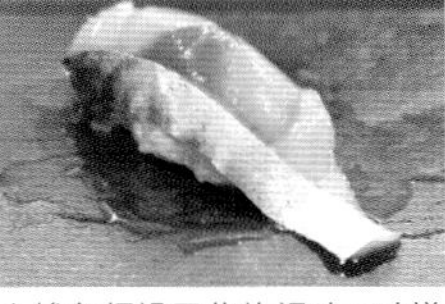

↑鰺魚經過了些許調味，味道更為鮮美。

↑一整個的鮑魚，還可以享用處理好的鮑魚肝。

↑北海道帆立貝大大粒，入口鮮甜軟糯。

→師傅忙得馬不停蹄，但依然面帶笑容保持水準。

鰆魚加上洋蔥醃製，吃起來味道更為豐富。

海膽用得超豪爽，豐富極了。

MAP 別冊 M02 A-2

地 東京都千代田区内幸町1丁目7-1
時 平日11:00-15:00(L.O.14:00)、星期六日及假期11:00-15:00(L.O.13:30)、晚餐17:00-23:00(L.O.21:30)
網 www.manten-sushi.com
電 (81)03-6811-2300
交 丸之內線銀座站步行約7分鐘

WOW! MAP

琳琅滿目的朱古力麵包，各位麵包控怎可忍手！

↑店舖採取預約制，大家可先加入品牌的官方 Line 領取整理券。

生朱古力麵包 ¥486

2 全球首間 Godiva Bakery

想吃朱古力，Godiva 是其中一個必定會想起的品牌，現在這個濃郁醇厚的朱古力化身麵包了！全球首間 Godiva Bakery 2023年8月登陸東京銀座，招牌包括螺旋麵包、朱古力鬆餅、朱古力咖哩麵包等等，香軟的麵包中間夾著高質的朱古力，香濃的同時不會過甜。店舖採取預約制，16：30 之後則不需預約可直接排隊，但不會再有新鮮麵包出爐，想去就要注意了！

MAP 別冊 M02 B-1

地 東京都千代田区有楽町２丁目１０番１号 東京交通会館ビル１階
時 11:00-22:00
網 www.godiva.co.jp/godipan
電 (81)03-6665-7916
交 銀座線銀座站步行約6分鐘

3 減肥是不存在的 Age.3 GINZA

↑小小的店面隨時塞滿了人，而且排隊人潮不減。

來東京旅行自然是要大吃特吃，減肥甚麼的請直接忘記！來自福岡的人氣炸三文治可以說是極為邪惡，超過二十款口味有鹹有甜，三文治炸得酥脆再中間切開，吱入滿滿的忌廉，整個也太誇張了吧！品嚐了最基本的原味，咬入口是極為香脆的炸麵包，中間的忌廉一咬就滿瀉爆漿，入口居然是輕盈不膩，就像是在吃軟綿綿的雲朵般超級滿足。

↓炒麵三文治 ¥450
鹹味的炸三文治味道一點也不會奇怪！

MAP 別冊 M02 B-1

地 東京都中央区銀座1丁目24番11号 杉浦ビル1F
時 11:00-19:00
休 星期一
網 age3-ginza.com
電 (81)05-5448-3765
交 銀座一丁目駅步行約3分鐘

WOW! MAP

2

3

¥6,000任食松葉蟹、¥15,000任食帝王蟹加松葉蟹。

4 超正蟹放題

築地かに祭り

日本的放題任食向來都是性價比高又抵食，今次推薦的築地かに祭り於2023年3月新幕，隨即吸引大量識食之人！整間餐廳都是主打食蟹，¥6,000任食松葉蟹、¥15,000任食帝王蟹加松葉蟹，另外還有味噌湯、蟹腳壽司、天婦羅等等，蟹腳幾乎像手臂一樣粗，剪開後肉質非常飽滿結實，一梳梳的蟹肉入口是淡淡鹹香，絕對是非常新鮮，想回本就要看大家的戰鬥力了。小鳥胃也可以單點餐廳的蟹料理，蟹肉拼魚子丼飯同樣鮮甜，值得一試。

蟹肉拼魚子丼飯 ¥3,000

↑看到這一條條超粗的帝王蟹腳，馬上令人食指大動。

↓午餐時間坐滿了人，足見其受歡迎程度。

MAP 別冊 M02 B-3

地 東京都中央区築地4-8-1 2F
時 10:00-21:00（L.O. 20:00）
網 https://www.instagram.com/tsukijikanimatsuri/
電 (81)050-5600-5431
交 Metro築地站步行約2分鐘

WOW! MAP 4

5 甜品控必去！GINZA SWEET MARCH

↑ 12間美味甜點等大家來寵幸，誰抵抗得了！

←蛋白霜甜點塔專賣店 Petitrier，一口一個甜蜜空氣感餅乾。

各位螞蟻人注意！銀座為一眾甜品控而設的新景點「GINZA SWEET MARCH」開幕了，13間甜點店進駐，當中有很多都是來頭不小的名店：米芝蓮大廚主理的JÉRÔME cheesecake、栗子甜品店日向利久庵、水果大福「金田屋」、蛋白霜甜點塔專賣店 Petitrier等都是不可錯過的美味，也有數間是首次進駐東京的名店，現場有座位區讓大家即時品嚐，享用甜蜜滋味。

→あんこの勝ち的忌廉泡芙是大阪名物，首次進駐東京。

←シヅカ洋菓子店招牌手工餅乾 ¥5,984

CHOCOLATIER PALET D'O 的每一款朱古力，都是由大師三枝俊介一手打造。

MAP 別冊 M02 B-2

地 東京都中央区銀座5丁目7-10 1F
時 各店不同
休 各店不同
網 http://www.exitmelsa.jp/
交 Metro東銀座站步行約5分鐘

WOW! MAP 5

←店家自製的各種醬料，令漢堡扒的味道更多元化。

→漢堡扒丼飯 ¥1,100

漢堡扒定食 ¥2,080

6 人氣漢堡扒店
挽肉屋神徳

日本近年掀起食漢堡扒的熱潮，在你面前以炭火烤製漢堡排，輕輕一按肉汁流出，入口便是濃郁的肉香炭香，難怪如此受歡迎。挽肉屋神徳是在地人大愛的小店，除了常見的牛、豬外，居然還有羊肉、鯛魚及鮪魚等選擇，當中羊肉很受食客歡迎，口感嫩滑鬆軟，而牛肉則加入了牛筋令口感更為豐富。

MAP 別冊 M02 B-2

地 東京都中央区銀座3-11-16VORT銀座イースト1F
時 11:30-16:00、18:00-21:00
休 不定休
網 maruhachi-food.com/shop/hikinikuyajintoku
電 (81)03-6264-2292
交 銀座站步行約6分鐘

7 吞拿魚山駕到
大関

想知道日本人真正推薦的餐廳是哪間，跟著打工仔來吃就對了！位於工商大廈內的居酒屋大関，11:30開門即排滿了上班族，原因是午市套餐真的太划算了，¥950定食有一碗飯、味噌湯，一小塊的醃製三文魚，以及滿滿一大堆吞拿魚。吞拿魚由赤身到拖羅都有，每片切得小小的還可以自製丼飯，入口還可以感服到吞拿魚的軟滑與魚香，份量之多怎麼吃都吃不完！

→每一片都色澤誘人，這個價錢真心划算。

↓堆積如山的吞拿魚，絕對不是邊角料。

MAP 別冊 M02 A-2

地 東京都港区新橋2-16-1 ニュー新橋ビル 2F
時 11:30-13:00、17:00-23:00 (L.O.22:00)
電 (81)03-3502-5100
交 JR新橋駅步行約1分鐘

午餐定食¥950

→醃製三文魚味道偏鹹，配飯吃一流。

WOW! MAP
6 7

8 朝聖三宅一生

ISSEY MIYAKE GINZA / 442

最標誌性的手袋款式，這裡相當齊色。

在同一條街有兩間Issey Miyake是怎樣的體驗？ISSEY MIYAKE GINZA / 442 是全新獨棟新空間，於2023年開業，由知名設計師吉岡德仁操刀、結合CUBE藝廊，將藝術、技術和傳統完美地融合。在購物的同時更展示了與設計、藝術和工藝相關的工藝，令人對三宅一生的理念有更深入的了解。而行前幾步到達的ISSEY MIYAKE GINZA / 445， 同樣不是一間普通的商店，特設展覽空間，展示三宅一生相關的展覽和活動。

ISSEY MIYAKE GINZA / 442

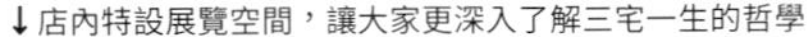
↓店內特設展覽空間，讓大家更深入了解三宅一生的哲學。

ISSEY MIYAKE GINZA / 445

MAP 別冊 M02 B-2

地 東京都中央区銀座4-4-2
時 11:00-20:00
網 www.isseymiyake.com/
電 (81)03-6263-0705
交 Metro東銀座駅步行約5分鐘

店內有米蘭時裝週發布的各項作品。

9 首間黃色系列概念店

Onitsuka Tiger

作為日本人最愛的潮牌之一，Onitsuka Tiger幾乎在東京每區都有分店，但於2023年8月於銀座開幕的，卻是全球首間「Yellow Collection」概念店，看起來就像個黃色盒子。店內所展示的商品為品牌於2023年2月米蘭時裝週發布的作品，入面的商品不算太多，與其說是商店，更像是一間陳列室。

→↓多款經典產品。

→對於品牌支持者來說，是非常值得朝聖的地方。

MAP 別冊 M02 B-2

地 東京都中央区銀座5丁目6番2號
時 11:00-20:00
網 www.onitsukatiger.com/
電 (81)03-6630-3081
交 Metro東銀座駅步行約1分鐘

從巨型的壁畫中可以看到酒館是以豐穰及收穫為主題來建築

10 現存日本最古老的酒館

ビヤホール ライオン

1899年創業至今超過一個世紀的GINZA LION銀座獅子酒館是日本現存最古老的酒吧！它剛於2022年的2月登錄了日本有形文化財產。甫走進店家，就可以看出昔日奢華的建築，酒吧的後方有巨型的玻璃壁畫、像泡沫般的燈飾、四面的紅磚壁畫、大麥形的柱子裝飾等……身在其中邊呷著酒品，邊沉浸在這跨世紀的建築中，別有一番滋味。

↑石焼きジャーマンポテト¥950

↑吧枱兩旁放著昔日的噴水池

就算是平日也熱鬧非常

↑店員都穿上中世紀的服飾

MAP 別冊 M02 A-3

地 東京都中央区銀座7-9-20 銀座ライオンビル 1F
時 星期一至四 11:30-22:00、星期五、六及公眾假期11:30-22:30
網 www.ginzalion.jp/shop/brand/lion/shop1.html
電 (81)03-3571-2590
交 東京Metro銀座站步行約3分鐘；或JR有樂町步行約7分鐘

WOW! MAP
10

11 見証不同的文字時代

中村活字

創業於1910年，經歷過百年風雨的中村活字，實在是見証了不同時代的印刷技術。百多年前的銀座曾是印刷產業的重要地區，不少的報社、鑄字店及印刷工場也在此經營，可惜隨著日轉星移，中村活字已是區內碩果僅存的活版印刷店家。店內兩旁放滿滿櫃的活版字模：英文、漢字、平假名等，當然還有不少古董的印刷機。雖然現今的印刷品已大部份由機器代替了人手的活字印刷術，可是仍有不少客人會親自到來印名片、請柬和明信片等，聽著中村先生娓娓道來，真心希望這門日久式微的工藝可以得以傳承下去。

↑澡堂內是負責改建錢湯的公司YAMAMURA的辦公室

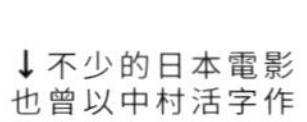

↓不少的日本電影也曾以中村活字作故事背景

至今中村先生還會接客人的凸版印刷小生意

↑店內保留了手動的凸版印刷機

←中村活字曾和UNIQLO合作推出特色的環保袋

↑有不少媒體也曾介紹過這間歷史悠久的店家

↑客人可以看到帶有歷史的活字版

MAP 別冊 **M02 B-3**

地 東京都中央区銀座2丁目13番地7号
時 08:30-17:00
休 星期六、日及假期
網 nakamura-katsuji.com
電 (81)03-3541-6563
交 東京Metro東銀座站步行約3分鐘

WOW! MAP 11

排列整齊的活版印刷字模

横濱
渋谷
藏前・淺草・晴空塔
銀座・築地

→防水靴 ¥1,900

12 超實惠本土品牌

Workman Colors イグジットメルサ銀座店

在日本還是只買GU或UNIQLO嗎？小編為大家介紹超划算好買的另一本土品牌：WORKMAN！作為日本機能戶外服裝品牌，WORKMAN最初是針對工廠工作人員而推出的品牌，讓工人都可以穿著方便又性能好的衣服工作。慢慢地發展成高機能又兼具時尚的實穿系日常服裝，各種男女童裝、鞋款應有盡有，對於熱愛戶外的人來說是性價比高又好看的選擇。銀座店男女裝各佔3成，其餘4成則是男女通用，一起來挖寶吧！

↑WORKMAN的定價超便宜，簡單可以比得上Outlet！

↑鞋袋 ¥980

←高機能又兼具時尚的實穿系日常服裝。

↑外套 ¥1,500

MAP 別冊 **M02 B-2**

地 東京都中央区銀座五丁目7番10号 中村積善会ビル内5階
時 11:00-20:00
休 不定休
網 www.workman.co.jp
電 (81)03-3571-7878

WOW! MAP
12

店內坐滿客人，感覺卻很寧靜

13 人氣爆燈的18道的美感早餐
和カフェTsumugi

為免白走一趟，切記、切記、切記預先訂座啊！這間位於本願寺境內的和式café Tsumugi可以說是人氣急升的店家，大部份客人到店來，就是為了一嚐這個獨一無二的「18道早餐」。這個早餐以精進料理為本，以築地新鮮採購的蔬菜、豆腐等食材來製作，林林總總賣相精緻的16款小鉢，配以白粥及熱湯，每一口都是健康的味道。

→18品の朝ごはん ¥2,000

MAP 別冊 M02 B-3

地 東京都中央区築地3-15-1 築地本願寺インフォメーション棟
時 08:00-18:00(L.O.17:30)
休 不定休
電 (81)03-5565-5581
註 最好3日前預約
交 東京Metro日比谷線築地站1號出口即到

MAP 別冊 M02 B-3

地 東京都中央区築地3-15-1
時 06:00-16:00
網 tsukijihongwanji.jp
電 (81)0120-792-048
交 東京Metro日比谷線築地站1號出口即到

本堂大門的彩繪玻璃

14 有別日本傳統寺廟建築
築地本願寺

位於築地的築地本願寺是於1934年建成，以古代印度佛教建築為藍本，它有別於傳統的日本建築，本堂採用了西方常見的彩色玻璃和圓拱型的屋頂，還有那佇立的圓柱及石造階梯，都揉合了西方的設計。不少日本人會選擇在這裡行婚禮呢！

WOW! MAP 13 14

百花繚亂的場景，可以看到各式的金魚在24台的正方型水族箱內游移

香港首推

15 隱藏在百貨公司內的水族館

アートアクアリウム美術館GINZA

這個位於銀座三越百貨公司8樓的美術館可以說是打破一貫遊人對美術館的印象。館內獨特的設計，揉合了金魚、日本傳統、燈光等元素，打造7個不同的場景：靜寂閑雅、飛耳長目、落花流水、百花繚亂、竹林七賢、花鳥風月、千客萬來，各有不同的佈置，讓遊人仿如走進一個夢幻的空間。

↑金魚之竹林

↑遊人参觀完可逛逛紀念品店

↑銀座萬燈籠

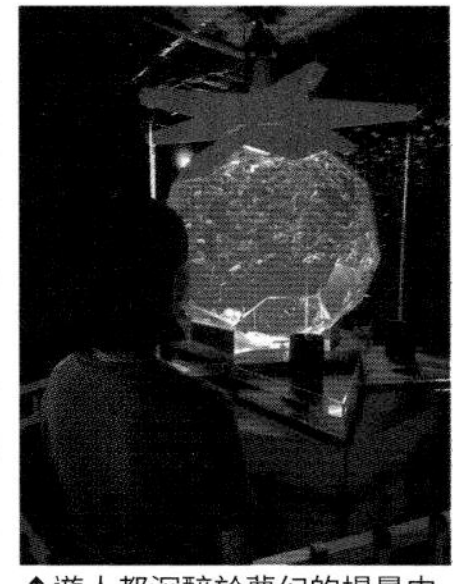
↑遊人都沉醉於夢幻的場景中

場內的燈光變化萬千，這個靜寂閑雅的是以奈良春日大社的燈籠作背景

MAP 別冊 M02 B-2

地 東京都中央区銀座4-6-16 銀座三越 新館
時 10:00-19:00(最後入場18:00)
休 以三越百貨為準
金 小學生以上¥2,500、小學生以下免費
網 artaquarium.jp
註 遊人可預先網上買票及選擇入場時間
交 東京Metro日比谷線東銀座站步行約2分鐘

WOW! MAP 15

店內的貨品設計簡約，顏色討好

16 全球首家旗艦店 THREEPPY

香港首推

THREEPPY是DAISO旗下的品牌，而這間位於銀座的THREEPPY則是DAISO創業50周年後改革的第一間店！店內的商品價格大多劃一¥300，而貨品的質素則比一般¥100店來得高且精緻，店內的產品主要為粉色系列：粉藍、粉紅、薄荷綠等暖色調，九成也是自家原創的設計，喜歡日系簡約風的朋友，推介到來逛逛，定必大有斬穫。

→也有一千円左右的貨品，烤爐¥1,500

↑粉色系列的餐具

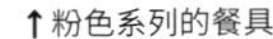

MAP 別冊 M02 B-2

地 東京都中央区銀座3-2-1 マロニエゲート銀座2・6F
時 11:00-21:00
網 www.daiso-sangyo.co.jp
電 (81)070-8714-2957
交 東京Metro銀座一丁目站4號出口步行約1分鐘；或JR有樂町站中央出口步行約3分鐘

↓黑紗網袋 ¥300

保冷杯 ¥300

WOW! MAP 16

17 國寶級的戲院
歌舞伎座

歌舞伎是日本由江戶時代延續至今、有400年以上的傳統表演藝術；而這裡的歌舞伎座是日本最知名的歌舞伎表演場所。遊人除了可以在這裡欣賞傳統歌舞藝術外，也可以到位於B1的木挽廣場町廣場，場內匯集了眾多店家，可以買到相關的土產，而位於5樓的屋上庭園更是一個綠意盎然的休憩地呢！

↑用面具做盒子的和菓子 ¥500

↑地下的木挽町廣場可以買到特色土產

↑和紙做的膠紙 ¥220

↑不少店家都會售賣和歌舞伎相關的特色手信

MAP 別冊 **M02 B-3**

- 地 東京都中央区銀座4-12-15
- 時 10:00-18:00(各店略有不同)
- 休 各店不定休
- 網 kabuki-za.co.jp
- 電 (81)03-3545-6800
- 註 店家大多跟隨歌舞伎座的休演日來休息
- 交 東京Metro日比谷線東銀座站3號出口步行約1分鐘

位於5樓的庭園別有一番景象

WOW! MAP 17

18 世界級旗艦店 MUJI GINZA

在19年4月全新開幕的無印良品旗艦店，旋即成為東京之旅必到的景點。一共七層的無印結合了衣、食、住、行不同的生活所需，種類繁多，各式各樣的產品應有盡有。這座旗艦店除了基本的無印產品外，還有「MUJI Diner」及日本首間的「MUJI Hotel Ginza」，讓遊人能夠全方位體驗「無印生活」。說了是世界級的旗艦店，不但注入了很多不同的元素外，還加入了多項其他分店沒有的產品及服務，甚至是旗艦店的限定商品。他們還將每一層都分門別類，讓遊人購物更方便。

↑MUJI diner 無印良品食堂

↑用餐空間很大

MUJI Bakery & 食品區新設有新鮮食物區

MAP 別冊 M02 B-2

地 東京都中央区銀座3丁目3-5
時 11:00-21:00；Muji Diner 7:30-22:00
網 shop.muji.com
電 (81)03-3538-1311
交 東京Metro銀座站步行約3分鐘

MUJI Bakery 能透過大玻璃看到他們烘焙麵包的情況

MUJI BOOKS & 木育廣場收藏了不同的書籍

WOW! MAP 18

無印酒店共有 79 間房間，這一款是 C type，是設有客廳的房型。

18a MUJI HOTEL GINZA (6F)

MUJI HOTEL GINZA 位於MUJI旗艦店的六樓，19年4月開幕的MUJI HOTEL GINZA是日本首間的無印酒店，貫徹無印一向的簡約風格。房間猶如試驗室，房間內使用的物品均能在旗艦店找到，住客使用過後覺得合適的話可以即時選購。遊人入住的時候，除了有小食及飲品外，還可以帶走無印的筆記本、原子筆及睡拖，讓住客回到家中仍可享受無印生活。

↑這是 D type 的房型，梳化是可以改裝成梳化床。D type 以上的房型均設有浴缸。

↑ lobby 位於旗艦店的六樓。

↑入住的時候附上「三寶」，包括附有哨子及逃生地圖的御守、掛鈎及香精油，遊人可以使用精油倒入「大容量超音波芬香噴霧器」。

↑以平板電腦控制房間的燈光

TypeG 是無印首次推出的碌架床房型，屬於家庭房。大人和小朋友各有私人空間。

貫徹無印的簡約風格，充滿質感。

金 二人一房，每晚¥14,900/起
網 hotel.muji.com/ginza/cn
電 (81)03-3538-6101

一樓是販賣各式各樣的麵包

19 百年麵包店
銀座木村家

↑(上)吐司配紅豆¥740 、(下)炸蝦扒三文治¥1,550

→酒種けし ¥170

成立在明治二年(即1869年)的木村家，屹立在東京逾150年歷史，是東京的人氣麵包店。樓高7層的木村家，地下是賣各式各樣的麵包，當中就以酒種麵包及紅豆麵包最受歡迎。而二樓就是CAFÉ，不論是當地人還是遊客，也會選擇這裡享用早餐。這次品嚐了人氣的炸蝦扒三文治，即點即做的烤蝦扒上桌時還是熱辣辣，一口咬下去，每口都是真材實料，炸蝦扒不油膩，鮮蝦彈牙，以早餐來說份量充足，而且非常好吃！吃完再去比賽場館為運動健兒落力打氣。

MAP 別冊 M02 B-2

地 東京都中央区銀座4-5-7
時 10:00-20:00；CAFÉ 10:00-20:00(L.O.19:30)
休 新年除夕及新年
網 www.ginzakimuraya.jp
電 (81)03-3561-0091
交 東京國際論壇大廈步行約9分鐘

20 血拼戰場
Tokyu Plaza Ginza

2016年開幕的Tokyu Plaza Ginza，為銀座帶來一股新氣象。連同地庫兩層，共有13層，擁有超過125間店舖，當中有不少遊人必逛的特色主題樓層，8至9樓則是東京最大的免稅店，單是逛完全場就要花上一整天！

↓站在頂樓遊人可以高居臨下欣賞銀座街景

↑8至9樓是韓國樂天集團進駐的免稅店，齊集各大品牌精品、日本韓國護膚化妝品，以及日本煙酒等商品。

→Tokyu Plaza Ginza 的頂樓設有茶屋和露天坐位區。

→日式炸薯角 ¥1,200

MAP 別冊 M02 A-2

地 東京都中央区銀座5-2-1
時 1-9F:11:00-21:00、10-11F:11:00-23:00、RF:11:00-21:00、B2F:11:00-23:00、B1F:11:00-21:00
網 ginza.tokyu-plaza.com
電 (81) 03-3571-0109
交 東京Metro銀座站C2出口直達

WOW! MAP 19 20

↑師傅席前即製各款壽司，保證新鮮又大開眼界。

↑吞拿魚壽司，充滿光澤，入口嫩滑。魚味鮮活，正！

21 米芝蓮推介 久兵衛

好食 編者推介

久兵衛極受日本當地的權貴歡迎，香港不少明星富豪亦曾光顧，加上食評家大力推薦，令曾被評為米芝蓮一星食府的久兵衛，成為東京最具人氣，但價錢平易近人的高級壽司店。要經濟實惠不妨在午飯時間到訪，壽司餐約¥6,050至14,300。食材、製作、賣相以及招呼都極具水準，每位師傅只會同時招待同一班客人，更會先了解客人口味，再根據當天食材設計餐單。製作好第一件壽司後，更會詢問客人壽司飯的大小是否恰當，絕對貼心。

MAP 別冊 M02 A-3

地 東京都中央区銀座8-7-6
時 11:30-13:30、17:00-21:30
休 星期一、星期日、公眾假期、日本盂蘭節、年末年始
電 (81)03-3571-6523
交 JR新橋駅步行約5分鐘

22 玻璃之城 Ginza Maison Hermès

位於銀座的這幢Hermès，有玻璃之城的雅號。無他，只因這幢共11層、由國際知名建築師Renzo Piano操刀設計的銀座旗艦店，乃由一萬三千多塊正方形玻璃磚砌成，花費170億日圓，堪稱愛瑪仕的完美堡壘。

MAP 別冊 M02 A-2

地 東京都中央区銀座5-4-1エルメス
時 11:00-19:00
休 不定休
電 (81)03-3589-6811
交 銀座站步行約1分鐘

21

22

WOW! MAP

↑元祖ピザトースト ¥1,250
厚厚的芝士包著不同的配料，很豐富。

23 麵包PIZZA發源地
紅鹿舍珈琲館

在1957年開業的紅鹿舍珈琲館，不論店外還是店內都充滿復古的氣息。紅鹿舍珈琲館是麵包PIZZA發源地，當年因為PIZZA是很貴的料理，而店家就想出用麵包作為批底，上面放滿芝士及其他的配料，造成平價PIZZA，因此聲名大噪。麵包PIZZA非常鬆軟，滿滿的芝士內夾著火腿、煙肉及蘑菇，味道很濃厚。另外再吃了一客藍莓芭菲，厚厚的忌廉包圍著雲呢拿的雪糕，加上藍莓，讓奶油的味道十分突出及很濃郁。

MAP 別冊 M02 A-2

地 東京都千代田区有楽町1-6-8 松井ビル1/F
時 星期一至五11:00-23:00；星期六、日10:00-23:00
網 hitosara.com
電 (81)03-3502-0848
交 JR有樂町步行約2分鐘

↑月光莊的顏料滿牆，在1917年屹立至今的月光莊是日本第一套國產油畫顏料的研發者，而在諸多顏料中，月光莊更創造出一種新的油畫色彩，命名為「月光莊pink」。

24 每個城市都有一間神級美術店
月光莊

名字極優雅的月光莊有點難找，推開綴有彩色玻璃小綠門，小小的月光莊裡盡是畫具，其中最特別的是月光莊的畫簿，簡單的設計實用又美麗，原來更是2008年Good Design的特別賞作品！而不說不知，月光莊還有個地下一樓神秘畫廊，走下去除了看到掛滿畫作的小小gallery外，更會發現滿架由月光莊店員自行設計的明信片，基本上每一張都非常可愛，與其買十張毫無新意的東京鐵塔明信片，不如在月光莊挑張與別不同的明信片。

↓連門口都美術味十足，有點像教堂的玻璃。

地牢一樓是小小gallery，感覺非常私密。

MAP 別冊 M02 A-3

地 東京都中央区銀座8-7-2 永寿ヒルB1-1/F
時 星期一至五 11:00-18:00；星期六、日及公眾假期 10:00-17:00
休 年末年始
網 shop.gekkoso.jp
電 (81)03-3572-5605
交 銀座站步行約7分鐘

WOW! MAP 23 24

廚師的笑容非常親切、可愛。

↑串燒拼盤 ¥3,500起

25 炭火燒烤
くふ楽 銀座総本店

好食 編者推介

有不少遊人喜歡在晚上到居酒屋吃串燒喝酒，這一家店以開放式廚房設計，食客可以沿著料理台坐，廚師燒烤時，被炭烤的香氣包圍著。這次點了串燒拼盤，5款10串只需¥2,800，蠻划算。串燒包括雞肉蔥段、雞屁股、紫蘇卷、雞心及五花肉，他們的食材都相當新鮮，只需要簡單的調味，就能吃出肉的鮮味，外層微微的焦香，增加了串燒的香氣，是宵夜必食的美味。

MAP 別冊 M02 B-1

地 東京都中央区銀座1-16-1 東貨ビルB1/F
時 星期一至五 17:00-23:30；星期六、日及公眾假期 16:00-23:00
網 kuuraku-ginza.jp
電 (81)050-5385-4740
交 JR有樂町步行約9分鐘

---

26 限定鵝肝晚餐
TOKYO-GINZA FOIE GRAS

鵝肝一直被視為貴價食物，Ginza Foiegras是銀座一間甚有名氣的鵝肝專門店，主打混合和洋特色的鵝肝料理，平時只有晚上時段營業。面前這客鵝肝豚肉丼和鵝肝雞肉丼，用上高級鵝肝，而且真材實料份量十足，喜歡食鵝肝的遊人萬勿錯過！

↑鵝肝扒味道十分濃郁，入口即溶的creamy口感，配搭肥瘦參半的味噌豚肉，好食到停不了口！

←鵝肝豚肉丼附有一碗湯，客人可選擇大、中、小飯量。

↑開放式廚房令店充斥煎鵝肝的香氣，令人垂涎欲滴。

MAP 別冊 M02 A-2

地 東京都中央区銀座7-3-13 ニューギンザビル１号館
時 星期一至五17:00-22:00
休 星期日及公眾假期
網 ginza-foiegras.com
電 (81)03-5537-3711
交 銀座站步行約8分鐘

25

26

WOW! MAP

27 全方位照顧
東京ミッドタウン日比谷

東京ミッドタウン日比谷，結合了商業及購物中心，在外觀的設計上，以弧型設計大樓的外觀，在柔和中帶出時代感。作為一間結合商業大用途、購物、美食及防災於一身的的多功能複合式商業設施，商場內一共有60間店舖，當中有不少都是其首次引進日本的，值得花時間來逛逛。

←空中庭園都鋪上不同的植物，增加了綠化的空間。

MAP 別冊 **M02 A-1**

地 東京都千代田区有楽町1-1-2
時 商店：11:00-20:00；餐廳：11:00-23:00
網 www.hibiya.tokyo-midtown.com/jp
電 (81)03-5157-1251
交 地鐵日比谷站步行約1分鐘/地鐵有樂町站步行約4分鐘

27a 充滿南歐風味的雜貨店
Tempo Hibiya (3F)

以南歐風格打造，走自然鄉村風格。這家店內有很多華麗的飾品，還搜集了很多不同的藝術品及很多具有設計感的衣著服飾。在這裡你可以找到獨一無二的風格，打造一個具個人特色的自己。另外，店內也搜羅了很多不同的小飾物，無論是送禮或是自用，也很適合。

↑店內有很多不同的牌子，但都各有特色。而店內的設計亦很有風格，為商場帶出不一樣的感覺。

時 11:00-20:00
網 tempo23.com
電 (81)03-6206-1152

→英國製造的刺繡鞋 ¥9,800

28 走進資生堂，不買化妝品買甜點
SHISEIDO PARLOUR

SHISEIDO，資生堂，日本化妝品品牌，不用多作介紹吧！慣了在SHISEIDO購買化妝品，卻有否試過在SHISEIDO用餐？在銀座這幢赤紅色SHISEIDO PARLOUR是SHISEIDO餐廳，建於2002年資生堂慶祝創業一百年之時。地下是售賣極精緻資生堂甜點和蛋糕的地方，而SHISEIDO RESTAURANT則位於大樓4至5樓，此外在大樓10樓的FARO SHISEIDO則是高級的義大利餐廳，同樣值得一試。

MAP 別冊 M02 A-3

地 東京都中央区銀座8-8-3 東京銀座資生堂ビル3F
時 餐廳11:00-21:00、星期日至20:00
休 星期一及年末年始
網 parlour.shiseido.co.jp
電 商店(81)03-3572-2147/餐廳(81)03-3537-6241
交 東京都地鐵銀座線、日比谷線、丸ノ內線銀座站2號出口，步行約7分鐘；JR山手線、都營淺草線新橋站1號出口，步行約5分鐘

↑走進SHISEIDO PARLOUR，本來應該放著化妝品的飾櫃裡換上了甜點。

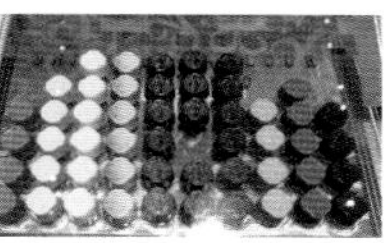

←Maquillage朱古力禮盒裝 ¥270/1粒
Maquillage的眼影唇彩買得多，顏色像化妝品一樣多姿、印上了SHISEIDO標記的Maquillage朱古力看過嗎？

↑SHISEIDO PARLOUR
其實是集合了世界嚴選美味甜點的美點殿堂。Chef des Chefs的芝士蛋糕就是其中之一。

29 走進去，塗塗抹抹玩變妝
SHISEIDO THE STORE

就在SHISEIDO PARLOUR隔壁，同樣豪氣的一整幢，是SHISEIDO THE STORE。不說不知，今日行銷世界各地的SHISEIDO，創業之地正是STG的位置。這一幢滿載SHISEIDO歷史的大樓非常特別，除了售賣最新和限定版SHISEIDO產品外，更齊集旗下60多個品牌，而且可在此找到不少品牌復刻版產品，讓粉絲以最直接的方法了解品牌歷史！

位於3樓的Beauty Boost Bar及Shiseido Photo Studio四部份，其中Beauty Boost Bar提供即時的專業化妝及髮型設計服務，化好妝弄好頭髮，走入隔壁的Shiseido Photo Studio，讓專業攝影師拍輯相，夠有趣了吧！

↑1樓賣各式化妝品，最特別的是這裡的鏡型終端裝置Mirai Mirror，可讓人模擬體驗化妝品使用後的狀態，不用再怕化妝品買回家後不合用，十分高科技。

↑STG絕對不只賣化妝品那麼簡單，2樓及3樓的美容即時體驗服務才是最好玩也是獨一無二的地方。

↑除了化妝品，1樓也賣些日常小商品，全方位打造美人。

MAP 別冊 M02 A-3

地 東京都中央区銀座7-8-10
時 11:00-20:00 休 不定休
網 thestore.shiseido.co.jp
電 (81)03-3571-7735
交 銀座站步行約7分鐘

28

29

WOW! MAP

市場清晨5點已經開始營業，但5點至9點這段時間是讓餐廳商家入貨，9點之後才開放給一般民眾。

30 平食新鮮壽司刺身 築地魚河岸

新設施「築地魚河岸」在2016年底開幕！選址在舊築地市場外圍，築地魚河岸樓高三層，一樓的市場有50多間海產和水果商店進駐，店家大都是批發商，販賣當日由豐洲市場運來的海產和蔬果；而三樓則聚集了5間不同類型的餐廳食店，還設有露天飲食區。

↑3樓設有開放式廚房，遊人可以透過玻璃窗看到師傅製作壽司的情形。

MAP 別冊 **M02 B-3**

地 東京都中央区築地6-26-1築地魚河岸
時 1F 05:00-15:00（05:00-09:00只開放給商家）、3F 07:00-14:00
休 星期日、三
網 www.tsukiji.or.jp/forbiz/uogashi
交 築地站步行約5分鐘

30a 魚河岸食堂 (3F)

3樓的魚河岸食堂內共有5間食店，分別有中華料理、炸物、日式咖喱、海鮮定食和喫茶店。當中以海鮮店最受遊人歡迎，提供刺身定食、燒魚定食、海鮮丼等料理，價錢大約¥1,500左右，十分抵食！

←吞拿魚丼 ¥1,500
鮮甜的吞拿魚丼附送大大碗的紫菜湯，也只是¥1,500。

→咖啡牛奶軟雪糕 ¥390

30b 魚市場 (1F)

來到一樓的魚市場，環境比起香港的街市可說乾淨企理得多，雖然有不少賣海鮮濕貨攤販，但地板完全無濕漉漉的感覺，既明亮又寬敞，十分好逛。大部分的海鮮店都有即食的海鮮食品出售，如刺身、壽司、海鮮丼等，不但新鮮美味，而且只要幾百円起就有交易，名符其實平・靚・正！

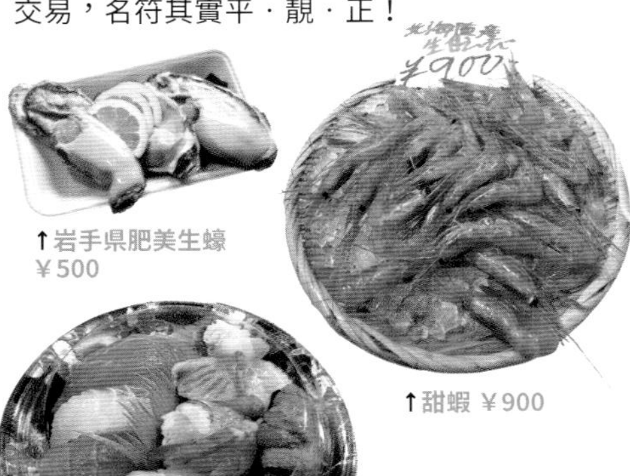
↑岩手県肥美生蠔 ¥500

↑甜蝦 ¥900

←壽司拼盤 ¥1,300

WOW! MAP 30

31 限量50份的丼飯

築次郎

來到築地自然要食刺生丼飯！築次郎以新鮮又性價比高的刺身蓋飯打響名堂，招牌的吞拿魚丼飯每日限量50份，可以一次過品嚐大托羅、中托羅、赤身及拖羅蓉，大概是一開門就會極速完售。其他的丼飯同樣值得一試，每款刺身都厚切，入口是滿滿的魚肉香氣，以東京來說這個價錢質素，真是沒有要挑剔的地方。

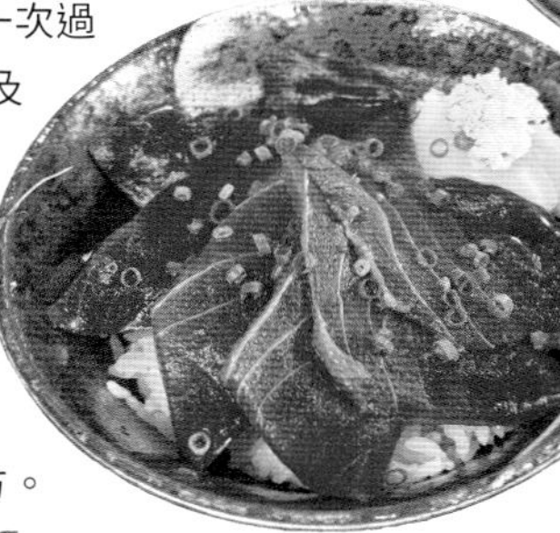

↑每一款都相當足料且賣相吸引。

←生本鮪赤身丼 ¥2,200

↓三郎丼 ¥2,200

←一開門即人頭湧湧，不想排隊就要早點來吃了。

MAP 別冊 M02 B-3

地 東京都中央区築地4-12-6
時 08:30-14:15
電 (81)03-6278-7753

32 人氣長龍店

とんぼや

來到築地場外市場，就會被「とんぼや」的超長人龍所吸引，小小的店面上有一隻小蜻蜓非常易認，炙燒的魚香、油香飄來，原來是一間賣炙燒吞拿魚的小店。吞拿魚會先用蒜及醬油醃製，再用噴槍燒熟，再加入黑胡椒、檸檬汁等等，炙燒的香氣加上嫩滑的魚肉，讓人忍不住一口接一口。要注意每天的串燒都是售完即止，如果大家想吃就一定要早點起床了！

↑炙燒吞拿魚串 ¥500
外層焦焦的，內裡肉質卻是相當嫩滑。

↓來築地場外市場，認住這間店就對了！

←長期大排長龍的小店，但廚師用心燒速度也很快。

MAP 別冊 M02 B-3

地 東京都中央区築地4-9-15
時 07:00-13:00（售完即止）
休 星期四
電 (81)09-7222-8534

31

32

WOW! MAP

↑提供了休息空間及遊人，逛到累了就可以坐下休息，男仕們有沒有感到梳化在發光呢。

33 Ginza Six

於2017年華麗登場的銀座Ginza Six，成為了該區最新最大的名所，由日本知名建築師谷口吉生打造的建築體，室內設計則找來法國設計師Gwenael Nicolas統籌，並將藝術家杉本博司、草間彌生作品加插其中，為商場增添了不少藝術色彩。Ginza Six共有241家店鋪，其中121間都是旗艦店，還有被稱為全球最美書店之一的蔦屋書店，以藝術文化為主題，帶給大家書店全新感受。

MAP 別冊 M02 B-3

地 東京都中央区銀座6-10-1
時 商店10:30-20:30
餐廳11:00-23:00
網 ginza6.tokyo
電 (81)03-6891-3390
交 Metro銀座站A3出口步行2分鐘

↑短袖 tee ¥8,000

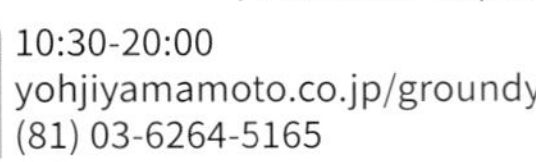

↑自家品牌褲 ¥66,000

Ground Y 以黑白色做主題，充滿型格感。

33a 中性型格
Ground Y (4F)

有「黑色詩人」之稱的日本著名時裝設計師山本耀司旗下品牌Ground Y首間概念店進駐了Ginza Six，以無性別和年齡限制為設計概念，服裝貫徹了其中性型格的路線，而售價及比正線便宜，粉絲萬勿錯過喇！

時 10:30-20:00
網 yohjiyamamoto.co.jp/groundy
電 (81) 03-6264-5165

WOW! MAP 33

秋葉原

Akihabara

必見！ボークス秋葉原ホビー天国2

秋葉原是各Kidults必到之朝聖地，隨著近年各大商場的翻新，Gigo館、atre 1以及Radio會館等，各大動漫迷、玩具迷、TV Games的愛好者，又豈有不來之理由？

往來秋葉原交通

出發站	路線	時間及車費	目的地
新宿站	JR総武線	約19分鐘 ¥178	秋葉原站
池袋站	JR山手線	約19分鐘 ¥208	秋葉原站
上野站	JR山手線	約3分鐘 ¥146	秋葉原站

1樓是「格仔店」，很有尋寶的感覺。

↑還可以欣賞高手們砌的模型

SPY×FAMILY迷表示要瘋狂入手

1 天國重臨！

ボークス秋葉原ホビー天国2

說到秋葉原的地標，秋葉原HOBBY天國必定佔有一席位！2021年5月天國1結業後，一眾動漫迷都痛失一據點，好在秋葉原HOBBY天國2隨即開幕！新店樓高7層，1樓是「格仔店」，主打各種流行商品及動漫周邊；2樓則有各種遊戲周邊商品，繼續向上行，則會來到售賣砌模型工具、配件、顏料的3樓，而4樓就有各種盒裝模型，甚至有天國2限定的！總之天國2絕對是動漫迷必到的新據點，錢包要保不住了！

MAP 別冊 M23 A-2

地 東京都千代田区外神田4丁目2-10
時 平日11:00-20:00、周末及假期10:30-20:00
休 不定休
網 hobby.volks.co.jp/shop/hobbytengoku2/
電 (81)3-3254-1059
交 JR秋葉原站步行約7分鐘

↑3樓售賣砌模型工具、配件、顏料，喜歡DIY的話必去。

↑一踏入店內，就會看到當下最人氣的動漫！

2 超爽任食和牛
肉屋橫丁

在東京想任吃高質和牛以為會很貴？去肉屋橫丁吃對了！在秋葉原和澀谷都有分店，是燒肉連鎖店「平城苑」旗下的新路線，¥6,980可以任吃A5和牛和任飲各種無酒精飲料。一坐下店家會先提供一份和牛拼盤，之後就可以拿著牌子到肉櫃自選和牛，肉類的選擇非常多，從牛舌、牛五花、和牛牛板腱，到和牛里脊等等，每一款的牛肉油花都極美，烤過之後入口油脂香氣四溢，極為滿足。放題的小菜、湯都是任食，但識食之人自然要狂攻和牛！店家還是不時拿出各種特製料理，像是咖喱牛腩、醃製牛肉等，同樣是免費！

和牛普遍都厚切，沒有經過太多調味。

↑一開始會先送上一盤和牛，讓大家淺嘗一下各個部位。

↑¥6,980可任飲各種非酒精飲品

↑對著肉櫃來挑選牛肉，店員會按人數提供。

↑各種小菜、主食、湯品都是任食的。

↓店員會不時拿著特色料理，同樣是免費的。

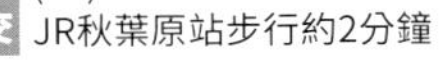

MAP 別冊 M23 A-2

地 東京都千代田区外神田1-18-19 BiTO AKIBA 3F
時 平日12:00-22:00、周末及假期11:30-22:00（L.O.20:00）
休 不定休
網 nikuyayokocho.jp/
電 (81)5-3135-7540
交 JR秋葉原站步行約2分鐘

WOW! MAP
2

③ 吞拿魚迷必去 海の幸 翔

師傅還鋪了滿滿的一層拖羅蓉，食極都未食到飯。

海の幸翔是吞拿魚迷必食的小店，平日午餐時間整間店都是日本上班一族，可以說是當地人最愛的食堂。店家會根據來貨決定當天的丼飯刺身，品嚐了¥3,700 的吞拿魚刺身丼，一碗內有齊塩釜產的大、中拖羅及長崎縣產的大中拖羅及拖羅蓉，十多片極厚的魚生慷慨地鋪在丼飯上，入口輕輕一壓便是滿口油香滋味無窮，難怪會如此受歡迎！

每日供應的刺身產地都不一樣

↑期間限定拖羅丼飯
¥3,700
一碗有齊塩釜及長崎產的大拖羅

→Omakase 海鮮丼飯
¥3,400

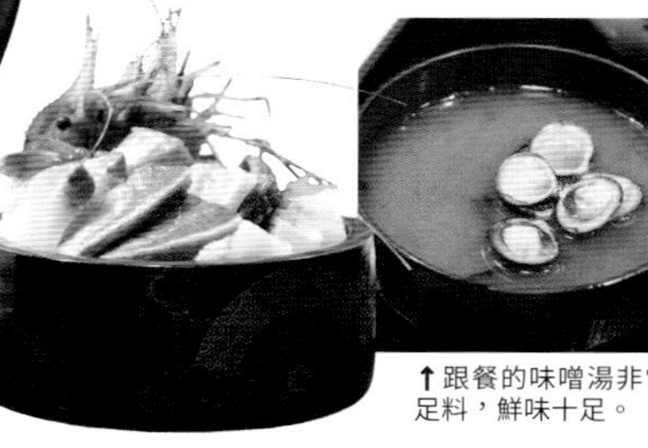
↑跟餐的味噌湯非常足料，鮮味十足。

MAP 別冊 M23 B-3

地 東京都千代田区神田東松下町12 宮川ビル東棟 1F
時 11:45-14:00、18:00-23:00
休 星期六、日
交 銀座線神田站3出口步行約6分鐘

---

④ 日本各地的鮮奶 MILK SHOP LUCK酪

在日本秋葉原月台就可以喝到來自日本各地的牛奶了！這間MILK SHOP LUCK 酪位於 JR 秋葉原 6 號月台，供應日本不同地方的牛奶，像是飛驒牛奶、北海道牛奶、九州阿蘇牛奶、東北酪農牛乳等等，想不到喝甚麼就不妨選擇「おすすめ」店家推薦款，品嚐一下各地的濃濃奶香吧！

店內的牛奶十數款，有選擇困難症的人麻煩了！

←飛驒牛奶
¥170

↑各種麵包
¥130

→小小的店上貼滿了不同產地的牛奶

MAP 別冊 M23 B-2

地 東京都千代田区外神田1JR秋葉原駅
時 06:30-19:45
休 星期六
電 (81)03-3251-3286
交 JR 秋葉原 6 號月台

WOW! MAP

3

4

5 簡直想住在這裡吧！ 香港首推

TAMASHII NATIONS STORE

男生們走進這間全球唯一TAMASHII NATIONS TOKYO的直營旗艦店一定捨不得走吧！店內陳列出各種獨家商品：各樣的鋼彈模型、幪面超人、七龍珠、鬼滅之刃、超級戰隊、新世紀福音戰士等……由精品到巨型模型都令人目不暇給，有不少更是非賣品，是店內限定的。也提供全新的動感體驗，亦會不定期舉行不同的展覽及活動，大家到來前可以先在網站了解啊！

↑超合金RX-93高達 ¥102,300

→幪面超人1號(舊版) ¥8,250

←Eternal Sailor Moon ¥7,700

MAP 別冊 M23 B-2

地 東京都千代田区神田花岡町1-1
時 10:00-20:00
休 不定休
網 tamashii.jp/store/tokyo
電 (81)098-993-6093
交 JR秋葉原站電気街出口步行約1分鐘

WOW! MAP 5

3樓是以K-BOOKS為主

↑不時會有特賣的counter

MAP 別冊 M23 A-2

地 東京都千代田区外神田1-15-16
時 10:00-20:00；B1F 12:00-22:00；星期日及假期12:00-21:00
網 www.akihabara-radiokaikan.co.jp
交 JR秋葉原站電気街出口步行約3分鐘

6 秋葉原地標

秋葉ラヅオ会館

秋葉原的無線電會館由1962年開業至2014年重建開幕，已由原本販賣電子零件及電器轉型至售賣人氣動漫、遊戲及模型公仔的秋葉原地標，若沒有來過Radio會館就別告訴人你來過秋葉原！

場內各層都有不同的主題

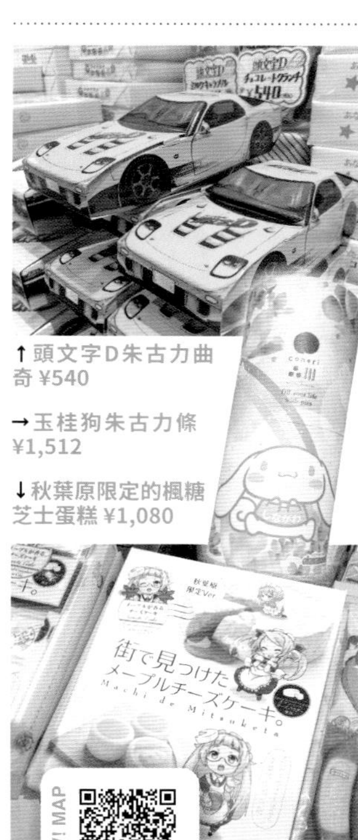
↑頭文字D朱古力曲奇 ¥540

→玉桂狗朱古力條 ¥1,512

↓秋葉原限定的楓糖芝士蛋糕 ¥1,080

店內琳琅滿目的商品，大家要花點時間找心頭好

6a 動漫手信店

Gift shop The AKiBa (1F)

想買特別手信送給朋友的話，來這裡準沒錯。店內大部份的零食、和菓子、文具、精品等全都和不同的動漫主題crossover，有最新人氣的日本卡通、漫畫等角色，不少都是秋葉原的限定版呢！

時 10:00-20:00
電 (81)03-3526-2632

WOW! MAP 6

二樓還有眾多格仔舖，內裡有各樣戰鬥卡和模型

↑海賊王figures ¥7,980起

↑每張的功用及價錢也不一樣

6b 遊戲卡寶藏 Hobby Station (2F)

這間位於無線電會館的Hobby Station是日本的總店，店內可以買到Pokémon、遊戲王、魔法風雲會及龍珠等人氣戰鬥卡，櫥窗展出的遊戲卡有上千張，就算不買，光逛逛也大開眼界。

→有趣的遊戲卡販賣機

時 10:00-20:00
網 www.hbst.net
電 (81)03-3258-5070

↑場內的動漫figures看大半天也看不完

6c 男生必逛 K-BOOKS 秋葉原本館及秋葉原MEN'S館 (3F)

位於三樓的K-BOOKS及MEN'S館絕對是為男生而設的。K-BOOKS由出版商Mr. Yamada營運，由開業至今已出版超過2000多本漫畫；店內主要售動漫相關的精品、文具、CD、figure等，更有不少宅男至愛的限定品如：攬枕、女性聲優、勇者鬥惡龍、FINAL FANTASY等商品。

時 12:00-20:00、星期六、日及假期11:30-20:00
電 (81)03-3255-4866

↑千與千尋的立體拼圖 ¥1,730

→賽馬娘「大和赤驥」模型限定品 ¥23,800

↑鬼滅之刃的禰豆子模型 ¥2,940

夾公仔機各式各樣，更有限定禮品

7 SEGA電玩大革新
GiGO一号館

自2020年疫情後，秋葉原就進行了大洗牌，原本屬於SEGA的電玩中心都因股權變賣，變成了GiGO名下。GiGO一號館內有七層高，一至四樓主要是各樣的夾公仔機，而五樓就以售賣遊戲卡為主，六樓及七樓則以機動戰士的遊戲機為主，各位機迷要小心銀包啊！

←就連賽馬公仔也有

↑也展示出不同模型

MAP 別冊 M23 A-2

地 東京都千代田区外神田1-10-9
時 10:00-23:30
網 tempo.gendagigo.jp/am/akiba-1
電 (81)070-1458-1930
交 JR秋葉原站電気街出口步行約1分鐘

六樓的機動戰士打機區

WOW! MAP 7

Namco十幾年前出的賽車VIRTUA RACING

8 SEGA電玩大革新

GiGO三号館

剛於2022年5月新開業的GiGO3號館同樣是以遊戲機為主，不同的是其店內的主題更多元化，夾公仔機的獎品有動漫的figure、遊戲卡及精品等，而位於六樓更有懷舊版的遊戲機：泡泡龍、WALKING DEAD、SPACE INVADERS等等，可以尋回很多童年回憶。

→有不少的獎品都是秋葉原店限定的

↑夾公仔機的款式令人眼花撩亂

↑懷舊區有十幾廿年前的機款，十分珍貴

六樓有超過20年歷史的WALKING DEAD打喪屍遊戲

其中一部夾公仔機是RAB秋葉原大使的精品

MAP 別冊 **M23 A-2**

地 東京都千代田区外神田1-11-11 外神田1丁目ビルディング
時 10:00-23:30
網 tempo.gendagigo.jp/am/akiba-new/
電 (81)070-1458-2284
交 JR秋葉原站電気街出口步行約3分鐘

WOW! MAP
8

9 高架橋下的商店街 AKI-OKA Marche

這個於2019年12月開幕的AKI-OKA Marche是位於高架橋下的一條商店街，內裡有售賣日系雜貨的店家、餐廳和café等，其場內的裝修採用極簡約的風格，令客人猶如置身倉庫之中。

MAP 別冊 M23 B-2

地 東京都千代田区神田練塀町8-2
時 11:00-20:00(各店略有不同)
休 1月1日、6月及11月的第一個星期三(各店不同)
網 www.jrtk.jp/chabara
電 (81)03-3258-0051
交 JR秋葉原站電気街出口步行約1分鐘

↑店內座位不多

↑各款不同的新鮮咖啡豆

→包裝好的咖啡豆¥750起

9a 即場泡製的咖啡 やなか珈琲店

是的，想要喝美味的咖啡，等待是必需的！這間在東京有多間分店的YANAKA咖啡店，其特色是客人點了咖啡後才進行生豆烘焙，然後才沖泡出來，可謂十分貼心，因為這樣可以充份保留了咖啡豆的香味，口感特別濃郁。店內也有包裝的咖啡供客人買走。

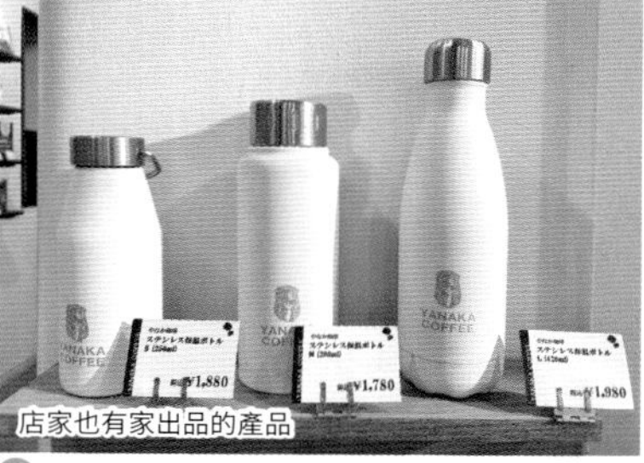

店家也有家出品的產品

時 11:00-20:00
休 1月1日、6月及11月的第一個星期三
網 www.yanaka-coffeeten.com
電 (81)0120-511-720

店內有如一個百貨齊備的超級市場

9b 由沖繩買到北海道

日本百貨店しょくひんかん

日本百貨店是日本高質的手信店，由沖繩到北海道的手信、手工品、食品到護膚品都應有盡有，大多都是很有代表性的：北海道馬油、沖繩海葡萄、宇都宮餃子、岡山縣新鮮桃汁、長野縣的野生蜂蜜等，全都可以一次過在這裡買到，價錢也十分親民，大家可以盡情在這裡掃貨呢！

→餃子味的Cider你試過未？¥360

→靜岡盛產的茶味曲奇 ¥245

↑岡山縣的桃汁，只要付費就可以直接在水龍頭中倒出來喝 ¥500

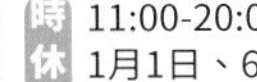

時 11:00-20:00
休 1月1日、6月及11月的第一個星期三
網 www.nippon-dept.jp/shop/default.aspx
電 (81)03-3258-0051

←↑雲集全日本人氣咖喱的屋台車

餐廳也有提供東北蒸餾的手工啤酒

10 東京首間蒸餾餐廳

東京蒸溜所

香港首推

這間由木內酒造開設的餐廳是東京首間有蒸餾的餐廳，店內除了可以嚐到東北常陸的nest蒸餾手工啤酒外，其裝修也十分有特色：整套的巨型蒸餾設備就完整的擺放在店內供客人參觀，可以看到發酵槽和糖化槽、還有壺型蒸餾器等。晚餐供應東北地區飼養的つくば雞配QKOLA，雞肉嫩滑帶有迷迭香和蒜蓉的香味，再呷一口啤酒，十分暢快！

整套的蒸餾設備就置在店內

↑つくば雞のハーブグリル ローズマリー風味¥1,380

店內座位不多

↑巨型的壺型蒸餾器

MAP 別冊 M23 B-2

地 東京都千代田区神田練塀町13-10-1区画
時 11:00-22:00(L.O.21:30)
網 hitachino.cc/tokyodistillery
電 (81)03-3527-1977
交 JR秋葉原站電気街出口步行約3分鐘

WOW! MAP 10

11 可能是…世界上最飽肚的拉麵

野郎ラーメン

黃色外牆的野郎十分好認，走進去看看那餐牌，圖中那碗拉麵的料多到不可置信。以為是廣告效果，點了一碗拉麵，在吧台前看著師傅下麵加料放肉，然後把拉麵端到面前，肉塊真的堆得像大山一樣高。儘管肉塊下的確墊著些芽菜，可是這碗拉麵依然是你吃過見過「最具份量」的一碗拉麵。

MAP 別冊 M23 A-2

地 東京都千代田区外神田3-2-11
時 11:00-22:30
網 www.yaroramen.jp
電 (81)03-5296-8690
交 JR秋葉原西口步行約9分鐘

↑豚野郎拉麵 ¥1,430
滿滿的豚肉！野郎的拉麵非常足料。拉麵用黑醬油作湯底，味道偏鹹，走重口味路線。

↑鐵道居酒屋的像真度極高。除了用上火車的桌椅外，居酒屋的牆上也掛滿了與鐵道有關的古董收藏。

←店裡的鐵道模型！細心看，還真的會有火車走動。

↓店內的侍應都穿著乘務員的制服

12 夢之鐵道空間

鉄道居酒屋 Little TGV

關於鐵道居酒屋應否列入女僕café的範疇，的確叫人有點為難。原因？因為鐵道居酒屋除了甜美可愛的女僕侍應外，更大的賣點可能是那懷舊的鐵道主題。隱身在4樓的鐵道居酒屋Little TGV感覺簡直像一個小型的鐵路博物館，推開店門，首先會有一位穿著乘務員服飾的女侍應來招待你，原來進入鐵道居酒屋就像搭乘火車，是需要先付入場費¥500的。付款完，就可以走進跟古老日本火車車廂無異的居酒屋。牆上放滿了與鐵道有關的收藏，連座位都是用車卡的座椅，非常認真！此外，居酒屋內有一個鐵路模型，對照鐵道居酒屋，也同樣有趣。

MAP 別冊 M23 A-1

地 東京都千代田区外神田3-10-5 イサヤ第3ビル4F
時 18:00-22:00；星期六及假日16:00-22:00；星期日16:00-21:00）
休 星期一、四
網 www.littletgv.com
電 (81)03-3255-5223
交 銀座線末廣町站3號出口步行約5分鐘

11

12

WOW! MAP

13 站前商場 atre 1

這個商場的交通可以說是非常方便，因為遊人只要在車站大樓的月台向出口走，一出閘就會到商場的三樓。場內有餐廳、日系雜貨、妝物、衣飾和café等，大家如果遇上天氣不好的日子，也逛得十分舒適呢！

MAP 別冊 M23 A-2

地 東京都千代田区外神田1-17-6
時 10:00-21:00
休 各店不同
網 https://www.atre.co.jp/akihabara/
電 (81)03-5289-3800
交 JR秋葉原站電気街出口步行約1分鐘

↑蜂蜜芝士曲奇 ¥1,080

←ミルクチーズケーキ ¥2,100

時 10:00-21:00
網 tokyomilkcheese.jp
電 (81)03-5289-3884

除了牛奶芝士蛋糕，還有人氣的曲奇

13a 香濃牛奶芝士蛋糕 東京ミルクチーズ工場 (1F)

這間源自日本的東京牛奶芝士工場，素材來自日本及世界各地有名而美味的原材料：牛奶和芝士來製造出美味的蛋糕、曲奇和甜點。其經典的原味牛奶芝士蛋糕不只鬆軟，還有帶純純的奶香和的濃郁的芝士味，推介大家買回酒店慢慢享用。

店內妝物和精品令人愛不釋手

13b 總要逛一逛 be hands be (2F)

這店是HANDS旗下的妝物店，店內除了一般的潔膚、護膚品外，它同時貫徹了TOKYU HANDS的傳統，雲集了一些外型獨特、可愛且有實際功用的小物和很girly的精品，各位女士們又豈可錯過呢？

↑金木犀花的沐浴套裝 ¥1,100

↑動物造型的迷你月曆 ¥660

時 10:00-21:00
網 be.hands.net
電 (81)03-5289-3837

WOW! MAP 13

就算是立食，每位客人都有自己的位置

13c 指尖間的美味 魚がし日本一 (1F)

對於立食，不少遊人可能都會卻步，可是這間位於商場一樓的立食壽司店卻非常整潔明亮。店內的「企位」不多，每位客人都會被安排在指定位置；當晚站在吧枱前，每點一道壽司，師傅就會在面前細心地將飯團握握捏捏、配上鮮味的魚生、刺身，再把完成的壽司有禮地放在客人枱前的「竹葉」上(對！這裡是沒有碗的)，客人可隨自己喜好沾上醬油或鹽來品嚐。還有，店內有提供中文及英文的餐牌和圖片，大家可以放心點餐啊！

→つぶ貝2件 ¥240

↑(左至右)香蔥吞拿魚軍艦2件 ¥240、海膽 ¥420、三文魚籽1件 ¥280

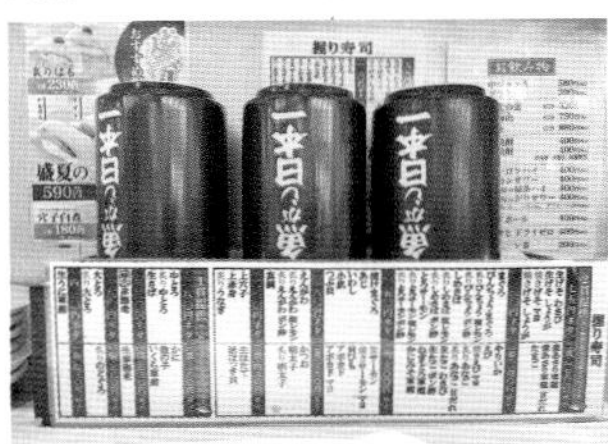
↑餐牌就放在吧枱前

時 10:00-22:30 (L.O. 22:15)
網 www.susinippan.co.jp
電 (81)03-5289-3820

每位師傅都會站在客人面前即場製造壽司

原宿·青山·表參道

Harajuku · Aoyama · Omotedo

必見！
FUGLEN SANGŪBASHI

想知東京最潮最熱的街頭文化，來原宿走一趟定必沒有錯。除了原宿站，周邊的明治神宮、竹下通、青山和表參道，也是年輕人周末的逛街熱點。想體驗東京街頭文化的朋友，記得來走走！

往來原宿·青山交通

出發站	交通	轉乘站	交通	目的地
新宿站	JR山手線 約5分鐘 ¥146			原宿站
池袋站	JR山手線 約14分鐘 ¥178			原宿站
池袋站	JR山手線 約16分鐘 ¥178	渋谷站	東京メトロ 約1分鐘 ¥178	表參道站
東京站	步行 約8分鐘	大手町站	東京メトロ 約13分鐘 ¥178	表參道站

1 上一節咖啡的課

香港首推

FUGLEN SANGŪBASHI

來自北歐的FUGLEN TOKYO曾被紐約時報形容是「世界上最棒的咖啡」，2024年1月全新型態的咖啡店在代代木參宮橋開幕，一小時的體驗¥2,790可以品嚐手沖咖啡及Kokekaffe精品咖啡，客人先選咖啡豆的產地，咖啡師會詳細介紹沖製過程及用具，由研磨機、篩子到過濾器，每一款都與市面連鎖店的不一樣，水沖入口清徹乾淨，放涼一會兒後果酸味更突出，完全沒有苦澀味。第二款咖啡更是用上獨特的爐進行蒸煮，口感更為醇厚。

咖啡師會一邊沖煮一邊進行詳細的解說，面對遊客也會盡力用英文作說明。

1. 水沖用獨特的篩子進行過濾，只取中間一層的咖啡粉。

2. 第二種咖啡用爐煮，要不停攪拌。

3. 再進行過濾，即可享用不同風味的咖啡。

↑喜歡的話可以把咖啡豆買回家，試試重溫東京的味道。

↑挪威芝士餅乾是傳統小食，使用的是羊奶，配上咖啡剛剛好。

MAP 別冊 M14 A-1

地 東京都渋谷区代々木4-20-10
時 12:00-18:00
休 星期一、二
網 fuglencoffee.jp
電 (81)5-1720-3001
交 Metro參宮橋車站步行約5分鐘

1

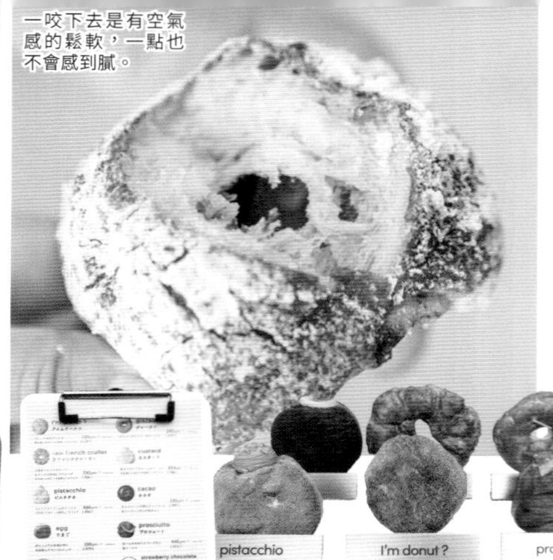

一咬下去是有空氣感的鬆軟，一點也不會感到膩。

←有8款固定口味，另外兩款則是期間限定的。

2 爆紅甜甜圈

I'm donut ?

甚麼？日本連甜甜圈也在排隊？「I'm donut ?」的爆紅程度真是超乎意料的超誇張，從中目黑、澀谷、原宿，開到最新的表參道，每一間分店依然大排長龍。由大廚平子良太子獨創的生甜甜圈，加入了大量忌廉、烤南瓜，再以高溫油炸，口感鬆軟的同時又帶點煙韌，爆漿甜甜圈更是非常足料，而且不會太甜讓人忍不住一口接一口。

生甜甜圈 ¥220起

MAP 別冊 **M13 B-2**

地 東京都港區北青山3-5-18
時 11:00-20:00
網 www.instagram.com/i.m.donut/
交 表參道車站A3出口步行約2分鐘

---

3 城市中的綠洲

i2 cafe

在充斥著名店的表參道，街頭的轉角卻看到一間綠油油的小店。這是由兩兄弟於2023年開設的咖啡廳，店內以繁花作妝點，讓人得以好好放鬆。餐點可以說是顏值高又美味，人氣的荷蘭鍋烤鬆餅配上Prosciutto & Burrata Cheese，鬆餅邊位微焦帶脆，中間卻是非常柔軟，入口蛋香濃郁非常驚喜。早餐時段的法式多士亦相當受歡迎，想找好吃的早餐店就不要錯過了。

整間Cafe都被綠油油的植物包圍

↑荷蘭鍋烤鬆餅 ¥1,600

→店內佈置了各種植物與花束，相當有情調。

←Cafe Latte ¥630 起

MAP 別冊 **M13 B-2**

地 東京都港區南青山3-9-1
時 08:00-17:00（L.O. 16:00）
網 www.instagram.com/i2.cafe
交 表參道車站A4出口步行約5分鐘

WOW! MAP

2

3

品牌的理念是希望日本的水果和蔬菜，可以更好地融入現代人的生活。

↑餐廳擺放了日本各地盛產的水果

4 品嚐最新鮮的水果 DEK

來到日本必做的一件事，便是瘋狂買最新鮮飽滿的水果來吃！位於表參道的DEK是一間支持日本本地農業的餐廳，聘用專業的買家到日本全國進行採購，希望水果和蔬菜可以更好地融入現代人的生活。人氣的士多啤梨水牛芝士滿滿的一大盤士多啤梨，每口都鮮甜多汁，感覺就像是剛採摘下來的新鮮，加入水牛芝士一起吃掉，奶香在口中蔓延開來，配以恰到好處的調味，每口都能感受廚師對食材的重視。

↑士多啤梨水牛芝士 ¥2,400

←每顆士多啤梨都超大顆，加入水牛芝士有淡淡奶香。

MAP 別冊 M13 B-2

地 東京都港區南青山5-4-41
時 平日9:00-22:00（L.O. 21:00）、星期六日及假期9:00-21:00（L.O. 20:00）
網 dek.world/
電 (81)03-6803-8507
交 Metro表參道車站步行約6分鐘

5 3D立體搖搖搖 Latte Pocket

↑店員只用了5-10分鐘，即重現可愛chiikawa。

3D拉花咖啡 ¥1,400

咖啡拉花不是新鮮事，但超可愛的3D立體拉花又是另一回事了！Latte Pocket是人氣拉花店Cafe REISSUE的姐妹店，一開幕即成功洗版各大SNS，無論是哪個卡通圖案，都可以在5-10分鐘內為你製作出來，想要自選圖案的話，只要提供照片就可以了，輕鬆俘虜各位少女們的心。一杯3D拉花咖啡¥1,400起，雖說味道不算出色，但看到軟萌萌的公仔馬上都心都化了！

→Latte Pocket全是企位，並以外賣杯為主。

MAP 別冊 M15 C-2

地 東京都渋谷区神宮前4-28-4
時 星期二、三、五12:00-18:00、星期六日及假期10:00-18:00
休 星期一、星期四、不定休
網 www.instagram.com/lattepocket2023/
電 (81)03-6438-9167
交 明治神宮前站5號出口步行約8分鐘

4

5

WOW! MAP

6 大人專屬的牛奶糖

NUMBER SUGAR

牛奶糖是屬於小朋友的味道嗎？NUMBER SUGAR為大人們設計了成人口味的牛奶糖，一共有12種口味，No.1雲呢拿、No.4朱古力、No.7杏仁是最受歡迎的口味，每日都超快完售。每一粒的價錢是¥124，老實說不是特別便宜，但味道卻非常驚喜，入口便是濃濃的奶香，一點也不黏牙非常柔軟，讓人忍不住細細品嚐。品牌還推出了各種禮盒、抹醬，每一款都只採用天然原料，由職人手工製作，買來當手信或是獎勵一下自己都很適合。

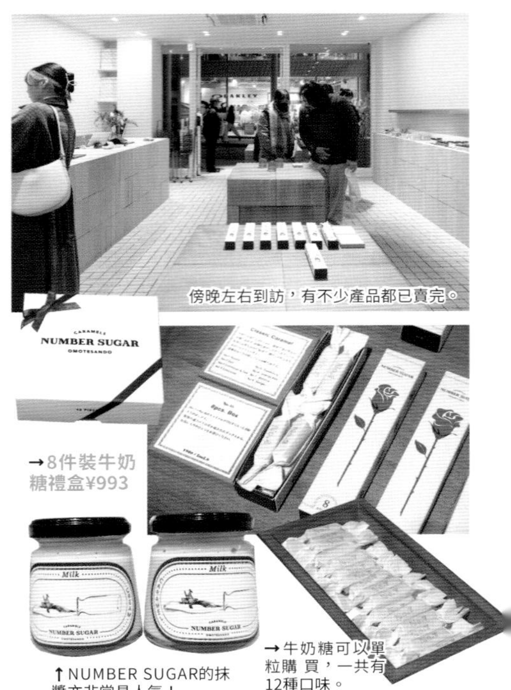

傍晚左右到訪，有不少產品都已賣完。

→8件裝牛奶糖禮盒¥993

↑NUMBER SUGAR的抹醬亦非常具人氣！

→牛奶糖可以單粒購買，一共有12種口味。

MAP 別冊 M14 C-3

- 地 東京都澀谷區神宮前5-11-11
- 時 11:00-10:00
- 網 numbersugar.jp
- 電 (81)03-6427-3334
- 交 明治神宮前站4號出口步行約5分鐘

看到這條長長的人龍，就知來到POLÈNE了！

NUMÉRO HUIT是花型的水桶包，超級可愛！

↑袋款走的是簡約路線，強調手袋的流暢線條。

7 來自巴黎的高級手袋

POLÈNE

來自巴黎的小眾品牌POLÈNE全新旗艦店來到東京了！新店於2023年9月1日開幕，每次經過都是長長的一條人龍。店內會控制人流，大家可以安心地慢慢逛。POLÈNE袋款走的是簡約時尚品線，流暢的線條深受日本女生的喜愛。小巧的Béri、如彎月的Numéro Dix、容量夠大的Numéro Un Nano、編織Nodde等等，每一款都狠狠地擊中女生的心，難怪如此人氣了！

MAP 別冊 M13 B-2

- 地 東京都港區南青山五丁目3-18
- 時 星期四至一 11:00-19:00
- 休 星期二、三
- 網 eng.polene-paris.com/blogs/stores/tokyo
- 交 Metro表參道車站步行約7分鐘

WOW! MAP 6 7

每一件產品都是工匠用心之作

8 美好事物的開始

TOKYO FANTASTIC 201

想入手別出心裁的手信，位於表參道的TOKYO FANTASTIC 201是一個值得探索的地方。以「美好事物的開始」為理念，店舖收集了由藝術家製作的陶瓷、破璃製品、木器皿等等，每一個價錢牌上列明了製作該產品的藝術家，價錢自然不是一般連鎖商店般平價，卻是一件件充滿溫度的作品。

→各種玻璃、陶瓷製品

MAP 別冊 M13 B-2

地 東京都港区南青山3-16-6-201
時 12:00-19:00
休 星期三、年末年始
網 tokyofantastic.jp/tokyofantastic201
電 (81)070-2315-3006
交 銀座線表參道車站A4出口步行約5分鐘

SUIYO 製作的陶瓷碟 ¥5,500

輪花小砵 ¥1,430

↑裏参道 Garden 場內提供免費 wifi，而且不禁止拍照，遊人最 like!

↑店中店以木搭的小攤檔方式經營，枱和椅都是木製的，一室樸實和風。

裏参道 Garden 所在的位置十分隱瞞，附近都是民居，所以比較少遇見遊客。

9 隱於在小巷內的古民家花園
裏參道Garden

有別於原宿、表參道人來人往的繁華光景，隱身在兩區之間的小弄巷內，裏參道Garden由建於1952年的古民宅翻新改造而成，散發著靜謐愜意的氛圍。推開木門，映入眼簾的是小巧的日式庭園，再來就是以店中店形式經營的空間，目前由抹茶專門店宇治園、日式甜品店味甘CLUB，以及鬆餅店Riz Labo Kitchen 等店鋪進駐。座位區是共享，遊人可以隨意選擇座位，如果遇上好天氣的話，也可以坐在戶外的庭園空間，感受陽光明媚，再點壺茶及甜點，悠閒地在戶外享用，度過一個休閒舒適的午后時光。

MAP 別冊 M15D-2
地 東京都渋谷区神宮前4-15-2
網 www.urasando-garden.jp
交 明治神宮前站步行約8分鐘

9a 味甘CLUB

味甘CLUB主打日式傳統甜品，每一份餐點都是店家手作製成，當中最受歡迎的莫過於名為天使之淚的水信玄餅，晶瑩剔透又渾圓的外型好像一粒大水滴，十分美麗，一開賣就成了當店的人氣商品。此外，店內亦有多款與甜品相襯的飲品，包括黑豆茶、蕎麦茶、玄米茶、紅茶、花茶和咖啡。

←**烤麻糬丸子套餐 ¥1,200**
烤麻糬丸子有 12 種口味蘸醬供選擇，遊人更可以親手烤麻糬丸子，十分有趣！

↙水信玄餅口感 Q 彈，蘸上香甜黑糖醬和黃豆粉，美味而毫無甜膩感，就算嗜甜品的朋友也不妨一試。

↑**天使之淚套餐 ¥1,200**
味甘 CLUB 所使用的餐具都十分講究，造型獨特的碟子更能襯托出水信玄餅的美麗。

時 12:00-18:00(L.O.17:30)

WOW! MAP
9

地下至三樓主要為商店

部份餐廳設有室外座位，可欣賞原宿夜景

10 最新必逛商場 With HARAJUKU

於2020年年中開幕的ウィズ原宿可以說是區內最新的複合型商業設施，甫開業已成為原宿的地標。商場內有以新形態開業的UNIQLO、IKEA、戶外用品店、各式café及餐廳等。除了商場，還有大量休憩的空間供遊人休息。

MAP 別冊 M14 B-1

地 東京都渋谷区神宮前 1-14-30
時 11:00-21:00(各店不同)
網 withharajuku.jp
電 (81)03-5843-1791
交 JR原宿站步行約1分鐘；或東京Metro明治神宮前站步行約1分鐘

店內的裝修簡約舒適，逛得輕鬆

↑多用途黑色手袋 ¥4,999

↑有不少歐風系環保袋

10a 市區首間插旗店 IKEA (1-2F)

在日本的IKEA因佔地廣而大都遠離市區。而這間位於原宿的IKEA是首間於市區開業的分店，店內除了有傢俬外，也有售賣食品、雜貨家品和廚具等，逛累還可以到café坐坐。

時 11:00-21:00、星期六、日及假期10:00-21:00
網 www.ikea.com/jp/ja
電 (81)0570-01-3900

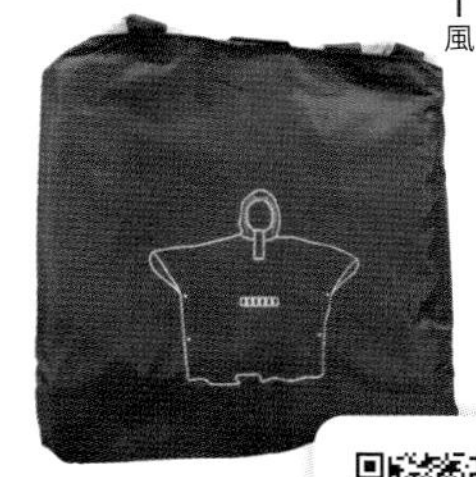
↑黑色雨衣 ¥1,299

WOW! MAP 10

店內除了售賣商品還附設café

10b 童心未泯

PEANUTS Cafe SUNNY SIDE kitchen (B2F)

曾幾何時作者「好鍾意」Snoopy，所以二話不說就走進去了。店內純白的主調給人愉快的輕鬆感覺，各式各樣的小家品、文具和衣飾都看到可愛的Snoopy和Charlie，角落還放有原創設計的TEE、手挽袋、CAP帽等，大家買完還可以坐低點個甜品來轉換一個好心情。

→(左)Charlie糖漿煎餅 ¥1,705、(右)Snoopy糖漿煎餅 ¥1,727

↑兩層午餐飯盒 ¥2,750

←黑色罐裝曲奇 ¥1,296

↑店內設有迷你gallery，將原創TEE放在畫框中陳列出來

時 09:00-21:30(L.O.20:30)
網 www.peanutscafe.jp
電 (81)03-6434-0046

甫走進店內已被巨型的螢幕裝置吸引著

↑ONE PIECE衣飾

←eggs'n things的TEE ¥1,990

10c 全新概念 UNIQLO (B1-1F)

UNIQLO自2012年撤出原宿後，終於8年後再度以全新概念回歸。店內除了有專屬的UT專賣廣場，售賣大量原宿限定設計的衣飾，配以有趣的圖案，令人忍不住手購買；另外不時也有期間限定的服飾，值得一逛。

→和不同設計師crossover的TEE ¥1,500

↑店後方有一巨型的屏幕裝置為客人配襯服飾

↑還會介紹原宿今季的時尚顏色

→粉紅格仔恤衫 ¥2,990

部份衣飾會以顏色劃分，方便客人按自己膚色或喜好來揀選

10d 結合全新科技 StyleHint (B1-1F)

就在UNIQLO店旁，它的另一個嶄新概念店–StyleHint，一整個巨型屏幕，客人可透過電腦分析：輸入自己的髮型、膚色，揀選適合自己的配搭裝扮，而電腦亦會自動在店內搜尋搭配的衣飾，可謂十分先進！

時 11:00-21:00
電 (81)03-5843-1745

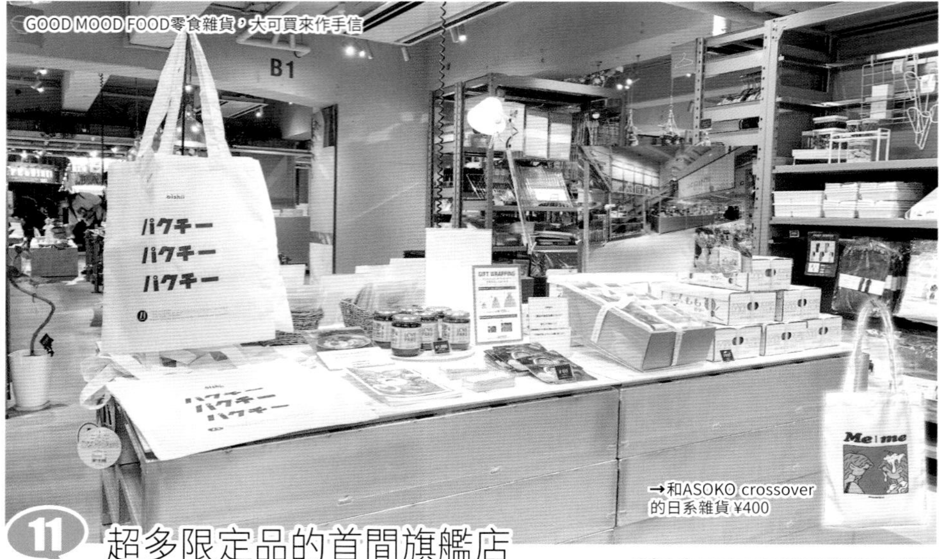

GOOD MOOD FOOD零食雜貨，大可買來作手信

→和ASOKO crossover的日系雜貨 ¥400

11 超多限定品的首間旗艦店

3 coins

這間位於原宿的3 conis是它們首間的旗艦店，店內除了有以往的日系雜貨外，也加入了眾多美妝產品、小傢俱、廚具、小朋友用品，最特別的是可以買到限定的GOOD MOOD FOOD零食雜貨、和日本插畫家嶋田保設計合作繪製的原創帆布包等，大部份都是300円就可以買到，最吸引的還有這裡會先售賣其他分店還未正式上架的新貨品呢！大家豈可不來？

→部份貨品有print service (平日11:00-19:00、周末及假期11:00-14:00)，可加上自己的名字或喜愛的句子 ¥330起

↑嶋田保先生設計的環保袋，三個圓圈是代表三枚不同的一百円

小朋友零食區

MAP 別冊 M14 B-3

地 渋谷区神宮前6-12-22 秋田ビル1F
時 11:00-20:00
網 www.3coins.jp/harajuku
電 (81)03-6427-4333
交 JR原宿站步行約7分鐘；或東京Metro明治神宮前站步行約3分鐘

WOW! MAP 11

場內設有動漫區

↑除了精品和衣飾，還有扭蛋機

→很有港式感覺的環保袋¥4,900

12 移動展覽館 base yard tokyo

就在3 coins旗艦店樓上的base yard tokyo是一個「游擊商店」，輪流推出期間限定的貨品。店內除了有衣飾、鞋履，還有最新的動漫話題產品、零食、精品……喜歡原宿文化的朋友可以一到。

→咒術迴戰的相關產品

MAP 別冊 M14 B-3

地 渋谷区神宮前6-12-22 秋田ビル2F
時 11:00-20:00
網 baseyard.tokyo
電 (81)03-3486-5127
交 JR原宿站步行約7分鐘；或東京Metro明治神宮前站步行約3分鐘

↑暴力熊crossover系列

店內主打歐美街頭服飾

13 歐美Style MFC Store

這間主打歐美型格服飾的店家MFC Store，可以買到不少外國流行的街頭服飾、鞋履、不同造型的暴力熊figure和相關crossover的產品，喜歡暴力熊的朋友記得一到。

MAP 別冊 M15 C-1

→日本製的復古PUMA波鞋 ¥22,000

地 東京都渋谷区神宮前3-23-6 1階
時 12:00-20:00
網 www.mfc-store.com/f/shoplist
電 (81)03-6812-9991
交 東京Metro明治神宮前站步行約4分鐘

12

13

WOW! MAP

秋葉原 原宿・青山・表參道 代官山・惠比寿・中目黑 台場

14 原宿人秘聚地

Fonda De La Madrugada

這間位於地下一樓的土耳奇餐廳是原宿人秘密的晚餐地點，絕少遊人到來。場內的裝修洋溢著墨西哥的南美風情：白壁上的彩畫、編織吊燈和裝飾品、繽紛的條紋枱巾；店內可以吃到手工料理、瑪格麗特調酒、Tortilla薄餅配特色醬汁。當天點了一客雞肉捲餅，炒香的洋蔥和雞肉，外層口感煙韌的餅皮，再沾一口味道濃烈而帶微辣的醬汁，十分醒胃。

→TACOS DE POLLO ¥1,000

↑客人沿著樓梯向下走就會到入口

↑充滿南美熱情的裝修

MAP 別冊 M15 D-1

地 東京都渋谷区神宮前2-33-12 ヴィラ・ビアンカB1F
時 16:00-23:30、星期五六 16:00-02:00(L.O.關門前1小時)
休 不定休及1月1日
網 fonda-tokyo.com/
電 (81)03-5410-6288
交 東京Metro明治神宮前站或表參站步行約10分鐘

WOW! MAP 14

15 自訂鞋款

White atelier BY CONVERSE

到這間White atelier BY CONVERSE自訂一對個人風格的Converse。一樓出售當季鞋款和配件飾品；沿著樓梯來到B1樓才發現內有乾坤，提供自訂鞋款的服務，客人首先挑選一雙全白的Converse，再選擇喜歡的圖案，付款之後，店員會立即印製，需時一小時就可取貨，十分方便。

→ Converse找來多個藝術家設計圖案，有三大本圖案冊供遊人選擇。

↑ 米奇圖案童裝Converse(低筒)￥5,500、(高筒)￥6,000

別冊 **M14 B-3**

地 東京都渋谷区神宮前6-16-5 HOLON-III B1F・1F
時 12:00-20:00
休 不定休
網 whiteatelier-by-converse.jp
電 (81)03-5778-4170
交 明治神宮前站步行約6分鐘

WOW! MAP
15

店內的裝修優雅時尚

16 芬蘭國寶級的玻璃藝術

Iittala Omotesando Store & Café

Iittala是一個位於北歐芬蘭的一個小鎮，這個小鎮以製作出世界的頂級玻璃而聞名；而Iittala就是來自芬蘭國寶級的家品設計品牌。這店內可以買到各式的玻璃或餐具，各有不同特色的系列，其手工不只精細，就連動物的表情也栩栩如生，當然最為人所知的是姆明系列吧！

↑ Iittala 玻璃鳥SOOTY OWL ¥27,500起

↑ 最受遊人歡迎的姆明系列餐具

MAP 別冊 **M13 A-2**

- **地** 東京都渋谷区神宮前5-46-7 GEMS青山クロス1階
- **時** 11:00-20:00
- **休** 不定休
- **網** www.iittala.jp/
- **電** (81)03-5774-0051
- **交** 東京Metro表參道站出口步行約5分鐘

馬克杯Taika魔幻森林系列的杯子¥2,399起

WOW! MAP 16

café的木色主調加落地玻璃，空間感強

↑還有芬蘭啤酒可試試

→Kastehelmi chocolate raspberry pudding ¥880

↑littala 玻璃鳥GROUSE YELLOW，其身上的彩紋精細奪目

欣賞完國寶級的玻璃擺設，還可以到旁邊、全世界首間的littala café休息一下。店內北歐風的裝修令人感覺放鬆，有各式甜品，也有特色的芬蘭味道：三文魚湯、肉桂卷、傳統的Karelian餡餅等供客人選擇。

↑店內除了衣飾還有毛巾及牀上用品等

質感軟熟的各款毛巾

17 百年芬蘭品牌 LAPUAN KANKURIT

←桑拿專用的帽子 ¥4,400

→和MATTI PIKKUJÄMSÄ品牌crossover的環保袋 ¥4,620

身為首間海外直營店的表參道分店LAPUAN KANKURIT，傳承百年品牌的堅持：簡約的北歐風、舒適高質的羊毛、保暖度高的天然素材：棉麻、亞麻等，產品大都是芬蘭製造，不只耐用而且質感柔軟，不論小朋友或大人的膚質也適合。

MAP 別冊 M13 A-2

地 東京都渋谷区神宮前5丁目13-12
時 12:00-19:00
休 星期二、不定休
網 lapuankankurit.jp/shop
電 (81)03-6803-8210
交 東京Metro明治神宮前站步行約4分鐘

WOW! MAP 17

↑ Farmer's Market 設有不同類型的美食車，逛完市集可以順道品嚐特色小食。

↑市場有很多自家的農產品

18 周末市場小確幸
表參道Farmer's market

每逢星期六、日，在青山國連大學前會有一排白色的帳篷整齊地排列著，原來這裡就是青山的周末Farmer's Market。

MAP 別冊 M13 A-3

地 東京都涉谷區神宮前5-53-70國連大學前廣場
時 逢星期六及日10:00-16:00
網 farmersmarkets.jp/
交 表參道站步行約5分鐘

店內有如一個小型藝術館

↑Andy Warhol經典作品的金寶湯Memo ¥3,080

←已故時裝設計師ISSEY MIYAKE BAO BAO系列 ¥37,400

19 充滿藝術感的商品
MoMA Design Store

這間MoMA Design Store是美國紐約MoMA現代美術館首間海外設立的商品店，店內既可以欣賞到各式的藝術品，又可以買到設計獨特的商品，除了有奈良美智、草間彌生、Andy Warhol等世界級藝術家相關的產品外，也有琳琅滿目的文具、小家品、雜貨……喜歡文青創意的朋友，定必流連忘返！

家品及擺設也值得一逛

MAP 別冊 M15 C-2

地 東京都渋谷区神宮前5-10-1 GYRE 3F
時 11:00-20:00
網 www.momastore.jp
電 (81)03-5468-5801
交 東京Metro表參道站A1出口步行約4分鐘

WOW! MAP 18 19

代官山·惠比寿·中目黑

Daikanyama · Ebisu · Nakameguro

有別於熱鬧繁華的市中心，這裡周邊都洋溢著一片悠閒的氣氛。弄巷之間隱藏著特色的餐廳和小店、衣著優雅的青年人，帶著輕快的步伐走過，到處都是綠意盎然和商店的共融，令人不禁放慢步伐。

往來代官山・惠比壽・中目黑交通

新宿站 — JR山手線 約9分鐘 ¥167 — 渋谷站 — 東急東橫線 約2分鐘 ¥140 — 代官山站

新宿站 — JR山手線 約9分鐘 ¥167 — 惠比壽站

新宿站 — JR山手線 約9分鐘 ¥167 — 渋谷站 — 東急東橫線 約4分鐘 ¥140 — 中目黑站

1 最新複合式商場

Forestgate代官山

香港首推

作為東京最為時尚區域之一，代官山絕對是各位潮人必去。於2023年10月19日開幕的Forestgate是最新的複合式商場，由著名建築家隈研吾大師設計，建築由Main及Tenoha大樓構成，目前有不少店舖陸續進駐，包括JO MALONE LONDON、SOLSO、甜點店LA BASE de Chez Lui、金子眼鏡、超市The Garden、Blue Bottle等等，定必成為日本潮人聚集地。

↑「THE GARDEN」有很多一般超市都沒有的產品。

↑ Forestgate 是最新的複合式商場，目前已有不少名店進駐。

↑人氣咖啡店 Blue Bottle

↑ JO MALONE LONDON 亦進駐此商場。

MAP 別冊 **M10 C-1**

地 東京都澀谷區代官山町344-1
時 各店不同
休 各店不同
網 forestgate-daikanyama.jp
交 Metro代官山駅步行約1分鐘

1a 貴婦下午茶

PAYSAGE by Hideki Eto

不少高質餐廳進駐Forestgate，當中貴婦級甜點店PAYSAGE by Hideki Eto於2024年2月2日開幕，由糕點大師江藤英樹主理，店內裝潢時尚優雅蛋糕不單賣相精緻，其層次分明的口感更是令人驚喜。甚至有不少女生會自己一人前來，品嚐人氣的Tea set，可以一次過享用8款經典蛋糕、鹹點及鬆餅，感受大師的用心之作。

PAYSAGE by Hideki Eto

↑**朱古力蛋糕 ¥864**
面層是絲滑的朱古力醬，中間的蛋糕鬆軟香濃，加入脆脆的口感超豐富。

← Latte 同樣是優雅下午茶必備元素。

↓各種和菓子也極具人氣。

時 11:00-19:00
休 星期一
網 paysage-he.com
電 (81)03-6455-2515
交 Metro代官山駅步行約1分鐘

→店內以粉、白為主調，設計優雅高貴。

WOW! MAP
1

2 藝文空間
Lurf Museum

在代官山逛街累了，不妨來到Lurf Museum讓感官放鬆一下。二樓是藝術展覽，到訪期間的主題是「It calls:shades of innocnet」，探索色彩與宇宙之間的關係，在玩樂途中加插一個藝術行程，讓思緒慢慢沉澱下來。一樓則是洋溢著復古風情的咖啡廳，咖啡豆來自東京著名專賣店GLITCH COFFEE & ROASTERS，磅蛋糕同樣深受歡迎，餐盤則使用丹麥著名的皇家哥本哈根手繪名瓷，相當賞心悅目。

↑想看展覽不一定要去藝術館，咖啡廳同樣有驚喜。

↑主題展覽「It calls:shades of innocnet」

↑咖啡廳的咖啡、磅蛋糕都很受歡迎。

←店內的裝潢主題配合二樓的藝術展覽，不時轉變。

↑一樓除了是Cafe外，也有售賣各種雜貨。

MAP 別冊 M10 C-1

地 東京都渋谷区猿楽町28-13 Roob1-1F 2F
時 11:00-19:00 (L.O.18:30)
網 lurfmuseum.art
電 (81)08-7018-7351
交 Metro代官山駅步行約5分鐘

3 療癒的午後時光
Zenta Coffee

Zenta Coffee是代官山的新Cafe，同樣是一間畫廊兼咖啡廳模式，看完畫展後再飲杯咖啡，度過一個休閒的下午。咖啡豆來自日本各地的知名Cafe，像是Onibus Coffee、Breather Coffee 等等，讓客人品嚐本土的優質出品。各種輕食更是值得一試，大推紅豆牛油麵包，烤得香脆的麵包中間夾著一整片的牛油，加上不會太甜的紅豆，每一口都是邪惡又滿足的滋味，巴斯克乳酪蛋糕、司康同樣熱賣。

↑Americano ¥650

↑紅豆牛油麵包 ¥800

←戶外的空間非常舒適。

MAP 別冊 M08 A-1

地 東京都渋谷区鶯谷町 12-6 LOKO ビル1F
時 星期二至五11:00-19:00（L.O.18:30）、星期六及假期09:00-19:00（L.O.18:30）、星期日09:00-18:00（L.O.17:30）
休 星期一
網 www.zenta.coffee
交 Metro代官山駅步行約8分鐘

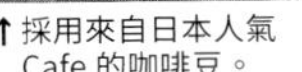

↑採用來自日本人氣Cafe 的咖啡豆。

↑ LOKO GALLERY 展覽

2 3 WOW! MAP

↑直接在碗碟寫上價錢，如此豪放的做法曾在 SNS 引起熱話。

↑調味料小碟 ¥440

4 日常生活的小確幸

The Harvest Kitchen General

對生活品味有追求的人，都喜歡在街頭巷弄的小店中尋寶，The Harvest Kitchen General是如此有品味的一間小店。販賣來自世界各地的廚房用品，無論是餐具、煮食用品，甚至是The Harvest自家推出的各種商品，設計都好看得過分，想想家中擺放了如此高質的小物，心情自然會好起來吧！這裡的商品自然不是¥300那種平價，但確實是非常有質感的。

↑ The Harvest 亦推出了自家品牌的商品。

↑門口的多為折扣商品，超級划算。

→簡約大方的法式餐具

↑一整車的碗碟，色彩繽紛。

MAP 別冊 M08 B-2

地 東京都渋谷区恵比寿南1丁目18-9
時 11:00-19:00
網 www.theharvest.jp
電 (81)03-6826-6086
交 JR 惠比壽駅步行約6分鐘

5 咖啡烘焙工廠

ファクトリー&ラボ 神乃珈琲

→正在烘焙咖啡豆

↑雞蛋三文治 ¥660、手沖咖啡 ¥605

中目黑文青人氣咖啡廳「factory & labo 神乃珈琲」外觀設計有如大教堂，當初一開幕便引起極大迴響，大片的落地窗工業風設計，最大的賣點是直接把工廠搬到店內，客人們可透過玻璃觀察整個烘豆、挑選咖啡豆的過程，令大家更直觀地了解一杯咖啡的製作。手沖咖啡一共有神煎、華煎及醇煎三種，甚至是使用的砂糖也分成了德島產、三盆以及鹿兒島三種，正如名字透露，是工廠與實驗室結合的咖啡室。

↑直接把整個工廠搬來，讓大家更了解咖啡的生產過程。

MAP 別冊 M10 A-2

地 東京都目黒区中央町1-4-14
時 9:00-20:00
網 kannocoffee.com
電 (81)03-6451-2823
交 JR目黑站西出口目黑站前乘搭黑01巴士，於清水站下車後步行約1分鐘

↑豆咖啡師穿著白色大袍工作，很有實驗室的氛圍。

↑咖啡廳大片的落地窗設計，在陽光的沐浴下休閒地享受早餐。

WOW! MAP
5

店內佈置簡約乾淨

↑店員風趣幽默

6 健康天然的食品
Ballon TOKYO

想健康又愛食零食？推介大家來甜品店Ballon Tokyo。店內提供的小食和甜點都以健康為大前題：100%的純素沙律，用上有機的蔬菜；而另一款人氣食品就是用上100%植物作素材、不含蛋、奶、糖的雪糕，精選有機豆漿、京都丹波產的甘草和國產菜籽油等，味道天然清甜，對食物有過敏的朋友也可安心享用。

→Granola雪糕 ¥550

MAP 別冊 M10 B-2

地 東京都目黒区中目黒3丁目2-19 ラミアール中目黒104
時 11:00-15:00、16:00-20:00 星期六日11:00-18:00
休 不定休
網 www.ballontokyo.com/
電 (81)03-3712-0087
交 東急東横線、東京Metro中目黒站步行約5分鐘

7 鬆軟忌廉蛋糕
MARUSEIYU Tokyo

這間於2022年9月開業的蛋糕店，就佇立在熱鬧的大街上。當店最人氣的是用鮮牛奶製成的鬆軟蛋糕，中間夾著牛奶忌廉，質感軟熟，甜度剛好，難怪剛開店就有不少人慕名而來。

→除了原味，還有咖啡和士多啤梨等味道

↓牛奶パン¥440

→牛奶蛋糕每天都新鮮製造

MAP 別冊 M10 B-2

地 東京都目黒区上目黒2-6-9 マルモビル 1F
時 10:00-18:00 休 星期三
網 www.maruseiyu-gk.com
電 (81)03-5708-5230
交 東急東横線、東京Metro中目黒站步行約2分鐘

WOW! MAP

6

7

樓下的雅座讓人仿如坐在花園中放鬆

8 在大自然中呷一口咖啡

ONIBUS café

要享受目黑的慢活生活，來這裡坐坐定必感受到。佇立在街角的ONIBUS Café環境清靜，周邊點綴著綠意盎然的植物，店家也有販賣莊園的咖啡豆。客人買好飲品或食物後，可以坐在樓下的小庭園、又或走到樓上二樓，選個窗邊的座位，看著眼前駛過的火車、聽著小鳥唱歌，讓自己盡情的活在當下。

↑二樓的座位就在鐵路旁，很有特色

↑ICY LATTE ¥620

MAP 別冊 M10 B-2

地 東京都目黒区上目黒2-14-1
時 09:00-18:00
休 不定休
網 onibuscoffee.com/en/pages/copy-of-onibus-coffee-nakameguro
電 (81)03-6412-8683
交 東急東横線、東京Metro中目黒站南口步行約2分鐘

店家的名字「ONIBUS」來自葡萄牙文，意思是公共巴士

WOW! MAP
8

9 百年歷史的傳承 OFFICINE UNIVERSELLE BULY

甫走進店內就被眼前的裝潢震攝，19世紀的歐式傳統貴族風情和現代的簡約工業風格交錯著，令客人一步之間就仿如穿越了二百年的光景。店家OFFICINE UNIVERSELLE BULY是源於1803年，由法國有名的香水師Bully所創立，那時他因為一款獨創的經典香氛洗面乳而在歐洲聲名大噪。

↑客人可以體驗這個羅浮宮系列的三倍水基底的香水

↑右邊的巨型木櫃和枱面將昔日的歐洲貴族風表現得淋漓盡致

←身體按摩油，採用了植物浸泡油 ¥6,600

這間位於代官山的分店是OFFICINE UNIVERSELLE BULY於日本開設的第一間店鋪，傳承了傳統歐洲的技術，全部的美容品：洗面乳、洗髮水、香水、護膚霜、肥皂等，都是以純天然原材料，無添加任何的化學物品，客人到訪也可以體驗一下不同香水的分別。

↑柔軟刷毛的豬獾毛牙刷 ¥6,270

↓不同功効的面膜粉50g ¥2,640起

→擴香石組合 ¥11,000

MAP 別冊 M08 A-2

地 東京都渋谷区恵比寿西1-25-9
時 11:00-20:00
網 www.buly1803.com/jp/
電 (81)03-6712-7694
交 東急東横線代官山站北口步行約2分鐘

WOW! MAP 9

↑店面的裝修於2018年獲得室內設計大獎

10 充滿溫度的手作

Migartory

位於目黑銀座商店街末端的這間小店，由老闆平岡先生一手創立，秉持著「增添日常生活中的色彩」的理念。店鋪針對的是30歲以上的輕熟女族群，一班追求生活質素，願意花錢去購買高質產品的人，販賣的都是精挑細選的手作雜貨，從各種廚房用具、日用品、衣物到傳統工藝品，有種尋寶的感覺。

↑各種有質感的家具，小小的改變令家居煥然一新。

→手工竹籃 ¥3,000

MAP 別冊 M10 A-2

地 東京都目黑区上目黑2-44-10 1F
時 12:00-19:00 休 星期二
網 www.migratory.jp
電 (81)03-6303-3273
交 Metro中目黑站步行約7分鐘

↑千奇百趣的杯，不是一般連鎖店找到的款式。

WOW! MAP 10

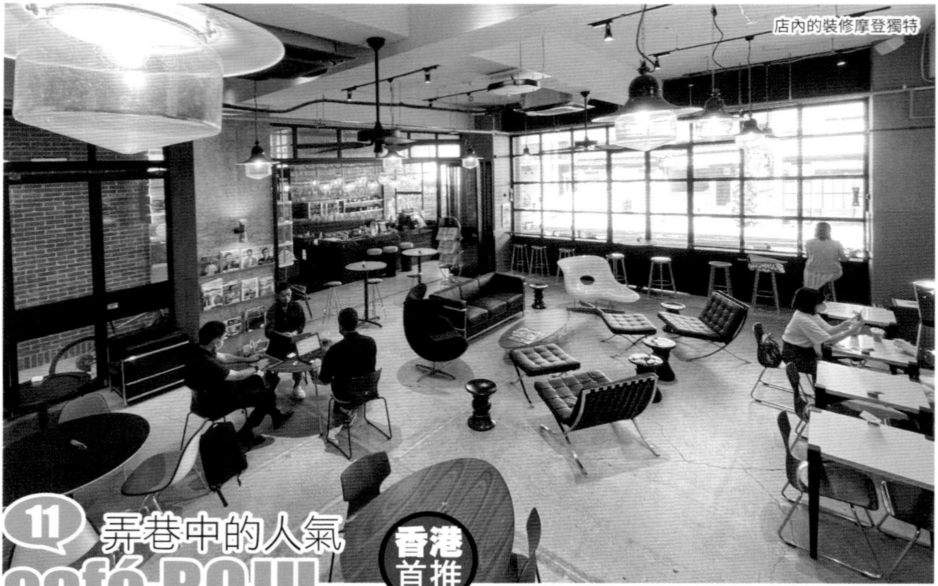

店內的裝修摩登獨特

11 弄巷中的人氣 café ROJU

香港首推

這間很有格調且空間感很強的ROJU café雖然置身於小街內，可是卻很受客人歡迎。因為其室內獨特的空間設計，令人仿如置身紐約SOHO。挑高的天花襯著黑白格調的傢俬，偶爾點綴著帶有復古風情的小茶几，不論是坐著休歇或是三五知己談天說地，也有一種仿如回到家中的自在感覺。

↑↓場內有大量的充電位置，不少客人都來電腦來工作或開會

客人先在吧枱揀選食物付款

→HOT LATTE ¥600

←另一邊廂的空間卻帶點girly的溫馨感

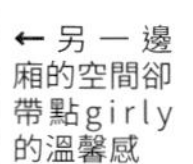

WOW! MAP 11

MAP 別冊 M10 C-2

地 東京都目黑区中目黑1-9-3
時 10:00-20:00
網 roju.jp
電 (81)03-6303-0770
交 東急東橫線、東京Metro中目黑站步行約6分鐘

↑無花果朱古力蛋糕 ¥700

12 健康食店 Medel deli

注重健康的遊人，推介大家來試試這間位於惠比壽的Medel deli，於2022年10月1日改裝開幕，由原來的café改裝成餐廳，主要提供健康的smoothie bowl、天然的水果飲品、鬆餅及漢堡包等，大家有時間不妨到來享受一餐健康的美食。

→Almond milk Latte ¥740

MAP 別冊 M08 A-2

地 東京都渋谷区恵比寿西1-17-1 プルミエール恵比寿 1F-A
時 09:00-19:00、星期日及假期10:00-19:00
網 www.medeldeli.jp
電 (81)03-6427-8580
交 東京Metro中惠比寿站步行約3分鐘；或JR惠比寿站西口步行約5分鐘

↑繪馬大都是祈求生意興隆順利

就算平日也有很多人來參拜

13 財神庇蔭 惠比壽神社

惠比壽神社雖然位於繁華街後面、安靜的住宅區，可是不少當地做生意的人都會到神社來祈求提升財運及生意興隆。而在日本惠比壽是有名的財神及商業之神，所以深受商人所信奉。

MAP 別冊 M08 A-2

地 東京都渋谷区恵比寿西1-11-1
交 東京Metro中惠比寿站3號出口，步行約1分鐘

WOW! MAP

12

13

14 東京必到朝聖
STARBUCKS RESERVE™ ROASTERY

全日本第一間STARBUCKS RESERVE™ ROASTERY於2019年2月開幕，由日本知名的建築師隈研吾所設計。旗艦店分為四層，分別設有不同的主題。一樓有很多店舖限定的紀念品；二樓是以「茶」為主題的Teavana bar。喜歡喝酒的一定不能錯過三樓的Arriviamo bar，這是STARBUCKS首間的雞尾酒酒吧，用咖啡配上不同的酒品，為愛酒人士帶來耳目一新的感覺。這一層設有露天的位置，在櫻花盛開的時候，非常漂亮。四樓是一個舉辦活動及講座的空間。

有專業的駐場咖啡師利用17米高的焙咖啡桶烘焙咖啡。

二樓的Teavana bar放有不同的茶葉供遊人聞香。

↑店內即時烘焙手工pizza、麵包及西餅等等，以配搭咖啡一同享用。

↑四樓的活動空間讓客人與專業的咖啡師有近距離的互動。

MAP 別冊 M10 A-1

地 東京都目黒区青葉台2丁目19-23
時 07:00-22:00
網 store.starbucks.co.jp
電 (81)03-6417-0202
交 中目黑駅步行約11分鐘

WOW! MAP 14

15 台屋美食集散地 惠比寿橫丁

如果在東京想體驗台屋文化，那麼推薦大家一定要來惠比寿橫丁，L字型的窄巷中，燈紅酒綠，帶有濃濃的日本色彩，彼此起落的笑聲聊天聲貫穿整個橫丁，氣氛輕鬆又歡樂，熱鬧非常，更一次過齊集21間不同類型的食店，包括關東煮、串燒、壽司、鐵板燒 、燒肉、小酒館等。雖然環境狹窄，店舖亦早已高朋滿坐，但人潮仍不斷湧入。這裡是當地上班族放工後消遣的好去處，亦是遊人感受東京夜之魅力的地方！

↑手寫的餐板、紅色燈籠，橙色的燈光，襯托出濃厚復古風味。

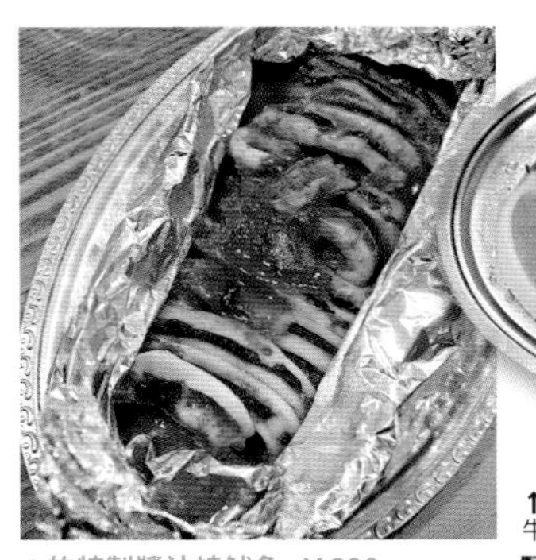

↑的特製醬汁燒魷魚 ￥680
新鮮的魷魚爽口彈牙，味噌的鹹香，味道有點像魷魚乾。

↑塩燒牛舌 ￥880
牛舌嫩滑又爽口，淡淡的麻油香，好食。

↑橫丁內不時會有街頭藝人賣唱，氣氛更熱鬧。

↓肉壽司除了新鮮的壽司刺身，還有其他地方少見的馬肉壽司，貪新鮮的遊人可以試下。

MAP 別冊 **M08 B-1**

地 渋谷區惠比壽1-7-4
時 店舖營業時間各異，請參考官網公佈時間
網 www.ebisu-yokocho.com
交 JR惠比壽站步行約3分鐘

WOW! MAP
15

16 惠比壽的華麗城堡
Yebisu Garden Place

Yebisu Garden Place於1994年開幕，是一個綜合娛樂、購物商業區，佔地甚廣。其中設施包括有Glass Square、三越百貨店、惠比壽Garden Cinema、The Westin Tokyo Hotel、東京都寫真美術館、惠比壽麥酒紀念館及Yebisu Garden Place Tower。

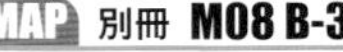
MAP 別冊 M08 B-3

地 東京都渋谷区恵比寿4-20
時 各舖不同 網 gardenplace.jp
電 (81)03-5423-7111
交 惠比壽東口Yebisu Sky Walk步行約5分鐘

↑價值數百萬元的Baccarat超巨型水晶燈

16a 浪漫拍拖勝地
Glass Square

Glass Square以玻璃天幕設計而聞名全國，B1樓有10多間商店及食肆。不定期舉行季節性活動，每年聖誕新年期間展出的法國Baccarat超巨型水晶燈更是焦點所在，是情侶約會的勝地。

16b 品味啤酒之旅
YEBISU BREWERY TOKYO

Sapporo Beer成立於明治20年，是日本國內數一數二的啤酒製造商，而惠比壽啤酒因當年的釀酒廠設於惠比壽而得名。惠比壽麥酒記念館是為了紀念Sapporo啤酒惠比壽工場成立100週年而建。經過兩年關閉進行室內裝修工程，終於在2024年4月30日重新開幕，除了博物館、釀造廠之外，Top Room空間更可享用經典款式或限定啤酒，若想體驗免費啤酒之旅，不妨到官網預約「Yebisu the Journey」，45分鐘旅程有專人為你介紹。

時 12:00-20:00、星期六日11:00-19:00
休 星期二
金 免費入場；「YEBISU the JOURNEY」
大人￥1,800、中學生/20歲以下￥900、小學生以下免費
網 www.sapporobeer.jp/brewery/y_museum
電 (81)03-5423-7255

WOW! MAP
16

忌廉咖哩烏冬 初代のカレーうどん ¥1,320
由於新鮮山葵成本高，一般只會在高級日本料理中出現，初代以合理的價錢，提供高質素的料理。

17 手工蕎麥麵專賣店
手打ち酒彩蕎初代

位於惠比壽站附近的初代，以蕎麥麵聞名，不少日本媒體都曾經報導過。除了蕎麥麵，初代還有一道人氣話題美食－忌廉咖哩烏冬，表面鋪上一層厚厚的白色薯仔忌廉，內裡是日式咖哩湯烏冬，順滑綿密的薯仔忌廉與彈牙的咖哩烏冬味道十分相襯，沒有預期中油膩感，讓人不知不覺吃完一大碗。

↑天婦羅蕎麥麵 天そば切り ¥1,760

↑初代環境裝潢簡約優雅，樓高兩層空間寬敞。

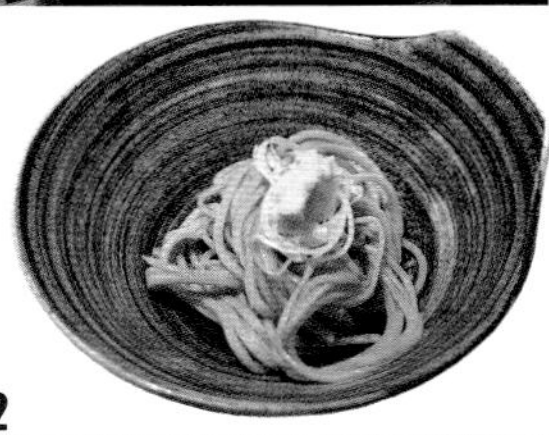

→蕎麥麵附有山葵讓客人自己磨wasabi，新鮮的wasabi沒有攻鼻的氣味，清香帶甜，與蕎麥麵同吃味道一流！

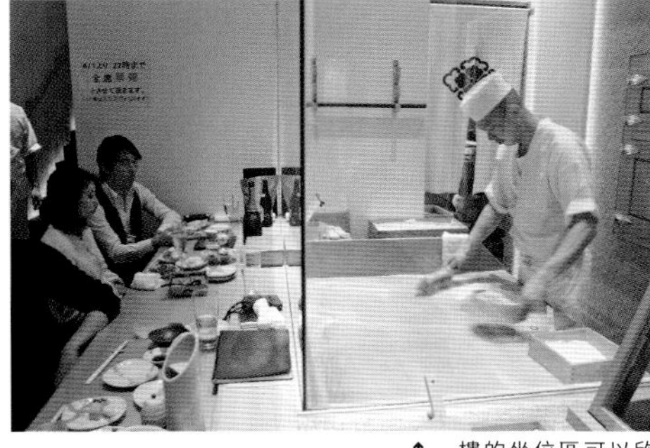

↑一樓的坐位區可以欣賞到師傅即場現製蕎麥麵

←枱上放置了一個木盒，內有6款給炸物調味的彩鹽。

MAP 別冊 M08 A-2

地 東京都渋谷区恵比寿南1-1-10 サウスコラム小林 1F
時 11:30-22:00
網 shodai-food.com
電 (81)03-3714-7733
交 JR恵比寿站西口步行約2分鐘

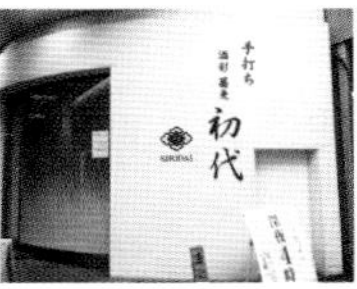

17

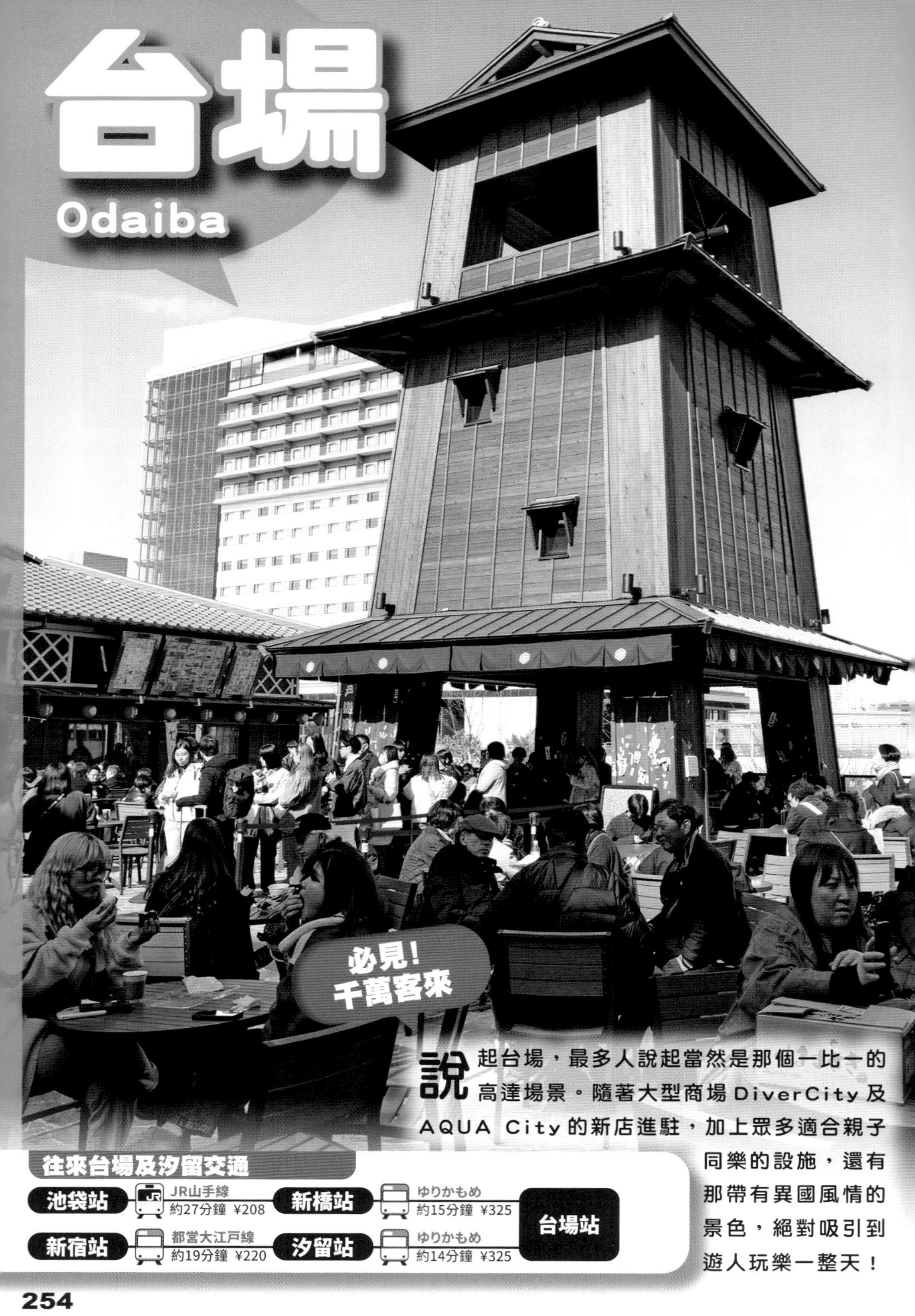

台場

Odaiba

說起台場，最多人說起當然是那個一比一的高達場景。隨著大型商場DiverCity及AQUA City的新店進駐，加上眾多適合親子同樂的設施，還有那帶有異國風情的景色，絕對吸引到遊人玩樂一整天！

往來台場及汐留交通

池袋站 — JR山手線 約27分鐘 ¥208 — 新橋站 — ゆりかもめ 約15分鐘 ¥325 — 台場站

新宿站 — 都営大江戸線 約19分鐘 ¥220 — 汐留站 — ゆりかもめ 約14分鐘 ¥325 — 台場站

1 集美食購物溫泉於一身！

香港首推

千客萬來

激新景點來了！2024年2月1日正式開幕的豐洲最新觀光設施「千客萬來」，由「東京豐洲萬葉原俱樂部」溫泉大樓及「豐洲場外江戶前市場」飲食娛樂大樓組成，大家可以品嚐到豐洲市場直送的人氣美食，結集超過70間店舖，多間人氣食店進駐，成為東京最火爆的新景點，一起跟編輯來看看有哪些必吃美食吧！

↑越後屋助五郎的烤魚香氣十足，看著非常誘人。

↑平日中午前往人流也很誇張，絕大部分都是日本人。

MAP 別冊 M04-A1

地 東京都江東區豐洲6-5-1
時 店舖10:00-18:00
1-2樓餐廳10:00-22:00
3樓餐廳10:00-20:00
網 www.toyosu-senkyakubanrai.jp
電 (81)03-3533-1515
交 Metro市場站前步行約5分鐘

1a 高質日本蠔

牡蠣や粋

由仲介商「築地三代」直營，是豐洲市場唯一的牡蠣專賣店。從日本各地搜羅最新鮮的生蠔，每日供應的都不一樣。當天供應了室津、米崎、浦村、有滝等地的生蠔，每款¥550至¥1,650，一隻要價二十多元起不算太貴，由師傅即開即洗，品嚐了Set B 的浦村及北海道マルえもん生蠔，入口香甜清爽不太咸，淡淡的蠔香在口中迴盪。

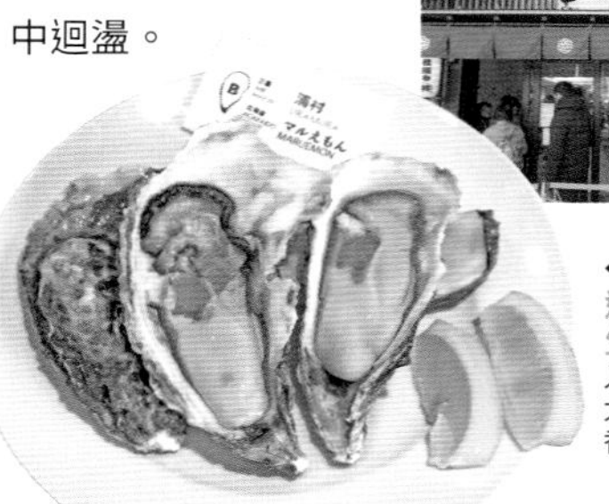

←浦村及北海道マルえもん生蠔 ¥1,650
入口香甜清爽不太咸，淡淡的蠔香在口中迴盪。

時 10:00-18:00

1b 人氣玉子燒

丸武Premium

來到市場總是忍不住要吃即製的玉子燒，永遠都在大排長龍的丸武Premium，在遠處便可以聞到蛋香。早在築地場外市場已是人氣店，看著師傅倒入蛋漿，再快速地攪拌、捲起，一份玉子燒要價¥300，拿上手還是熱辣辣，入口是超級嫩滑，味道會偏甜，蛋香濃郁！

↑專注製作玉子燒的師傅。

時 10:00-18:00
網 www.tsukiji-marutake.com

→玉子燒 ¥300
入口是超級嫩滑，味道會偏甜，蛋香濃郁！

1c 八女茶之美味

濱風茶房 (2F)

對於日本抹茶，相信大部分人都只知道宇治抹茶，但其實來自福岡八女市的「八女茶」同樣高質。濱風茶房主打一系列採用八女茶的甜點，最人氣的抹茶蒙布朗抹茶香氣濃郁，而且口感鬆軟，是顏值與美味並存的甜點。八女抹茶拿鐵奶香與茶香交織，微糖更能感受茶香，大家更可按照喜好，選擇標準、濃厚1.5倍或極濃2倍的抹茶。

↑抹茶蒙布朗 ¥1,100
八女抹茶拿鐵 ¥700

→抹茶蒙布朗即叫即製，看著一束束的抹茶落下的確治癒！

時 10:00-18:00
網 hamakazesabou.gateau-yokohama.co.jp
電 (81)07-8942-3883

1d 100円漬物

小田原六左衛門 (2F)

小田原六左衛門是擁有430年歷史的魚商「鮑屋」的直營店，店內有各種海鮮製品、漬物及高湯。如果你想先試試漬物味道的話，可以買100円的米餅，再自選一款口味的漬物，有昆布、海苔、雲丹醬油等等，試到喜歡再買也可以！

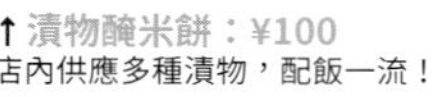

↑漬物醃米餅：¥100
店內供應多種漬物，配飯一流！

↑赤味噌 ¥340

時 10:00-18:00
網 odawara-rokuzaemon.com
電 (81)03-3520-9668

2 預知未來科技
日本科學未來館

既然稱得上「科學未來館」，首推當然是在電視上看過無數次卻始終沒有看見過真身的日本機械人，在日本科學未來館會有機械人跟小孩互動的環節。另外，太空艙參觀或許不算有新意，可是看看太空人如何看雜誌的確有趣。還有還有，是2050年生活方式的模擬遊戲……忽然回過頭想一想，眼前的這一切，其實都是日本人對未來生活的刻劃和期盼。

↑未來宇宙的體驗遊戲

↑館內有很多體驗，大小朋友都可從遊戲中了解大自然和科技

↑介紹由過去到未來的計算方法

→不論面部表情或是動作，像真度極似人的機械人

MAP 別冊 M03 B-2

地 東京都江東区青海2-3-6
時 10:00-17:00（最後入場時間為閉館前30分鐘）
休 星期二及12月28日至1月1日（有臨時閉館日，故建議前往前先往官網確定）
金 ¥630(18歲以下¥210)
網 www.miraikan.jst.go.jp/zh
電 (81)03-3570-9151
交 ゆりかもめ線至船の科學館站步行約8分鐘

秋葉原 原宿・青山・表參道 代官山・惠比寿・中目黑 台場

3 城市內的動物園 ANITOUCH ODAIBA

秋葉原
原宿・青山・表參道
代官山・惠比寿・中目黑
台場

來日本怎能不親親可愛的小動物們呢！由由伊豆仙人掌動物園所經營的室內動物園「ANITOUCH ODAIBA」在橫濱、茨城、名古屋都有分店，最近終於來到東京台場了！入面一共有14種可愛的小動物，水豚、樹懶、環尾狐猴、兔子等都是自由活動的，牠們可能會爬在你身上，你也可以輕輕地觸摸小動物們！入場費是1,200円，沒有時間限制。

↓喜歡泡澡的可愛水豚，同樣是「任摸唔嬲」！

←可愛的天竺鼠是小朋友的最愛。

↑喜歡攀爬的環尾狐猴在場內四處奔走。

↑被寵幸的客人們，可以零距離地與小猴子玩耍。

MAP 別冊 M03-B2

地 港区台場一丁目7番1号 アクアシティお台場３階
時 平日 11:00-19:00（L.O. 18:30） 星期六日及假期 11:00-21:00（L.O. 20:00）
網 www.odaiba.anitouch.com
電 (81)03-6380-7980
金 平日成人 ¥1,200、中學生以上 ¥1,000、4歲以 ¥700；星期六日及假期¥1,500、中學生以上 ¥1,300、4歲以 ¥900
交 御台場海濱公園站2B出口步行約8分鐘

↑場內還有購物區，大量動物玩偶等你帶回家。

→一走進門口，就有貓頭鷹在迎接大家！

WOW! MAP 3

↓時速最高可達 80km/h，非常專業。

4 速度與激情

CITY CIRCUIT TOKYO BAY

在2023年12月正式開幕的CITY CIRCUIT TOKYO BAY，是日本目前最大的EV賽車場，佔地超過10萬呎，提供實體EV賽車及VR虛擬賽車，無論有沒有車牌都可以盡情暢玩，小朋友也可以挑戰兒童場。車場由TOM'S負責經營，戶外的成人賽道設計相當專業，全長400m最多同時可容納10輛車同時比賽，時速最高可達80km/h。

MAP 別冊 M03-B1

地 東京都江東区青海1丁目3-12
時 平日 12:00-20:00、星期六日及假期10:00-20:00
網 city-circuit.com
電 (81)03-3704-6191
金 戶外場4分鐘¥1,500、室內場5分鐘¥2,000
交 臨海線東京電訊站A出口步行約8分鐘

↑場內有完善的裝備，即使是新手也不用擔心。

↑開始前會先看一段介紹，學習賽場規則。

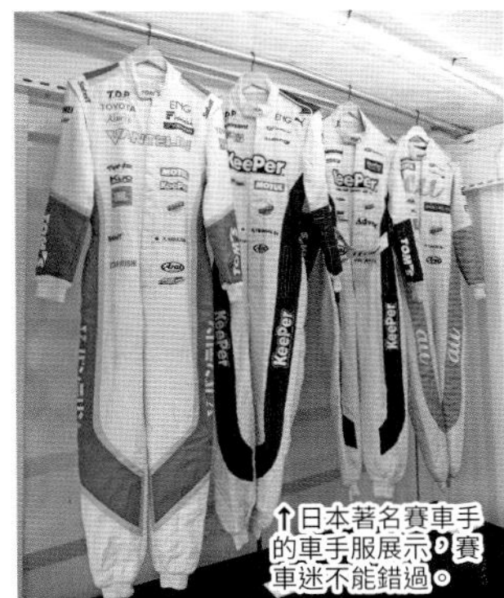
↑日本著名賽車手的車手服展示，賽車迷不能錯過。

↑如果不敢挑戰戶外賽車的話，也可以試玩VR虛擬賽車。

5 最大的迷你世界

SMALL WORLDS Miniature Museum

於2023年3月重新開放的SMALL WORLDS Miniature Museum，總面積達7,000平方米，是世界最大的室內型迷你世界。入面可以分為太空中心、世界小鎮、美少女戰士、關西國際機場、新世紀福音戰士格納庫與新世紀福音戰士第3新東京市等8大區域，世界變成1/80的大小，各種微型展品居然還會移動，火箭發射、礦車行駛，不得不慨嘆日本人的工藝。

↑白虎衝進城市，是現實與想像的結合。

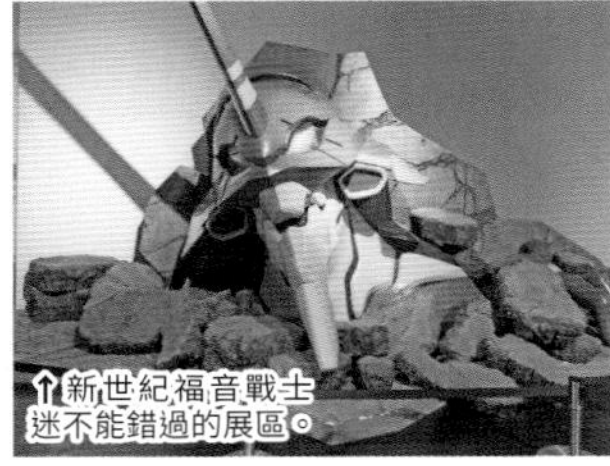

↑新世紀福音戰士迷不能錯過的展區。

→如此精緻的零食，令人食慾大振。

↑商店內有各種微型產品，大家可以買回家建構自己的小小世界。

↑夜空下的日本建築物，你又見過多少？

WOW! MAP 5

↑參觀者還可以「走進」微型世界，與作品互動。

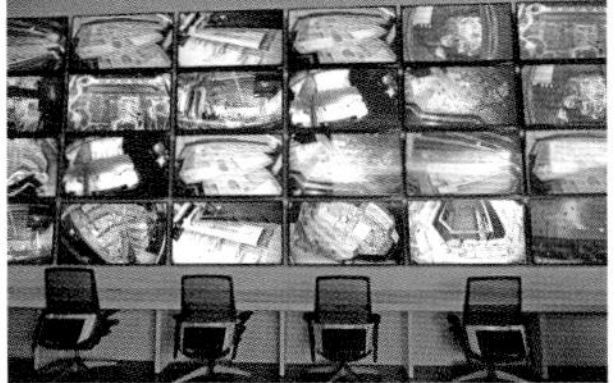
↑監控室讓你化身航空員。

↑大家還可以了解一下微型展品的幕後製作。

↑仔細一看，每一個人物的神態都栩栩如生。

↑二樓新開的博物館咖啡館以「Nightlife in Japan」為概念。

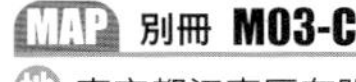
MAP 別冊 M03-C1

地 東京都江東区有明1丁目3－33 有明物流中心
時 平日 09:00-19:00（L.O. 18:00）
網 smallworlds.jp
金 成人 ¥2,700、12至17歲 ¥1,900、4至11歲 ¥1,500
交 有明網球森林公園站1A出口步行約6分鐘

霓紅燈下的便便場景

6 真有這樣可愛的便便嗎？

香港首推

AUNKO Museum Tokyo (2F)

這間首次登陸東京台場的便便博物館絕對是親子同樂的地方！平時小朋友一講到「便便」，大人就會皺起眉頭，避而不談。可是來到這裡，大家大可以放低成見，一齊玩過夠、講個夠！場內有拍照區、遊戲區、創意區等等，職員會同大家拍照、互動玩遊戲，各式各樣的便便裝飾、手信定必令大家大呼過癮呢！

↑場內的佈置帶點夢幻

↑UNKO MART放了各樣便便的陳列品，像一間便利店

WOW! MAP 6

↑→小朋友在便便池玩過不亦樂乎

進場之後，職員會邀請大家一齊坐在馬桶上，做出一個便便時的表情，瞬間屬於自己顏色的便便就會跌出，給大家帶回家做手信；而另一個打卡位就是便便守護神的房間UMBERTO Room，門口是一個巨型馬桶，聽聞這房間和神秘的宇宙相連，可令各位便便暢通啊！

←MY UNKO Maker是一個和職員互動的遊戲

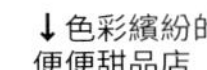

↓色彩繽紛的便便甜品店

↓場內有大量的打卡位

↑大家都好努力咁便便

MAP 別冊 **M03 B-1**

- 地 東京都江東區青海1-1-10
- 時 10:00-20:00
星期六及日09:00-21:00（最後入場為關門前1小時）
- 金 中學生以上¥2,000(平日)/¥2,200(假日)、小學生¥1,500、4歲或以上¥1,100
- 網 unkomuseum.com/en/tokyo
- 交 ゆりかもめ線台場站下車，步行經富士電視台旁，約8分鐘; りんかい線東京テレポート站下車，步行約5分鐘

便便手信店

位於博物館隔鄰的手信店是免費的，遊人參觀完博物館大可以把眾多造型可愛的便便手信帶回家。店內用上色彩繽紛的背景，把店家打造成一個猶如玩具屋般，貨品的包裝及外型很是討好：便便戒指、便便守護神布袋、便便曲奇等……買給朋友做手信定必很有紀念價值。

→DO THE DOO COOKIE ¥1,200

↓店內有如一個便便工場

← 便便棉花糖¥750

↑便便造型的帽子¥2,800

↑各款有趣的衣飾

資料由客戶提供

視覺體驗打卡地
東京トリックアート迷宮館

日本發祥的「Trick Art」，您可以享受到一個有趣的休閒場所。這是一個充滿神秘的藝術館，您可以觀賞並拍照玩耍。在以江戶時代為主題的和風建築內，您可以體驗到立體繪畫和房間錯覺的作品！

↑穿越江戶大街之旅

MAP 別冊 M03 B-1

地 東京都港区台場1-6-1 デックス東京ビーチ シーサイドモール4F
時 11:00-20:00(最終入館 19:00)
金 大人 ¥1,200、小童 ¥800
網 www.trickart.info
電 (81)03-3599-5191
交 Yurikamome「台場海浜公園」站徒步2分鐘；臨海線「東京電訊」站徒步5分鐘

←↑不可思議的驚人相片

7 超現實高達場景
DiverCity Tokyo Plaza

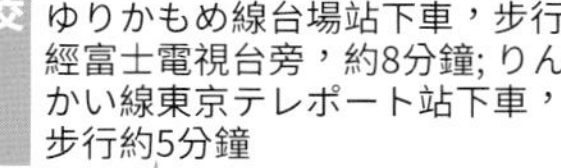

MAP 別冊 M03 B-1

地 東京都江東區青海1-1-10
時 星期一至五11:00-20:00(餐廳至21:00)(美食廣場至22:00)；星期六、日10:00-20:00(餐廳至21:00)(美食廣場至22:00)
網 mitsui-shopping-park.com/divercity-tokyo
交 ゆりかもめ線台場站下車，步行經富士電視台旁，約8分鐘; りんかい線東京テレポート站下車，步行約5分鐘

自從高達RX-78退役後，大家都望穿秋水，新的高達何時進場。不用再等了，獨角獸高達Unicorn Gundam已經登場。新登場的高達高19.7米，比上一代的高達更有氣勢。另外，這個高達更厲害的是可以變身的，在日間的時候，配合身上的燈光，變成「毀滅模式」；而晚上配合燈光演出及DiverCity Tokyo Plaza的大電視播放動畫，讓獨角獸高達的日與夜各有不同的風味。

↑商場設有大型美食廣場

↑獨角獸高達

WOW! MAP
Trick Art
7

秋葉原 原宿・青山・表參道 代官山・惠比寿・中目黑 台場

7a 高達迷全新據點
THE GUNDAM BASE TOKYO (7F)

日本首間以高達模型為主的商店。一入門口就有模型展品，高達迷又點可以錯過呢！另一邊就是令無數男士為之瘋狂的販賣模型區域，有各式各樣的高達模型，喜歡都就買回家吧!在場內的模型製作區，即時借用工具砌模型。場內還有展示模型的製作工序，高達粉絲可以一次看過夠。

↑高達迷可以在這裡選購不同的高達模型

→ガンダムベース限定お菓子¥1000（稅込）可以買給喜歡高達的朋友

↑模型製作區，可以即場砌剛買的模型

時 星期一至五11:00-20:00；星期六、日及假期10:00-21:00
網 www.gundam-base.net
休 不定休
電 (81)03-6426-0780

7b 哆啦A夢未來百貨店
Doraemon Future Department Store (2F)

↑店內有數百款文具、精品和配飾

橫跨數個世代的人氣Doraemon絕對是小朋友童年必看的卡通片或漫畫，主角哆啦A夢、大雄、靜香等各有性格，以日常生活的瑣事描繪出動人心弦的情節，令讀者難以忘懷。這間位於台場的百貨店是全球首間的官方商店。店內除了有限量版的商品外，還有各式的體驗遊戲、道具實驗室等，充滿童真。

←小朋友可隨意和主角拍照

→大雄和靜香的結婚公仔¥1,980

↑限定版和文明堂crossover的銅鑼燒 ¥1,080

時 11:00-20:00、星期六、日及假期10:00-21:00(體驗區最後入場為關門前30分鐘)
網 mirai.dora-world.com

7c 粉絲必到 Hello Kitty Japan (2F)

喜歡Hello Kitty的朋友對這店家一定十分熟悉。店內可以買到各款Sanrio的卡通人物精品、文具、衣飾和小家品等，加上有不少都是限定版，定必令大家滿載而歸。而旁邊更附設有café，各式的甜品造型更是可愛非常，是粉絲們必到的打卡點。

很有和式風格旳裝修

→台場限定超合金Hello Kitty Gundam ¥7,480

→玉桂狗軟雪糕汽水¥500

←Cinnamoroll玉桂狗的行李箱 ¥16,940

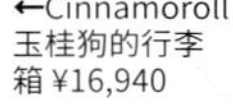
←Hello Kitty卷蛋 ¥460

時 11:00-20:00、星期六、日及假期10:00-21:00
電 (81)03-3527-6118

店內的特產款式甚多

↑東京咖喱味薯條 ¥432

→台場限定的抹茶味蛋糕 ¥972

←東京Sweet star曲奇 ¥648

7d 手信特產一TAKE過 ザ・台場 (2F)

來到台場又怎可以空手而回？位於2樓的ザ・台場絕對不會令你失望！店內有數百款手信和特產：限定版的和菓子、東京人氣的蛋糕、得獎的美味曲奇、台場限定的抹茶蛋糕等，大家可以盡情買個夠。

台場初登陸的熊貓造型蛋糕¥540

時 11:00-20:00
星期六日及假期10:00-20:00
電 (81)03-6457-2675

↑很日系的小手巾 ¥500

↑柴犬手挽袋 ¥1,100

↑浮世繪筷子座 ¥770

7e 日系小雜貨
WABI x SABI (2F)

喜歡日系小雜貨的朋友，真心推介大家來這店家逛逛。內裡有數百款日系茶具、衣飾、文具等：用日本傳統漂染的小手巾、柴犬公仔的餐具、環保袋、可愛貓頭鷹的布製小擺設……不只外型可愛，也十分實用。

時 10:00-20:00；星期六日及假期至21:00 電 (81)03-5530-1882

↑店內的格局帶有傳統和式風情

7f 最潮的唐吉訶德
キラキラDonki (2F)

香港首推

這間Kirakira Donki店有別於以往的店家。其店的主要客戶群是年輕的10幾至20幾歲的青少年人，所以店內的裝修風格盡是色彩繽紛、亮晶晶的閃亮佈置，而貨品更是網絡上的話題商品：親民價錢的美妝品、口味刺激的零食、包裝搶眼的精品、打卡必備的配飾等等，在這裡逛一圈，定必令大家立即「潮」起來！

↑迷你酒品 ¥298起

↑充滿童心的玩具零食

→人氣熱捧的桃型去角質按摩肥皂 ¥598

店內的零食區佔的比例一半左右

時 11:00-20:00
星期六日及假期10:00-21:00
電 (81)0570-666-742

8 東京新市場
豐洲市場

位於豐洲人工島上的新築地市場主要分為三棟，分別是海鮮批發的「水產仲卸賣場棟」、「水產卸賣場棟」及批發蔬菜及水果的「青果棟」。而在舊築地時的人氣食肆亦分佈在這三棟建築物內，這次就帶你揭開「新築地」的面貌及必食之選！

MAP 別冊 M04 A-1

地 東京都江東区豊洲6丁目
時 05:00-15:00(各店家略有不同)
休 星期三及日
網 shijou.metro.tokyo.jp
電 (81)03-3520-8205
交 乘搭「百合海鷗線」在市場前站下車，步行約1分鐘

8a 新鮮蔬果批發 青果棟

遊人來到青果棟就可以參觀豐洲市場的運作情況，雖然不能近距離欣賞，但站在天橋上參觀也別有一番風味。遊人可以俯瞰著拍賣的情況。在青果棟有三家的餐廳，當中以昔日超人氣壽司店大和寿司就坐落在這裡，建議遊人平日早上來吃，人流相對較少。

遊人俯瞰著市場，可見日本的蔬果交易是相當龐大。

8b 老饕必到 水產仲卸賣場棟

如果你的目標是吃的話，就不能錯過這一棟。水產仲卸賣場棟的三樓是飲食區，集結了超過20家的餐廳，昔日人氣店寿司大都位於這裡；不論是回味舊餐廳，還是尋找新的味道，這裡都能夠滿足到大家。這棟建築物除了有飲食區以外，沿著外圍的天橋一直走，就會到達批發水產的見學步道，內有介紹昔日的業者駕駛著運送車的情況，讓遊人懷念舊築地市場的熱鬧。水產仲卸賣場棟的四樓是銷售區，遊人可以在這裡選購不同的乾貨或紀念品。

↑遊人可以沿著批發水產的見學步道，參觀業者選購海產的情況。

遊人沿著走道，兩旁介紹著昔日築地市場的光景。

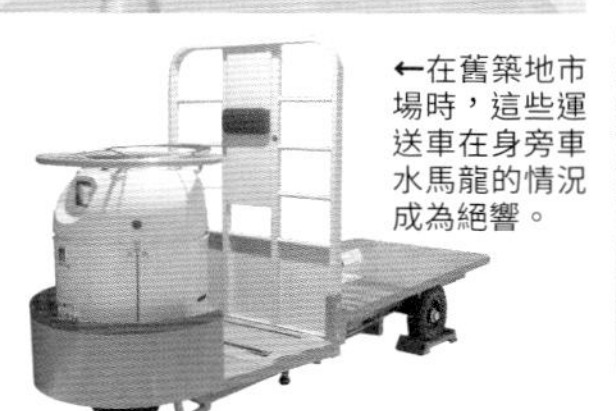
←在舊築地市場時，這些運送車在身旁車水馬龍的情況成為絕響。

8c 傳統人氣海鮮丼 海鮮丼大江戶

在美食區，每一處都非常吸引，但說到人氣最強的，除了寿司大和之外，還有這一家海鮮丼大江戶。早上來排隊，就為了這個早上期間限定的「上級函館蓋飯」及加入新鮮魚肉的味噌湯。呷一口味噌湯，魚鮮甜味圍繞著整個口腔久久不散，令人非常回味。主角海鮮丼，整碗都是滿滿的海鮮，非常澎湃。海鮮新鮮甜美，海膽非常甜且能嚐到微微海水味、三文魚籽粒粒飽滿，而且價錢相宜，是築地市場的必食推介。

→上級函館蓋飯 ¥2,800
早上期間限定的上級函館蓋飯，材料新鮮鮮甜，想品嚐就要早點起床品嚐。

味噌湯加上新鮮魚翻滾，鮮甜味提升，想喝的話就要早點到來，因為這是早上限定！

↑場內的位置不多，太晚來的話就要花時間等候。

地 水産仲卸売場棟(6街区)3/F
時 星期一至五07:00-14:30；星期六07:00-15:00
休 星期三、日、假期及休市日
網 www.tsukiji-ooedo.com
電 (81)03-6633-8012

↑這裡也提供新鮮蔬菜供遊人選購。

↑場內除了販賣業者用品外，遊人還可以品嚐這些小食。

味噌有很多不同的選擇，難怪有不少的業者也在這裡選購。

8d 不一樣的「場外市場」関連物販店舗 (4F)

在舊築地市場的時候，有不少人都會在場外市場逛逛；不過場外市場沒有跟著搬進新的築地市場，取而代之的是関連物販店舗。這裡所販賣的主要針對業內人士出售不同的物品，例如防水衣物、刀具、包裝用品等等。除此之外，也有一些木魚、煎蛋卷、味噌、醃菜，喜歡的話遊人不妨在這裡選購一些回家。

関連物販店舗非常整潔，逛的時候很舒適。

WOW! MAP 8

遊人只能透過玻璃參觀整個的吞拿魚拍賣的過程。參觀人士只能「離地」參觀。

↑雖然未能近距離參觀，但仍吸引不少的遊客前來。

8e 「離地」的吞拿魚拍賣見學 水產賣場棟

以前在築地市場，遊人可以近距離的觀賞吞拿魚拍賣見學；不過來到「新築地」，因為要嚴格監控衛生情況，所以將參觀人士及漁販的工作區分隔。想參觀的遊人要走到水產卸賣場棟的三樓，透過玻璃俯瞰著名的吞拿魚競標。競標由早上五時半開始，參觀人士只可以站在天橋參觀，雖然不能近距離的欣賞，但站在天橋上，仍可以聽到他們拍賣的叫喊聲。同時參觀區設有拍賣的手勢介紹，讓遊人了解這個吞拿魚拍賣的歷史及知識。

8f 百年咖啡店轉型 愛養

在舊築地的時代，愛養是一家有百年歷史的咖啡店，遷至新築地後以炸天婦羅丼重新登場。新店約有20個座位，這次坐在料理台前，看著師傅即製的天婦羅，胃口大開。想一次過品嚐不同的天婦羅，天丼是不二之選，包含了兩隻大蝦、野菜、海鰻及魚，咬一口大蝦天婦羅，外層炸得非常鬆脆，能吃得到大蝦的鮮味。而米飯當然是使用日本米，能吃到米香，配上天婦羅的醬油，是一個天衣無縫的組合。

←天丼定食 ¥3,300

↑坐在料理台前看著師傅炸天婦羅，那香氣撲鼻而來。

店內約有 20 個座位。

地 管理設施棟 3/F
時 06:00-14:30 (L.O.14:00)
休 星期三、日
電 (81)03-6633-0014

9 異國風情滿溢
AQUA CiTy

毗鄰彩虹橋及自由神像的AQUA CiTy是複合式的商場，內裡以地中海作主題，有特色小店、餐廳、主題遊樂館等，而當中最吸引遊人的就是位於5樓的「東京拉麵國技館 舞」，喜歡拉麵的朋友定必要來試試。

↑場內空間感強，周末到來也逛得舒適

→大型的扭蛋機，定必滿足到小朋友

商場外有不少打卡位

MAP 別冊 M03 A-1

地 東京都港区台場1-7-1
時 11:00-20:00(各店略有不同)、星期六日至21:00
休 各店不同
網 www.aquacity.jp
電 (81)03-3599-4700
交 ゆりかもめ線台場站步行約2分鐘

↑動物地圖 ¥500

↑以動物為主題的家品

←小帳幕 ¥600

9a 歐式雜貨
Flying Tiger Copenhagen (3F)

這間被稱為北歐的一百円商店是來自丹麥的品牌，它主要是售賣歐式的雜貨、文具、家具等，不只設計獨特有趣，超便宜的價錢更是吸引客人的原因。

時 11:00-21:00
電 (81)03-6457-1300

在中央的水族箱放有不同顏色及形態的金魚

YouTube 上網睇片

9b 視覺衝激的打卡點

UWS AQUARIUM GA☆KYO (3F)

於2022年7月尾開幕的特色展覽GA☆KYO，是以日本的傳統為背景、以高貴華麗的空間打造出一個令人驚喜的非一般水族館。場內設有五個場景：侘寂、花魁、萬華鏡、遊樂、龍宮，匯聚了日本的傳統和傳說，運用不同的色調、燈光、佈置，令遊人置身於仿如幻境般的世界，絕對是令人驚喜連連。

↑五彩繽紛的裝置藝術令人目不暇給

↑萬華鏡中遊戈的金魚

↑參觀過後有售賣紀念品的小角落

場內的燈光及和紙令人即時有「很日本」的感覺

時 11:00-20:00；星期六、日及假期11:00-21:00
金 中學生以上¥1,500、小學生¥800、小學生以下免費
網 uws-gakyo.com
電 (81)080-7068-6684

各店以木棚來分格，帶點屋台的格局

9c 人氣拉麵大匯聚

東京拉麵國技館 (5F)

位於五樓以拉麵為主題的「東京拉麵國技館 舞」匯集了6間人氣的拉麵店，由北海道到九州的都各有特色，有濃郁湯底的、清淡雞湯又或醬油湯底的都有，客人可依據自己喜好來選擇。

↑入口處有介紹各間不同拉麵的特色及出處

↑店內座位不多，每到午餐就會出現人龍

↓客人入店時先在自助售票機處點餐

↑濃厚甘海老豚骨ラーメン ¥1,380

當天選了一間來自金沢的「神仙」，它以濃厚的豬骨湯底為主打。店內更有一款極度奢華的金箔拉麵，而我則點了一客只可以在這裡試到的、台場限定濃厚甘海老豚骨拉麵，它的稠濃的湯底帶有蝦的鮮甜、混著豚骨的鮮味，沾著麵條吃，簡直令人一試難忘。

時 11:00-23:00
電 (81)03-3520-1118

商場內的店舖主要為大型連鎖店

↑設有美食廣場Marina Kitchen

10 船廠看日落 Lalaport豐洲

Lalaport豐洲的原址為造船廠，現已化身成集購物、玩樂、飲食於一身的大型商場。超過180間商店及餐廳，大人、小朋友甚至寵物都能盡興而歸。發展商在改建之餘亦同時保留了部分造船廠原貌。黃昏時，遊人可以坐在Lalaport外欣賞日落美景。

MAP 別冊 M03 C-2

地 東京都江東区豐洲2-4-9
時 10:00-21:00 / 餐廳11:00-23:00 (部份店舖不同)
休 因各店舖而異
網 mitsui-shopping-park.com/lalaport/toyosu
交 ゆりかもめ線、地下鐵有樂町線豐洲站步行約3分鐘

10a 尋回年少輕狂的快樂 Pinklatte (Centerport 3F)

這間主打年青人服飾的店家，內裡可找到不少中學年代的回憶。服飾的顏色色彩繽紛、設計獨特：卡其色迷你格仔裙、荷葉領的恤衫、鮮黃色的jumper、鬆糕底的波鞋，還有少量的妝物，特別的是店內有提供XXS的超細碼SIZE，喜歡年輕打扮的朋友定必要逛逛。

↑很有日本味道的學生服飾

→迷彩TEE ¥2,900

→鮮黃色jumper ¥2,900

時 10:00-21:00
電 (81)03-6910-1572

WOW! MAP 10

店內除了家具，也有很多收納用的箱子

↑專為小朋友敏感皮膚而設的洗頭水 ¥1,200

↑榮獲good design的餐盤 ¥3,600

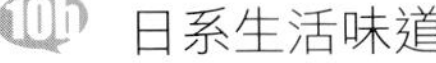

10b 日系生活味道

MOMO natural (South port 2F)

喜歡簡約設計的朋友可以到來看看，店內全是日系簡約設計實用的小家品和傢俬：自然木製造的餐具、純天然的嬰兒護理產品、不同款式的收納小箱子等，定必為你家中角落添上一抹日本色彩。

時 10:00-21:00 電 (81)03-6910-1296

↑鰤摑みずし及蟹摑みずし各 ¥480

↑由於是居酒屋，每人會附上佐酒小食一客(收費)

黃昏時份到來已坐滿客人

10c 場外豐洲食堂魚金 (1F)

想食新鮮的海產，來魚金就可以了。店家每天都由豐洲魚市場直接買入新鮮的海產：鰤魚、真鯛、鰻魚、吞拿魚等……選擇極多。來了一客鰤魚和蟹的摑み壽司，鰤魚肉厚且甘甜、蟹肉則帶鮮味，飯的口感黏稠，味道不錯。

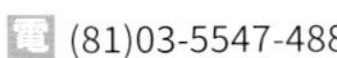

時 11:00-23:00(L.O.22:00) 電 (81)03-5547-4882

↑小朋友專心聆聽有關興建晴空塔的安全守則和注意事項。「大林組」是日本一家大型建設公司，足見日本人處事認真的態度。

10d 我的志願現實版

KidZania (North point3F)

Kidzania是Lalaport最特別的遊樂設施，小朋友可親自體驗飛機師、消防員、新聞記者等70多種行業的工作。最特別的職業一定是東京獨有的晴空塔建築師，小朋友穿上制服和戴上頭盔，聽取安全守則和注意事項，非常有趣。

小朋友都愛甜食，冰淇淋店員是一直深受小朋友歡迎的職業。

時 09:00-15:00 及16:00-21:00 兩個時段 休 不定休
金 (平日)3歲至小學前¥2,400起、小學¥3,800起、中學生¥2,700起、大人¥1,700起; (假日)3歲至小學前¥4,000起、小學¥4,500起、中學生¥4,500起、大人¥2,400
網 www.kidzania.jp 電 (81)0570-06-4646
註 *1名小童最多可由2名成人陪同進場，唯只限3-15歲人士參與設施活動，部分設施有身高限制。

11 投入小丸子同海賊王懷抱 親子

フジテレビ富士電視台

在1:1高達降臨台場之前，富士電視台基本上就是台場的象徵。大樓上的球型展望室，更是台場矚目的建築。不過就算1:1高達成為了台場最新鮮景點，富士電視台的吸引力卻絲毫不減。光是為了在電視台的附設商店狂掃限量版海賊王及櫻桃小丸子產品加參觀節目的錄影佈景，對日劇及日漫迷來說，已經是極吸引的行程。

WOW! MAP 11

↑《櫻桃小丸子》是富士電視台的長壽鎮台卡通，在參觀區內更展出作者珍貴的手稿。粉絲看到是會忍不住心如鹿撞，極為興奮的。

MAP 別冊 M03 B-1

地 東京都港区台場2-4-81
時 10:00-18:00
休 星期一 (若星期一為公眾假期則順延至星期二休息)
金 球体展望空「はちたま」成人¥800，小中學生¥500，幼兒免費
網 www.fujitv.co.jp/index.html
電 (81)03-5531-1111
交 ゆりかもめ線台場站步行約3分鐘

秋葉原
原宿・青山・表參道
代官山・惠比寿・中目黑
台場

1978 年退役的「谷宗」號，現在已成為這裏重要展景。

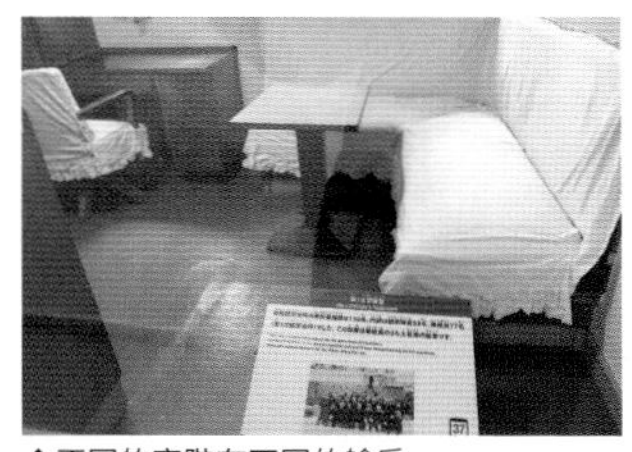
↑不同的官階有不同的艙房

↑遊人可以走進船長的駕駛室，體驗一下船長的視野

12 假船真趣味 船の科学館 親子

東京灣畔泊了一艘白色大船。它是一個展示航海設備的博物館，可惜因建築物老舊而被關閉，只開放一旁的「迷你展示場」給有遊人參觀。不過，不要失望，最精彩的展品其實就停在科學館外岸邊的「谷宗」號，它是日本第一艘南極探測船，而船上的展品都是敘述南極探險的歷程，非常有趣。

MAP 別冊 M03 A-2

地 東京都品川区東八潮3-1
時 10:00-17:00
休 星期一及12月28日至1月3日
網 www.funenokagakukan.or.jp
電 (81)03-5500-1111
交 ゆりかもめ線船の科学館站直達

↑設有酒吧區，有遊人在這裡感受「Chill」嘆生活。

場內有不少的營地

13 野營BBQ WILDMAGIC

WILDMAGIC依傍東京灣，被高樓大廈包圍，在市中心打造戶外氣息。這裡打造成露營風格，一個個的帳篷、露營車散落在不同的角落，熱鬧中又不覺擁擠。雖然有眾多的露營設施，但不設露營，這裡提供的是BBQ套餐，提供肉類及蔬菜，適合一家人出遊又或者倆小口約會，或一大班朋友開派對。

↑有不少當地人在這裡BBQ。

MAP 別冊 M04 B-1

地 東京都江東区豊洲6-1-23
時 10:00-22:00
金 ¥6,000起/每人
網 wildmagic.jp
交 「百合海鷗線」在新豊洲站下車，步行約4分鐘

打造高質野營

WOW! MAP
12
13

位於Island mall的台場一丁目商店街把二十年代的街道及商店再度重現於大家眼前。

14 台場「老」香港 DECKS

↑佔地 3 層的 JOYPOLIS 是臨海區最早落成的遊樂中心之一

Decks絕對算是台場最早的商場之一，除了著名景點「台場一丁目商店街」外，近年更加入了親子遊一流的Legoland Discovery Centre及十分有趣的東京幻視藝術館-迷宮館。而在美食方面，光是有世界第一早餐之美譽之稱Bills的加盟，已經令Decks穩坐台場必逛mall之地位，台場商場再多，Decks始終是不可不逛的。

MAP 別冊 M03 B-1

地 東京都港区台場1-6-1
時 星期一至五11:00-20:00、餐廳11:00-23:00；星期六、日及假期11:00-21:00、餐廳11:00-23:00
休 不定休
網 www.odaiba-decks.com
電 (81)03-3599-6500
交 お台場海浜公園站步行約5分鐘

↑牛排三文治 ￥1,500

↓有機炒蛋配多士 ￥1,000

14a 世界第一早餐 Bills (3F)

來自美國的Bills有世界第一早餐稱號，在原宿及橫濱亦有分店，而且也是永恆地拖著一條人龍。老闆Bill Granger是享負盛名的名廚兼美食評論家，擅長以極簡單的食材創造出一流的美食。走進Bills，桌椅設計和店內裝潢都讓人有一種彷彿置身美國的悠閒寫意之感。坐下來，更會發現可以遠眺彩虹橋，而且更有台場分店限定的kid's menu。

時 星期一至五09:00-21:00；星期六及公眾假期08:00-21:00
網 billsjapan.com/jp
電 (81)03-3599-2100

WOW! MAP 14

14b 過萬粒Lego任你砌

Legoland Discovery Centre (3F)

整個設計都色彩繽紛的Legoland Discovery Centre，基本上是為孩子們而設的。除了儼如遊樂場的LEGO Factory展示了Lego由膠粒變成百變Lego的過程及4D影院上映十分有趣的Lego大電影外，Discovery Centre內更有讓孩子亂砌狂玩Lego的LEGO Racer:Build & Test及超吸引Lego波波池！說真的，孩子玩得不亦樂乎是意料中事，其實大人們走進Legoland Discovery Centre，也會在剎那間變回愛玩的頑皮大孩子吧！

親子

上網睇片

↑ MINILAND 也來湊湊晴空塔的熱鬧。

時 10:00-18:00、星期六日至19:00
金 ¥2,250起
網 www.legolanddiscoverycenter.jp/tokyo
電 (81)0800-100-5346
註 大人不能單獨進場，需最少一名小童同行
交 ゆりかもめ「お台場海浜公園」步行約2分鐘；りんかい線「東京テレポート」步行約5分鐘

↑ 砌完後，把戰車拿到跑道，立刻試車！

↑ 叫車迷和小男孩瘋狂的 Build & Test。

↑ 波波池

↑ 為年紀較小兒童而設的DUPLO Village。

吉祥寺

Kichijoji

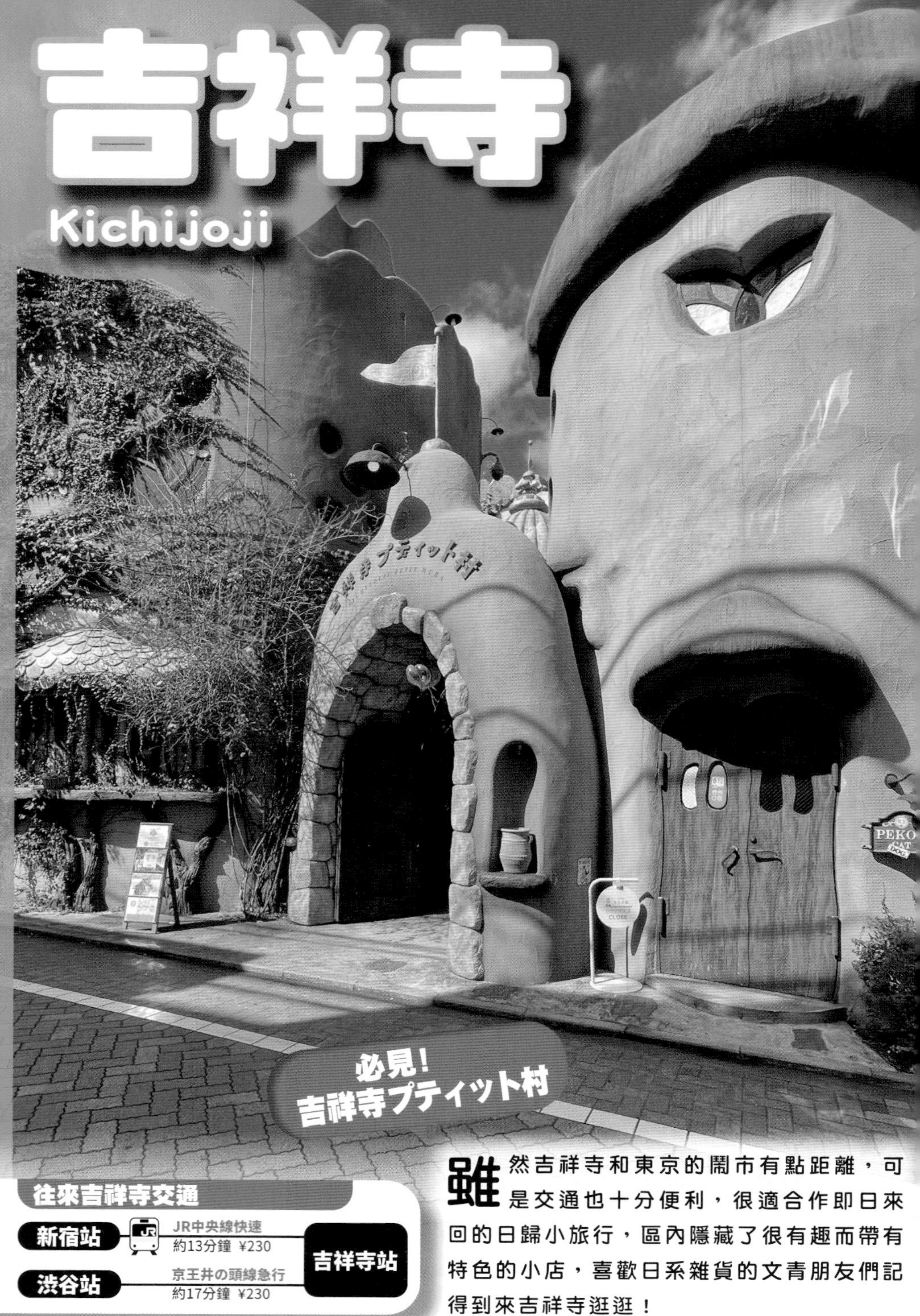

必見！
吉祥寺プティット村

雖然吉祥寺和東京的鬧市有點距離，可是交通也十分便利，很適合作即日來回的日歸小旅行，區內隱藏了很有趣而帶有特色的小店，喜歡日系雜貨的文青朋友們記得到來吉祥寺逛逛！

往來吉祥寺交通

新宿站 → JR中央線快速 約13分鐘 ¥230 → 吉祥寺站

渋谷站 → 京王井の頭線急行 約17分鐘 ¥230 → 吉祥寺站

店內裝修古典中又帶點優雅

1 走進半世紀前的食堂
ゆりあべむべる

於1976年開業的ゆりあべむべる保留了昔日的裝修，深木色的主調配上格仔窗、挑高的店內吊燈、帶點銅銹的打字機、偶爾響起的撥輪電話等等，全都細訴著半世紀前的故事… 人氣的微笑咖喱飯，造型充滿童心，微辣的咖喱和著清新的蔬菜，味道香口又帶點甘甜，是簡單的美味！

↑坐在這裡放空也是一種享受

→久違的轉盤電話

←(季節限定)スマイルチキンカレー微笑咖喱飯 ¥1,280

MAP 別冊 M19 B-2

地 東京都武蔵野市吉祥寺南町1-1-6
時 11:30-20:00
星期五、六及假期前夕至22:00
休 星期一
網 mandala.gr.jp/yuria/index.html
電 (81)0422-48-6822
交 JR吉祥寺站南口步行約2分鐘

店內有很多都是老顧客

WOW! MAP

2 75年歷史的米店
金井米穀店

傳統的米店在香港、台灣已經買少見少，日本亦然。這間位於吉祥寺的金井米穀店，開業於二戰後的1948年，已經歷了70多個寒暑，店內保留了昔日的簡約裝修，牆邊放著一個個巨型的米袋，裝著不同縣市產的特別培植米，客人可依自己想要的重量來購買，另一邊則有不同的佃煮或配菜，讓客人可以買來配白飯吃。特別的是店家會依不同種類的米，配搭各樣的餡料，建議大家怎樣製作美味的飯團。

←很久沒看過這款懷舊的磅

↓有別於超市的包裝米，店家的米可以按客人要求的重量來購買

MAP 別冊 M19 A-1

地 東京都武蔵野市吉祥寺本町2-26-9
時 09:00-18:00
星期六及假期09:00-17:00
休 星期日
網 www.kanai-come.com
電 (81)0422-22-5439
交 JR吉祥寺北口步行約5分鐘

↑不同米的種子可以讓客人買回去自家種植

←小包的米也可買作手信 2kg ¥1,192

WOW! MAP
2

3 冰火交會的秘密cafe

ルミエール

來Cafe Lumiere的目的大概只有一個！就是點那個會著火的刨冰–『燃えるかき氷』。這間還未廣為外國遊人所知的café就是以這個燃えるかき氷最為人氣。店內的裝修充滿昭和年代的氣氛，鮮紅的皮沙發配上木調的椅子，帶點懷舊的感覺。那客火焰刨冰甫來到那滿滿的蛋白忌廉帶著焦黃，店員會淋上冧酒再用火槍在客人面前打火，那個漲卜卜的刨冰瞬間佈滿火焰，有如燃燒中的雪山一樣，剎是震撼！

店員為刨冰點火的一瞬

↑燃えるかき ¥1,300

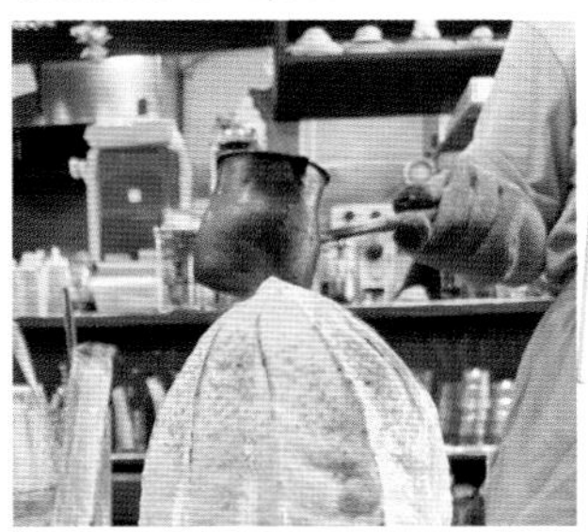
↑店員會先淋上冧酒

↑火熄了後，可按自己喜好淋上果醬

↑過千款燒印，客人也可以按自己喜好來訂造

↑客人全以本地人為主

MAP 別冊 M19 B-2

地 東京都武蔵野市吉祥寺南町1-2-2 東山ビル 4F
時 12:00-18:00
星期六、日及假期11:00-18:00
(L.O.為關門前30分鐘)
休 不定休
網 select-type.com/rsv/?id=9d7_AprLlsA&c_id=155485
電 (81)0422-48-2121
交 JR吉祥寺北口步行約1分鐘

WOW! MAP
3

4 走進童話故事村
吉祥寺プティット村

走進吉祥寺Petit村就仿如進入夢幻的童話世界裡，這個以繪本為主題的小小世界裡有以貓貓為主題的café、雜貨等，由外觀到內裡的裝修都充滿童心：奇幻色彩的小屋、迷你的小門、巨型的葉子、偶爾看到貓兒的足跡⋯ 不論怎樣走也像置身繪本場景之中呢！

↑村內蜿蜒的小路，就是通往童話世界的入口

↑到處都有休憩的地方
←村內就仿如貓貓的秘密生活場所

MAP 別冊 M19 A-2

地 東京都武蔵野市吉祥寺本町2-33-2
時 10:00-20:00(各店不同)
休 各店不同
網 petitmura.com
交 JR吉祥寺站北口步行約7分鐘

↑季節湯品 ¥1,050

4a 可愛滿溢的café
TEA HOUSE はっぱ

這間色彩繽紛的可愛café感覺很療癒：草綠色為主調的內裝，到處掛著乾花、葉子形狀的窗框襯著幼幼的樹幹，就如宮崎駿故事中的場景，黃昏到來，找一個窗邊的座位，呷一口熱茶，感覺就如坐在森林中，愜意非常。

↑店內也有可愛的貓貓精品售賣

→ French Toast
法式多士 ¥720

時 11:30-19:00
休 不定休
網 teahouse-happa.com
電 (81)0422-29-2880

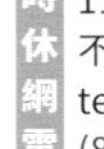
WOW! MAP
4

場內大約有二十多隻貓貓

4b 貓星人的城堡 **手鞠之城**【てまりのおしろ】

這間可以和貓星人玩樂的café是村內最人氣的，當天先在門口登記付款，看過規則後就可以進入店內。場內以可愛的橡果樹為背景，有大大小小不同的房間和角落，客人可以先揀選桌子坐下，而每張桌子上都有每隻貓貓的個人介紹，隨後大家都可以任意走動或到樓上樓下和貓貓們玩樂、拍照。店內因沒有時間限制，客人大可以陪玩大半天呢！

↑長毛的緬甸小貓

↑客人可以購買零食吸引小貓

↑入場前職員會簡單講解一下要留意的地方

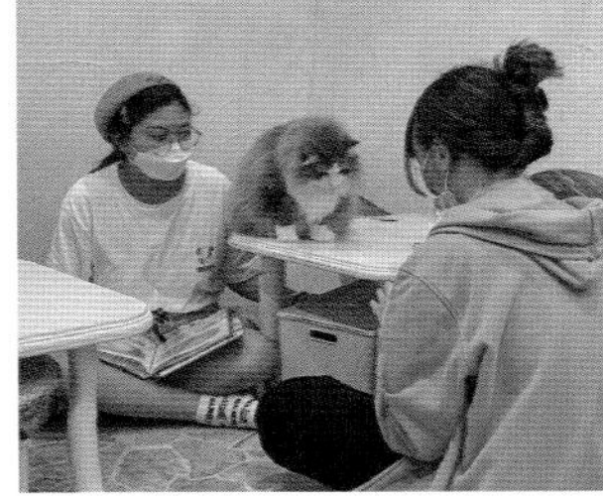
↑貓貓們都會隨意和客人玩耍，十分黐人

大家要留意小角落不時都會有「躲貓貓」

時 11:00-20:00、星期六、日及假期10:00-21:00(最後入場為關門前30分鐘)
金 平日大人¥1,400、10歲以下¥1,000；假日大人¥1,800、10歲以下¥1,300
網 temarinooshiro.com
電 (81)0422-27-5962
註 10歲以上才可以進入；請遵守場內守則；建議網上預約

5 尋寶雜貨café

四步

日本人都很念舊，也很環保。這間咖啡店：四步，可以說是集合了二手古物、日系雜貨的café，店內以原木為主調，簡約樸素的裝修，內裡可以買到生活用的小家品、精品、文具、二手衣飾等，猶如一個尋寶的小倉庫。另一邊廂的café則可以吃到美味的午餐，當天試了一客炸雞飯，雞塊炸得酥脆香口，特別的是除了白飯，客人還可自由揀選健康的玄米或十五穀米呢！

↑ Lunch Set ¥1,430

↑ 充滿樸素感的木製餐具

↑ 午餐時份客人較多，大家可考慮早點到來

MAP 別冊 M19 A-1

地 東京都武蔵野市吉祥寺北町1-18-25
時 11:30-20:00 (L.O.19:30)
網 www.sippo-4.com
電 (81)0422-26-7414
交 JR吉祥寺站步行約8分鐘

↑ 不時還有陶瓷小展覽

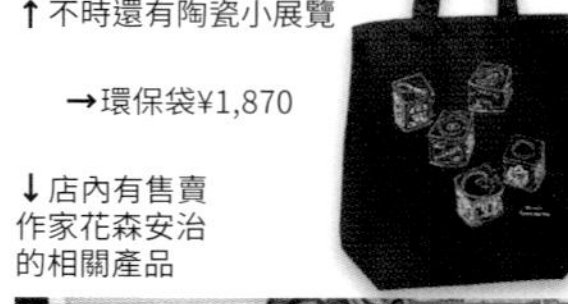
→ 環保袋¥1,870

↓ 店內有售賣作家花森安治的相關產品

6 走進童話世界

のゆび

偶然經過這間小店就被它門前充滿童心的裝飾吸引。原來這是一間專賣童話故事的書店，琳琅滿目、色彩繽紛的故事書整齊地排列著，旁邊設有閱讀的空間，也有可愛的小雜貨售賣，不論是大人或小朋友也得到片刻回到童年的空間。

MAP 別冊 M19 A-1

地 東京都武蔵野市吉祥寺本町4-1-3
時 11:00-18:00
休 星期一、不定休
網 midorinoyubibook.com
電 (81)0422-88-1007
交 JR吉祥寺站步行約6分鐘

WOW! MAP

5

6

7 中世紀的歐式小店
Harmonia Sajilo

甫走進Harmonia Sajilo便被它簡約的歐風裝修所吸引，店內灰白的混凝土牆配著昏黃的燈光，優雅木桌子配著通花的燭台，很有年代感的木廚櫃放著帶有獨特香氣的香料、還有那潔白的瓷器餐具、玻璃器皿、設計簡單耐看的素樸衣飾，在店內閑逛著，就仿如走進歐洲的路邊小店家，訴說著年月的故事。

↑木製的桌子和燭台
→手工製麻質手挽袋
¥18,000

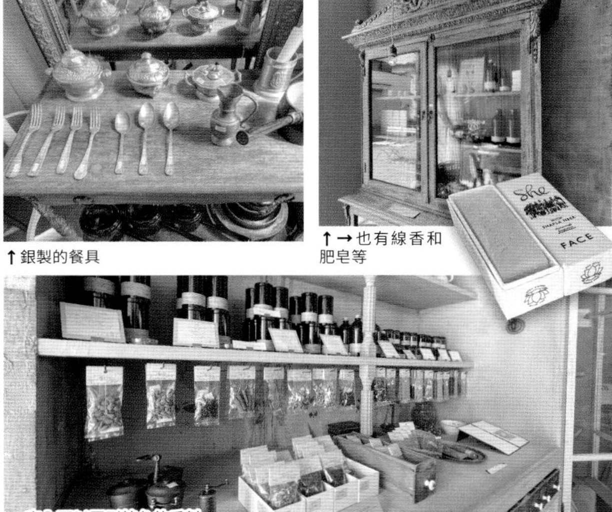

↑銀製的餐具

↑→也有線香和肥皂等

店內可以買到特色的香料

MAP 別冊 **M19 A-1**

- 地 東京都武蔵野市吉祥寺本町2-28-3
- 時 11:00-19:00
- 休 星期三、不定休
- 網 sajilocafe.jp
- 電 (81)0422-69-3138
- 交 JR吉祥寺站北口步行約10分鐘

WOW! MAP
7

大家記得要和可愛的水豚合照啊！

8 當貓貓遇上水豚君
かびねこcafé

香港首推

↑想和貓貓拍照要先看看牠們躲在那兒

位於吉祥寺的這間かびねこcafé於2020年開幕，是全日本唯一一間有水豚君和貓貓同場的café！客人進入店家後，可以隨意和貓貓們玩樂拍照，這些貓貓都是店家收養的，牠們性情溫和，不時也會在水豚君Tawashi身旁玩耍，十分討人可愛。而身型較大的水豚君，大家都會在沙發旁和牠拍照或餵牠吃東西，牠傻呼呼的樣子真的令忍不住要摸摸牠的頭。

MAP 別冊 M19 A-2

地 東京都武蔵野市吉祥寺南町1-5-10 PLATANO 2階
時 10:00-20:00
休 不定休
金 中學生以上¥2,800/1小時、6歲至小學生¥1,500/1小時
網 capyneko.cafe
電 (81)0422-26-9388
註 安全理由，6歲以下小朋友不可進入；建議先網上預約
交 JR吉祥寺站步行約2分鐘

看見零食，貓貓們都一窩蜂圍在一起

↑café的貓貓都很乖巧

↓客人可以餵水豚君吃蔬菜

WOW! MAP
8

黑毛和牛 ¥4,400
火候恰到好處，粉嫩間肉汁豐腴，咬下肉香四溢，非常滋味。

9 平食松阪牛 SATOU

SATOU售賣的全是一流的松阪牛肉及神戶牛肉。門外每日的人龍就是為此而來。差不多每本日本旅遊書都會報導。2樓的steak house SATOU，午市常排長龍。店內採用自家新鮮供應的和牛，午市套餐最抵食，由¥2,000起，黑毛和牛定食也只是¥4,400；，午市限定，售完即止。

↑由側門登上窄樓梯就是閣樓Steak House

←由「松阪牛肉協會」頒發的鈴形木牌，證明貨「正」價實。

MAP 別冊 M19 B-3

地 東京都武蔵野市吉祥寺本町1-1-8
時 10:00-19:00
休 年始
網 www.shop-satou.com
電 (81)0422-22-3130
交 JR吉祥寺站北口步行約1分鐘

除了炸牛肉球，還有其他肉丸和新鮮黑毛和牛售賣

9a 日賣三千個的美味牛肉球 さとう

走在吉祥寺別錯過這店的炸牛肉球，因為它是當地人及遊客必吃的美食之一，它用上美味的和牛及口感軟腍的薯蓉，外層鬆化，中間卻保留了鮮味的肉汁，口感juicy，難怪不時都大排長龍！

→就連當地人也常來幫襯

炸牛肉球 ¥300

時 10:00-19:00
休 1月1日
網 www.shop-satou.com/shop/index.html
電 (81)0422-22-3130

WOW! MAP
9

10 將童年無限期延長 親子

三鷹の森ジブリ美術館

宮崎駿的動畫由細陪伴大家成長，橫跨半個世紀。各位如果想再次回味他的動畫，可以和小朋友到這個位於東京三鷹市的三鷹の森ジブリ美術館。這個建於2001年的美術館由日本國寶級動畫大師宮崎駿親自監督建成，不論你是大朋友或小朋友，都可以在館內欣賞喜歡的動畫，透過了解有趣的動畫製作過程，重拾童真。

場內機關處處等待你來發現

↑身高5米的「天空之城」守護神機械人屹立在藍藍的天空下，令人差點以為自己闖進入了動畫世界。

↑陳設裝修亦充滿宮崎駿動畫特色，色彩繽紛，令參觀者看得份外投入。

MAP 別冊 **M19 A-2**

地 東京都三鷹市下連雀1-1-83 都立井の頭恩賜公園西園旁

時 10:00-19:00 入場指定時間10:00、12:00、14:00、16:00 (指定時間30分鐘後停止入場)

休 星期二 (不定期作長時間休館)

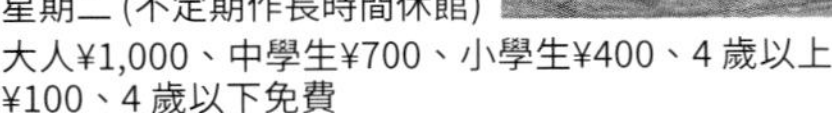

金 大人¥1,000、中學生¥700、小學生¥400、4 歲以上¥100、4 歲以下免費

網 www.ghibli-museum.jp

電 (81)05700-55777

註 必須預先於網上購買門票,不設即場購票。

交 JR吉祥寺站公園口，沿公園通「風の散步道」步行約15分鐘；JR三鷹站，南口乘三鷹City Bus 5分鐘到三鷹の森美術館

交通資料

WOW! MAP 10

動畫影像館是小小的「影像館」展示不同的影像處理手法

↑幽靈公主森林一幕便用了6個層次去表現出深深的層次感及立體感。

館內長長的走廊兩旁陳列了很多為人熟知、甚受fans歡迎的動畫插畫。而最精彩的屋上庭園有身高4米的「天空之城」守護神機械人，也有「魔女宅急便」的場景。

「貓巴士廣場」有模擬「貓巴士」形象建成的玩樂設施

井之頭恩賜公園裡的湖是大伙兒舟遊的熱點。碰上櫻花季，能划舟賞櫻當然更完美。

11 東京市內賞櫻勝景 親子

井の頭恩賜公園

公園於1917年啟用，公園將三鷹站、三鷹の森ジブリ美術館及吉祥寺購物區連結在一起，是附近居民休憩散步的好地方。每年賞櫻季節，這裡都擠滿本地人，有一家大小、友人、情侶、公司同事等等，大家為的是霸佔一個有利地方賞櫻。

↑非常可愛的天鵝船，20分鐘¥700！耍浪漫人士不妨試划。

MAP 別冊 M19 A-2

地 東京都武蔵市御殿山1-18-31
時 08:30-17:15(12月29日-1月3日除外)
網 www.kensetsu.metro.tokyo.jp/jimusho/seibuk/inokashira/kouenannal.html
電 (81)0422-47-6900
交 沿0101百貨旁的七井橋通り向前行約6分鐘;
JR吉祥寺站步行約5分鐘

池袋

Ikebukuro

必見！
Sunshine60
展望公園

池袋區日新月異，除了有受一眾動漫迷歡迎的店家外，除著TOKYU HANDS的閉幕，也陸續有新的店舖進駐，細心逛逛的話也不難發現這裡隱藏了不少美味的店家，令池袋更加吸引遊人。

往來池袋交通

新宿站 — JR山手線 約9分鐘 ¥168 — 池袋站

羽田空港 — 京急 約24分鐘 ¥327 — 品川站 — JR山手線 約29分鐘 ¥274 — 池袋站

成田空港 — JR特急成田Express指定席 約1小時30分鐘 ¥4,070 — 池袋站

1 經典地標回歸 GiGO總本店

夾公仔天堂回來了！在2021年結業的SEGA大型遊戲中心「GiGO」，2023年9月終於以「GiGO總本店」的姿態回歸了！新店完全是世界旗艦級規模，有多達270部夾公仔機、超過200部遊戲機、18部貼紙機，還有超過155部扭蛋機……OMG，完全是玩到不願走！地下一層為遊戲機層，當中不乏為專業玩家而設的；一樓則為夾公仔機，所有最新的景品都可以在這裡找到；二樓是兒童卡牌遊戲機；三樓是全東京擁有最多貼紙相機的地方，還貼心地為大家準備了髮夾呢！

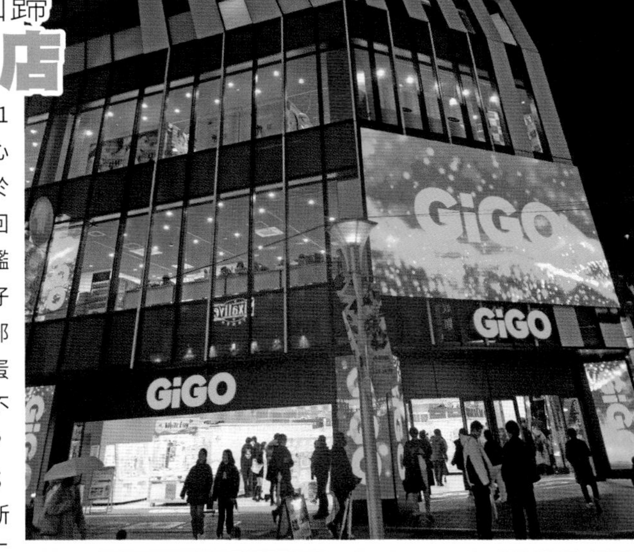

→各種古靈精怪的景品，最新的都可以在這裡找到。

↑扭蛋機也有155部，一次滿足你所有願望。

→場內有11部太鼓達人遊戲機，同樣是日本最多的地方。

↑多達270部夾公仔機，一定會有你喜歡的角色。

↓地下一層為遊戲機層，可觀賞玩家們專業的操作。

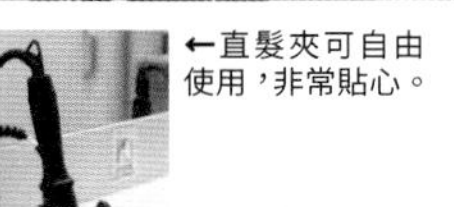

←直髮夾可自由使用，非常貼心。

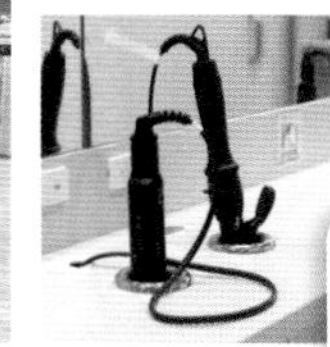

MAP 別冊 M21 C-2

地 東京都豊島区東池袋1-13-6 ロクマルゲート池袋 B1-3F
時 10:00-23:00
網 tempo.gendagigo.jp
電 (81)08-7018-7351
交 JR池袋駅步行約3分鐘

→整個東京都最多的貼紙相機，一起來變日本妹吧！

MAP 別冊 M21 D-2

地 東京都豐島区東池袋3-1
時 各店舖不同 網 sunshinecity.co.jp
交 JR池袋站東口步行5分鐘至Sunshine60街道，見Tokyu Hands直行即達

2 池袋地標
Sunshine City

這是一棟綜合商業及娛樂中心，建成以來成為池袋的地標，其中的Alpa購物商場網羅了超過100間商店，主要顧客對象為年輕一族，掃貨自遊人不可錯過。「味の小路」更是覓食熱點，而最新最熱的Pokémon Centre Mega Tokyo和Jump Fans朝聖地J-WORLD TOKYO亦座落於此。

2a 市區內的水族館
サンシャイン水族館

在東京想看海洋生物不一定去偏遠的地區，在商場內居然也有一個大大的水族館！位於Sunshine City的「サンシャイン水族館」分為大海之旅、水濱之旅及天空之旅3部分，一共有550種、超過23,000個的海洋生物，現代化設計與大自然的結合非常奇妙，你會看到海獅在頭頂暢泳、企鵝在大廈間遊走的錯覺，完全體現了水族館「空中綠洲」的主題。大人小朋友都可以觀賞各種表演：海獅表演、水中餵食秀、餵食水獺、企鵝及鵜鶘等等，感受不一樣的海洋之旅。

↑水母隧道是另一人氣景點。

→彷彿走進了大自然的海洋世界。

↑企鵝在頭頂遊來遊去，感覺非常新奇。

↑商店有各式各樣的動物產品，快把它們帶回家吧！

↑大家還有機會看到企鵝餵食秀。

地 東京都豐島区東池袋3-1太陽城大樓頂樓
時 春夏9:30-21:00、秋冬10:00-18:00
網 sunshinecity.jp/aquarium
電 (81)03-3989-3466
金 成人¥2,600、中小學生¥1,300、4歲以上¥800
交 JR池袋駅步行約8分鐘

WOW! MAP 2

↑看到大大的草坪，不妨隨意地攤著，不用覺得尷尬。

↑貼心地設置了各種裝置，小朋友也可以放放電。

↓展望台設有不少打卡位，職員都非常熱心地幫忙拍照。

↓從 60 樓向下望，整個東京都的景色都可飽覽無遺。

2b 一覽無遺的美景

陽光60瞭望台TENBOU-PARK

2023年4月，「Sunshine60 展望公園」取代「SKY CIRCUS SUNSHINE」重新開幕，大家終於可以看到東京都的絕美景色了。先是乘搭每分鐘600米的超快電梯，短短35秒便由地下1樓來到60樓。新景點以「365天，感受公園天空」為主題，邀請大家欣賞全新的空中公園。整個瞭望台的設計非常舒服，偌大的空間設計了草地、座位、打卡位等等，讓大家可以隨意地放鬆，欣賞景致。

地 東京都豊島區東池袋3-1太陽城陽光60大樓60F
時 11:00-21:00（最後入場時間20:00）
網 sunshinecity.jp/zh-tw/observatory
電 (81)03-3989-3331
金 平日成人 ¥700、中小學生 ¥500；星期六日及假期成人 ¥900、中小學生 ¥600
交 JR東池袋駅步行約5分鐘

↑買杯咖啡邊喝邊欣賞景色，一個美好的下午就度過了。

2c 日本全新最大型室內遊樂園

NamjaTown 〔ナンジャタウン〕〔2F〕

親子

以昭和30年為背景，結合日本懷舊街區風貌及歐美主題，打造了超夢幻的室內遊樂園。共有14個探險機動設施，個個新奇有趣。購買一日券更可得到一個感應器，可開啟園區通道和感應互動裝置，超好玩！

時 10:00-21:00(最後入場20:00)
金 入場券(不含遊戲)大人¥1,000、4-12歲 ¥600 / 一日通行券大人¥3,600、4歲以上至小學生¥2,900
網 bandainamco-am.co.jp
電 (81)03-5950-0765

↑園內有餃子競技場，多家餃子館一同競技，可大飽口福！除了餃子外，亦有甜品專賣。

↑ナジャヴのアントルメ
Patisserie Cute可以享受到裝飾甜品糕點大師福島德科的精緻甜品

↑十神白夜メガネ餃子
餃子競技場各餃子店都推出不同角色的特色 餃子

3 ¥50雞皮萬歲！

伝串新時代

在東京，¥50 可以吃到甚麼？大概是一枝水都買不到吧！來伝串新時代，你可以吃到該店的名物炸雞皮串！伝串新時代在日本是超人氣連鎖店，大概是每區都有幾間分店的程度，最人氣的雞皮一串¥50，別以為只以綽頭，店家居然還為它申請了專利，燒得香脆的雞皮也入了偏甜的醬汁，每一口都又脆中帶有雞皮的口感，甜甜的怎麼吃都不膩，吃兩串再配一口啤酒，真的是太爽了！

↑Lemon Sour ¥350
不只是串燒，啤酒也便宜得驚人，最平的生啤只需 ¥150 ！

↑再點了些雞腿和雞砂肝串，也只是 ¥120-¥140。

→雞皮串燒 ¥50
先來 5 串雞皮，才 ¥250 太划算了吧！

MAP 別冊 M20 A-2

地 東京都豊島区池袋2-1-1
時 平日17:00-05:00、周末及假期15:00-05:00
網 phads.jp/shinjidai.html
電 (81)03-3982-9358
交 JR池袋駅步行約1分鐘

→有不少人都是為了平價的雞皮串而來，想吃的話就要早點來了

4 木村拓哉最愛

TRUFFLE mini

木村拓哉穿的名牌我們可能買不起，但他最愛的麵包卻可以輕鬆GET同款！TRUFFLE Bakery是日本非常人氣的麵包店，在東京各區都有分店，2019年木村拓哉曾在電視上表示是自己最愛的慰勞品。人氣的白松露鹽奶油捲，用的是加拿大產的高級麵粉、100%奶油、自家製松露奶油，入口是濃濃的松露香，鬆軟又有嚼勁，麵包香愈吃愈香，麵包上的鹽粒可以說是點睛，想不到一個小小的麵包也如此有深度。

↑白松露鹽奶油捲 ¥248

↑新出的「海藻バターの塩パン」同樣熱賣，每人限買 4 個。

←隨時都在大排長龍的麵包店，太晚來熱賣款都會賣光！

MAP 別冊 M20 B-2

地 東京都豊島区南池袋1-28-2 1F東口JR池袋駅
時 08:30-20:00
網 truffle-bakery.com
電 (81)03-5957-3161
交 JR池袋駅步行約1分鐘

WOW! MAP 3 4

↓迷你豬一點也不會重，而且身上也不會有味道。

5 被迷你豬融化了！

mipig cafe

太可愛了吧！日本有各種各樣的動物Cafe，像是貓頭鷹、水獺、刺猬，而另一種超治癒的便是迷你豬了，早在2019年開設首間店便引起轟動，目前在日本已有多間分店。早前新開的池袋店內有十多隻迷仔豬，每隻都小小的超可愛，而且一點也不怕人，歡快地跑來跑去。客人要先把店家供應的毛毯鋪在大腿，小豬就會跑過來躺在你的腿上，有時同時會有好幾隻小豬寵幸你，抱著抱著就會還會睡著呢，太幸福了吧！

↑店內的飲料可以免費享用。

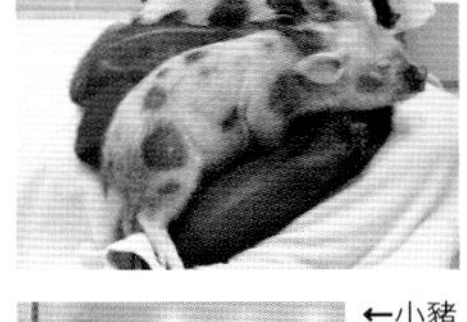
←睡得很放鬆的迷你豬，可以隨便摸摸哦！

←小豬會在店內自由自在地跑來跑去，有時還會吵架。

MAP 別冊 **M21 D-2**

地 東京都豊島区東池袋3-1-1地下1階
時 10:00-20:00 網 mipig.cafe
電 (81)03-5962-0531
金 入場費¥770，30分鐘¥1,100
交 JR 池袋駅步行約8分鐘

6 一吃難忘

油そば 鈴之木

於2022年2月開業的麵店，瞬間就成了區內的人氣麵店之一，其原因就是「美味」！店內面積不大，連吧枱只有十數個座位。當天點了店家人氣的辛まぜそば和背脂醬油そば，麵的軟硬度剛好，辛まぜそば的味道帶辣且鹹香、混有香蔥及辣醬的層次，和著麵條吃，十分醒胃；另一客的背脂醬油麵則帶有豚脂的甘香，吃時加點芝士粉，竟是意外的美味！

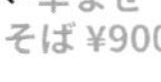
←辛まぜそば ¥900

→背脂醬油そば ¥800

MAP 別冊 **M20 A-1**

地 東京都豊島区池袋2-18-2 オーロラビル1F
時 11:00-23:00(L.O.22:30)
電 (81)03-6709-1476
交 JR池袋站步行約6分鐘

店內只有十多個座位

↑客人可按自己喜好加上芝士粉、胡椒或沙律醬

↑店家由崎玉搬到池袋時也有雜誌介紹過

5

6

WOW! MAP

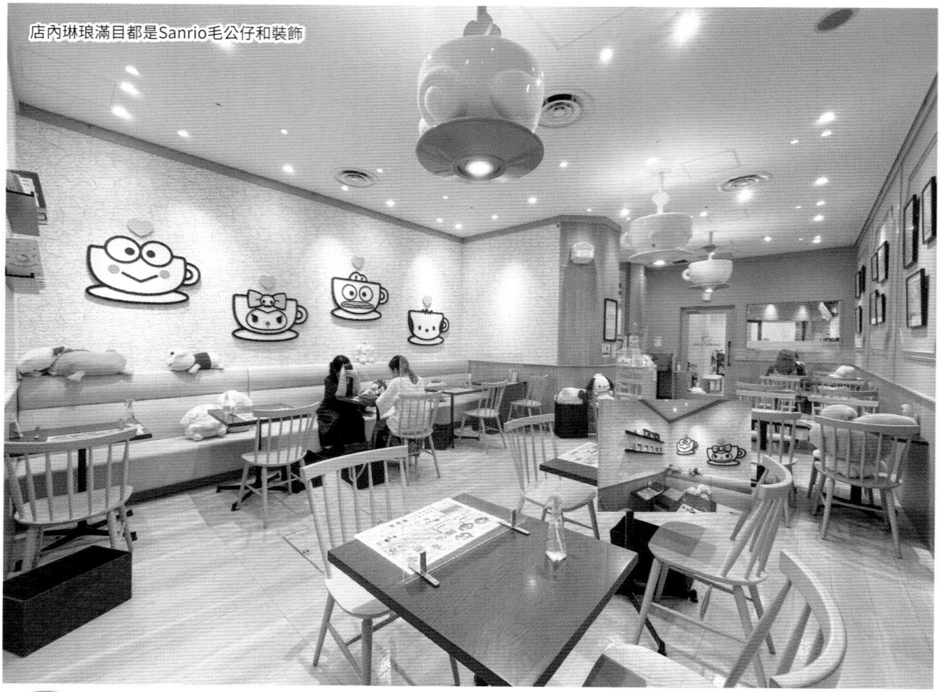

店內琳琅滿目都是Sanrio毛公仔和裝飾

7 人氣爆燈可愛打卡點

Sanrio Café

這間位於TOKYU HANDS舊址的Sanrio Café於2020年開幕，店內劃分開兩個區域：take away的餐點區和專門為堂食而設的café區。先介紹café堂食區，內裡的裝修充滿童心，到處都有可愛的Hello Kitty、My Melody、Little Twin Star及蛋黃哥等毛公仔陪客人坐，而牆紙、天花等也滿佈他們可愛的面貌，絕對是一眾Sanrio粉絲必到的打卡點！

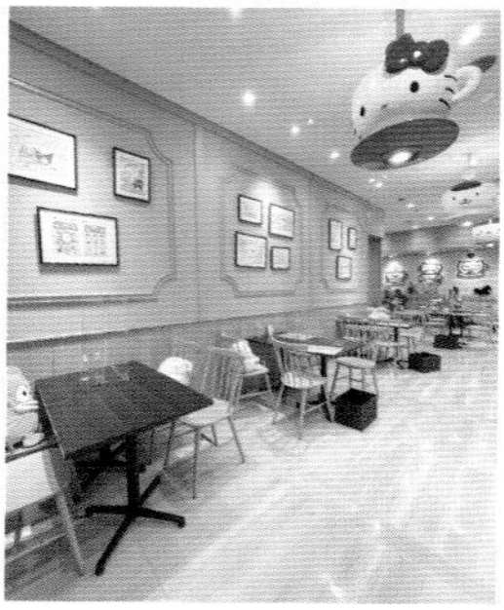

←天花都吊著巨型公仔

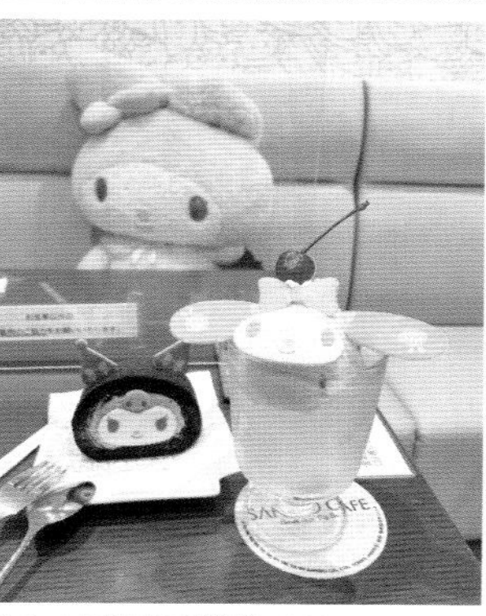

↑左：KUROMI卷蛋¥560；右：Melody忌廉梳打雪糕¥800

←卷蛋有香香的芝麻味

MAP 別冊 **M21 D-2**

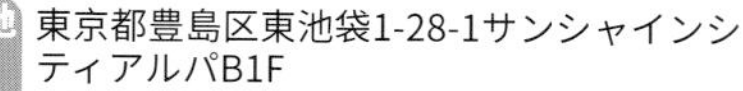

- 地 東京都豊島区東池袋1-28-1サンシャインシティアルパB1F
- 時 10:00- 21:00 (L.O.20:00)
- 網 stores.sanrio.co.jp
- 電 (81)03-5985-5600
- 交 東池袋站2號出口步行約4分鐘；或池袋站35號出口步行約5分鐘

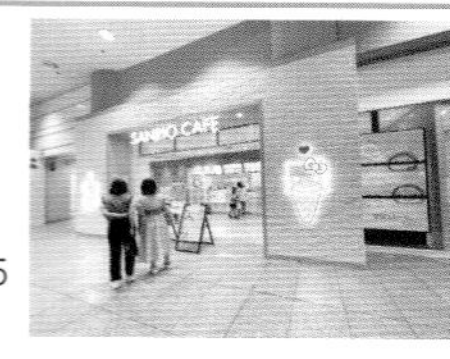

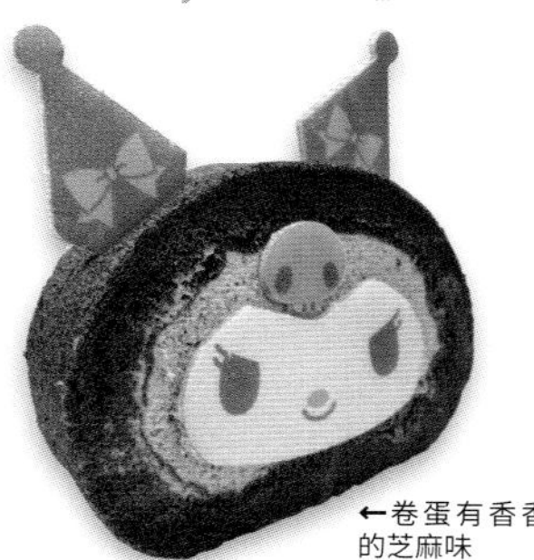

7a 可愛餐車區

就在café門前的餐車區，內裡同樣可以買到造型可愛的Sanrio主角的甜品：冬甩、雪糕、捲餅和各式飲品。而不同的是這裡主要是為外帶客人而設的，雖然只有少數座位，可是也有不少的打卡位，門口還放了一台Hello Kitty的鋼琴；當然還有不少限定的精品，各位Sanrio粉絲定必要看看呢！

↑ムースオハローキティ ¥680

甫入門就有一台貼滿Hello Kitty的鋼琴

↑餐車區也有不少打卡位

↑細心看看還有限定精品啊！

↑冬甩 ¥300

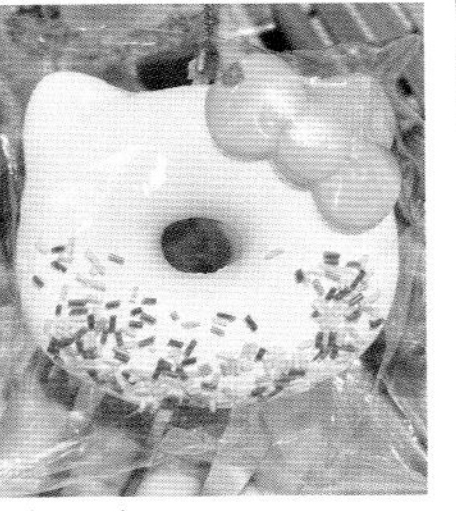
↑冬甩匙扣 ¥800

8 最新動漫商場
grand scape IKEBUKURO

這間位於池袋站旁的複式商業大廈於2019年暑假開業，場內有多間食店和酒吧，4-12樓為戲院，當然最受歡迎的要算是位於3樓的Capcom Café，它會不定期和人氣的動漫、遊戲等合作，推出限量版的精品、期間限定的café，喜歡動漫或打機的朋友定必到來看看啊！

↑商場有各式各樣的扭蛋機

MAP 別冊 **M21 D-2**

- 地 東京都豊島区東池袋1-30-3
- 時 10:00-20:00(各店略有不同)
- 休 各店不同
- 網 grandscape-ikebukuro.jp
- 電 (81)03-5944-9754(awesome store)
- 交 JR山手線池袋站步行約4分鐘

8a Capcom café (3F)

這間位於3樓的Capcom café，是一間以動漫及網上遊戲為主題的café；它會不定期和人氣的動漫或遊戲合作，推出期間限定的餐點、餐飲、精品和文具等。

店內放滿和旅行相關的裝飾

↑流線型的吧枱及書櫃給人柔和的感覺

→桜抹茶ラテ ¥500

9 現場表演觀賞地

Global ring café

香港首推

這間位於池袋公園西口的Global ring Café，每到周末就會聚集人群，非常熱鬧。因為其門外就是公園的野劇場，不時都會有小型的表演項目：跳舞、歌唱等；而店內雖然不大，可是開放式的落地玻璃，卻給人輕鬆的感覺，加上店內有各式和旅遊相關的介紹，遊人們可予加利用。

MAP 別冊 M20 A-2

地 東京都豊島区西池袋1-8-26池袋西口公園内
時 09:00- 21:30、星期日至20:30
網 www.globalringcafe.com
電 (81)03-5391-6007
交 JR、東京Metro池袋站步行約2分鐘

↑店內有小冊子及書籍，客人可自由翻看

10 暖笠笠窩心小吃

鳴門鯛焼本舗 池袋西口店

↑手工燒製，每條都帶有焦香

↓紅豆鯛魚燒餅 ¥280

這間於全日本都有分店的鯛魚燒店，是當地人推介的地道B級美食，其鯛魚燒不是一般店家的大型烤模製作，而是一個一個的利用直火來人工烤製，外層香脆，中間的餡料可揀十勝紅豆、奶皇或鳴門番薯，冬天邊走邊吃，是暖笠笠的窩心感覺。

MAP 別冊 M20 A-2

地 東京都豊島区西池袋5-1-7
時 10:00- 22:00
網 www.taiyaki.co.jp/shop
電 (81)03-5985-4747
交 JR池袋站西口步行約5分鐘

WOW! MAP

9 10

門口擺放著綾波麗的銅像

↑粉絲必入!《新世紀福音戰士》人物咕啞￥2,000/個

11 綾波麗的萬「誘」引力

EVANGELION STORE TOKYO-01

原本位於原宿的《新世紀福音戰士》官方商店，現已搬遷到池袋P'PARCO 2樓繼續營業。店內擺滿了琳瑯滿目的《新世紀福音戰士》產品，必定會讓粉絲們失去理智。由預料之中的TEE、手錶、糖果以至古靈精怪的綾波麗鞋、綾波麗鬚刨及使徒杯，在設計上都毫不馬虎，極見用心。如果你不是《新世紀福音戰士》的粉絲，是不建議你走進此店的。因為，是有點怕你進去之後會神推鬼磨明明不是粉絲竟也禁不住綾波麗的萬「誘」引力，買了一件tee回家。

→EVA時尚女裝鞋 ￥19,800

↑初號機(左)￥6,200、第13號機(中)￥8,800、2號機￥6,200

↑EVA男裝外套 ￥9,800

MAP 別冊 M20 B-2

地 東京都豊島区東池袋1-50-35 池袋P'PARCO 2F
時 11:00-21:00
網 www.evastore2.jp
電 (81)03-5992-3310
交 JR池袋站東口步行1分鐘

WOW! MAP 11

12 莫內的空中花園
食と緑の空中庭園

西武池袋本店9樓，以印象派大師莫內的睡蓮為主題，打造佔地5,800平方米的空中花園，設有570個座位，共有10個小店舖，種類豐富，而且均是價格親民的銅板美食。就算不打算用餐，也建議遊人到此散散步，欣賞市中心少有的空中花園。

←燒小籠包￥540(4個)
口感偏硬，肉質嫩口，熱烘烘咬一口肉汁即爆出。

→スタミナうどん￥650
經營近50年的手打烏冬老店，烏冬爽滑彈牙，湯底清甜又不過鹹，好食！

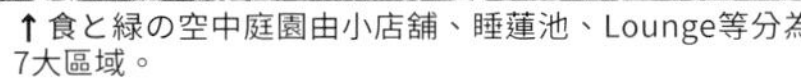

↑食と緑の空中庭園由小店舖、睡蓮池、Lounge等分為7大區域。

↑庭園中央的大水池燈光會轉變，坐在這裡用餐，氣氛一流！

↑日夜景緻各有特色

MAP 別冊 **M20 B-3**

地 豊島区南池袋1-28-1 9F
時 10:00-20:00 網 www.sogo-seibu.jp/ikebukuro/roof_garden
電 (81)03-3981-0111 交 JR池袋站達

13 安全地吃雞泡魚去
玄品ふぐ

日本美食千萬種，雞泡魚可說是最神秘的一種。因經常被傳為是一種極美味但有毒的神奇食物，讓人既想吃又害怕。在日本，就有一間叫玄品的連鎖式餐廳，專賣雞泡魚料理。對其他類型的餐廳來說，「連鎖」二字可能是魔咒，可是對雞泡魚餐廳來說，「連鎖」反而是「很多人吃了都沒有危險」的保證。加上玄品經常高朋滿座，欲一試雞泡魚者還等什麼呢？

↑沾鹽雞泡魚刺身￥880(小)/￥1,800(大)
菜單列明：五成熟最誇啦啦!

←雞泡魚皮薄片￥880
這款雞泡魚皮薄片特別向女士推介，因骨膠原含量極豐富。把薄片放進鍋上微燒一下沾點店家特製的橘子汁醬油，就是天下美味。

MAP 別冊 **M20 B-1**

地 東京都豊島区池袋2-41-1 1/F-2/F
時 12:00-22:30(午餐L.O.14:00)(晚餐L.O.21:30))
網 www.tettiri.com
電 (81)03-5979-1529
交 JR池袋站北口，沿文化通直行至常盤通左轉

WOW! MAP

12

13

14 幪面超人秘密基地
Kamen Rider the Diner

Kamen Rider The Diner是參照幪面超人死對頭撒旦幫的秘密基地設計的

位於池袋鬧市，入口在Pasela Resorts的酒店裡，一個紅色的燈箱，上面有幪面超人的招牌甫士。你乘坐電梯，電梯門打開，對，就這樣就來到化名Kamen Rider的幪面超人秘密基地。基地是為你補充正能量的地方，它提供餐飲，讓你補充體力，又擺滿了各式幪面超人的模型、書籍以至古董，讓你心情無論如何差，都能迅速回復愉快。

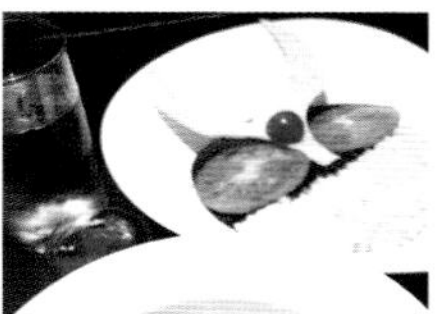

←惡之秘密結社 ¥990 (前) / 超・變・身飯 ¥990 (後)
Kamen Rider the Diner的食物及飲品在設計上無一不從幪面超人身上取靈感，這款嘍囉墨魚飯是餐廳的隱藏menu

MAP 別冊 M20 A-1

- 地 東京都豊島区西池袋1-21-9 PASELA RESORTS 4F
- 時 星期一至五12:00-21:00(L.O.20:00); 星期六、日及假日10:00-21:30
- 網 www.paselaresorts.com/collaboration/rider
- 電 (81)0120-025-296
- 交 JR池袋站北口步行約3分鐘；副都心線池袋站C9出口

15 稱「無敵」是當之無愧
麵創房無敵家

好食 編者推介

池袋最有名的人氣拉麵店，幾乎東京遊必訪之地。豬骨湯底經過16小時熬製而成，非常濃郁美味，光是聞已經很不錯，鹹度剛好，如果吃到最後有點膩，加點辣醬中和，也可飲用茉莉綠茶。麵也是一絕，除了嚴選北海道麵粉外，再經過店主親自研製改良，麵條較粗，軟硬適中，有嚼勁。叉燒肥瘦適中，入口即化，香味慢慢在舌尖散開，令人不捨得吞下。全店只有17個座位，加上是人氣店，自遊人記得預留充足時間細味每條麵條！門口設有拉麵人氣榜，選擇困難的自遊人，選第一的準無錯。

特丸麵 ¥1,250
一次過品嚐多種配料。半生熟蛋呈流心狀態，很嫩。叉燒不用說，入口即化，香味在舌尖慢慢散開。

MAP 別冊 M20 B-3

- 地 東京都豊島区南池袋1-17-1
- 時 10:30-04:00
- 網 www.mutekiya.com
- 電 (81)03-3982-7656
- 休 12月31至1月3日
- 交 西武百貨沿明治道步行約3分鐘

→無敵家的麵條都使用北海道的麵粉，大蒜則用上青森縣天間林村出產的低臭大蒜，真材實料，立此木坊為記。

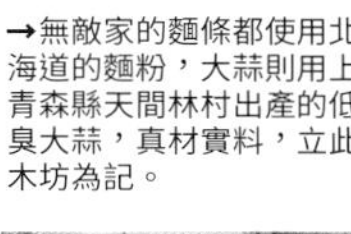

14 15 WOW! MAP

16 雜誌力推黑咖喱牛肉烏冬

あんぷく

在あんぷく的門口，幾乎貼滿了各式日本飲食旅遊雜誌的剪報。是的，あんぷく是一家當地飲食雜誌十分推崇的小店。走的是以新概念來烹調烏冬，最馳名的是的黑咖喱牛肉烏冬。濃黑的咖喱下，是嚼勁十足的黑牛肉片和滑溜彈牙的烏冬，與日本傳統手打烏冬的做法有點不同。如果想試試傳統日式手打烏冬以外的口味，あんぷく是不錯的選擇。

→店內一個大大的毛筆「逢」字，氣勢十足。

↑黑咖喱牛肉烏冬 ¥1,500
本店招牌作。濃郁的醬汁與烏冬味道極配，是另一種特別的烏冬滋味。

MAP 別冊 M20 A-1

地 東京都豊島区西池袋1-37-8 JPビル1F
時 11:00-15:00(L.O.14:30)、17:00-23:00(L.O.22:00)
電 (81)050-5869-3878
交 副都心線池袋站C6、C9出口步行約2分鐘

17 沾麵始祖

大勝軒本店

是東京首屈一指的拉麵，分沾麵和湯麵兩種，前者較受歡迎，創辦人山岸一雄更是發明日式沾麵的始祖。沾麵是在麵條煮熟後，用冰水過冷河，麵條變得緊實，再在乾碗中奉上，客人在吃時才沾上另上的熱辣辣湯底，這樣麵條可以長時間保鮮，不會發脹和變軟，由第一口至最後一口都十分彈牙。另外，湯底也是驚喜之處，用豬骨、雞骨、豬腳、青花魚及小魚乾，另外再加糖與醋而煮成，比起一般的豬骨湯底清，且帶有酸甜味，多吃也不膩。

↑元祖つけ麵（沾麵）¥950
湯底比起一般的豬骨湯底清，帶酸甜味，不過叉燒的質素普通。

MAP 別冊 M21 D-3

地 東京都豊島区南池袋2-42-8
時 11:00-22:00(或至售罄)
休 星期三
網 tai-sho-ken.net
電 (81)03-3981-9360
交 有樂町線東池袋站2號出口，步行2分鐘

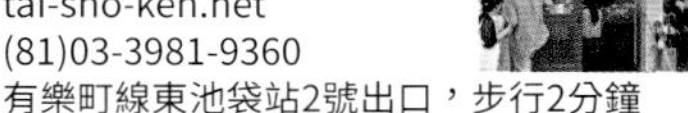

WOW! MAP

16

17

18 池袋新名所
WACCA IKEBUKURO

WACCA距離池袋東口只有3分鐘的路程，以食和生活為主題的池袋新商場，樓高8層，1至5樓集合了法國家具店Ligne roset、手藝專門店ユザワヤ、巴西料TUCANO'S等27間餐廳和商店，6至8樓則是婚禮場所，商場提供免費wifi和休憩區，讓逛到累的遊人可稍作休息上網。

MAP 別冊 M21 C-2

地 東京都豊島区東池袋1-8-1
時 商店10:00-26:00、餐廳11:00-23:00
休 1月1日及1月2日
網 wacca.tokyo
電 (81)03-6907-2853
交 池袋站東口步行約3分鐘

19 超人氣蘋果批
Ringo

抵食 編者推介

Ringo是紅極一時芝士撻BAKE的姐妹店，賣的是美味蘋果批，由北海道牛油和小麥粉做成的批皮外層鬆脆，內裡包著香甜的吉士醬、清爽的蘋果粒。新鮮出爐香氣四溢，入口脆皮混合吉士醬和蘋果粒，清新香甜，值得一試！

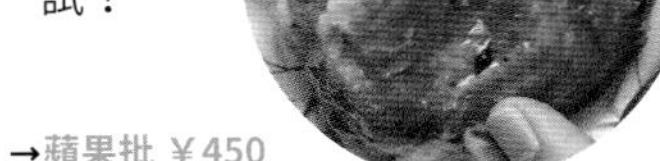

→蘋果批 ¥450

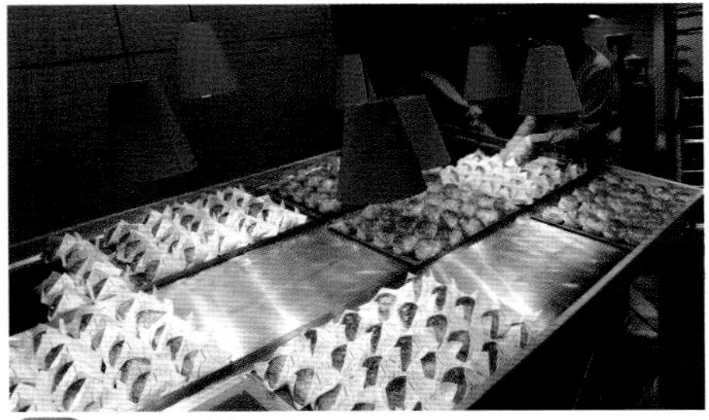

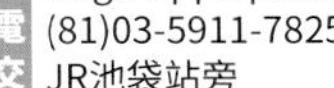

MAP 別冊 M20 B-2

地 東京都豊島区南池袋1-28-2 JR池袋駅1F
時 10:00-21:00
網 ringo-applepie.com
電 (81)03-5911-7825
交 JR池袋站旁

動漫朝聖必到「乙女路」

乙女路是指池袋三丁目Sunshine 60樓前的一段路，會有這樣的稱呼，主要是因為K-BOOKS、らしんばん和animate三家動漫店舖集中在這段路上，開設了一排偏女性向的店舖。相對中野BROADWAY和秋葉原兩個偏男性向的區段，偏女性向的池袋成了女動漫迷的聚腳點，從而也帶旺了附近的廉價美妝用品和執事咖啡廳等店舖。

地 東京都豊島区東池袋3-2-1(由Sunshine60大樓外至春日通り前的一段路)
交 JR池袋站地下道35號出口，沿サンシャイン60通り步行5分鐘

WOW! MAP
18
19

上野

Ueno

必見！
アメ横丁

上野的アメ橫丁是一眾遊人必逛之地，地道的店舖、熱鬧的街景、香氣四溢的食店都是吸引大家的原因，加上其便利位置及上野公園及東京都內的賞櫻名所，就算不住上一晚也要到來逛逛才對吧！

往來上野交通

- 新宿站 — JR山手線 約22分鐘 ¥210 — 上野站
- 羽田空港 — 東京モノレール空港快速 約20分鐘 ¥510 — 浜松町站 — JR 約15分鐘 ¥180 — 上野站
- 成田空港 — 京成特急指定席 約55分鐘 ¥2,580 — 上野站

↓薄薄一片鴨肉，是意料之外的嫩滑。

1 排隊一小時起跳
らーめん鴨to葱

甚麼拉麵居然要排一個小時起跳？位於上野的らーめん鴨to葱是一間在Tabelog擁有3.75高分的拉麵，一來到要直接買票再排隊，客人可從3個品種的蔥自選兩款。店舖空間不大只有11個座位。鴨肉使用低溫烹煮的方式，薄薄的一片是極致的柔軟，湯頭是香氣四溢的鴨香，配著清爽的蔥香可以一口接一口地喝。親子丼也是店家的招牌，滑嫩的半熟蛋加上有咬口的鴨肉，小小的一碗意猶未盡。

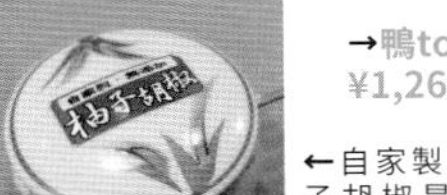
→鴨to葱拉麵 ¥1,260

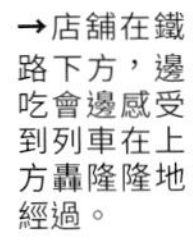
←自家製的柚子胡椒是必加的，為湯頭增加不少風味。

MAP 別冊 **M22 B-3**

地 東京都台東区上野 6-4-15
時 10:00-22:30
網 www.kamotonegi.com
電 (81)3-6803-2334
交 JR 御徒町駅步行約2分鐘

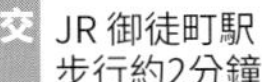

→店舖在鐵路下方，邊吃會邊感受到列車在上方轟隆隆地經過。

↑店員會拿著牌子來問你要哪兩款蔥。

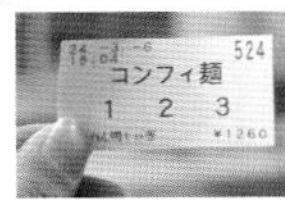

↑要先買票再排隊，以免要從頭再排！

2 超划算的甜品店
Domremy Outlet

→長期爆滿的店，很多日本人都會特意來掃貨。

甜品店居然也有 Outlet 嗎？這間小小的甜品店入面的產品是¥50起，一般的布甸、小蛋糕也只是¥100左右，大概是超市便利店的7折左右。這麼便宜是因為快過期了嗎？並不是！原因是外觀不夠完美，才會以低價出售，但看起來根本一點問題也沒有，不得不佩服日本職人的嚴謹。所有的糕點都是工廠直送品質可靠，想買便宜又好吃的甜品就不要錯過了！

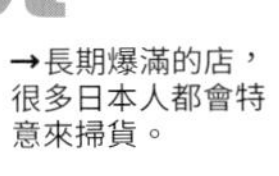

↓千層蛋糕 ¥250

↑牛乳寒天白桃 ¥150

↑泡芙 ¥130

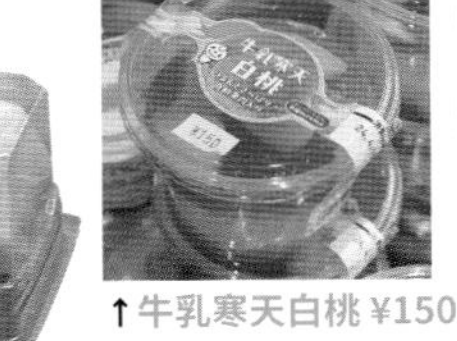
↑甜品的選擇非常多，而且賣相也很精緻。

MAP 別冊 **M22 A-2**

地 東京都台東区上野 2-14-28
時 11:00-19:00
網 www.domremy.com/outlet
電 (81)3-5812-1157
交 JR上罰站步行約4分鐘

WOW! MAP 1 2

吉祥寺 池袋 上野 東京站 六本木・東京鉄塔

3 日本職人的魅力
mic

在快時尚的影響下，如果你依然會為職人的堅持而感動的話，人氣皮革專門店mic是很值得走訪的小店。上野本店內設有製作工坊，邊逛邊看到員工們在努力工作著。店內除了擺放多個手工錢包外，還把製作錢包所需要的材質、工具、流程展示出來，在充分地了解一件皮革製品後，才能挑選出自己真正喜歡、切合需求的產品。mic有多款原創產品都曾獲得設計大獎的肯定，同時也提供皮革製品修理服務。

↑店內仔細地分享了皮革製作的用料、工具，令你對產品有更深入的了解。

↑錢包、卡片套、零錢包的選擇非常多，而且不易和別人撞款。

→中 L 字折疊銀包 ¥1,990
mic 的定價在一二千円左右，如果不追求名牌的話，是非常值得入手的。

MAP 別冊 M22 A-3

地 東京都台東区東上野1-3-3
時 11:00-17:00
休 每月第二個星期一、星期六日及假期
網 www.mic1978.com
電 (81)3-5816-1821
交 Metro稲荷町駅步行約6分鐘

↑上野恩賜公園內的不忍池初春可賞櫻花，到了夏天是荷花盛開的季節，更有不少候鳥在這裡棲息。

↑上野動物園一向是親子活動最受歡迎之地

↑公園另設有國立科學博物館

4 四季賞景地
上野恩賜公園

毗鄰上野站的上野恩賜公園內有動物園及多間博物館，池畔還有東照宮、寬永寺及西鄉隆盛像等歷史遺跡。每到春天(3月下旬至4月上旬)，沿西鄉隆盛像側的「桜通り」更是遊人賞櫻必到之地，是東京最著名的櫻花場所。

MAP 別冊 M22 A-1

地 東京都台東区上野公園池之端3 時 05:00-23:00
網 www.tokyo-park.or.jp 電 (81)03-3828-5644
交 JR、地下鐵上野站步行約2分鐘

WOW! MAP

3

4

開放式的座位可看到四周林蔭處處

4a 竹林深處的會席料理 韻松亭

韻松亭就靜靜的存在上野公園的寧靜處，一棟傳統而有味道的日式平房，門前的竹籬笆跟內裡的榻榻米，都似在告訴客人它的故事。店內有包廂也有公眾的座席，午餐時份到來客人多，要耐心等候。點了一客雪花籠料理，由前菜到甜點的擺放都很用心，賣相精緻之餘，也很美味；尤其主菜的燒魚十分軟腍入味，燒酒煮蝦帶有濃濃酒香，還有那片生湯皮十分順滑且充滿豆香，以這般的價錢配上這樣的環境，真的令人驚喜。

↑那杯茶碗蒸滑不溜口

客人入店後需脫下鞋子

↑雪花籠膳 ¥2,300

MAP 別冊 M22 A-1

地 東京都台東区上野公園4-59
時 11:00- 15:00(L.O.14:00)、17:00- 22:00(L.O.21:00)
休 年末年始
網 www.innsyoutei.jp
電 (81)03-3821-8126
交 京成上野站步行約7分鐘；或JR、東京Metro上野站步行約10分鐘

韻松亭一樓也有供客人吃甜品的地方，是傳統的café

↑澡堂內是負責改建錢湯的公司 YAMAMURA 的辦公室

5 「浴」後重生

rebon Kaisaiyu

這間充滿下町感的「快哉湯」原址是一間超過90年歷史的錢湯，它保留了昔日大眾澡堂的裝修：玄關前的格仔鞋櫃、安插在男女生入口中間的收費枱「番台」、挑高的木格天花板、巨大的壁畫和磚瓦的浴池等等……都似在訴說著歷代的故事。店內的人氣咖喱飯，用上多種香料煮成的野菜咖喱，咖喱味道濃厚且每種香料帶豐富的口感，微辣也開胃。

↑客人可爬上番台，體驗一下做掌櫃的視野

↑內裡有一台烘豆機

←香るスパイスのゴロゴロ野菜カレー連飲品 ¥1,280

←座位區也用上昔日的脫衣籃作客人擺放手袋的地方

→鞋櫃鎖匙

↑磚瓦的浴池

↑進入 café 前要先在玄關脫下鞋子

↑開放式的廚房傳承了錢湯的設計

MAP 別冊 **M22 B-1**

地 東京都台東区下谷2-17-11
時 10:00-18:00
休 不定休
網 www.rebon.jp
電 (81)03-5808-9044
交 東京Metro入谷站步行約5分鐘

WOW! MAP 5

↑伊豆栄是老店，連侍應都是穿著和服的老店員，那種氛圍味道，非一般鰻魚店可比。

→伊豆栄午市鰻魚套餐 ¥3,630
伊豆栄的鰻魚定價不算便宜，建議可於午飯時間光顧午市鰻魚套餐，一嚐正宗的日本鰻魚飯味道。

↑伊豆栄本店的裝潢低調中甚具氣派，窗外更盡收上野恩賜公園的園林景緻。

6 300年天皇御前鰻魚飯店
伊豆栄本店

好食 編者推介

伊豆栄本店位於上野恩賜公園旁，十分古色古香。不說不知，這一家據說連日本天皇都讚不絕口的鰻魚店，原來始創於江戶時代，300年來一直專注製作鰻魚飯。可以想像，在一間如此長久專注地做鰻魚飯的老店內，吃到的鰻魚飯幾乎沒有可能不好吃。

MAP 別冊 M22 A-2

地 東京都台東区上野2-12-22　時 11:00-21:00(20:30)
網 www.izuei.co.jp　電 (81)03-3831-0954
交 JR上野站しのばず口步行約5分鐘

7 抵食長龍店
みなとや食品本店

抵食 編者推介

鐵火丼(鮪魚飯) ¥500

在日本看到大排長龍便知道哪處正有美食或筍貨。這家大排長龍的Minatoya正是又平又好味的正店。招牌鐵火丼(鮪魚飯)¥500，原條燒鰻魚飯¥600，原條穴子天丼(炸海鰻飯)只售¥500，極抵食，味道不錯，如嫌太大碗的話，可選擇「迷你」版，可說平盡東京。

MAP 別冊 M22 B-3

地 東京都台東区上野4-1-9
時 11:00-19:00 休 1月1-2日
電 (81)03-3831-4350
交 JR御徒町站步行約3分鐘

6

7

WOW! MAP

就算平日也有不少遊客到來掃貨

↑當然少不了各式各樣的食店

↑街上有不少售賣運動衫和鞋的店家

8 必定要逛逛才心安 アメ横丁

アメ横丁可以說是上野區的靈魂街道，因為大家可以充份體驗到日本的平民生活、感受到店家的活力。當然店舖大多以高CP值見稱，細心逛逛，更會發現到特色的小店。

MAP 別冊 M22 B-2

地 東京都台東区上野6
網 www.ameyoko.net
時 各店不同
交 JR上野站前

就連牆上都掛滿商品

↑青蛙背包 ¥6,900
←Snoopy環保袋 ¥1,800
↓Gym Master Tee ¥4,900

要看完店內的貨品可能要半天

8a 千奇有趣雜貨店 ガラクタ貿易

ガラクタ貿易是間雜貨老店，內有數千樣貨品，全部都是店主鈴本先生由世界各地搜羅回來的：傢俱、精品、衣飾、文具、手袋、運動服，不只種類繁多，款式也別幟一格，有些精品的英文句子更十分抵死有趣，令人會心微笑。

地 東京都台東区上野6-9-21
時 11:00- 20:00
網 garakuta-boeki.com
休 1月1日
電 (81)03-3833-7537

WOW! MAP 8

↑北海道產的貝柱 ¥3,100

↑就算是當地人也會到來光顧

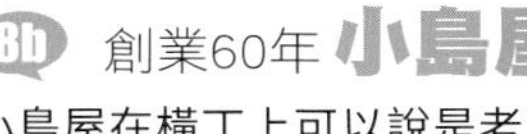

8b 創業60年 小島屋

小島屋在橫丁上可以說是老牌的店家，由開業至今已有60多年歷史，店內售賣的貨品主要為零食和乾貨：有進口的開心果、花生等，也有日本國內產的貝柱、魷魚乾等乾貨，作為伴手禮都很受外地遊人歡迎。

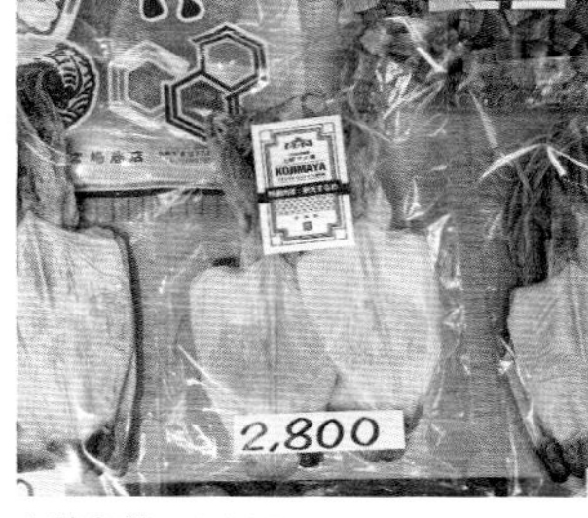

↑魷魚乾 ¥2,800

地 東京都台東区上野6-4
時 10:30-19:30
星期三至晚上18:30
休 不定休
網 www.kojima-ya.com
電 (81)03-3831-0091

↑Marie Claire防水雨衣一套 ¥5,980

場內沒什麼裝修，畢竟都是特賣場

8c 運動服飾散貨場 LONDON Sports

看見擺放在店前一箱一箱的運動服，活像一個散貨場，亦是店家的標誌。店內可以找到不同運動牌子的服飾、鞋履：adidas、PUMA、NIKE、Kappa等，不少都是出口外地的款飾，大家如果有時間，大可以慢慢尋寶。

→SPALDING膠底運動鞋 ¥1,258

地 東京都台東区上野6-4-8　時 10:30-20:00

9 上野飲食店集中地
FUNDES上野

這棟鄰近上野站的商業大廈全棟由1樓至10樓全是飲食店，有西餐、酒場、日式料理和烤肉等，如果想一次過吃晚餐再加「二次會」的話，這裡是不錯的選擇。

MAP 別冊 M22 B-1

地 東京都台東区上野7-2-4
網 fundes.jp/ueno
交 JR上野站淺草出口，步行1分鐘；或東京Metro上野站9號出口，步行約2分鐘

9a 黑毛和牛燒肉
USHIHACHI上野

這間位於10樓的格調烤肉店，環境舒適，沒有一般烤肉店的煙霧和濃味，很適合一家大小或大班朋友到來一邊享受烤肉，一邊小酎兩杯。店家提供的不同的烤肉套餐，有黑毛和牛、國產牛和進口牛都用，筆者點了一客黑毛和牛A4一頭盛，有四款店家揀選部位，加上少有的上橫隔膜部位，邊烤時已散出牛油香，入口即化的口感，令人一試難忘。

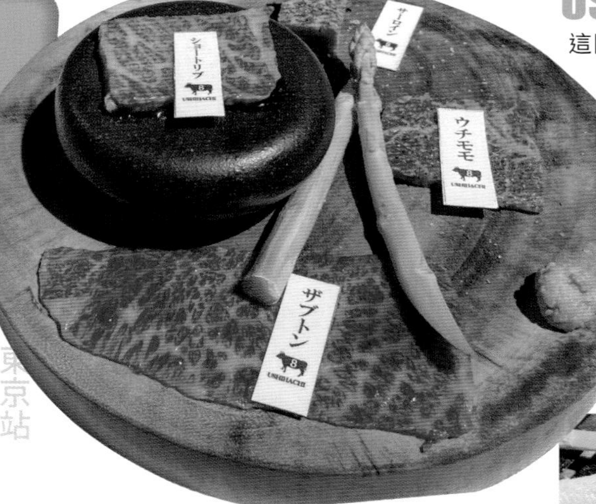

↑黑毛和牛A4一頭盛¥1,890/人，燒肉會列明那一個部位

↑要慢慢烤才會外面帶焦，內裡保持肉質嫩滑

↑店家是一整頭牛的買回來，所以價錢相對便宜

←店內環境優雅乾

時 11:30- 15:00(LO14:30)；17:00- 23:30(LO23:00)
網 www.ushi8.net
電 (81)03-5830-8829

吉祥寺
池袋
東京站
六本木・東京鉄塔

WOW! MAP 9

每晚8時左右就會開始熱鬧起來

9b 新鮮水產直送 魚河岸魚〇本店

如果大家想體驗一下當地人的地道大排檔風味的話，定必推介大家來地下這間海鮮食堂魚河岸魚〇本店。店內由數間食堂組成，大夥兒只要揀好位置，就可以隨意點菜，筆者一個人，點了一客海膽拼三文魚籽，海膽甘甜和著微鹹的三文魚籽，加上一碟鬆化脆口的炸鯛魚皮，再喝一口冰凍的可樂，看著四周熱鬧的客人，真是很地道的體驗。

↑海膽味道甘甜

←左：ウニといくらのちょい盛り¥800；右：鯛ちくわの磯辺揚げ¥500

←↑每間小店都各有特色

時 24小時
電 (81)03-5828-7066

寬敞的客房可容納最多10人，配備廚房、餐桌和烹飪工具，並提供共用洗衣房。浴室和洗手臺是獨立設置的，可在寬敞的浴室中治癒旅途的疲憊。

客飯廳廚房俱全有如置身在家的特色酒店

MIMARU東京上野EAST

MIMARU在東京、大阪和京都的有28個設施的公寓酒店，旨在讓大家一起享受"共同入住"的樂趣。配合各區而設具有獨特的特色的設施，加上員工親切的款待，讓客人感受到賓至如歸。東京上野區是一個擁有動物園、美術館和淺草等眾多旅遊景點的地區。周邊設有眾多代表日本的商業和文化設施，並且通往日本其他地方城市的交通便利。

↑熱愛日本的員工來自世界各地，可以成為客人的旅程夥伴。除了擁有多國語言能力，友善的工作人員推薦周邊的資訊和景點，為客人創造難忘的旅程。

↑寶可夢主題房間，為寶可夢粉絲特設的空間，配備了獨特設計的杯子和盤子等用品。

MAP 別冊 M22 B-2

- 地 東京都台東区東上野4-26-3
- 時 15:00後登記入住；11:00退房
- 休 無休
- 網 https://mimaruhotels.com/zh_CHT/
- 電 (81)03-5811-1677
- 交 成田機場乘電車約55分鐘；羽田機場乘電車43分鐘；JR上野站入谷口步行3分鐘；地鐵上野站1號出口步行5分鐘；京成上野站步行11分鐘

WOW! MAP
MIMARU 東京

10 上野フランティアタワー

上野PARCO_ya是區內少有的多功能商業複合設施。這幢大樓共有22層，7-10樓是上野區內最大型的戲院。除了有戲院，當然少不了各色各樣的潮流百貨，並提供了很多具有上野特色的伴手禮，當中有52間新店是首次進駐上野。商場的6樓就集結了來自日本各地的美食，以滿足大家口腹之慾。

MAP 別冊 M22 A-3

地 東京都台東區上野3-24-6
時 10:00-20:00；6樓「口福迴廊」11:00-23:00；1樓餐廳營業時間以各店舖為準
網 parcoya-ueno.parco.jp
交 JR 御徒町駅步行1分鐘/都営地下鉄大江戸線上野御徒町駅步行約1分鐘

10a 吃得到的日本傳統 あんみつみはし(3F)

日式風格裝潢，開店70年的上野區老店，完全能夠體會日本人的執著。就算是一碗小小的甜品也絕不會馬虎，選用北海道的十勝紅豆、沖繩出產的黑糖、靜岡及伊豆諸島的寒天。他們的豆沙非常綿密，不會太甜。另外配上寒天的爽滑口感，增加層次。配上黑糖，為這傳統的甜品加上不同的風味。

↑外觀打造成日式的風格，讓顧客坐得舒適

←若桃あんみつ ¥720
下層藏有寒天，混合黑糖享用

時 10:00-20:00(L.O.19:30)
電 (81) 03-5846-0384

10b 東京唯一分店 金沢まいもん寿司(6F)

金澤的著名壽司店，以新鮮吸引到不少老饕專誠跑到金澤品嚐。現在來到東京也能食得到這些美味，由於地理位置上的優勢，有很多能登半島（北陸日本海）才有的海產，難怪吸引那麼多「識食」之人排隊。

↑店內店外都是滿滿的人潮，可見人氣食店不是浪得虛名。

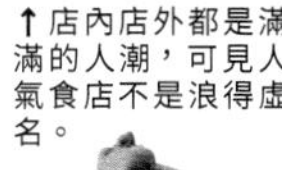

↑果然是人氣食店，隨時隨地都有很多人在排隊，所以想吃的遊人就要選避開人潮的時間之外，還要有排隊的準備。

時 11:00-23:00
網 www.maimon-susi.com
電 (81)03-5816-1144

10c 屹立上野五十年 上野焼肉陽山道(6F)

這間在上野區屹立60年的傳統燒烤店，以整頭牛的方式買下日本最高級的國產和牛，讓各位食客可以食到牛的稀有部位。和牛的香氣在店內散發出來，又在門外的雪櫃放了一大塊的牛肉，讓人想立即就品嚐牠的滋味。這裡的中午時段會推出一個人獨享的燒肉套餐，用便宜的價錢品嚐同樣的美食。

→用餐環境很舒適，不會太擁擠，座位間有一定距離。

↑A5和牛カルビ弁当 ¥1,650

時 11:00-23:00
網 yansando.jp
電 (81) 03-6284-2880

WOW! MAP 10

吉祥寺 池袋 上野 東京站 六本木・東京鉄塔

東京站

Tokyo Station

必見！東京車站

日本的JR站一向最神奇。除了是搭乘JR的地方外，一些大站如新宿、東京站等本身更是一個巨型的購物商場。而近年一直在翻新的東京站終於完成了八重州地下街部份的調整，那管外頭大風還是大雪，躲進東京站一番街，還是可以隨時繼續享受狂掃貨狂吃喝的樂趣！

往來東京駅交通

- 羽田空港 → 東京單軌電車 約17分鐘 ¥505 → 濱松町 → JR山手線 約7分鐘 ¥167 → 東京站
- 成田空港 → JR特急成田エクスプレス 約1小時4分鐘 指定席¥3,072 → 東京站
- 新宿站 → JR中央線快速 約13分鐘 ¥208 → 東京站

1 東京最強美食街

GRANSTA八重北

在東京每次想不到吃甚麼，美食街總是不會出錯。東京車站八重街北口的Gran Gourmand美食街在2021年進入整修後，終於在早前以全新面貌「GRANSTA八重北」開幕，分別有3層不同主題的美食：地下1樓的黑塀橫丁、1樓的八重北食堂、2樓的北町酒場，想小酌一杯或是一大班朋友聚餐都有不少選擇。多間人氣餐廳進駐，像是老店鰻魚四代目菊川、長龍店極味や、美食雜誌策劃的dancyu、人氣水果甜點店果實園等，選擇太多了！

↑超長龍的極味や，是極有人氣的漢堡扒店。

↑老店鰻魚四代目菊川

MAP 別冊 M11 B-2

地 東京都千代田区丸の内1-9-1
時 11:00-23:00
休 各店不同
網 www.gransta.jp
交 JR東京站八重洲北口出站步行約1分鐘

←↑人氣水果甜點店果實園，水果超級多。

↑由美食雜誌策劃的 dancyu，主打日式定食。

1a 高質居酒屋

酒場シナトラ (2F)

GRANSTA八重北內其中一間人氣餐廳是「酒場シナトラ」，其於東京有5間分店，看似是一個普通的居酒屋，入面的料理卻意外出色，有很多新奇的配搭。名物肉豆腐燉煮得非常軟爛，豬肉入口一咬就會散開，豆腐亦是非常嫩滑。螢光魷魚漬物偏咸卻一點也不腥，連著底下的薯蓉配酒吃剛剛好，玉子燒即叫即製軟綿綿的，浸了滿滿的湯汁超好吃，一個人獨自享用也不會尷尬。

↑螢光魷魚沖漬 ¥780

↑店內的感覺年輕有活力，店員們都相當熱情。

↑有別於一般居酒屋的常見料理，酒場シナトラ的餐點都頗有特色。

地 東京都千代田区丸の内1-9-1 東京駅一番街 H-4
時 星期一至六11:00-23:00（L.O.22:30）、星期日及假期11:00-22:00（L.O.21:30）
休 不定休
網 www.bistro-jill.com
電 (81)03-6551-2070

↑地下一樓則是美食區，人氣壽司店根室花丸進駐。

2 日本品牌雲集
東京中城八重洲

東京站又有新商場了！2023年3月10日正式開幕的東京中城八重洲是一棟45層樓高的複合式大樓，與東京車站相通，地下1樓到3樓都是商店，4到38樓則是辦公樓層，40至45樓則為Bulgari Hotels Tokyo。大樓內有多間話題日本品牌進駐，當中包括了主打舒適家居服的gelato pique、首次在東京設店的津輕玻璃等等。2樓的Yaesu Public則為公共空間，有11間餐飲店進駐，當中的kakigoori Collection Baton最為特別，由不同人氣刨冰店輪流登場。地下一樓則是美食區，有人氣壽司店根室花丸、炭燒店鳥海總本家、沖繩飯團專賣店Pork Tamago Onigiri等等。

↑主打各種健康蔬食料理的 Parya。

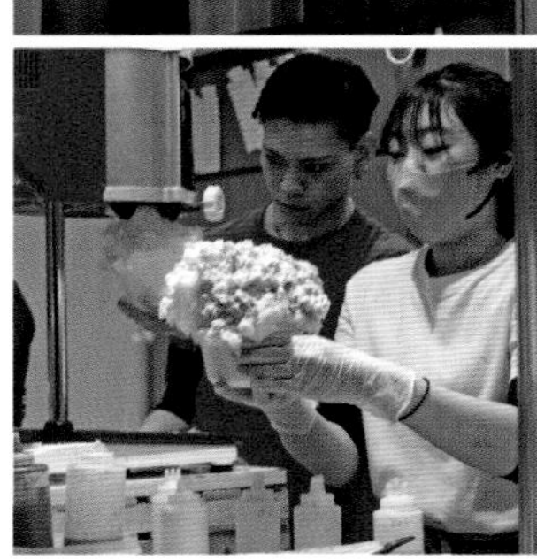
↑→ kakigoori Collection Baton 由不同人氣刨冰店輪流登場。

↑主打舒適家居服的 Gelato Pique。

↑想買特色手信，可以去津輕玻璃。

→ 2 樓的 Yaesu Public 則為公共空間。

MAP 別冊 M11 B-2

地 東京都中央区八重洲二丁目2-1
時 B1F 10:00-21:00、1F-3F 11:00-21:00、餐廳至23:00
網 www.yaesu.tokyo-midtown.com
電 (81)03-6225-2234
交 JR東京站步行約5分鐘

3 一整條牛油放入口

BUTTER 美瑛放牧酪農場

超人氣的甜品店！於 2023 年 4 月開幕的 BUTTER 美瑛放牧酪農場，使用來自自家農場北海道美瑛町放牧場所生產的奶製品。一坐下即送上一小杯Butter Milk，必試即叫即製 Pancake，口感實在香氣十足，加上一整條100g的牛油，太邪惡了吧！抹上牛油的 Pancake 奶香味十足，吃不完可使用餐廳提供的保冷袋，帶回酒店享用。

↑所有 Pancake 都是即叫即製。

↑一坐下會先送上一杯牛奶。

→鬆餅 ¥410

→軟雪糕 ¥880

→一整條的牛油太過份了吧！

↓旁邊是品牌的菓子店，餅乾類製品非常吸引。

MAP 別冊 **M11 B-2**

地 東京都千代田区丸の内2-4-1 丸ビルB1F
時 11:00-20:00（L.O. 19:00）、星期日及公眾假期11:00-19：00（L.O. 18:00）
網 biei-farm.co.jp/butter
電 (81)03-5860-3695
交 丸之內線東京車站步行約4分鐘

WOW! MAP 3

4 連續三年冠軍烏冬

五代目 花山うどん

五代目 花山うどん是在SNS上擁有超人氣超多網民打卡的烏冬名店。其最標誌性的一點，就是有足足5cm寬的烏冬，就好像一條紙巾般。如果你以為這只是打卡美食就錯了！大人氣的天婦羅烏冬可自選要冷或溫烏冬，冷烏冬非常涼爽彈牙，沾上附餐的黑芝麻及胡麻醬濃香好吃，配菜天婦羅剛炸起酥脆不油膩。湯烏冬相對來說更為軟身，但配上清爽的熱湯，也是不錯的選擇。目前東京市中心分別有日本橋及銀座兩間分店，排隊為兩小時起跳，日本橋相對較少人，更推薦此分店。

↑湯烏冬相對來說太淋了，但清甜的湯頭依然好喝

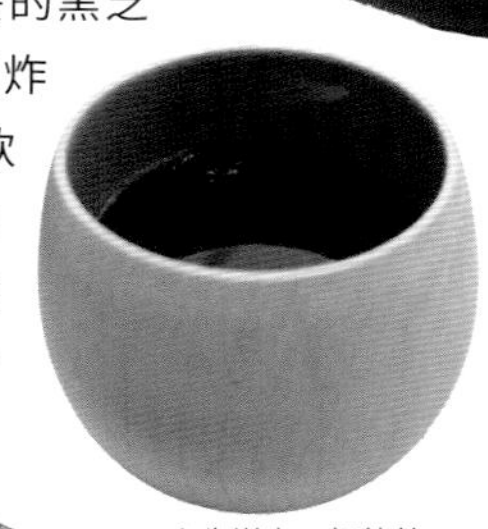

↑先送上一杯熱茶。

→上州炸饅頭 ¥350
炭火烤得鬆軟的饅頭，加上濃厚的味噌醬，重口味最愛！

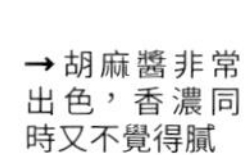

→胡麻醬非常出色，香濃同時又不覺得膩

↑天婦羅烏冬
¥2,550

→寬烏冬3人前
¥1,080

MAP 別冊 M11 B-2

地 東京都中央区日本橋2-10-12
時 平日11:00-15:00、17:30-21:30、周末及假期11:00-16:00
網 www.hanayamaudon.co.jp
電 (81)03-6910-3808
交 Metro日本橋駅步行約4分鐘

WOW! MAP
4

商場的四周有很多休憩的空間

5 穿梭古今的商場

COREDO 室町テラス

位於日本橋的COREDO是一個令遊人可體驗古今日本的商場。這個商場的概念是將傳統日本的優統手工藝、職人手作和獨特的文化傳承下去，所以場內除了有妝物、衣飾、餐廳和手信外，還有很多售陶瓷、醬油、和服和刀具的店家，令大家可以多一點了解日本的傳統。

MAP 別冊 M11 B-1

地 東京都中央区日本橋室町3丁目2-1
時 10:00-20:00、餐廳11:00-23:00(各店略有不同)
休 各店不同
網 mitsui-shopping-park.com/urban/muromachi/storeguide/index.html
電 (81)03-3272-4801
交 東京Metro銀座線三越前站A6出口，步行約2分鐘；或JR新日本橋站步行約2分鐘

店內有介紹各種香草茶的功效

↑包裝精美的香草茶包，買作手信也不錯

5a 九州的美味

南阿蘇Tea House (1F)

九州的南阿蘇地區是種植茶葉、香草的好地方，南阿蘇山的地區沒有環境污染、日差較其他地方大，其出產的茶葉、香草帶有獨特的香氣、味道甘甜。店內有各種的水果茶、不同功效的香草茶，其中最受歡迎的是26TEA，它由26種不同的香草、野草、水果葉和穀物混合而成，對身體十分有益。

←水果茶禮盒包 ¥2,955

南阿蘇 TEA HOUSE 26茶 TEA

→26茶 ¥891

時 10:00-20:00
網 kumamotokeiwa.com/read/tempo
電 (81)03-6665-0092

售賣的產品都很天然健康

WOW! MAP 5

↑不少客人都會到來訂製衣飾

↑不少布料都是自家設計的

5b 傳統和服之美
菱屋カレンブロッソ (1F)

說起日本的傳統又怎能沒有和服呢？這間歷史悠久的和服老店在日本橋是十分有名的。菱屋有很多自創的獨家設計和服：Rimpa銀箔系列、結合西式及和式的設計，方便穿著等優點，當然還有很多配飾，客人還可以訂製喜歡的木屐。

↑柔軟舒適的片貝木綿屐 ¥16,940

→很有日系風格的布袋 ¥10,780

時 10:00-20:00
休 不定休
網 www.calenblosso.com
電 (81)03-5542-1411

↑令人愛不釋手的水果茶

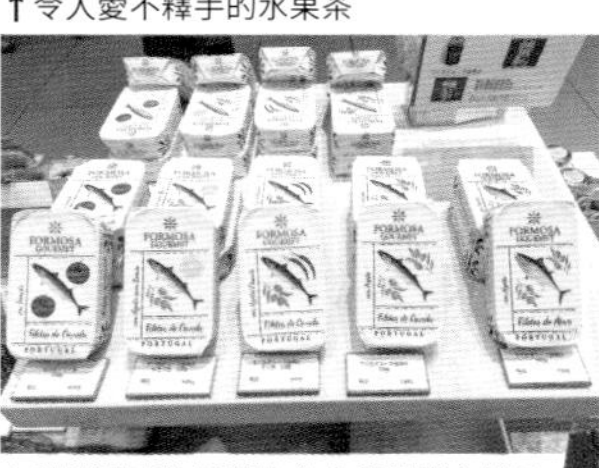

↑就連罐頭的種類也令人覺得賞心悅目

時 11:00-21:00
休 不定休
網 85life.jp/shop-2
電 (81)03-6452-3385

簡約的裝修令人逛得輕鬆

5c 日系生活雜貨
85発酵する暮らし (1F)

一個有趣的店名，賣的就是和生活有關的日系小雜貨、生活小物和精品等：色彩繽紛的布袋、設計獨特的頭飾、耳環、手作的調味料、天然的護膚品……喜歡為平凡生活帶點驚喜的朋友可以到來逛逛。

↑手作味噌 ¥1,803

←Mate-mono的手挽袋 ¥4,400

5d 銀包失守地

日本百貨店(1F)

這間很有昭和年代雜貨店影子的店，商品就像大家小時候的集體回憶。這裏可以找到日本國內各縣有名的物產、手信，無論是沖繩或是北海道的人氣產品：酒品、調味料、駄菓子、麵品等等…都是兒時的集體回憶呢！

↑伊豆產的燻鹽 ¥600

↑除了食品外，還有手工藝的專區

↑江戶時代的布公仔 ¥7,700

↑內香薰禮盒 ¥2,950

↑也有少量衣飾售賣

時 11:00-20:00
網 www.nippon-dept.jp/shop/pages/shop_nihonbashi.aspx
電 (81)03-6281-8997

5e 來自世界有名的朱古力

green bean to bar CHOCOLATE(1F)

店家的名字「green bean to bar」的意思，就是由可可豆的進貨到烘焙等製作過程，全都由朱古力師傅一手包辦，朱古力的可可豆嚴選自哥倫比亞、巴西、越南等地，各有不同的甜度和特色，加上很有匠心的包裝，所以很受遊人歡迎。

除了包裝朱古力外，也有朱古力相關的甜品

→忌廉泡芙 ¥495

↑令客人眼花撩亂的朱古力品種

←「滿月の塩」¥1,944 東京店限定

→NATIVO BLANCO ¥1,620 於2018年朱古力大賽中得最高分、來自秘魯

時 11:00-20:00 星期六及日10:00-20:00
網 greenchocolate.jp
電 (81)03-5542-1785

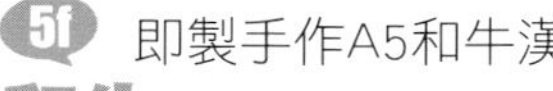

5f 即製手作A5和牛漢堡

和牛(1F)

逛到累又想簡簡單單吃一餐的朋友，可以來這間和牛漢堡店，店內的手作漢堡味道絕對好過連鎖的漢堡包店。當天選了一客ザ和牛漢堡，它用上100% A5的高級和牛，即叫即製，肉厚之餘帶有牛油香，配上煎香的洋蔥和酸酸的青瓜，味道一讚！

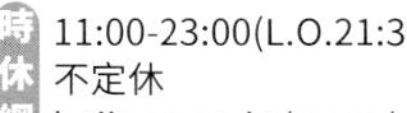

時 11:00-23:00(L.O.21:30)
休 不定休
網 heijoen.co.jp/store/wagyuburger-coredo
電 (81)03-6665-6929

↑吧枱位置的座位設有叉電位

↓店內以自助形式，客人要先到櫃位點餐

→Classic Burger ¥1,380

↑冷知識一：東京車站分別於 1921 年及 1930 年發生兩次首相遇刺身亡事件

6 重新認識 東京站

東京車站自1914年啟用以來，一直都是日本全國的交通樞紐，百多年來除了見証了日本的興衰，同時也是日本重要文化財產。其建築由辰野金吾先生所設計，而他同時也設計了台灣的總統府、台中車站等……不說不知，東京車站也隱藏了很多不為遊人所知的冷知識！

MAP 別冊 M11 B-2

地 東京都千代田区丸の內1-9
網 www.tokyoinfo.com
交 JR東京站

↑冷知識二：車站前這個是供皇家馬車和轎車進入的專用入口，也是皇室成員專用的出入口

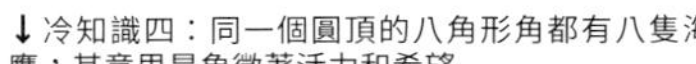

↑冷知識三：丸之站天井的圓頂上有 12 生肖中的其 8 個生肖，各自位於其傳統上所屬的方位

↓冷知識四：同一個圓頂的八角形角都有八隻海鷹，其意思是象徵著活力和希望

WOW! MAP 6

改裝後的商店街有各式各樣手信店，要逛完的話起碼大半天

7 東京站改裝巨型地下商店街 GRANSTA

這個是JR東日本最大的車站型商場，遊人於東京車站閘口一出便會到達。它於2020年8月改裝後，有不少新的商店進駐，場內結集超過150間店舖，有餐廳、手信店、妝物店、日系小雜貨、café及精品等，各位遊人記得預留時間逛個夠！

↑手信區有很多都是限定品，要買就要快手

MAP 別冊 M11 B-2

地 東京都千代田区丸の内1-9-1
時 08:00-22:00、星期日及假期08:00-21:00
網 www.gransta.jp/mall/gransta_tokyo
電 (81)03-5299-2211
交 東京車站丸之內

↑↓可愛文具扭蛋 ¥400

↓BAGGU環保袋 ¥1,980起

店內的衣飾設計簡約、質料舒適

7a 大細路必逛 Neustadt brüder【丸の内坂エリア】

這間售賣日本、北歐雜貨的店家猶如一間小型的博物館！店內可以買到各式優質有趣的裝飾品、文具、精品等，有別於一般的日系雜貨，店家的商品不只設計獨特，也十分實用，不少更是適合各位旅行愛好者的精品，買來收藏也不為過。

時 09:00-21:00
網 www.angers.jp
電 (81)03-5224-6336

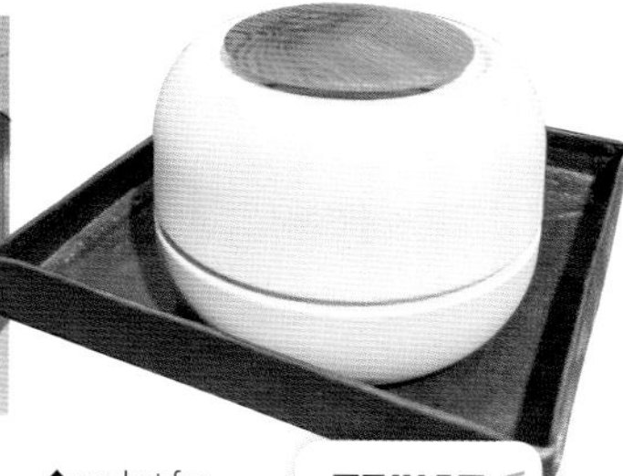
↑pocket fan ¥2,640

全部的撻都是在店內即烤的

↑The Cheese Souffle ¥1,296

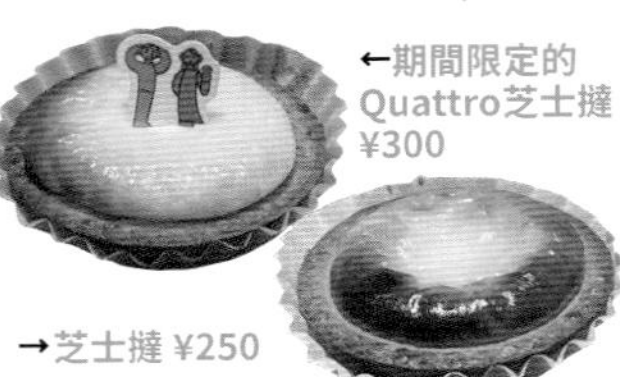
←期間限定的Quattro芝士撻¥300

→芝士撻 ¥250

7b 香濃芝士撻

BAKE CHEESE TART〔丸の内地下中央口改札〕

這間人氣的芝士撻專門店是嚴選北海道的芝士及牛奶來製造，其即烤的芝士撻外層鬆化帶有牛油香，中間的餡料是香濃的芝士，口感creamy也帶有奶香，流心般的芝士令人回味！而店內也不時會提供不同口味的芝士撻，同樣美味！

時 08:00-22:00
星期日及假期08:00-21:00
網 cheesetart.com
電 (81)03-6259-1866

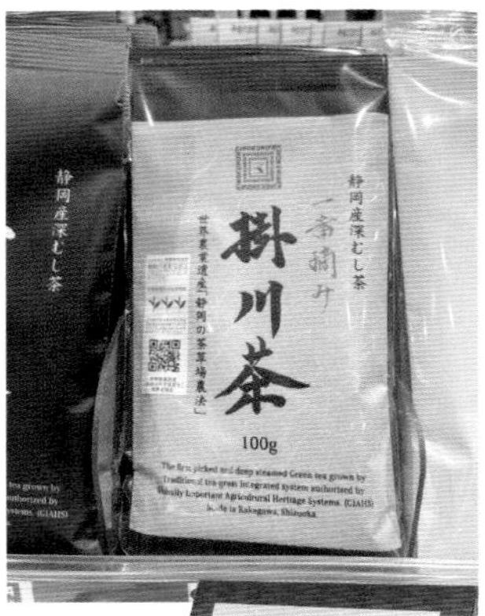

↑靜岡產的掛川茶 ¥2,160

↑東京站造型的夾心餅 ¥1,300

←人氣的士多啤梨果醬 ¥1,188

場內也有熟食和麵包

7c KINOKUNIYA entrée〔丸の内地下中央口改札〕

這個位於站內的紀ノ国屋超市可說是掃貨的好地方，店內有很多來自日本各地的醬油、零食、麵食和乾貨：靜岡茶葉、輕井澤果醬、溫泉饅頭、櫪木縣的果醬曲奇等，難怪每到放工時間都有當地人掃貨。

時 07:00-22:00
網 www.e-kinokuniya.com
電 (81)03-6206-3390

↓全部的食材都十分地道

7d 來自意大利的食材

EATALY〔丸の内地下北口改札〕

一間主要售賣意大利食材及酒品的店家，店名真的取得很有趣：是ITALY加上EAT而來吧！店內劃分開餐廳、café及商店區，走進去就如一個小型市集般，有新鮮的芝士、香檳、酒品、甜品和零食，當然也有美食區瀰漫著Pizza的香味！

→CAFFAREL 是意大利的朱古力名牌子 ¥756

用不同原材料製作的意大利粉

↑店內設有用餐區，客人也可小酎一杯

↑MARITOZZO羅馬軟麵包 ¥580

時 09:00-22:00；餐廳11:00-22:00
電 (81)03-3217-7070

香港首推

8 東京火炬樓
Tokyo Torch Terrace

MAP 別冊 M11 B-1

Tokyo Torch Terrace將會是東京站另一新地標，因為預計於2027年完工的火炬樓將會成為全日本最高的建築物；而旁邊的常盤橋Tower和公園則剛於2021年夏天開幕，結集了多間餐廳、café以及店家，每到周末，公園更會不定期舉行各樣活動，可謂熱鬧非常。

地 東京都千代田区大手町2-6-4
時 餐廳11:00-22:00、café 07:00-20:00、商店07:00-23:00(周末及假日略有不同)
休 各店不同
網 tokyotorch.mec.co.jp
電 (81)03-6262-7862
交 JR東京站日本橋出口步行約1分鐘；或東京Metro三越前站的B2出口步行約1分鐘

↑廣場有公園供小朋友放電

↑周末不定期有活動

商場的設計混合了傳統的日式裝修

8a 來自年青人的品牌
アナザイ・キュウシュウ (1F)

這店家主要是售賣全日本47個都道府縣的地域產品，每期的企劃都會以期間限定的模式來售賣，而且大部份的產品都是由當地學生一手一腳創作、生產、宣傳的。他們不只參與其中，也會向客人介紹其獨特之處，可謂十分用心！而店內也有其他人氣的食品、傳統手工藝等，客人大可以一次過在東京買到不同縣的人氣紀念品。

↑用上鹿兒島大島紬製成的扇子 ¥1,098

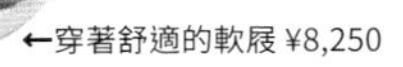

←穿著舒適的軟屐 ¥8,250

時 11:00-20:00
休 不定休
註 店家位於商場外對面建築的轉角位；不定期舉行的企劃，貨品也會不同

↑有趣的是店內可以找到東京下水道的水渠蓋

喜歡日系雜貨的朋友必到

↑全店最受歡迎的富士山造型廁紙筒 ¥495

WOW! MAP 8

9 80年老郵局驚喜重生

KITTE

←古色古香的純白郵局外牆，有種樸實無華的美感，與JR Tower摩登玻璃幕牆景觀衝突的美感，使KITTE成為東京站的新地標。

「KITTE」是日文郵票的讀音，因商場由1931年落成的老郵局改建而得名。商場由日本建築大師隈研吾負責設計，完美演繹了新舊交融的結合。B1至6樓共7層的商場有不少日本職人名店，絕對夠潮又有特色！逛累了又可到天台花園休息，將古蹟東京站的景色盡收眼底，影相靚絕！

MAP 別冊 M11 B-2

地 東京都千代田区丸の内 2-7-2
時 星期一至六及假期前夕11:00-21:00 (餐廳至23:00)；星期日及公眾假期 11:00-20:00 (餐廳至22:00)
休 1月1日 網 jptower-kitte.jp 電 (81)03-3216-2811
交 丸ノ内線東京站地下道直達；JR東京站步行1分鐘

有不少人逛累了，直接走到屋上庭園休息。

9a 免費觀景地

屋上庭園KITTEガーデン (6F)

站在6樓的天台花園，可以遠眺東京的美景，包括東京站和JR的穿梭。晚上時，四周一片霓虹燈，在漆黑的夜空映照下，格外美麗，同時又能感受東京的繁榮。下午的時候，不少人到此散步和欣賞東京的景色。

MAP 別冊 M27 B-2

時 星期一至六 11:00-23:00；星期日及公眾假期 10:00-22:00
休 1月1日及不定休

WOW! MAP 9

六本木・東京鉄塔

Roppongi・Tokyo Tower

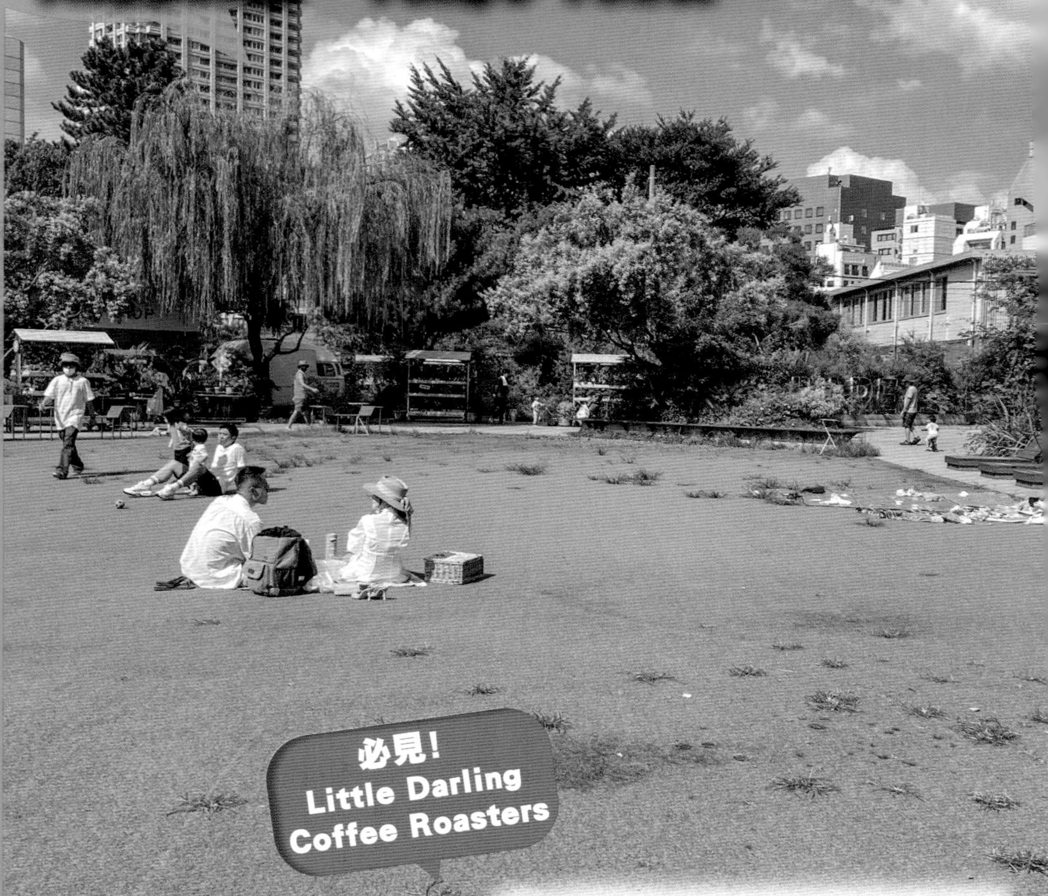

必見！
Little Darling Coffee Roasters

鄰近港區的六本木昔日是五光十色的夜生活區，可是近年成功轉形，除了匯聚了藝術館、高級精品店、高雅的餐廳外，也進駐了很多貼近大自然的café及甜品店，令這區增添上悠閒的生活氣息。

往來六本木・東京鉄塔交通

新宿站 — 都營大江戶線 約9分鐘 ¥220 — 六本木站

渋谷站 — 都營バス(巴士) 約14分鐘 ¥210 — 六本木站

新宿站  都營大江戶線 約14分鐘 ¥220  赤羽橋站  步行 約5分鐘 — 東京鉄塔

1 米芝蓮級拉麵

入鹿TOKYO

米芝蓮級拉麵賣點到底是甚麼？來吃入鹿TOKYO你就會感受到了！作為東京拉麵百名店、獲米芝蓮推介名店，入鹿TOKYO的拉麵湯頭被盛讚是充滿層次感，以雞、豬、蝦、貝4種原材料分別熬煮再混合，一喝果然是極致的鮮美，牛肝菌醬油拉麵配料有溏心蛋、餛飩、雞胸肉、鴨肉及一匙的牛肝菌醬，麵條則是偏硬的。建議可以先喝口湯，吃到一半再加入牛肝菌醬，會有非常不一樣的滋味。

→牛肝菌醬油拉麵 ¥1,800
配料非常豐富，而且每一款的調味處理都恰到好處。

↑牛肝菌可以說是點睛之作，令湯頭更豐富。

↑→松露生雞蛋拌飯 ¥400
簡簡單單的一碗拌飯，居然也回味無窮。

MAP 別冊 **M12 A-2**

地 東京都港区六本木4-12-12 穂高ビル 1F
時 11:00-21:00（L.O.20:50）
休 星期一
交 Metro六本木站步行約5分鐘

↑獲得米芝蓮推介的拉麵，果然是名不虛傳。

2 花花世界的浪漫

Flower market Tea house赤坂

仿如置身花園中用餐

就是被它的環境吸引著，心甘命抵的在門外排了半小時。甫踏進門口，已被它的花花世界所迷倒：坐在店內用餐就仿如置身溫室花園，到處都看到綠意盎然的植物，瀰漫著一股清新的氣息。點了一客賣相精緻的花造西多士，每片多士上面都點綴著顏色鮮艷的花朵或植物：甜的、微酸的……每片的味道也不同，吃著美食，看著身處的美景，不用喝酒也醉了！

→花かんむりのフレンチトースト ¥1,485

MAP 別冊 **M12 B-1**

地 東京都港区赤坂5-3-1赤坂Bizタワー1F
時 08:00-19:00 (L.O. Food 18:00/Drink 18:30)
網 www.afm-teahouse.com/Akasaka
電 (81)03-3586-0687
交 東京Metro赤坂站3a出口步行約5分鐘

1

2

WOW! MAP

3 只有一個目的

Little Darling Coffee Roasters

位於Share Green Minami Aoyama內的一間充滿外國風的café，Little Darling Coffee Roasters，店前就是一大片綠油油的草地，每到晴天或周末就會有客人自備野餐用具，在店內買一杯咖啡、漢堡包，悠閒的坐在草地上放空。店內的裝修簡約型格，淺綠色為主調，放著木枱木椅，偶爾在角落擺放著盆栽，給人貼近大自然的感覺。侍者端上漢堡包的份量剛好，外層烤得焦香，中間的肉質厚且juicy，和著那片半溶的芝士，十分搭配。邊享受美食，邊看著那片晴天和草地，你就會把煩惱忘記得一乾二淨！

↑假日就要有排隊的心理準備

↑店內放著大型的咖啡豆機

漢堡包 ¥1,450

↑偌大的草地，在寸金尺土的香港是不能想像的

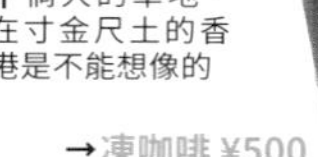

→凍咖啡 ¥500

MAP 別冊 M12 A-1

地 東京都港区南青山1-12-32 SHARE GREEN MINAMI AOYAMA
時 10:00-19:00(L.O.18:30)
休 不定休
網 www.littledarlingcoffeeroasters.com
電 (81)03-6438-9844
交 東京Metro乃木坂站5號出口步行約4分鐘；或六本木站7號出口步行約10分鐘

WOW! MAP 3

←美術館會與不同的藝術家合作，創造出獨特的展品。留意官網上發佈的展覽資訊，方便安排參觀喜愛的藝術家展覽。

4 最頂尖的法國料理與藝術
國立新美術館

國立新美術館，建築外型呈波浪形，由著名建築師黑川紀章負責，設計理念強調配合人與自然的融和，外牆以玻璃建成，除引入自然光之外，更能夠節約能源，玻璃外牆更令室內空間感十足。踏入館內，迎面便看到兩個倒立錐形大柱子，上闊下窄的大柱子上分別是兩間餐廳，位於較高的大柱子上的餐廳，就是鼎鼎大名的Brasserie PAUL BOCUSE Le Musée餐廳，這裡的主廚PAUL BOCUSE在法國料理界地位崇高，是米芝蓮3星名廚，位於美術館內的餐廳門外經常大排長龍。

↑位於地庫的紀念品店Souvenir from Tokyo by CIBONE

MAP 別冊 M12 A-2

地 東京都港区六本木7-22-2
時 美術館通常10:00-18:00、星期五及六10:00-20:00
(最後入場時間為閉館前30分鐘)
法國餐廳
午餐11:00-14:00 (L.O.14:00)、
晚餐 16:00-21:00(L.O.19:30)
休 星期二、年始年末
網 美術館www.nact.jp
法國餐廳www.paulbocuse.jp
電 (81)03-5770-8161
交 Tokyo Metro千代田線木坂站6號出口直達；由Tokyo Midtown沿外苑東通步行約3分鐘。

→Brasserie PAUL BOCUSE Le Musée
餐廳位於3樓，於居高臨下的環境下享餐，感覺非常之「爽」。

←↑套餐 ¥2,970起
包括頭盤、主菜、甜品及咖啡，非常豐富美味。

影視 《Kill Bill》

5 Kill Bill電影場景復刻
KUSHI・SOBA權八

位於西麻布區的權八餐廳，主打爐端燒料理，在本地和海外可算是享負盛名。一串串的燒雞軟骨和燒鵝肝伴士多啤梨汁，令人回味無窮！西麻布的權八是由設計師佐籐茂一手創作，權八亦令他聲名大噪。

MAP 別冊 M12 A-3

地 東京都港区西麻布1-13-11 1F-2F
時 11:30-03:30 (L.O.22:00)
網 www.gonpachi.jp
電 (81)03-5771-0180
交 六本木站沿六本木通直行至西麻布路口約10分鐘

4 5 WOW! MAP

也有不少和花有關的衣飾

6 把美好的心情帶回去
all good flowers

就在Little Darling Coffee Roasters旁的一間小花店，內裡除了有各式各樣的花外，還有日系的花圃小雜貨：可以放到一盆花的手挽袋、花系TEE、飾物、衣飾等，不單顏色漂亮，外型也別樹一格，有些放在角落的花樽更是光看著，也可以為你帶來愉快的心情。

→設計時尚的放盆栽手挽袋 ¥4,400

↓店內瀰漫著陣陣花香

↑花TEE ¥3,300

MAP 別冊 M12 A-1

地 東京都港区南青山12-1-13
時 10:00-19:00
網 all-good-flowers.com
電 (81)03-6438-9487
交 東京Metro乃木坂站5號出口步行約4分鐘；或六本木站7號出口步行約10分鐘

用色可愛的花樽

放植物的藤籃 ¥1,650

WOW! MAP 6

↑女士們被刨冰澎湃的份量吸引，要打卡拍照。

MAP 別冊 M12 B-3

地 東京都港区六本木5-2-11 パティオ六本木1F
時 11:30-01:00；星期五及六11:30-02:00
網 yelo.jp
電 (81)03-3423-2121
交 六本木站步行約3分鐘

7 午夜刨冰 yelo

yelo刨冰店是六木本的人氣甜品店之一，早上營業至翌日的清晨仍然是人潮不斷。店內有多種不同的口味，招牌抹茶味道，使用了京都利招園茶舖最高級別的抹茶粉調校成醬，在刨冰的頂部加入了乳酪，乳酪帶有香濃的牛奶味並帶有微酸；抹茶味很濃郁，更帶有甘香。

↑喫茶室設有座位，可以點杯飲品坐下，靜靜閱讀。

MAP 別冊 M12 A-3

地 東京都港区六本木6-1-20 六本木電気ビル1F
時 09:00-20:00(L.O19:30)
休 不定休
金 ¥1,650 星期六、日及假期 ¥2,530
網 bunkitsu.jp
電 (81)03-6438-9120
註 店內絕大部分都是日文書籍，少量英文書籍。
交 六本木站步行約1分鐘

8 書店新模式 Bunkitsu 文喫

推開透明的玻璃門，就是日本雜誌的閱讀區，而另一邊就是付款處。入場前付款後，就會有一個襟章及Wifi 密碼，遊人可以不限時的沉醉在這三萬本書之間。而店內最特別的地方是有一個喫茶室，提供咖啡及煎茶等飲料，還會有點心及其他的食物售賣。

7

8

WOW! MAP

9 城市中的城市 Tokyo Midtown

位於六本木的Tokyo Midtown，原為日本防衛廳總部所在，經過7年的計劃及興建後，於07年3月30日重新登場，除了六個充滿話題性的建築物外，更以超巨型的綠化花園令Tokyo Midtown成為東京都內最豐富、最有藝術感、最能反映東京文化特色的複合城市。

MAP 別冊 M12 A-2

地 東京都港区赤坂9-7-1
時 店舖11:00-20:00; 食品/咖啡廳11:00-21:00; 餐廳11:00-23:00
網 www.tokyo-midtown.com
電 (81)03-3475-3100
交 都營大江戶線六本木站8號出口直達

9a 平田牧場 (B1F)

以自家牧場飼養的豬隻作食材的平田牧場，是一家日式豬排專門店，豬排炸得香脆之餘，肉香四溢，吸引不少人前來排隊，門外常見人龍。不想排隊的，可到隔鄰的外賣店舖，購買同樣非常香脆的炸豬排，價錢由¥400至¥1,000，視乎豬的質素而定。

↑日式炸豬排飯 ¥1,200
一客有前菜、味噌湯、飯和手磨芝麻。

時 11:00-21:00(L.O.20:30)
網 www.hiraboku.com
電 (81)03-5647-8329

WOW! MAP
9

9b GARDEN

在GALLERIA外的GARDEN，擁有豐富的花草樹木，除一大片的草坪外，更有銀杏樹、櫻花樹、樟樹等樹木，創造出令人心曠神怡的空間，假日更是一家大小遊玩及野餐的好地方，令大家一時間忘記了身處繁華Tokyo Midtown，置身於遠離東京都的另一個國度。

走遠一點點

站於高250米的特別展望台景觀非常遼闊

10 著名地標

東京鐵塔

佇立於東京市中心的東京鐵塔，高333米，於1958年建成後一直是東京的象徵性地標，亦是東京最受旅客歡迎的景點之一。日與夜的東京鐵塔呈現截然不同的面貌，日間紅白雙色的鐵塔盡顯活力，晚上亮起燈光之後的鐵塔璀璨耀眼。從大展望台(高150米)和特別展望台(高250米)上可遠眺富士山、筑波山及東京都內的景色。

MAP 位置請參考封面裡地圖

地 東京都港區芝公園4-2-8
時 大展望台+特別展望台09:00-22:30
金 大人：大展望台￥2,800、特別展望台￥1,200
小童：大展望台￥2,600、特別展望台￥1,000
網 www.tokyotower.co.jp
電 (81)03-3433-5111
交 都營大江戶線赤羽橋站步行約5分鐘

↑東京鐵塔除了是旅遊聖地，亦是情侶拍拖的好去處。

↑從東京多處都可以看到東京鐵塔的身影。

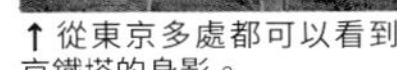

↑The Sky販售東京鐵塔不同類型的紀念品。

←↑Hello Kitty X 東京鐵塔紀念幣 ￥600

→東京鐵塔造型水 ￥390

WOW! MAP 10

走遠一點點

11 鬧市中的樹屋café

影視 《Dear Sister》

Les Grands Arbres

有沒有想過在東京的鬧市中也會出現童話故事中的樹屋？位於廣尾站附近有一間超人氣的樹屋café－Les Grands Arbres，名字是法文大樹的意思，店如其名，門前有一棵大樹，樹上面設有一間小木屋，夢幻又可愛。日劇《Dear Sister》在此取景之後，聲名大噪，吸引更多女生慕名而來。1至2樓是花店，3樓及天台則是café，以木色為主的環境裝潢，自然又舒適，更於室內栽種了不少植物，更添綠意。食物方面，因應季節而更換菜單，提供健康有機的營養套餐和手工甜品。

↑雞肉燉蘿蔔黃薑飯套餐 ¥1,500（期間限定）
雞肉燉煮蘿蔔絲清甜又美味，配上大量新鮮蔬菜和黃薑飯，健康無負擔。

地 東京都港区南麻布5-15-11 3/F
時 11:00-17:00
網 lesgrandsarbres.foodre.jp
電 (81)050-5596-6941
交 日比谷線広尾站步行約2分鐘

↓Les Grands Arbres全木的環境給人乾淨又清新的感覺。

↓士多啤梨厚燒Pancake ¥900
Pancake非常厚身又鬆軟，充滿蛋香，與酸甜的士多啤梨、雲呢拿雪糕同食，幸福滋味洋溢口中。

TOKYO

東京 最新人氣酒店特集 實地住宿報告

東京都的酒店選擇極多，加上在疫情過後，眾多的新酒店落成，不少酒店也藉機會翻新，以吸引海外遊人到來。以下是記者親身入住後的住宿報告，大家可以看看哪一間是自己的心水呢！

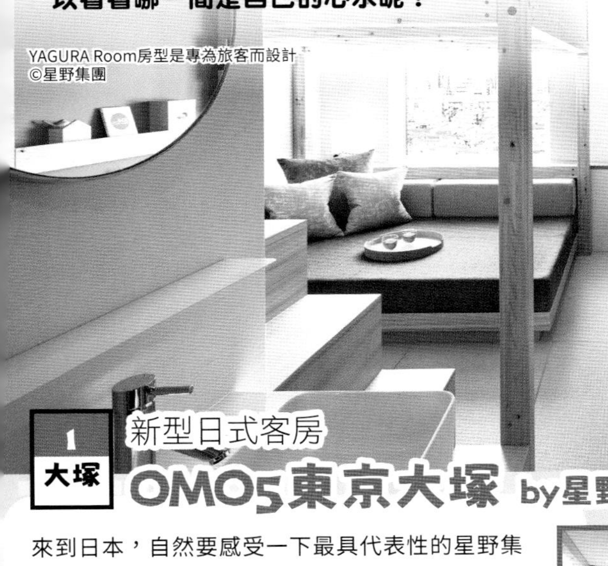
YAGURA Room房型是專為旅客而設計
©星野集團

入住報告：
- 距離大塚站1分鐘
- 提供免費的梳洗用品
- 大堂附設Cafe
- 房間最多容納3人

→美式早餐非常豐富，可以享用5種麵包。

1 大塚 新型日式客房
OMO5東京大塚 by星野集團

來到日本，自然要感受一下最具代表性的星野集團，當中位於大塚站的OMO5東京大塚可以說是性價比極高且地點便利之選，距離大塚站只需步行約1分鐘，設有休憩空間OMO base，每晚會舉行DJ Night讓住客玩樂放鬆。想對周邊有更多了解的話，則可以參加OMO Ranger Tour行程，由熱情的導遊帶你走遍大塚。酒店只有單人房（無障礙客房）及YAGURA Room兩種房型，後者可容納最多3人，巧妙地把小小的空間善用，上方床鋪下方沙發，分隔出舒適的放鬆區，且收納空間充足，令旅程更為完美。

↑上鋪為雙人床，下鋪則是沙發區。
©星野集團

MAP 別冊 M21 D-1

地 東京都豐島區北大冢2-26-1
金 2人一房，每房¥22,000起
網 omo-hotels.com/otsuka/
電 (81)50-3134-8096
交 JR大塚站步行約1分鐘

→每晚20:30-22:00舉行DJ之夜，非常有氣氛。

WOW! MAP

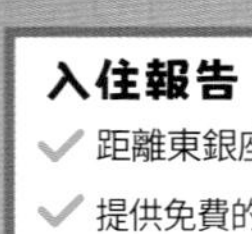

入住報告：

- 距離東銀座站2分鐘
- 提供免費的梳洗用品
- 迎賓飲料
- 早上供應免費麵包和咖啡

客房內空間雖然不大，但設計簡約舒適。

2
銀座

東京的茶道宅邸
Agora Tokyo Ginza

在2021年4月9日開幕的Agora Tokyo Ginza位於銀座，是一間「觸摸城市靈魂」的茶邸酒店，地點自然非常便利，且鄰近築地市場可輕鬆覓食。酒店提供多種服務，早上供應免費的麵包和咖啡，同時也準備了免費的迎賓飲料，露天貴賓廳位於12樓，可隨時仰望銀座的天空。酒店內雖然沒有餐廳，但亦提供早餐，為築地市場的人氣便當，令大家可以飽飽地出發。

→各款迎賓飲料

↑各種備品準備齊全

↑露天貴賓廳位於12樓

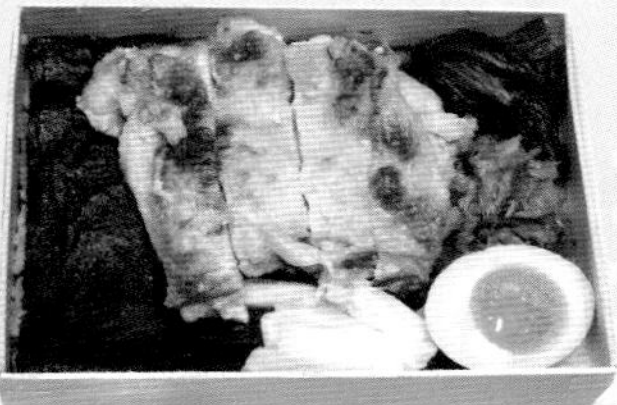

↑早餐是築地市場的人氣便當

MAP 別冊 M02 A-2

地 東京都中央区銀座5-14-7
金 2人一房，每房¥20,300起
網 www.agora-ginza.com
電 (81)03-6809-2238
交 Metro東銀座站步行約2分鐘

WOW! MAP
2

自助早餐區

入住報告：

- 入住可獲飲品或清酒一杯
- 提供單車租借服務
- 免費的洗漱用品
- 有自助洗烘衣機

3
上野

文青設計質感酒店
NOHGA HOTEL UENO TOKYO

位於上野站的NOHGA HOTEL UENO TOKYO是相當具質感的文青酒店，由步入大堂開始，就可以感受到它的年輕活力，櫃檯人員都熱情主動，在設施方面更是十分完善，二樓有自助洗烘衣機及自動販賣機，同是也設有休息區，入住時會給住客一個銅板，可在2樓換取飲品或清酒一杯，儀式感滿滿，酒店更會提供單車租借服務。另外不得不提的是酒店的早餐非常出色，屬半自助形式每人可自選一款主食，每一款都是專業的餐廳水準，非常值得加購。

↑房間的各種用品都是與上野一帶的職人合作

↑入住時獲得的銅板，可在2樓換取飲品或清酒一杯。

↑早餐主菜無論擺盤還是味道都相當驚艷

MAP 別冊 M22 B-2

地 東京都台東区東上野2丁目21-10
金 2人一房，每房¥30,712起
網 www.nohgahotel.com/ueno/
電 (81)03-5816-0211
交 Metro上野站步行約3分鐘

→自助洗衣區

WOW! MAP
3

入住報告：

- 距離田原町站2分鐘
- 洗漱備品無料供應
- 可租借蒸臉器、髮夾
- 設自助洗烘衣機

4 淺草

平價之選

Agora Place Tokyo Asakusa

東京物價相對來說不算低，而酒店更是一趟旅行最大的支出。想入住平價實惠的酒店，Agora Place Tokyo Asakusa可以說是不二之選。由田原町站出發只需步行約2分鐘，Lobby簡約明亮，各種洗漱備品都是無料供應，更可租借蒸臉器、髮夾等等，2樓有自動販賣機、3樓有自助洗烘衣機，房間雖小但五臟俱全，天氣好的話還可以在房間看到晴空塔呢！旁邊便是酒店的咖啡廳，可以享用豐盛的早餐。

↑天氣好的話，還可以在房間看到晴空塔。

↑3樓有自助洗烘衣機

↑Happy Hour時段可享用各種飲品

↑非常適合獨旅鴻

←↓住客可於酒店房咖啡廳享用豐盛早餐

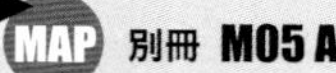

地 東京都台東區壽2丁目-2-9
金 2人一房，每房¥11,624起
網 www.agoraplace-asakusa.com/
電 (81)03-3842-8421
交 Metro田原町站步行約2分鐘

WOW! MAP 4

大堂附設café，不少客人check in後都會在這裡Hea一會

入住報告：

- ✓ 客室裝修簡潔清新
- ✓ 大堂附設café
- ✓ 適合喜歡Design酒店的朋友
- ✓ 四周名店、商店立林

5 銀座

型格Design酒店 ザ・スクエアホテル銀座

喜歡獨特設計的型格酒店的客人，推介大家入住這間於2018年開業的The Square銀座酒店。酒店夥拍了LEE及SNOW PEAK的品牌營造出悠閒且型格的裝修，甫進入大堂，經過那café，就仿如感受到銀座那獨有的高雅而悠閒的味道。房間裝修簡約而清新，以木色及卡其色為主調，多用途的小型傢俬擺設，增加了空間感，而位於二樓的大浴場，內裡乾淨整齊，黑色的裝修給人很有格調且私隱度高的感覺，脫衣所處備有Dyson風筒及各式的護膚用品，十分貼心。

↑房間簡約清新

→大浴場內設有Dyson風筒

MAP 別冊 M02 B-2

地 東京都中央区銀座2-11-6
金 2人一房包早餐，每房¥11,800起
網 www.the-squarehotel.com
電 (81)03-3544-6811
交 東京Metro銀座一丁目站11號出口步行約1分鐘；或東銀座站A2出口步行約5分鐘

←自家品牌的小雜貨

WOW! MAP 5

入住報告：

- 新開業的酒店
- 客室備品齊全
- 和風系令人感覺溫馨優雅
- 都市少見的人工溫泉

香港首推

6 日暮里

新開都市型舒適酒店
アルモントホテル 日暮里

距離東京站約20分鐘車程的Almont Hotel佇立於日暮里站東口，於2021年開業，交通便利，帶有和風的優雅大堂、備有洗衣設備、設於三樓的人工光明石溫泉更能令客人忘卻壓力，泡湯過後客人可以在休息處放鬆一下身心。房間則精緻摩登，設備齊全：為客人泡湯而準備的小籃子、作務衣及毛巾等都十分整潔。

↑脫衣處裝修雅緻

→枱頭有一隻可愛的小紙鶴

↓大堂明亮帶和風的優雅

↑單人房尚算寬敞

地 東京都荒川区東日暮里5-47-1
金 2人一房包早餐，每房¥9,800起
網 www.almont.jp/nippori
電 (81)03-5615-3431
交 JR日暮里站東口步行約5分鐘

WOW! MAP 6

入住報告：

- 下北沢的秘密型格酒店
- 房間備有黑膠唱碟機
- 牙刷等梳洗用品可自備或在前台購買¥300/套
- 新開業的酒店

房間簡約清新

香港首推

7 下北沢

新式型格的酒店獨享音樂空間

MUSTARD HOTEL 下北沢

這間於2021年9月新開幕的型格酒店MUSTARD HOTEL可說十分有特色。它的大堂附設café，給客人敞大的休憩空間，房間簡約帶優雅，全酒店只有60間房，全以洋室為主，房間擺放著一台現代少見的黑膠唱碟機，客人check in後可到前台租借喜歡的黑膠唱片，在房間一邊休息，一邊聆聽悠揚的音樂。

←難得一見的黑膠唱碟機

↑客人可在前台免費租借黑膠唱片

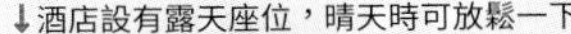

↓酒店設有露天座位，晴天時可放鬆一下

↑大堂附設有café

地 東京都世田谷区北沢 3-9-19
金 2人一房包早餐 ，每房¥12,000起
網 mustardhotel.com/shimokitazawa
電 (81)03-6407-9077
交 小田急東北沢站步行約1分鐘；或京王井の頭線下北沢站步行約5分鐘

WOW! MAP 7

房間還是新簇簇的氣味

入住報告：

- ✓ 鄰近羽田空港
- ✓ 全新酒店
- ✓ 行2分鐘有超市
- ✓ 設有微波爐、洗衣間

8 大田

交通便利全新酒店

京急EXイン 京急蒲田駅前

香港首推

大家如果想方便在羽田空港出入，推介大家入住這間距離羽田空港只有8分鐘車程的京急EXイン，於2022年4月開幕，配套新淨、整齊，房間寬敞，淋浴間和梳洗的空間分開，就算一家大小入住也很方便；加上酒店附設大浴場，客人可以放鬆身心。

↑大浴場整潔乾爽

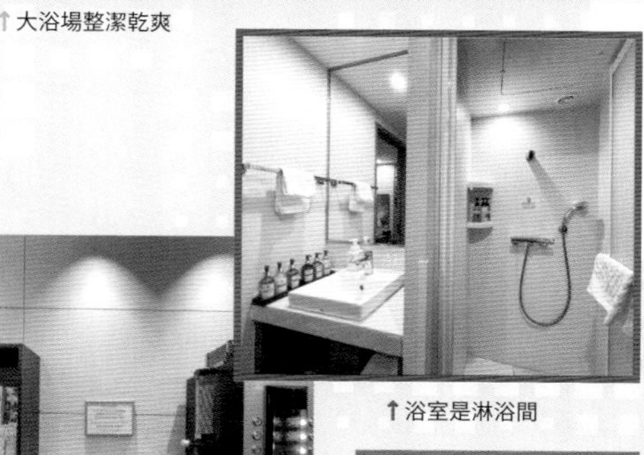

↑浴室是淋浴間

↑check in後客人可隨意享用

大堂光潔明亮

地 東京都大田区蒲田4丁目45-3
金 2人一房包早餐 ，每房¥8,788起
網 www.keikyu-exinn.co.jp/hotel/keikyu-kamata
電 (81)03-5703-3910
泊 有(付費)
交 京急蒲田站步行約3分鐘

WOW! MAP 8

戶外吧位可看到秋葉原入夜景色

入住報告：

- ✓ 免費Bar Time飲品選擇多
- ✓ 少有的天然溫泉
- ✓ 交通方便
- ✓ 女士可免費揀選面膜、洗面乳及其他護膚品(每日最多5樣，即住一晚最多可揀10樣)

9 秋葉原

免費酒品的Bar Time
スーパーホテルPremier

2019年10月開業的Super Hotel Premier秋葉原有別於大家對Super Hotel的印象。這間新簇簇的酒店給了客人足夠的空間感，當天揀選了專為女士而設的Ladies' Plan，全層均為女士入住，房間有粉色系的枕頭，而大浴場是天然溫泉。當然最期待的是黃昏後的Bar Time(18:00-22:00)，客人可免費享用咖啡、梅酒、汽水等，大家可以揀選露天的座位，一邊欣賞河旁夜景，一邊愜意的小酎一杯。

↑房間整齊舒適

↑大浴場是天然溫泉

→早上有可愛的機械狗狗迎接大家吃早餐

平日的Bar time客人不多

↓大堂有多款備品供客人免費租借

MAP 別冊 **M23 B-3**

地 東京都千代田区神田須田町2-25-8
金 2人一房包早餐，每房¥8,500起
網 www.superhotel.co.jp/s_hotels/p_akiba
電 (81)03-6671-9000
泊 有(付費)
交 東京Metro秋葉原站5號出口步行約2分鐘；或JR秋葉原站昭和通り出口步行約4分鐘

客人check in後不妨在這裡休息一下

入住報告：

- 五反田站匯集JR、東急及地鐵
- 客室備品齊全
- 大堂可看市景

↑雙牀房大約24平方米

10 渋谷

展望大堂 飽覽市景

三井ガーデンホテル五反田

距離涉谷和新宿只有數站的五反田三井花園酒店於2018年開業，位於15樓的大堂、高踞臨下，可以飽覽市中心的繁華景色。房間明亮整齊，設有衣櫃、熨斗、空氣清新機等；酒店內亦有洗衣間、微波爐，十分方便。大浴場設有露天風呂，男士那邊更可以看到街景呢！

↑大堂附設半露天的座位

↑浴室企理清爽

地 東京都品川区東五反田2-2-6
金 2人一房包早餐，每房¥21,026起
網 www.gardenhotels.co.jp/gotanda
電 (81)03-3441-3331
交 JR五反田站步行約3分鐘

大浴場設有露天風呂

WOW! MAP 10

大堂裝修別緻

入住報告：

- 鄰近商店街
- 建議選擇本館較方便
- 不提供早餐
- 價錢親民

11 上野

鄰近アメ横丁的都市型酒店

センチュリオンホテル&スパ上野駅前

↑房間也很有空間感

這間鄰近繁華街的Centurion Hotel and Spa於2017年開業，它的裝修別幟一格，隱隱帶點中世紀的風格；酒店有本館和別館：別館位於本館的對面，若果客人要泡溫泉的話就要步行到本館，房間有和式、洋式及附設私人風呂可揀選，大浴場內設有免費的按摩椅。周邊有眾多食店及商店街，喜歡逛街的朋友定必喜歡。

↑大浴場寬敞整潔

設有免費按摩椅

MAP 別冊 M22 B-2

地 東京都台東区上野6-8-16
金 2人一房，每房¥17,100起
網 www.centurion-hotel.com/ueno-sta/
電 (81)03-5846-8560
交 JR、東京Metro上野站步行約2分鐘；或京成上野站步行約4分鐘

入住報告：

- 鄰近羽田空港
- 新開酒店，明亮新淨
- 大浴場營業至凌晨

大浴場設有小小的半露天風呂

↑↓房間備有空氣清新機和工作枱

香港首推

12 品川

寧靜型格新酒店

ワイヤーズホテル品川シーサイド

這間剛於2020年夏天開業的Wires酒店位處住宅區，環境寧靜優雅，大堂的裝修明亮新淨，附設一間開至晚上22:00的café。酒店附設洗衣間及微波爐，房間則以洋式為主，部份設有榻榻米的休憩空間，寬敞舒適；位於9樓的大浴場營業至深夜2時，裝修簡約，讓客人可以好好放鬆一下。

↑大堂還有新簇簇的感覺

→客人可自由取用大堂的客室備品

地 東京都品川区東大井1-9-37
金 2人一房包早餐，每房¥14,000起
網 www.wires-hotel.com/shinagawa-seaside
電 (81)03-6433-1330
泊 有(付費)
交 りんかい線 品川シーサイド站B出口步行約5分鐘；或京浜急行鮫洲站或青物横丁站步行約7分鐘

12

入住報告：
- 鄰近築地市場
- 房間設有洗衣機及微波爐等設備
- 交通方便
- 早餐可選擇到不同食店享用

13 銀座 築地

築地場外市場旁的住宅型酒店
東急ステイ築地

位於築地場外市場旁的東急Stay酒店於2016年翻新後，每房均加設了備有乾衣功能的洗衣機和微波爐，方便家族旅行的客人，酒店的房間以洋式為主，如果預訂住宅型的房間，更附設迷你廚房。特別的是雖然酒店沒有附設早餐，可是客人可以在附近的6間食店內進食早餐，每份早餐為¥800。

↑大堂乾淨明亮

→房門旁設有洗衣機及微波爐

↓有提供免費飲料供客人享用

MAP 別冊 M02 C-3

地 東京都中央区築地4-11-5
金 2人一房包早餐，每房¥15,580起
網 www.tokyustay.co.jp/hotel/HIG/
電 (81)03-5551-0109
交 東京Metro築地站1號出口步行約4分鐘；或東銀座站6號出口步行約5分鐘

WOW! MAP 13

浴場分為室內及露天兩個浴池

入住報告：

- ✔ 頂層設露天風呂
- ✔ 交通方便
- ✔ 早餐豐富
- ✔ 自助的洗衣機

14 新橋

舒適的露天浴場
カンデオホテルズ 東京新橋

於2018年1月開幕的Candeo，距離JR新橋站只有4分鐘的距離，十分便利。Check in時會按照性別提供不同顏色的房卡，房間以綠色及白色為主，感覺清新又舒適。客人絕不能錯過位於頂層的sky spa，可以一邊泡湯、一邊欣賞東京的美景，疲勞盡消。早餐以自助的形式，有和式、西式及中式的選擇，非常多元化。

↑房間四正，裝潢明亮清新。

←早餐非常豐富

早餐用餐的地方不太，人多的時候可能要稍等。

MAP 別冊 **M02 A-3**

地 東京都港区新橋3-6-8
金 二人一房包早餐，每晚¥26,980/起
網 www.candeohotels.com/shimbashi
電 (81) 03-5510-3400
交 JR新橋站步行約4分鐘

WOW! MAP 14

房間內能欣賞到銀座的美景。

入住報告：

- 房間舒適、奢華高雅
- 交通方便
- 服務一流
- 房間check-in，私隱度高

15 銀座

五星級的奢華 The Peninsula Tokyo

↑房間設計舒適，讓人有回到家的感覺。

座落在黃金地段的東京半島酒店，不論是銀座、皇居、還是地鐵站都是咫步之遙。一踏入大堂，遊人就能感受到老牌著名酒店的那種氣勢，挑高的樓底掛上模仿煙火盛放的吊燈，配上藝術作品，盡顯氣派。酒店會安排在房間check in，私隱度十足。房間內設有衣帽間，並放置了一張很大的梳妝台，是女生的最愛。在客廳中央有一張很大的沙發，使人有種放鬆回家的感覺。

↑酒店的早餐有多種不同的選擇，這次分別選擇了鬆餅及日式早餐。

↑浴室非常寬闊

↓衣帽間設有化妝枱，女生們的加分位。

MAP 別冊 M02 A-1

地 東京都千代田区有楽町1-8-1
金 二人一房包早餐，每晚¥148,500/起
網 www.peninsula.com/en/tokyo/5-star-luxury-hotel-ginza
電 (81)03-6270-2888
交 JR有樂町站步行約2分鐘

13樓的大堂氣勢不凡，一大片的落地玻璃可以完整的看到晴空塔。

入住報告：

- ✓ 房間裝修時尚
- ✓ 交通方便
- ✓ 鄰近觀光景點

16
淺草

眺望晴空塔

THE GATE HOTEL Kaminarimon by HULIC

選擇酒店的時候，有不少的遊人都會選擇一些鄰近車站的酒店。這間不但靠近淺草站，與著名景點雷門只是近在咫尺的距離。步上位於13樓的大堂，整片的落地大玻璃能看到整座晴空塔的美景，非常壯麗。房間以黑色為主，非常型格舒適。到了晚上，住客必定要到B bar，在這裡點著一杯調酒，眺望晴空塔在晚上不停地轉換顏色，讓人感到非常放鬆。

↑房間以黑色為主，時尚型格。

←早餐是半自助形式，非常豐富。

↓餐廳同樣有落地大玻璃，一邊吃早餐，一邊欣賞美景。

MAP 別冊 M05 A-2

- 地 東京都台東区雷門2-16-11
- 金 二人一房，每晚¥26,620/起
- 網 gate-hotel.jp
- 電 (81)03-5826-3877
- 交 銀座線淺草站步行約2分鐘

WOW! MAP
16

頂層的Premium Lounge觀看夜景一流，但只供套房住客使用。

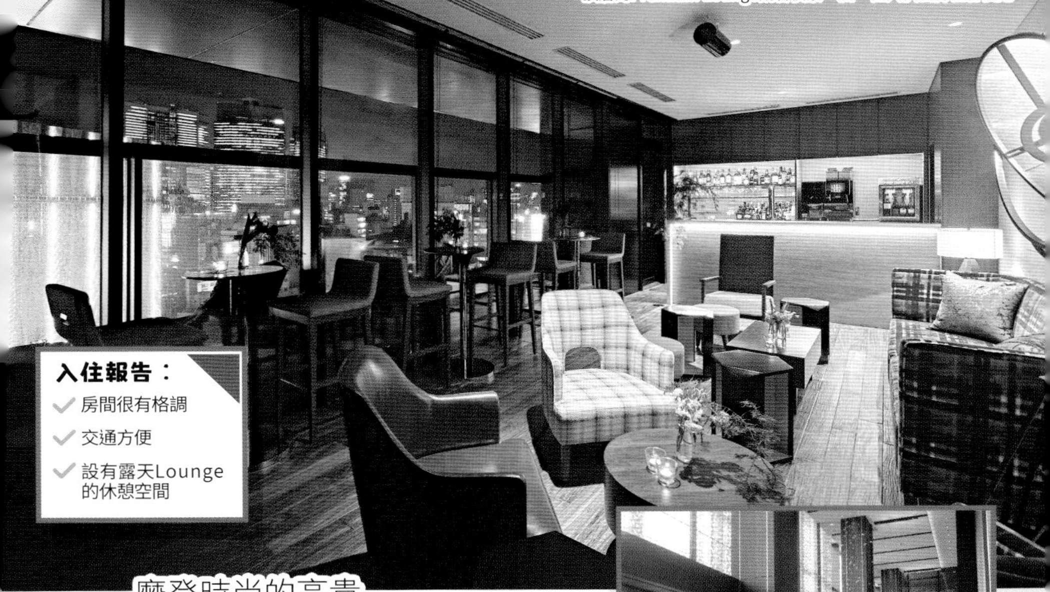

入住報告：

- ✓ 房間很有格調
- ✓ 交通方便
- ✓ 設有露天Lounge的休憩空間

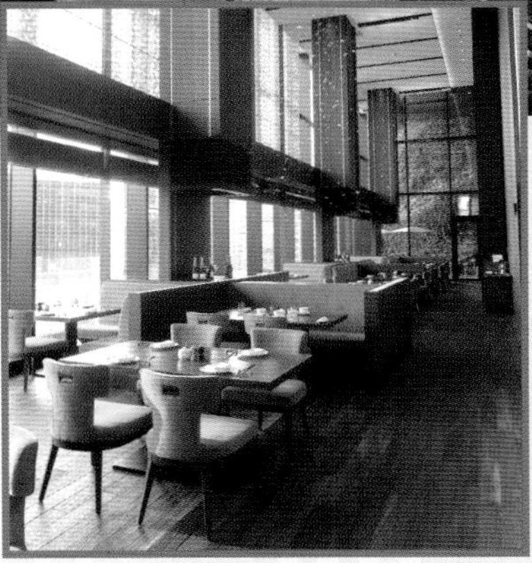

摩登時尚的高貴

17 銀座 THE GATE HOTEL TOKYO by HULIC

於18年底開業的THE GATE HOTEL TOKYO by HULIC，不但地理位置優越，而且房間非常寬敞，沒有想過在東京的市區也能入住那麼寬敞的房間，即使房內有L型的沙發也不會覺得侷促。酒店在頂層設有Premium Lounge，讓住客小酌一杯的同時觀賞銀座的夜景。

↑餐廳挑高的設計，時尚及空間感十足。

↑座落在東京市中心，罕有的寬敞房間。

↑酒店設有露天Lounge，住宿客人24小時都可利用。

別冊 **M02 A-2**

地 東京都千代田区有楽町2-2-3
金 二人一房，每晚¥44,214/起
網 gate-hotel.jp
電 (81)03-6263-8233
交 東京メトロ日比谷線日比谷駅步行約1分鐘；JR樂町站步行約3分鐘

←早餐是半自助式，設有多個不同的選擇。

日本資訊

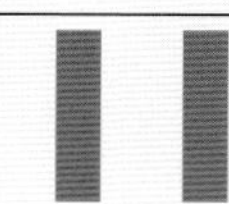

年曆對照

2018年 ＝ 平成30年

2024年 ＝ 令和6年

國定假期

日本國定假期每年或會有改動，以下是一般會列為國定假期的日子：

1月1日	元旦
1月的第二個星期一	成人節
2月11日	建國紀念日
2月23日	天皇誕辰
3月19、20或21日	春分節
4月29日	昭和之日
5月3日	憲法紀念日
5月4日（若這天不是星期日就會定為國定假期，好讓國民有長假期）	綠之日
5月5日	兒童節
7月的第三個星期一	海之日
8月10日	山之日
9月的第三個星期一	敬老節
9月23或24日	秋分節
10月的第二個星期一	運動日
11月3日	文化之日
11月23日	勞動感謝之日

1. 當國定假日適逢星期天時，翌日補假一天。
2. 夾在兩個國定假日之間的平日會成為假日。（星期天和補假除外）
3. 12月25日（聖誕節）不是日本的節日
4. 12月29日到1月3日期間（年末年始）日本的政府機關和企業都不辦公。

東京近郊地理概況

日本位於亞洲的東北部，主要分為九州、四國、本州和北海道。日本全國面積約為380,000平方公里，人口超過1.27億，是世界排第十位。而東京（東京都）是日本的首都，人口約有1,300萬，佔日本人口約10%，是日本最大的城市，工商業非常發達。

語言

官方語言為日語，英文不算通用，東京市內的百貨公司、大型商場漸多懂普通話的員工。

英語
漢語
日本語

時差

日本時間是**GMT+9**，而香港／台北則是**GMT+8**，即東京時區比香港地區快1小時。日本方面並沒有分冬夏令時間。

02:00 香港/台北
03:00 東京

電壓

日本使用**100V**兩腳插頭。與香港地區不同，香港遊人請帶備變壓器及萬能插頭。

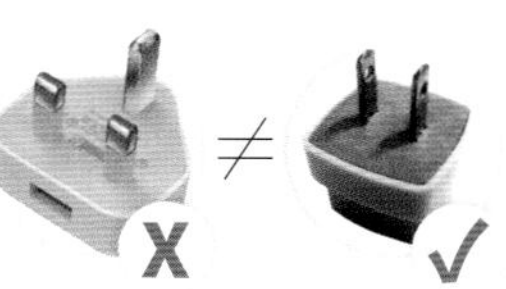

日本買電器注意事項：

＊日本電器有效使用範圍只限日本國內，購買前要注意是否有國際電壓。

＊部分熱門電器針對旅客推出100V-240V國際電壓的電器，適用於全球國家。

＊日本的電器電壓為110V，旅客需另購變壓器避免發生短路

日本本土旅遊旺季

在以下日子期間，日本本土的交通和酒店住宿會較緊張，請盡早預訂。

12月29日 - 1月6日	日本新年
2月5日 - 2月20日	日本大學入學試
4月29日 - 5月5日	日本的「黃金週」
8月中旬	中元節
12月25 - 31 日	聖誕假期

自來水

酒店內如列明有「飲用水」的自來水可以直接飲用。

地震

日本位處地震帶，發生小型地震時，酒店會發出有關廣播並會暫時停用電梯，客人應暫時留在酒店內。如不幸遇上大型地震，請保持鎮定並跟隨本地人到指定的安全地方暫避。

貨幣

日本貨幣為YEN

貨幣兌換率

円 ¥

硬幣

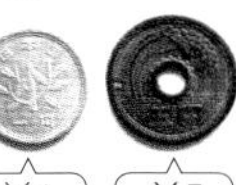

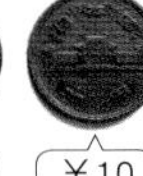

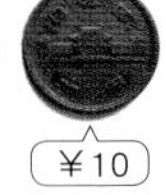

¥1 ¥5 ¥10

¥50 ¥100 ¥500

紙幣

¥1,000

¥2,000

¥5,000

¥10,000

日圓兌換

出發前找換地點

＊香港各大銀行

（匯豐旺角分行可直接提領日圓）

＊香港機場出境大堂找換店

部分銀行及本港找換店需時先預訂日圓，宜先致電查詢。

日本自動櫃員機提款

＊便利店大部份設有自動櫃員機

＊只要提款卡上印有UnionPay、Plus就可提款。

＊每次提款均需服務費，兌換率則以當日的匯率為準。

＊櫃員機更設中文介面，方便易用。

2013年3月1日起，要先在香港啟動提款卡的海外提款功能，才可在海外提款。

日本兌換

＊成田機場入境大堂找換店

（0600至最後一班機抵達）

＊日本各大銀行及郵局

＊日本部份大型電器店

＊當地高級酒店

免稅

＊在日本購物需付上相等於貨物價值10%的消費稅，只可於貼有「Japan. Tax-free Shop」標誌的店舖才可享有退稅服務。

＊辦理退稅者須持有效旅遊證件及購物單據，並於店家提供的「購買者誓約書」上簽名即可。

＊在日本工作的人員及停留期間為6個月以上的外國人不能享有免稅優惠。

＊自2018年4月起，遊人可以不限類別，只要合計買滿 ¥5,000 或以上就可以免稅。

Japan.
Tax-free
Shop

退稅手續流程

2020年4月起，退稅流程將改為電子化，將不再使用過去的紙本「購入紀錄票」、「購入者誓約書」，只需要提出護照，店家會以電子方式傳送購物紀錄。

＊日本將於2025年推行新的退稅制度，各位遊人出發前可留意一下。

Wifi & 通訊

租用Pocket WIFI

香港地區有多間公司提供Pocket WiFi租借服務，一日租金約港幣80元（每日1GB NT199、日本無限制每日NT229），可同時供多人使用，適合需要隨時隨地上網及打卡的自遊人。

・按日收費
・多人共享
・隨時上網

Telecom

網 telecomsquare.tw/

Wifi Egg 漫遊蛋

網 www.wifi-egg.com/

免費WIFI打電話

有WIFI，裝Apps就可以免費打／聽電話，不必特地買SIM卡，激慳！

Line

skype

WhatsApp

FaceTime

上網卡

如果分頭行動，建議使用SIM卡，最方便的是在香港地區已經可以購買，部分亦可打電話返香港地區，打去當地預訂餐廳及酒店又得，香港地區用戶飛線後更可接聽來電，非常方便！

中國聯通

・6日通話/上網卡 (HK$118)
・每日1GB高速數據
・此卡並提供20分鐘通話(可用於日本及韓國接聽、致電當地、內地及中國香港號碼)及10條短訊（由日本及韓國發送）。

網 www.cuniq.com

AIRSIM無國界上網卡

・熱門地區低至HK$8/日，NT$30/日。
・只需出發前到 **AIRSIM ROAM APP** 選購目的地數據套餐及選擇使用日數，到埗插卡，等3分鐘，便可上網。
・覆蓋日本/韓國/泰國等100多個地區，下次旅行可循環使用。
・每次購買數據套餐，均送30分鐘通話，可以打電話（目的地及本地，包括固網電話），香港地區用戶飛線後更可接聽來電。

* **特設 24/7 客戶服務支援專人接聽。**

AIRSIM

地 於香港全線7-Eleven、Circle K便利店及豐澤有售

網 www.airsim.com.hk

自由鳥遨遊SIM

可以重覆使用，用家可根據目的地及旅遊日數在App購買。

・$15/日無限數據（每日首500MB高速數據）

*留意此卡並不提供語音通話

網 www.birdie.com.hk/tbirdie/zh/travel-to/japan

日本電話撥打方法

81 3 8888 8888

日本國家號碼 ｜ 區域碼 ｜ 電話號碼

從香港地區致電日本

03 8888 8888

區域碼 ｜ 電話號碼

從日本境內致電其他區/市

免費WIFI

日本很多地方有免費WIFI提供，只要先上網申請成為會員，就可以在有熱點的地方使用。不過網速不一，也只能在定點使用，適合上網需求不大者。

Lawson free wifi

在日本超過9,000間Lawson便利店，都會提供免費wifi，遊人只要在網站填簡單資料就可使用。

網 www.lawson.co.jp/service/others/wifi/

Japan Connected-free Wi-Fi

在日本有15萬個熱點，覆蓋多個旅遊熱點，包括東京Metro地鐵站，只要下載Japan Connected-free Wi-Fi App並登記資料就可使用，支援多種語言，十分方便。

網 www.ntt-bp.net/jcfw/ja.html

東京JR車站

JR東日本提供免費Wifi服務的車站，包括東京駅、成田空港駅、羽田空港，以及JR山手線以下13個車站：東京駅、浜松町駅、田町駅、渋谷駅、原宿駅、代々木駅、新宿駅、池袋駅、上野駅、御徒町駅、秋葉原駅、神田駅、舞浜駅。

網 www.jreast.co.jp/e/pdf/free_wifi_02_e.pdf

通訊大比拼

	優點	缺點
免費Wifi 	・免費 ・很多商場、車站、便利店都有供應	・需要定點使用 ・網速不穩定 ・下載App或事先登記才能使用
3G/4G Sim卡 	・提供多款彈性數據套餐，價錢相宜 ・一人一卡，走散了也不怕失聯 ・附送的30分鐘 AIRTALK 可致電本地及目的地，包括固網號碼	・不支援SMS ・要安裝AIRTALK APP後才能打出及接聽電話
Wifi蛋	・一個Wifi蛋可多人使用	・Wifi蛋需要充電，要留意剩餘電量 ・分開行動就無法使用
國際漫遊	申請快捷方便	・費用最貴

使用日本公共電話

日本公共電話要有付「國際及國內電話」字樣者，方可撥打國際電話，否則只可撥打國內電話。

・付款方法：￥10及￥100 硬幣、信用卡、電話卡

・收費：￥10/分鐘

・電話卡可在酒店、便利店及自動販賣機購買。因應出卡公司不同，撥打方法各異，請參考卡背指示。

漫遊及數據收費

電訊公司一般都有提供漫遊服務，分為日費計劃及按量收費。收費因應電訊公司而不同，實際收費可向各電訊公司查詢。

漫遊服務	收費（HK$）
致電香港號碼	$7.8-14.59/分
打出（市內）	$4.26-6.28/分
接聽所有來電	$7.9-19/分
發出短訊	$2.54-3/個
數據	$168/日

準備出發

氣候及衣物

春季(3月至5月)▼
適合帶備長袖襯衣及薄外套

夏季(6月至8月)▼
適合穿T-shirt及較輕便衣服，記緊帶備雨具。

秋季(9月至11月)▼
帶備冬天衣物

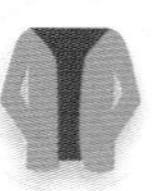

冬季（12月至2月）▼
必備厚毛衣及羽絨，記緊帶手套及頸巾。室內地方有暖氣設備，可穿薄襯衣外加大褸或羽絨等可簡便穿脫的衣物。群馬縣等地更會下雪。

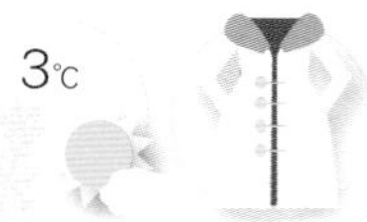

旅遊保險

要注意旅遊保險的保障範圍，例如是否包括滑雪及攀山等活動。在日本求診的費用不便宜，最重要是購買一份適合自己的保險，以備不時之需。如不幸遭竊盜時，緊記向警察申請竊盜證明書，如遇交通意外時也需申請交通意外證明書。

藍十字保險
網 www.bluecross.com.hk

豐隆保險
網 www.hl-insurance.com/

東京天氣

東京全年氣溫及降雨量圖▼

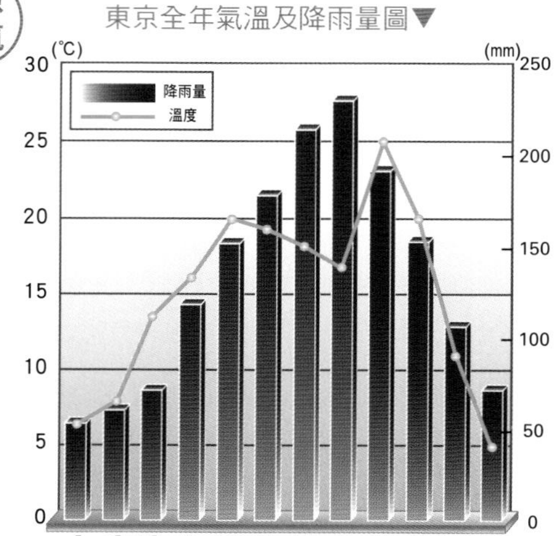

日本天氣預報▼
出發前可參考以下網址，查看日本各地的最新天氣情況及未來四天的天氣預報，如有必要可因應情況更改行程。

網 www.jma.go.jp/jp/week

香港及台北觀光資料

日本國家旅遊局
網 www.jnto.go.jp

全天候準備行李清單

明白收拾行李之難，WOW！特別為讀者準備了一份極詳細的行李清單，適用多種不同性質和目的之旅行（自助、半自助、跟團、 觀光、 商務、渡假、歷奇），可到WOW！的網頁下載。

網 goo.gl/wVqkkf

全天候準備行李清單

飛行里數及廉航

自遊人可考慮登記成為各航空公司的會員，累積飛行里數來兌換免費機票。而近年HK Express也提供來往廣島及岡山的廉航機票。

飛行里數兩大陣營▼

星空聯盟 Star Alliance
網 www.staralliance.com/zh-TW/

亞洲萬里通 Asia Miles
網 www.asiamiles.com

日本旅遊簽証

特區護照持有人可免簽證到日本旅遊，最多可逗留90天。如持有未獲免簽待遇證件者或需要逗留多於90天者可向日本總領事館（簽證部）查詢。

免簽證
逗留
90天

日本國總領事館▼

地 中環干諾道中8號交易廣場一座46樓
時 09:30-12:00/13:30-16:45
休 星期六、日、公眾假期及特定假期
網 www.hk.emb-japan.go.jp
電 2522-1184

日本簽證申請中心▼

自2016年12月起於香港島北角設置了日本簽證申請中心，需要申請日本簽證的遊人可以先在網站預約時間，然後帶備所需文件前往辦理便可。大家要留意不同的簽證，所需的申請文件及費用亦不同，例如：幫工人姐姐申請日本的旅遊簽証，通常都是一次有效之短期逗留簽證，所需審批時間約為十個工作天。

*前住沖繩、宮城縣、福島縣、及岩手縣的遊人可免繳簽証費

地 **日本簽證申請中心地址：**香港北角電氣道148號16樓3室
網 **預約網站：**visa.vfsglobal.com/hkg/zh/jpn
電 (852)3167-7033 **電郵：**info.jphk@vfshelpline.com
註 *建議先在網上進行預約

台北及高雄辦理日本旅遊簽證▼

財團法人交流協會台北事務所

地 臺北市慶城街28號一樓（通泰商業大樓）
時 星期一至星期五上午09:00-11:30/13:30-16:00（星期五下午不受理簽証申請，僅辦理發証服務。）
休 星期六、日、公眾假期及部分特定假期
網 www.koryu.or.jp/tw/visa/taipei/
電 02-2713-8000
傳 02-2713-8787

財團法人交流協會高雄事務所

地 高雄市苓雅區和平一路87號南和和平大樓10F
時 星期一至星期五09:00-12:00/13:30-16:00
休 星期六、日、公眾假期及部分特定假期
網 www.koryu.or.jp/tw/about/kaohsiung/
電 07-771-4008
傳 07-771-2734
註 管轄範圍：雲林縣、嘉義縣、台南市、台南縣、高雄市、高雄縣、屏東縣、台東縣、澎湖縣。

旅遊服務中心

旅遊諮詢中心(TIC)▼

成田機場

地 Terminal 1及Terminal 2到達層內
時 09:00-20:00 (全年無休)
電 Terminal 1 0476-30-3383
Terminal 2 0476-34-6251

羽田機場

東京觀光信息中心▼
地 Terminal 1. 1/F
時 09:00-22:00

旅行中心▼
地 Terminal 2. 1/F
時 10:00-18:00

東京區內

地 千代田區有樂町2-10-1 東京交通會館10樓
時 星期一至五09:00-17:00
星期六09:00-12:00
電 03-3201-3331

新宿站

小田急旅遊服務中心▼
地 小田急新宿站西口一樓
時 08:00-18:00 (全年無休)
網 www.odakyu.jp/tc/support/center/
電 03-5321-7887

實用交通

-羽田機場交通-

台北＜＞東京羽田機場▼

台北出發的話可從松山國際機場直達東京羽田機場，機程約2小時30分鐘。

航空公司	網址	查詢電話
EVA AIR長榮航空(BR)	www.evaair.com	886-2-25011999 (台北)
Japan Airlines日本航空(JL)	www.jal.co.jp	86-021-5467-4530 (台北/中國)
CHINA AIRLINES中華航空(CI)	www.china-airlines.com	886-412-9000 (台北)
ANA全日本空輸航空(NH)	www.ana.co.jp	81-3-6741-1120 (國際)

香港＜＞東京羽田機場▼

香港出發的話可從香港國際機場直達東京羽田機場，機程約5小時。

航空公司	網址	查詢電話
ANA全日本空輸航空（NH）	www.ana.co.jp	81-3-6741-1120(國際)
UNITED聯合航空（UA）	www.united.com	81-3-6732-5011(日本)
HK Express香港快運（UO）	www.hkexpress.com	852-3902-0288(香港)
Delta達美航空（AA）	zt.delta.com	852-3057-9197(香港)
Japan Airlines日本航空（JL）	www.jal.co.jp	852-3919-1111(香港)
CATHAY PACIFIC國泰航空（CX）	www.cathaypacific.com	852-2747-3333(香港)

WELCOME! Tokyo Subway Ticket

24hrs, 48hrs或72hrs地鐵Metro任乘券羽田機場國際線航廈站至泉岳寺站的京急線單程或者來回的套票。

羽田交通通票	大人	小童
京急線來回 + 24hrs Metro地鐵任乘券	￥1,500	￥750
京急線來回 + 48hrs Metro地鐵任乘券	￥1,900	￥950
京急線來回 + 72hrs Metro地鐵任乘券	￥2,200	￥1,100

羽田機場國際線航廈站2樓京急旅客資訊中心

網 www.tokyometro.jp/tcn/ticket/airport_bus/index.html#v2_haneda

利木津巴士 + Subway通票

單程利木津巴士 + 24hrs東京Metro地鐵任搭、來回利木津巴士 + 48/72hrs東京Metro地鐵任搭

羽田機場入境大廳、利木津巴士售票處、東京Metro地鐵月票售票處

網 www.tokyometro.jp/tcn/ticket/airport_bus/index.html#v2_haneda

羽田交通通票	大人	小童
利木津巴士單程 + 24hrs Metro地鐵任乘券	￥1,800	￥900
利木津巴士來回 + 48hrs Metro地鐵任乘券	￥3,200	￥1,600
利木津巴士來回 + 72hrs Metro地鐵任乘券	￥3,500	￥1,750

火車

東京モノレール(Tokyo Monorail)▼

・直達浜松町
・約4-12分鐘一班

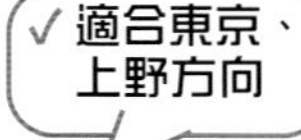

網 www.tokyo-monorail.co.jp

京浜急行空港線（京急空港線）▼

・直達品川：途經押上、淺草
・約3-10分鐘一班

✓ 適合涉谷、新宿、池袋、橫浜方向
✓ 最便宜

網 www.haneda-access.com

巴士

リムジンバス (Airport Limousine)▼

・到達新宿、池袋等旺區
・約30分鐘至60分鐘一班

✓ 路線最多
✓ 直達酒店，不用搬行李
✓ 方便之選
✓ 要留意塞車

網 www.limousinebus.co.jp

空港リムジンバス (Keikyu Limousine)▼

・直達東京約50分鐘一班

✓ 留意塞車
✓ 最慳錢

網 www.keikyu-bus.co.jp

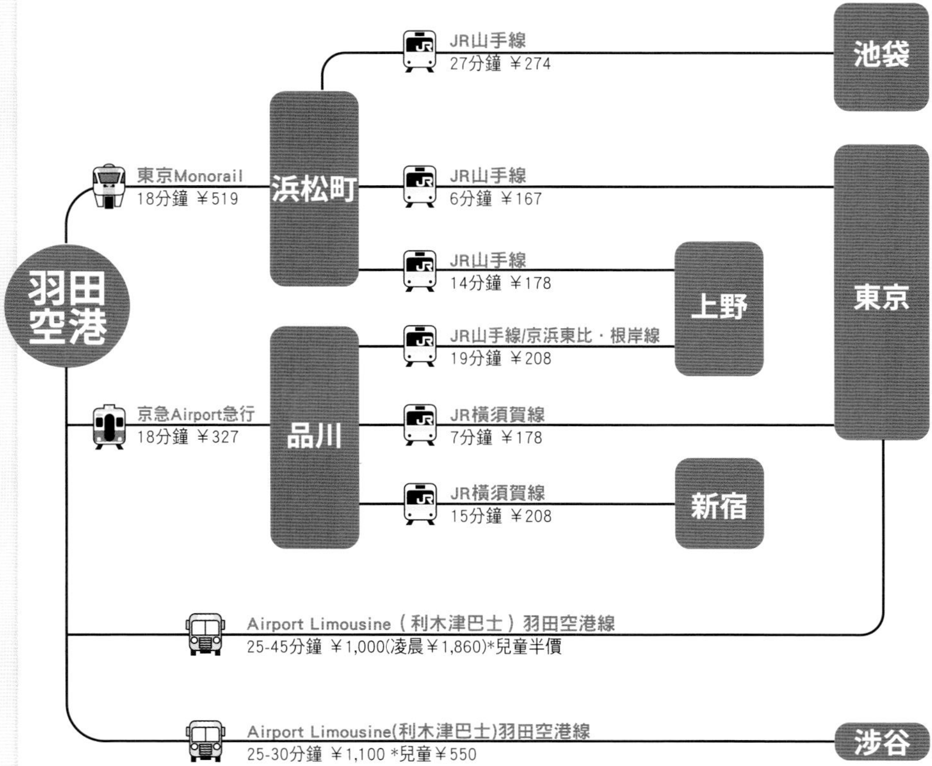

羽田空港

- 羽田空港 → 東京Monorail 18分鐘 ¥519 → 浜松町
  - 浜松町 → JR山手線 27分鐘 ¥274 → 池袋
  - 浜松町 → JR山手線 6分鐘 ¥167 → 東京
  - 浜松町 → JR山手線 14分鐘 ¥178 → 上野
- 羽田空港 → 京急Airport急行 18分鐘 ¥327 → 品川
  - 品川 → JR山手線/京浜東比・根岸線 19分鐘 ¥208 → 上野
  - 品川 → JR橫須賀線 7分鐘 ¥178 → 東京
  - 品川 → JR橫須賀線 15分鐘 ¥208 → 新宿
- 羽田空港 → Airport Limousine（利木津巴士）羽田空港線 25-45分鐘 ¥1,000(凌晨¥1,860)*兒童半價 → 東京
- 羽田空港 → Airport Limousine(利木津巴士)羽田空港線 25-30分鐘 ¥1,100 *兒童¥550 → 涉谷

-成田機場交通-

香港飛機

香港<>東京成田機場▼

香港每天都會有航班由香港國際機場直達東京成田機場，機程約4小時10分鐘。

航空公司	網址	查詢電話
CATHAY PACIFIC國泰航空(CX)	www.cathaypacific.com	852-2747-3333(香港)
Hong Kong Airlines香港航空(HX)	www.hkairlines.com	852-3916-3666(香港)
Japan Airlines日本航空(JL)	www.jal.co.jp	852-3919-1111(香港)
ANA全日本空輸航空(NH)	www.ana.co.jp	81-3-6741-1120(國際)
HK Express香港快運(UO)	www.hkexpress.com	852-3902-0288(香港)

台北飛機

台北<>東京成田機場▼

台北出發的話可從台灣桃園國際機場直達東京成田機場，機程約3小時10分鐘。

航空公司	網址	查詢電話
Japan Airlines日本航空(JL)	www.jal.co.jp	86-021-5467-4530(台北/中國)
CHINA AIRLINES中華航空(CI)	www.china-airlines.com	886-412-9000(台北)
EVA AIR長榮航空(BR)	www.evaair.com	886-2-25011999(台北)
ANA全日本空輸航空(NH)	www.ana.co.jp	81-3-6741-1120(國際)

火車

JR Narita Express (N' EX)▼

2015年3月14日開始於成田機場「JR東日本旅行服務中心」和「JR售票處」發售特價**N'EX東京去回車票**，大人￥4,070、小童￥2,030，有效期為14天。到達東京站約30分鐘一班。

✓最準時
✓最快速
✓最舒適
✓市區直達站最多

網 www.jreast.co.jp/tc/pass/nex_round.html

JR成田線▼

✓不設劃位

到東京站約1小時一班。

電鐵

京成電鐵▼

京成電鐵分京成本線、Skyliners及京成Access。

網 www.keisei.co.jp

Skyliners

✓行車時間短

到達京成上野，約10-20分鐘一班。

京成Access

直達淺草、東銀座、品川約20分鐘一班。

✓不需另加特急費

京成本線

到達京成上野約10-20分鐘一班。

✓最慳錢
✓班次密
✓中途站多

巴士

リムジンバス (Airport Limousine)▼

途經市中心各站，約半小時至1小時一班。

✓路線最多
✓直達酒店，不用搬行李
✓方便之選
✓要留意塞車

網 www.limousinebus.co.jp

AIRPORT BUS TYO-NRT▼

Tokyo Shuttle和The Access Narita已經合併，來往東京站、銀座約20分鐘一班。

由於疫情影響，運行情況請先查詢網站。

✓￥1,300單程
✓慳錢
✓班次密

網 TYO-NRT.com

京成Skyliner +Tokyo Subway Ticket

- 單程或來回Skyline + 24/48/72hrs東京Metro地鐵及都營地下鐵任乘券

成田機場站及機場第2大樓站的售票處

網 www.tokyometro.jp/tcn/ticket/airport_bus/index.html

成田交通通票	大人	小童
Skyliner單程 + 24hrs Metro地鐵任乘	¥2,890	¥1,450
Skyliner單程 + 48hrs Metro地鐵任乘	¥3,290	¥1,650
Skyliner單程 + 72hrs Metro地鐵任乘	¥3,590	¥1,800
Skyliner來回 + 24hrs Metro地鐵任乘	¥4,880	¥2,440
Skyliner來回 + 48hrs Metro地鐵任乘	¥5,280	¥2,640
Skyliner來回 + 72hrs Metro地鐵任乘	¥5,580	¥2,790

利木津巴士 + Subway通票

- 單程利木津巴士 + 24hrs東京Metro地鐵任搭、來回利木津巴士 + 48/72hrs東京Metro地鐵任搭

成田機場入境大廳、利木津巴士售票處、東京Metro地鐵月票售票處

網 www.tokyometro.jp/tcn/ticket/value/airport_bus/index.html

成田交通通票	大人	小童
利木津巴士單程 + 24hrs Metro地鐵任乘券	¥3,400	¥1,700
利木津巴士來回 + 48hrs Metro地鐵任乘券	¥5,700	¥2,850
利木津巴士來回 + 72hrs Metro地鐵任乘券	¥6,000	¥3,000

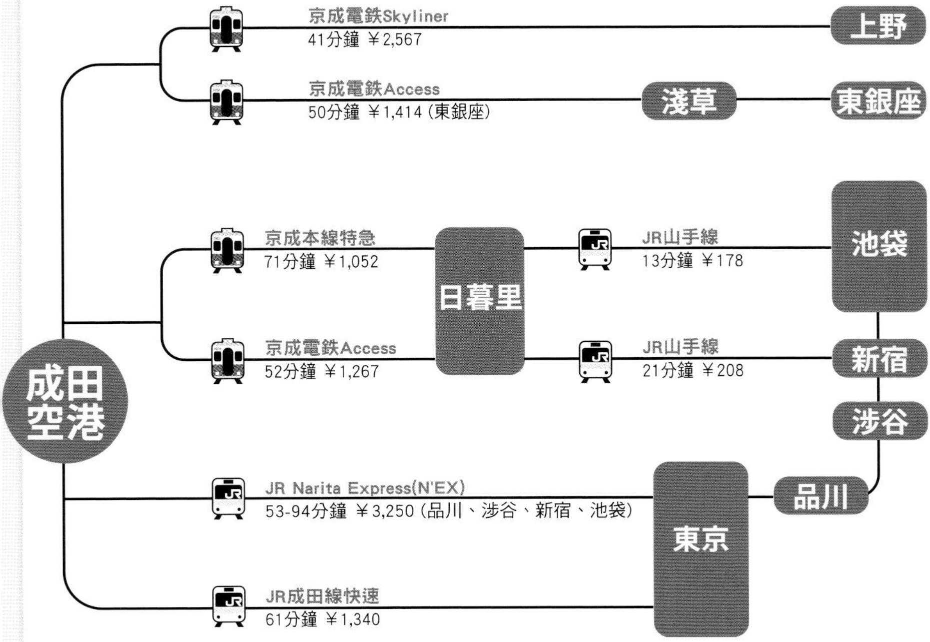

成田空港

京成電鉄Skyliner
41分鐘 ¥2,567
上野

京成電鉄Access
50分鐘 ¥1,414 (東銀座)
淺草
東銀座

京成本線特急
71分鐘 ¥1,052
日暮里
JR山手線
13分鐘 ¥178
池袋

京成電鉄Access
52分鐘 ¥1,267
日暮里
JR山手線
21分鐘 ¥208
新宿
涉谷

JR Narita Express(N'EX)
53-94分鐘 ¥3,250 (品川、涉谷、新宿、池袋)
東京
品川

JR成田線快速
61分鐘 ¥1,340
東京

價錢為使用IC卡的價錢

出發車站＼到達車站	東京	舞浜	台場	上野	浅草	銀座
東京						
舞浜（迪士尼度假區）	JR京葉線 16分鐘	-	JR京葉線 →新木場站→ 東京Metro有楽町線 →豊洲站→ ゆりかもめ 43分鐘	JR京葉線 →東京站→ JR山手線 36分鐘	JR京葉線 →小丁崛→ 東京metro日比谷線 →都営浅草線→ 人形町 37分鐘	JR京葉線 →小丁崛→ 東京metro日比谷線 28分鐘
台場						
上野	JR上野東京線 5分鐘	JR上野東京線 →東京站→ JR京葉線 35分鐘	東京metro銀座線 →新橋站→ ゆりかもめ 38分鐘	-	東京Metro銀座線 5分鐘	東京Metro銀座線 12分鐘
浅草						
銀座	東京Metro 丸ノ内線 3分鐘	東京Metro日比谷線 →八丁堀站→ JR京葉線 26分鐘	東京Metro銀座線 →新橋站→ ゆりかもめ 24分鐘	東京Metro銀座線 11分鐘	東京Metro銀座線 17分鐘	-
渋谷						
原宿	JR山手線 26分鐘	JR山手線 →東京站→ JR京葉線 59分鐘	JR山手線 →新橋站→ ゆりかもめ 47分鐘	JR山手線 30分鐘	JR山手線 →上野站→ 東京Metro銀座線 42分鐘	明治神宮前站→ 東京Metro千代田線 →日比谷站→ 東京Metro日比谷線 22分鐘
新宿						
池袋	東京Metro 丸ノ内線/JR山手線 17分鐘 ￥209/	東京メトロ丸ノ內線 →東京站→ JR京葉線 49分鐘	JR山手線 →新橋站→ ゆりかもめ 55分鐘	JR山手線 16分鐘	JR山手線 →上野站→ 東京Metro銀座線 29分鐘	東京Metro 丸ノ內線 19分鐘
横浜						
羽田機場	東京モノレール →浜松町站→ JR京浜東北・ 根岸線 31分鐘	京急本線→ 京急蒲田 →JR東海道本線→ 東京站→ JR京葉線 60分鐘	浜松町站 →JR山手線→ 新橋站→ ゆりかもめ 52分鐘	東京モノレール →浜松町站→ JR山手線 35分鐘	東京モノレール →浜松町站→ 都営浅草線 42分鐘	東京モノレール →浜松町站→ JR山手線→ 新橋站→ 東京metro銀座線 34分鐘

以上交通表只作參考，遊人可自由靈活運用其他組合

渋谷	原宿	新宿	池袋	横浜	羽田機場
JR山手線 24分鐘	JR中央線→ 新宿 26分鐘	JR中央線 ￥209/ 東京Metro丸ノ內線 15/18分鐘	東京Metro丸ノ內線 17分鐘 ￥290 JR山手線 24分鐘	JR東海道本線 / 横須賀線 24分鐘	京浜東北線 →浜松町站→ 東京モノレール 31分鐘
JR京葉線 →新木場→ 東京metro有楽町線 →東京Metro半藏門線 42分鐘	JR京葉線 →東京站→ JR山手線 59分鐘	JR京葉線 →東京站→ JR中央線 45分鐘	JR京葉線 →東京站→ 東京Metro丸ノ內線 45分鐘	JR京葉線快速 →東京站→ 東海道本線 58分鐘	JR京葉線 →東京站→ 東海道本線 →京急蒲田→ 京急本線 63分鐘
ゆりかもめ →新橋站→ 東京Metro銀座線 37分鐘	ゆりかもめ →新橋站→ JR山手線 49分鐘	ゆりかもめ →汐留站→ 都営大江戸線 41分鐘	ゆりかもめ →新橋站→ JR山手線 55分鐘	ゆりかもめ →新橋站→ JR東海道本線 47分鐘	ゆりかもめ →新橋站→ JR山手線 →浜松町→ 東京モルール 52分鐘
東京Metro銀座線 27分鐘	JR山手線 30分鐘	JR山手線 26分鐘	JR山手線 17分鐘	JR上野東京線 →東京站→ JR東海道本線 30分鐘	JR山手線 →浜松町→ 東京モルール 35分鐘
東京Metro銀座線 32分鐘	東京Metro銀座線 →上野站→ JR山手線 42分鐘	東京Metro銀座線 →神田站→ JR中央線 29分鐘	東京Metro銀座線 →上野站→ JR山手線 29分鐘	都営浅草線 →泉岳寺→ 京急本線 42分鐘	都営浅草線 →浜松町→ 東京モルール 42分鐘
東京Metro銀座線 16分鐘	東京Metro日比谷線 →日比谷站→ 東京Metro千代田線 →明治神宮前站 19分鐘	東京Metro丸ノ內線 16分鐘	東京Metro丸ノ內線 20分鐘	東京Metro銀座線 →新橋站→ JR東海道本線 29分鐘	東京Metro銀座線 →新橋站→JR山手線 →浜松町→ 34分鐘
-	JR山手線 2分鐘	JR山手線 7分鐘	JR山手線 16分鐘	東急東横線 27分鐘	JR山手線 →浜松町站→ 東京モノレール 45分鐘
JR山手線 2分鐘	-	JR山手線 5分鐘	J R山手線 14分鐘	JR山手線 →渋谷站→ 湘南新宿線 39分鐘	JR山手線 →品川站→ 京急本線 45分鐘
JR山手線 6分鐘	JR山手線 4分鐘	-	JR山手線 9分鐘	JR湘南新宿線 30分鐘	JR山手線 →品川站→ 京急本線 40分鐘
JR山手線 15分鐘	JR山手線 13分鐘	JR山手線 9分鐘	-	JR湘南新宿線 37分鐘	JR山手線 →品川站→ 京急本線 47分鐘
東急東横線 27分鐘	東急東横線 →渋谷站→ JR山手線 39分鐘	JR湘南新宿Line 34分鐘	JR湘南新宿線 43分鐘	-	京急本線Airport 27分鐘
京急空港線 →品川站→ JR山手線 36分鐘	京急空港線 →品川站→ JR山手線 38分鐘	京急空港線 →品川站→ JR山手線 43分鐘	京急空港線 →品川站→ JR山手線 51分鐘	京急空港線 →京急蒲田→ 京急本線 24分鐘	-

車票售賣機

從售票機上方的路線圖上找出目的地車站及價錢，再到售賣機購買車票便可。如途中需要轉車，而地圖有顯示目的地及價錢，只需購買一張單程票便可。

精算機

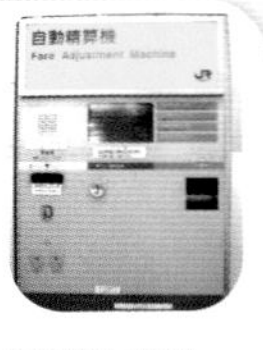

精算機即補票機。如所買車票面額不足，可到精算機放入車票，它便會自動計算出所需補票價錢，然後再發一張新車票以供出閘。

Metro、都營地下鐵通票

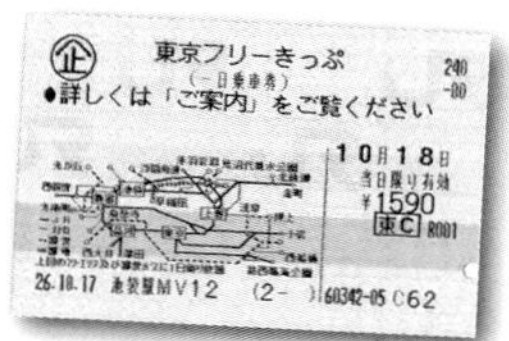

東京Metro 24小時車票

• 可於24小時內自由搭乘東京Metro地鐵全線的車票，有預售票和當日票。

地 東京Metro地鐵月台售票處或售票機
金 大人￥600、小童￥300
網 www.tokyometro.jp/tcn/ticket/1day/index.html
註 於車票背面記載的有效期限內，從開始使用時間起計24小時以內有效

東京都市地區通票

• 一日內任搭東京23區內所有JR普通列車

地 JR東日本車站內指定座席售票機、JR售票處
金 大人￥800、小童￥400
網 www.jreast.co.jp/tc/pass/tokunai_pass.html

東京環游通票

• 一日內任搭東京Metro、都營地鐵、都電、都營巴士、日暮里/舍人線及JR線東京都內區間

地 東京Metro及都營地鐵月票售票機或售票處
金 大人￥1,600、小童￥800
網 www.tokyometro.jp/tcn/ticket/1day/index.html

都營一日乘車券(都營通票)

• 一日內可自由任搭都營地鐵、都營巴士、都電荒川線及日暮里-舍人線。

地 都營地鐵站自動售票機、都營巴士與都電的車廂內等
金 大人￥700、小童￥350
網 www.kotsu.metro.tokyo.jp/ch_h/tickets/value.html

24/48/72小時地鐵通用票

• 可於24/28/72小時內搭乘東京Metro和都營地下鐵

地 羽田機場國際線觀光情報中心、成田機場京成巴士售票處、東京Metro地鐵(上野站、銀座站、新宿站、表参道站)旅客服務中心
時 羽田機場國際線觀光情報中心05:30-25:00、成田機場京成巴士售票處09:00-22:00、東京Metro旅客服務中心09:00-17:00
金 24小時票 大人￥800、小童￥400
48小時票 大人￥1,200、小童￥600
72小時票 大人￥1,500、小童￥750
網 www.tokyometro.jp/tcn/ticket/travel/
註 於車票背面記載的有效期限內，從開始使用時間起計24/48/72小時以內有效

Suica IO Card

Suica IO Card
(スイカIOカード)▼

東京使用的電子貨幣儲值卡，相當於香港的八達通或台北的悠遊卡。可增值，使用時拍卡感應即可。除了乘車外，有Suica卡LOGO的商舖亦可用Suica卡付款。

Suica IO Card 購票方法▼

Suica IO Card 每張售價￥2,000（面值￥1,500加上按金￥500），可到站內售票窗口，或有Suica標誌的自動售票機購買。持票者可以隨時到各車站內的售票處（みどりの窗口）退卡及取回按金。

JR TOKYO Wide Pass▼

適用於富士山、伊豆、輕井澤、GALA湯澤等著名的觀光地。可在3天裡不限次數乘坐以下路線：JR東日本線、東京單軌電車、伊豆急行線全線、富士急行線全線、上信電鐵全線、東京臨海高速鐵道線全線特急(包新幹線）及部分近郊地區鐵路等，急行列車和普通列車（包括快速列車在內）的普通車廂指定座席和自由座席。

地 成田機場JR售票處及JR東日本旅行服務中心，羽田機場、新宿和池袋的JR東日本旅行服務中心
金 大人￥15,000、小童￥7,500
網 www.jreast.co.jp/tc/tokyowidepass/

巴士

東京的巴士服務主要由東京市交通局經營，名為都バス，大部份路線車費一律￥210，而都バス一日乘車券(￥500)、都電・都バス・都營地下鐵一日乘車券(￥700)等優惠車票都適用。乘客只需於上車時付款，以及留意車廂內的目的地指示牌，於下車前按鐘便可。都バス路線遍佈東京各區，能夠彌補JR及地鐵的不足，加上能夠欣賞沿途風光，如時間許可，乘坐巴士遊東京將會是一個不錯的選擇。

網 www.kotsu.metro.tokyo.jp/bus/

的士

的士分三種▼

中型的士

收費首2,000米￥660，之後每274米或100秒￥80，最多可載6名乘客。

小型的士

收費首2,000米￥710，之後每290米或105秒￥90-95，最多可載5名乘客。

WagonTaxi

設有較寬闊的行李箱，收費與中型的士相若，一般前往機場，且必須預約，最多可載7名乘客。

乘坐的士小貼士

- 所有的士接受現金及信用咭付款，不收取小費
- 中、小型的士於深夜時份 (23:00-05:00)會收取額外30%附加費
- 車費￥9,000以上的車程有10%優惠
- 由成田機場往新宿區車費約￥21,000、東京站約￥19,000
- 如擔心言語不通，可以要求酒店或餐廳代召的士
- 如在車上遺留物件，可致電03-3648-0300 或到東京乘用旅客自動車協會網頁查詢 www.tokyo-tc.or.jp/index.cfm

救急錦囊

日本就醫

普通的病症可於藥房購買成藥，而較嚴重的可到診所或醫院就醫。若要就診可先問問酒店，有否就近和懂得以英文溝通的診所或醫院，上網找資料也可。日本醫生多只能用簡單英語，而藥物名稱則沒問題。若是一般小病可往診所（クリニック）、診療所（医院）；而較嚴重或急症，便需要往醫院（病院），甚至是致電119叫救護車。

東京衛生病院

地 東京都杉並区天沼3-17-3
電 03-3392-6151

聖路加病院

地 東京都中央区明石町9-1
電 03-3541-5151

日本紅十字社醫療中心

地 東京都渋谷区広尾4-1-22
電 003-3400-1311

就診程序

❶ 掛號登記

首次登記需要表示「外國觀光遊客」，若不懂得日語的需表明只能用英語。然後填寫個人資料（來自何處、到本區多少日、有何不適等等），並出示護照以核實身份。醫院會發出「診察券」（診療卡）用以紀錄病人資料。

❷ 探熱

日本常用的是玻璃口探探熱針，對幼兒未必合用。父母應於出發往日本前帶備電子探熱針。未能口探便會以腋下探熱。首次登記者或有可能要求驗小便。完成後把探熱針及小便樣本交給護士便可。

❸ 見醫生

護士會帶往磅重及量度高度，才引見醫生，問診後才開藥方。如有必要覆診，醫生亦會安排預約時間。

❹ 付款

診所及療養院多於領藥時付款，多數只收現金。醫院則可以信用卡付款。

❺ 取藥

付款及領收據後可往藥房取藥。緊記保留藥包方便保險索償。

常見成藥

普通的病症可於藥房買成藥便可，日本人也是如此。

傷風感冒藥

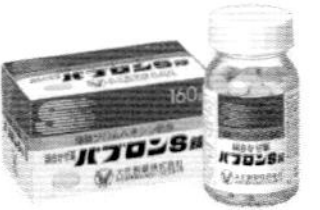

（大正製薬 パブロン）

腸胃藥

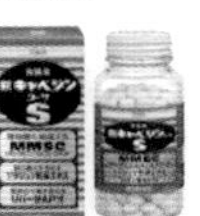

（胃腸薬 新キャベジンコーフS）

止痛藥

（EVE A）

保險

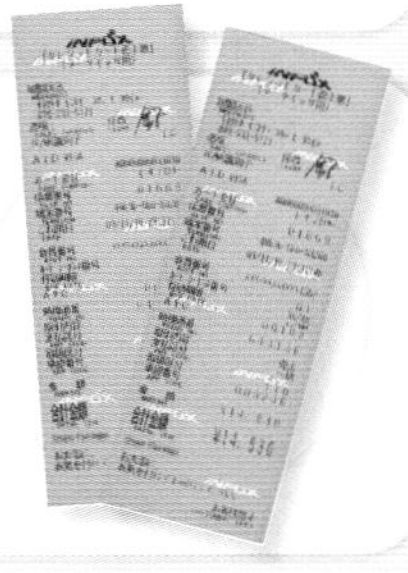

在日本，保險公司會直接支付國民的醫療費用，醫生不會給予任何診症文件。「外國觀光遊客」則要付全費。因此必須在醫院的會計部繳費時，向職員申請有關文件，以便回港後向保險公司索償。申請須填寫表格及付上額外費用（請填上英文資料及註明要英文文件），醫院會按所填的郵寄地址寄出文件，約一個月便能收到有關報告。部份香港保險公司會接受憑藥袋及收據資料申請保險索償，因此要妥善保存所有藥袋及收據。

緊急或重要電話

警局：110(日語) 3501-0110(英語)
警局外國人查詢：(03)3503-8484
火警及救護：119
醫療情報諮詢服務：(03)5285-8181(日／英／中／韓)
電話號碼查詢：104
札幌新千歲機場航班詢問：(0123)23-0111 (日／英語)
日本旅遊咨詢：(0088)22-4800

駐日本中國大使館

地 東京都港区元麻布3-4-33
網 jp.china-embassy.gov.cn
電 (03)3403-3388
交 從六本木Hills沿テレビ朝日通り向南步行7分鐘

1. 打公共電話時，不需要付費，按下緊急用免費服務的紅色按紐後，再撥110/119即接通。
2. 日本各地皆有警局，迷路或有麻煩時可向警察求助。
3. 有急病或受傷時，請向警局呼叫救護車，呼叫救護車是免費的。

遺失證件

為安全起見，隨身攜帶護照及身份證之餘，也應準備一份護照及身份證的影印本。如有遺失，憑影印本可加快補領時間。倘若在國外遺失金錢、護照或其他物品，應先向當地警方報案，索取失竊證明，並即時向中國大使館報告有關情況並請求協助。如有需要可聯絡特區政府入境事務處。

入境處港人求助熱線

網 www.immd.gov.hk
電 (852)2829-3010(辦公時間)、(852)2543-1958(非辦公時間)
(852)1868(24小時)

澳門人在海外遇上證件問題服務

網 www.fsm.gov.mo/psp/cht/psp_left_4.html#left_3_5
電 (853)2857-3333

報失信用咭

VISA：
0120-133-173(免費)/
00531-44-0022(24小時免費)

MASTER：
00531-11-3886(24小時免費)

AMERICAN EXPRESS：
0120-020-020(24小時免費)/
(03)3220-6100

DINERS CLUB：
0120-074-024(24小時免費)

1. 如在都內致電不用撥“03”
2. 在公用電話不需投幣可致電110及119緊急電話

TIPS

親子

若與小朋友外遊，出發前可到自己相熟的診所，購買旅行用藥包，並帶備自己的電子探熱針及食藥用針筒。要留心，若是發燒便不能離境。

1. 日本使用玻璃針筒，不宜用於給幼兒餵藥。塑膠針筒一般藥房不會有售，因此切記帶備塑膠針筒。
2. 小童藥物必須帶齊
3. 問清楚酒店英文醫院的地址，及有否小兒科，提防小兒因發燒而不能出境。
4. 塞肛用退燒藥效用強，但比較難買，因此要自己帶備。
5. 日本醫生多只懂簡單英語，但大多數也懂得藥物名稱。

實用知識

日本郵便服務〒

郵局位置

基於寄艙行李只限20公斤的關係，自遊人(尤其是掃貨一族)有時需要利用郵便服務，分為國際郵包及國際Speed郵便(EMS)兩大種類。

Tips!
郵局有售不同尺寸的紙箱，售價￥100至￥370不等
包裹最重可寄30kg

時 平日09:00-17:00
休 星期六日及公眾假期
網 map.japanpost.jp/p/search/

國際Speed郵便(EMS)	國際郵包
EMS是最方便快捷的郵寄方法，包裹寄到世界各地共121個國家，但郵費最貴。 郵費按包裹重量和目的地計算，若從沖繩寄返香港，1kg收費約為2,100日圓。	**＊船郵** 郵費最平，但需時最耐，一般要一至三個月時間。 **＊SAL** 國內包裹以船運，國際亦用空運，比船郵快，亦比空郵平。 **＊空郵** 郵費最貴，時間最快只需3至6天

減價月份

一般的商店及百貨公司會分兩次減價，夏季減價期為七月，而冬季期則在一月初。

7月 1月

小費

一般而言，餐廳和酒店已把10%-15%的服務費加在帳單上，客人不需要另外給小費。

輕鬆入境

日本入境

由於日本及各國對入境條件和檢疫體制不斷變化，從2022年11月14日起，可以在Visit Japan Web（https://vjw-lp.digital.go.jp/zh-hant/）填寫及申報入境資料。入境手續不停變化，請留意wow.com.hk的最新資料更新。

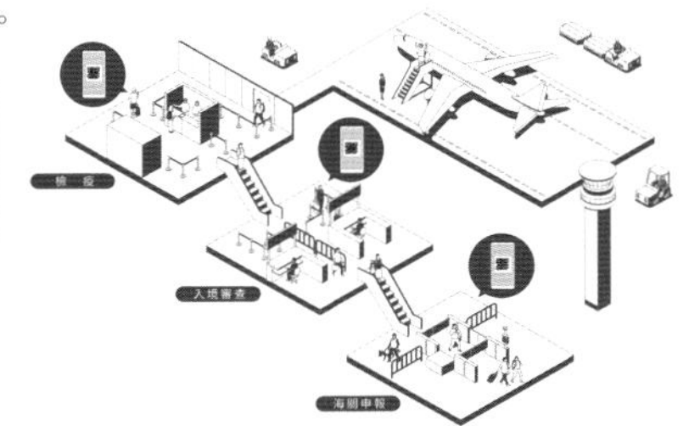

＊由2019年1月7日開始，日本政府將徵收每位旅客（2歲以上）￥1,000離境稅。

機場出境保安規定

1. 手提行李內每支液體容量不得超過100毫升。任何容量大於100毫升的容器，即使並未裝滿，也不能通過保安檢查。
2. 所有盛載液體、凝膠及噴霧類物品的容器，必須放在一個容量不超過1公升並可重複密封的透明塑膠袋內，而且不顯得擠迫。塑膠袋應完全封妥。
3. 其他協定請向航空公司了解。

日語速成

問路篇

一番近い(　　)はどこですか？
ichiban chikai(　　) wa do-ko desu ka？
最近的(　　)在哪裡？

ここはどこですか？
ko ko wa do ko desu ka？
我在哪？

yak-kyo-ku 薬局 藥房	byo-u-in 病院 醫院	ho-te-ru ホテル 酒店	su-pa スーパー 超級市場
toi-re トイレ 廁所	konbini コンビニ 便利店	eki 駅 火車站	ba-su-tei バス停 巴士站

酒店篇

予約した(　　)です。
yoyaku shi ta (　　) desu。
我已予約，名字是(　　)。

荷物を預かってもらえませんか？
nimotsu wo azukat-te mora-e masen ka？
可以寄放行李嗎？

部屋はWIFIを使えますか？
heya wa wifi wo tsu ka e masu ka？
房間有WIFI嗎？

resutoran レストラン 餐廳	chou-shoku 朝食 早餐
yuu-shoku 夕食 晚餐	chuusha jyou 駐車場 停車場
puru プール 泳池	furo 風呂 浴場

餐廳篇

喫煙席／禁煙席をお願いします、(　　)で。
kitsu-en-seki／kin-en-seki wo o negai shimasu, (　　)de。
請給我 吸煙區／禁煙區，(　　)位。

すみません、注文お願いします。
sumimasen, chuu-mon o negai shi masu。
麻煩落單。

(　　)をください。
(　　) wo kudasai。
請給我(　　)。

futari 二人	san-nin 三人
go-nin 五人	yo-nin 四人

Me nyu メニュー 菜單	o-kanjou お勘定 埋單

mizu 水 水	sashimi サシミ 刺身	raa-men ラーメン 拉麵	gohan ご飯 白飯

緊急情況篇

病院へ連れて行てください。
byou-in e tsurete-i-te ku da sai。
請帶我去醫院。

pasupooto パスポート 護照	nusumareta 盗まれた 被偷竊

(　　)をなくしました。
(　　) wo na-ku shima shita。
(　　)不見了。

警察を呼んでください。
kei-sa-tsu wo yon de ku da sai。
請幫忙報警。

kouban／hashutsujyo 交番／派出所 警局

saifu 財布 錢包	nimotsu 荷物 行李	kaze 風邪 傷風感冒	hara-ga-itai 腹が痛い 肚痛	atama-ga-itai 頭が痛い 頭痛	ne-tsu 熱 發燒

WOW! 達人天書系列

最強日本系列

亞洲地區系列

更多新書敬請期待…

誠徵作者

愛自遊行的您，何不將旅行的經歷、心得化成文字、圖片，把出書的夢想變為真實，請將簡歷、blog文章、電郵我們，或者從此你會成為一位旅遊作家呢！立即以電郵與我們聯絡。

wow.com.hk@gmail.com

多謝您的貼士！

如本書有任何錯漏之處，或有旅遊新料提供，歡迎電郵至：wow.com.hk@gmail.com你的「貼士」是我們加倍努力的原動力，叫我們每天都做得更好一點！！

wow.com.hk

Wow!Media編輯部致力搜集最新的資訊，惟旅遊景點、價格等，瞬息萬變，一切資料以當地的現況為準。如資料有誤而為讀者帶來不便，請見諒。本公司恕不承擔任何損失和責任，敬希垂注。

自遊達人系列3

東京達人天書

文、編 Cyn

攝影 Cyn、Wow!攝影組

創作總監 Jackson Tse

編輯 Cyn、Wow!編輯部

美術設計 CAN、玉琦

出版者 WOW MEDIA LIMITED
Room 507, Kowloon Plaza,
485 Castle Peak Road,
Cheung Sha Wan,
Kowloon, Hong Kong

網址 www.wow.com.hk
facebook.com/wow.com.hk
wow_flyers

電郵地址 wowmediabooks@yahoo.com

發行 港澳地區 - 書局
香港聯合書刊物流有限公司
荃灣德士古道220-248號
荃灣工業中心16樓
查詢/補購熱線:
(852) 2150 2100

台灣地區
永盈出版行銷有限公司
231新北市新店區中正路
499號4樓
查詢/補購熱線:
(886)2 2218 0701
傳真:
(886)2 2218 0704

定價 港幣HK$128元 新台幣NT$499

革新版 2015年5月
第104版 2024年7月

Printed in Hong Kong
ISBN-13: 978-988-70251-2-2